KB161957

혁신 방법론

Be the Solver

문제 해결
역량 향상법

혁신 방법론

Be the Solver

문제 해결
역량 향상법

송인식 지음

이담
Books

'문제 해결 방법론(PSM)'[1]의 재발견!

오랜 기간 기업의 경영 혁신을 지배해온 「6시그마」의 핵심은 무엇일까? 필자의 과제 수행 경험과 강의, 멘토링, 바이블 시리즈 집필 등 20년 넘게 연구를 지속해오면서 6시그마를 지배하는 가장 중요한 요소가 무엇인지 깨닫게 되었다. 그것은 바로 '**문제 처리(Problem Handling)', '문제 해결(Problem Solving)', '문제 회피(Problem Avoiding)'**이다. 이에 그동안 유지해온 타이틀 『6시그마 바이블』 시리즈와 『Quality Bible』 Series를 이들 세 영역에 초점을 맞춘 『**Be the Solver**』 시리즈로 통합하고, 관련 내용들의 체계를 재정립한 뒤 개정판을 내놓게 되었다.

기업에서 도입한 경영 혁신의 핵심은 대부분 '문제 처리/문제 해결/문제 회피(이하 '3대 문제 유형')'을 위해 사전 활동으로 '과제 선정'이 요구되고, '3대 문제 유형'을 통해 사후 활동인 '성과 평가'가 이루어진다. 또 '3대 문제 유형'을 책임지고 담당할 '리더'가 정해지고, 그들의 '3대 문제 유형' 능력을 키우기 위해 체계적인 '전문 학습'이 기업으로부터 제공된다. 이들을 하나로 엮으면 다음의 개요도가 완성된다.[2]

---

1) Problem Solving Methodology.
2) 송인식(2016), 『The Solver』, 이담북스, p.38 편집.

상기 개요도에서 화살표로 연결된 내용들은 '용어 정의'를, 아래 밑줄 친 내용들은 '활동(Activity)'을 각각 나타낸다. 기업에는 모든 형태의 문제(공식화될 경우 '과제')들이 존재하고 이들을 해결하기 위해 세계적인 석학들이 다양한 방법론들을 제시했는데, 이같이 문제들을 해결하기 위한 접근법을 통틀어 **'문제 해결 방법론(PSM, Problem Solving Methodology)'**이라고 한다.

필자의 연구에 따르면 앞서 피력한 데로 문제들 유형은 '문제 처리 영역', '문제 해결 영역', 그리고 '문제 회피 영역'으로 나뉜다. '문제 처리 영역'은 '사소한 다수(Trivial Many)'의 문제들이, '문제 해결 영역'은 고질적이고 만성적인 문제들이, 또 '문제 회피 영역'은 연구 개발처럼 '콘셉트 설계(Concept Design)'가 필요한 문제 유형들이 포함된다. '문제 회피(Problem Avoiding)'의 의미는 설계 제품이 아직 고객에게 전달되지 않은 상태에서 "향후 예상되는 문제들을 미리 회피시키기 위해 설계 노력을 강구함"이 담긴 엔지니어 용어이다. 이들 '3대 문제 유형'들과 시리즈에 포함돼 있는 '문제 해결 방법론'을 연결시켜 정리하면 다음과 같다.

[총서]: 문제 해결 역량을 높이기 위한 이론과 전체 시리즈 활용법 소개.
- The Solver → 시리즈 전체를 아우르며 문제 해결 전문가가 되기 위한 가이드라인 제시.

[문제 처리 영역]: '사소한 다수(Trivial Many)'의 문제들이 속함.

- 빠른 해결 방법론 → 전문가 간 협의를 통해 해결할 수 있는 문제에 적합. '실험 계획(DOE, Design of Experiment)'을 위주로 진행되는 과제도 본 방법론에 포함됨(로드맵: 21 – 세부 로드맵).
- 원가 절감 방법론 → 원가 절감형 개발 과제에 적합. 'VE(Value Engineering, 가치공학)'를 로드맵화 한 방법론(로드맵: 12 – 세부 로드맵).
- 단순 분석 방법론 → 분석 양이 한두 건으로 적고 과제 전체를 5장 정도로 마무리할 수 있는 문제 해결에 적합.
- 즉 실천(개선) 방법론 → 분석 없이 바로 처리되며, 1장으로 완료가 가능한 문제 해결에 적합.
- 실험 계획(DOE) → '요인 설계'와 '강건 설계(다구치 방법)'로 구성됨 (로드맵: '빠른 해결 방법론'의 W Phase에서 'P – D – C – A Cycle'로 전개).

[문제 해결 영역]: 고질적이고 만성적인 문제들이 속함.

- 프로세스 개선 방법론 → 분석적 심도가 깊은 문제 해결에 적합(로드맵: 40 – 세부 로드맵).
- 통계적 품질 관리(SQC) → 생산 중 문제 해결 방법론. '통계적 품질 관리'의 핵심 도구인 '관리도'와 '프로세스 능력'을 중심으로 전개.
- 영업 수주 방법론 → 영업 수주 활동에 적합. 영업·마케팅 부문(로드맵: 12 – 세부 로드맵).
- 시리즈에 포함되지 않은 동일 영역의 기존 방법론들 → TPM, TQC, SQC, CEDAC, RCA(Root Cause Analysis) 등.[3]

---

3) TPM(Total Productive Maintenance), TQC(Total Quality Control), SQC(Statistical Quality Control), CEDAC(Cause and Effect Diagram with Additional Cards).

[문제 회피 영역]: '콘셉트 설계(Concept Design)'가 포함된 문제들이 속함.

- 제품 설계 방법론 → 제품의 설계·개발에 적합. 연구 개발(R&D) 부문 (로드맵: 50 – 세부 로드맵).
- 프로세스 설계 방법론 → 프로세스 설계·개발에 적합. 금융/서비스 부문 (로드맵: 50 – 세부 로드맵).
- FMEA → 설계의 잠재 문제를 적출해 해결하는 데 쓰임. Design FMEA 와 Process FMEA로 구성됨. 'DFQ(Design for Quality) Process'로 전개.
- 신뢰성(Reliability) 분석 → 제품의 미래 품질을 확보하기 위해 수명을 확률적으로 분석·해석하는 데 적합.
- 시리즈에 포함되지 않은 동일 영역의 기존 방법론들 → TRIZ, NPI 등.[4]

다음은 『**Be the Solver**』 시리즈 전체와 개별 주제들의 서명을 나타낸다.

분류	『Be the Solver』 시리즈
총서	The Solver ·
문제 해결 방법론 (PSM)	[문제 처리 영역] 빠른 해결 방법론, 원가 절감 방법론, 단순 분석 방법론, 즉 실천(개선) 방법론 [문제 해결 영역] 프로세스 개선 방법론, 영업 수주 방법론 [문제 회피 영역] 제품 설계 방법론, 프로세스 설계 방법론
데이터 분석 방법론	확증적 자료 분석(CDA), 탐색적 자료 분석(EDA), R분석(빅 데이터 분석), 정성적 자료 분석(QDA)
혁신 방법론	혁신 운영법, 과제 선정법, 과제 성과 평가법, **문제 해결 역량 향상법**
품질 향상 방법론	[문제 처리 영역] 실험 계획(DOE) [문제 해결 영역] 통계적 품질 관리(SQC)–관리도/프로세스 능력 중심 [문제 회피 영역] FMEA, 신뢰성 분석

---

4) TRIZ(Teoriya Resheniya Izobretatelskikh Zadach), DFQ Process(Design for Quality Process), NPI(New Product Introduction).

'문제 해결 역량 향상법'이란?

"기업에서 나의 문제 해결 역량은 어느 정도일까?" 이 물음에 현직에 있는 실무자들은 어떻게 답할 수 있을까? 또는 취업을 준비 중인 소위 '취준생'들은 본인의 장래 기업에서의 업무 수행 능력을 어떤 기준으로 표현할까? 필자의 연구원 재직 당시를 회상하면 업무 수행 능력인 '고과'는 기본이지만 그 외에 '영어 토익 점수'나 'OA 자격증'이 한몫했다. 그러나 누구도 그것들을 '문제 해결 역량'의 척도로 생각하는 이는 없었다.

2000년대 들어 국내 기업들에 '6시그마 경영 혁신'의 광풍이 휘몰아쳤다. 이때부터 개인의 '문제 해결 역량'을 측정하는 기준이 생겼는데 바로 '벨트 인증 제도'다. 이 제도가 개인의 '문제 해결 역량'을 측정하는 '척도' 역할을 했으며 그 특징들을 요약하면 다음과 같다.

1) 기업 스스로 만들어낸 평가 제도이다. 따라서 기업형 문제를 해결하는 역량 평가란 관점에서 충분히 객관적 기준을 제시한다.
2) WB → GB → BB → MBB의 단계별 인증 절차5)를 밟음으로써 '문제 해결 역량'의 상대적 수준을 가늠할 수 있다. 즉 'MBB'로 갈수록 많은 교육량과 높은 문제 해결 수행 능력이 요구되므로 질적 관리가 가능하다.

---

5) 'White Belt', 'Green Belt', 'Black Belt', 'Master Black Belt' 동양 무술의 벨트 수준을 모방한 명칭이다.

3) 문제 해결 역량 평가제는 국내 70% 이상의 중견 기업과 대기업에서 약 20여 년간 축적된 결과이다. 그만큼 역량을 평가하는 운영 노하우와 개발된 문항들의 쓰임새가 유용하다는 것을 방증한다. 한마디로 신뢰할 수 있다는 뜻이다.
4) 벨트별 요구 역량이 명확하므로 취준생들이 본인의 문제 해결 역량을 평가하고 목표 수준 도달에 필요한 학습량 확보에 좋은 모델이 될 수 있다.

간혹 회사에서 자신에게 주어진 '업무 수행'과 '문제 해결 활동'을 별개로 생각하는 사람들이 있다. 그럴 때면 다음과 같이 정리해주곤 한다. '업무 수행'은 본인이 회사에 존재하는 이유이다. 할당된 업무를 처리할 의무가 있다. 그리고 그 대가로 급여가 주어진다. 그런데 업무를 수행하는 일뿐만 아니라 "잘해야…" 하는 전제 조건이 붙는다. 구체적으론 "효율적이고 효과도 클수록" 업무 수행은 긍정적이다. 즉 "짧은 시간에 회사에 큰 기여를 할수록 좋은 평가를 받는다." 그러려면 현재 설명하고 있는 각 개인의 '문제 해결 역량'이 중요하다. 단순한 업무(또는 문제)들은 빠르게 처리할수록 문제 해결 역량이 높고, 어려운 업무(또는 문제)들은 성과가 클수록 역시 문제 해결 역량이 높다. 따라서 개인의 '문제 해결 역량'은 그 수준이 높을수록 회사에서의 평가는 높아진다. 정리하면 회사에서의 '업무 수행'은 '개인의 문제 해결 역량'과 직결된다.

이때 우리에게 남겨진 숙제는 "그럼 어떻게 문제 해결 역량을 측정할 것인가?"이다. 이 물음에 대한 답변은 간단하다. 앞서 설명한 '기업형 문제 해결 역량의 척도 네 가지 특징'과 같이 이미 20여 년간 기업에서 만들어진 노하우를 활용하는 것이다. 그렇다고 굳이 '벨트 제도'를 따를 필요는 없다. '벨트 제도'는 개인의 문제 해결 역량을 구분하는 데는 매우 유용하지만 일정한 절차(교육 이수, 과제 수 등)를 거쳐야 부여되는 방식이라 똑같은 벨트라도 실전에서의 개인별 편차가 크다. 따라서 기존의 기업에서 축적된 역량의 척도인

'벨트 제도'는 다음의 문제들을 극복해야 한다.

첫째, 'GB 인증'은 'BB 인증'보다 자격 요건이 상대적으로 낮지만 그렇다고 기업형 문제들이 'GB 인증자'에게 맞는 형이 있거나 따로 'BB 인증자'에게 적합한 형태로 제공되진 않는다. 기업에서의 문제들이 '벨트 수준'에 맞게 구분돼 존재하지 않는다는 뜻이다. 따라서 리더들을 대상으로 한 '인증'의 구분은 용어 설명에 익숙해지는 '초보자 수준'과 문제 해결에 실제 투입되는 '해결자(Solver) 수준'으로 구분하는 것이 현실적이다.

둘째, 기존의 인증 평가는 주로 '통계 영역'에 편중된 게 사실이다. 그것도 지나칠 정도로 많은 비중을 차지한다. 또 그럴만한 이유도 있다. 문제 해결은 데이터를 통해 이루어지는 경우가 많고 그러다 보면 그들을 처리하고 의미 있는 정보를 추출할 능력은 절대적이다. 그러나 사람을 평가할 외모가 있는 반면 외모를 유지할 골격이 있는 것과 같이 '문제 해결'을 위해서는 그를 지탱하는 '문제 해결 로드맵'이 필요하다. '통계'와 같은 문제 해결에 필요한 수단들은 '도구'로 분류되며 모두 '로드맵'에 붙어 있는 구조를 띤다. '로드맵+도구'는 마치 인체의 '골격'과 그에 붙은 '기능 조직'에 각각 대응되며, 한마디로 '문제 해결 방법론'으로 통칭된다. 즉 "문제 해결 방법론=로드맵+도구"의 구조를 갖는다. '골격'이 없으면 외모도 사라지듯 '로드맵'의 부실은 곧 문제 해결 과정을 개인별 성향에만 맡겨야 하거나 성과를 담보하기 어렵게 만드는 요인이다. 따라서 '문제 해결 역량'은 '로드맵'과 '도구'를 함께 고려한 '방법론 관점'에서 평가하는 것이 바람직하다.

앞서 설명한 '문제 해결 역량의 평가'를 위해 본문 구성이 어떻게 이루어져 있는지 이어지는 '본문의 구성'을 정독해주기 바란다.

본문은 기업에서 운영 중인 '6시그마 벨트 인증 평가'에 필자가 다년간 대비반을 운영한 경험을 바탕으로 구성되었다. 기업에서 직접 만들어진 기업형 문제 해결 역량 평가이므로 또 다른 체계를 새롭게 창조할 하등의 이유가 없다. 또 그에 덧붙여 앞으로 나아갈 방향에 대해서도 구체적 사례를 들어 제시한다. 본문은 총 4개 단원으로 구성되며 각각에 대해 요약하면 다음과 같다.

「Ⅰ. 문제 해결 역량 평가 개요」: 현재 기업에서 운영 중인 '역량 평가 제도'가 단순히 시험 합격에만 목적을 두기보다 그 과정을 통해 응시자들의 문제 해결 역량을 높이는 데 기여한다는 것을 알려준다. 또 현재 운영 방식의 문제점도 드러내는데, 예를 들어 '확률 통계' 관련 문항들의 점유율이 너무 높고, 응시자 대부분의 관심도 그에 맞춰져 있어 '문제 해결 역량'을 측정하고 평가할 제도가 '확률 통계' 문항 풀이에 집중된 현실을 지적한다. 또 문제의 지적에 그치지 않고 그에 대한 보완 방안에 대해서도 바람직한 해법을 제시한다. 그 외에 현재의 '평가제도'와 필자가 운영했던 1주일간의 '사전 학습 프로그램'에 대해서도 자세히 소개한다. 따라서 독자는 기존에 이루어지던 '역량 평가'에 대한 전체적인 개요를 파악하는 데 큰 도움을 받을 것이다.

「Ⅱ. '방법론' 사전 학습」: 현 평가에 '방법론' 관련 문항이 고정 영역으로 반드시 포함돼야 하고, 또 그의 학습 필요성을 강조한다. 「Be the Solver_프로세스 개선 방법론」편의 '개요'에서 강조한 바와 같이 "문제 해결 과정"의 구체적 실체는 '로드맵'이다. 즉 '로드맵'에 대한 명확한 이해가 있어야 '문제 해결'이 잘 이행된 것이고, 새로운 '일하는 방법'을 학습한 것이다. 문제를 해결하면서 '로드맵'을 따르지 않으면 그저 원래의 방식대로 일했을 뿐이다. 단순히 '통계'를 쓴다는 이유로 '문제 해결 방법론'을 이용해 과제를 수행했다고 포장하는 우를 범해선 안 된다. 따라서 '역량 평가'의 문항에서 응시자들이 '문제 해결 방법론'을 명확하게 인지하고 있는지 확인하는 일은 매우 중요하고, 회사가 경영 혁신을 잘하고 있다는 뚜렷한 확신을 주게 한다. 이에 '역량 평가 문항'에 '방법론'이란 영역을 별도로 만들어 응시자들에게 '문제 해결 방법론'으로서의 실체인 '로드맵'을 각인시킬 필요가 있다.

본문에서는 그동안 기업에서 '주관식' 형태로 출제된 '방법론' 관련 문항들을 소개하고, 이에 덧붙여 좀 더 세분화된 '세부 로드맵' 문항들을 예시함으로써 응시자들로 하여금 '방법론'을 어디까지 알아야 하는지에 대한 가이드라인을 제시한다. 또 '로드맵'과 여러 도구들이 혼용된 문항들도 소개함으로써 향후 다양한 각도의 출제 경향과 그의 확장성에 대해서도 여지를 남겨둔다.

「Ⅲ. '확률 통계' 사전 학습」: 역량 평가의 당락을 좌우하는 중요한 영역이 '확률 통계'임을 인정하고, 그의 출제 경향과 풀이를 설명하는 데 초점을 맞춘다. '확률 통계'는 문제를 해결하는 데 매우 중요한 역할을 하지만 하나의 도구로서 인식돼야 한다. 그러나 대부분의 기업인들에겐 평소 늘 접하는 분야가 아닌 만큼 교육이나 역량 평가를 대비한 사전 학습에서 별도의 관심과 지원이 요구된다. 본문도 역량 평가에서 '확률 통계'의 중요성을 인식하고 다년간 사전 학습에서 결집된 노하우를 전하는 데 집중하였다. 예를 들어, 출제 경향에 맞게 확률 통계 도구들의 순서와 내용을 9개 부문으로 압축, 요약하였으며, 설명 방식도 출제 문항들의 수준에 맞춰 그 수위를 조절하였다. 현재 기업에서 필자가 운영 중인 1주간의 사전 학습 프로그램을 예로 들 때, 전체를 소화하는 데 약 1.5일의 시간이 소요된다. 이 정도 시간이면 총 1주일(5일)을 기준할 때 나머지 3.5일은 직전 학습한 따끈한 지식을 바탕으로 '기출 문항' 풀이에 집중할 수 있는 충분한 환경을 제공받는다. 내용적으로 분량이 많은 만큼 주어진 시간 내에 전체를 소화하려면 숙련된 강사의 참여가 필수이다. 본문에서는 각 9개 영역별 설명과 함께 '기출 문항' 예시와 풀이 과정 및 정답을 일목요연하게 기술하고 있어 스스로 학습에 큰 도움을 받을 것이다. 9개 항목에는 다음의 것들이 포함된다.

학습 항목	주요 내용
'확률 통계' 사전 학습	1. 정규 분포 가법성 2. 정규 분포 확률(넓이) 구하기 → 시그마 수준 3. 중심 극한 정리 → 신뢰 구간 4. 분포(이항, 포아송) 5. 가설 검정 용어 6. 가설 검정 7단계 7. 회귀 분석/DOE, 필요 시 '정의 대비' 포함 8. 관리도 9. (추가) MSA

「Ⅳ. '정성적 자료 분석' 사전 학습」: 기존 '기출 문항'에 포함된 대부분의 '정성적 도구'들을 「Be the Solver_프로세스 개선 방법론」 내 'Improve Phase'에 소개된 '개선 체계도'를 중심으로 그 출제 유형과 풀이에 집중한다. '정성적 도구'들은 수치 해석이 포함돼 있지 않으므로 용법만 명확히 알아두면 응용 문항에 대해서도 어느 정도 감으로 대응할 수 있어 난이도 측면에선

'확률 통계 영역'에 비하기 어렵다. 그러나 출제 경향이 몇몇 도구에만 한정돼 있는 것은 문제점으로 지적된다. 현재 필자가 주관하는 '역량 평가 문항'엔 주변에서 사용 빈도가 높은 다양한 도구들에 대해서도 적합한 문항 개발을 수행해 포함시키고 있다. 물론 기업 내에서도 이 분야에 좀 더 많은 관심과 문항 개발이 추진돼 실제 과제 수행에서도 그 진가를 발휘하는 계기가 있어야 할 것이다. '정성적 도구 문항'들에 다양한 '정성적 도구'들을 포함시킬 확장성에 대해서는 「Be the Solver_정성적 자료 분석(QDA)」편을 참고하기 바란다.

「Ⅴ. 평가 문제지」: 기업에서 수행되는 '역량 평가' 과정을 스스로가 한 번 체험해볼 기회를 제공한다. 그러나 본문에서 강조한 바와 같이 '방법론' 문항의 절대 필요성을 망각하지 않도록 '【방법론 문항】'만을 모아놓은 별도의 공간을 마련한 점이 차이라면 차이이다. 문항의 구분은 이외에도 '【객관식 문항】', '【주관식 문항】'으로 이루어져 있다. 점수는 '30점-30점-40점'으로 배분되며, 가능한 현 출제 유형을 따르도록 구성하였다. 독자가 풀이를 통해 '70점' 이상을 받을 경우 기본 역량이 있다고 판단한다.

향후 연구 개발, 제조, 간접/서비스 부문별 특화된 문항, '방법론' 문항의 추가 개발, 다양한 '실험 계획(DOE)'의 포함, '정성적 도구'의 확장 등에 대해서는 필자가 운영하는 온/오프라인 '역량 평가제 운영'에서 별도 소개할 기회가 있을 것이다. 아무쪼록 그동안 출간된 『Be the Solver』 시리즈를 통한 기업인 모두의 문제 해결 역량 향상과 수준을 객관적으로 평가할 '평가 시험'에 대해 많은 관심과 조언을 바라마지 않는다. 문의나 관련 정보는 홈페이지 'www.ps-lab.co.kr'을 참조하기 바란다.

차례

문제 해결 역량 평가 개요

'기업형 문제 해결' 관련 역량 평가를 가장 체계적으로 발전시킨 분야
가 '6시그마 경영 혁신'이다. 이에 '6시그마'에서 얘기하는 '인증'의 의
미와 제도, 바람직한 운영 방안 등을 먼저 소개하고 이를 통해 기업에
서의 '인증 제도'가 직원 개개인의 자격 취득에 중점을 두기보다 역량
향상과 그를 통한 경쟁력 강화에 활용돼야 함을 역설한다.

1. 경영 혁신에서 배우는 '역량 평가'의 의의

기업인을 대상으로 한 '문제 해결 전문가' 육성 강의 중 종종 듣는 질문 가운데 하나가 "강사님 저희가 지금과 같이 벨트 교육을 이수하고 인증까지 받으면 그게 회사를 벗어나서도 인정받는 건가요?" 하는 것이다. 이와 같은 질문의 배경은 우선 경영 혁신이 대기업을 중심으로 지진해일처럼 휩쓸던 시기가 한참 지난 시점에 느지막이 몸담은 우리로서 'ㅇㅇ 벨트'라고 하는 타이틀의 존재감이 과연 있는 것인가 하는 우려 섞인 속내음의 표현이거나, 한편으론 이제 인기 종목도 아닌 것에 시간과 노력을 허비(?)하고 있는 것은 아닌지 불평의 투덜거림으로도 들린다. 또 기업의 규모가 작거나 경영 혁신의 추진 강도가 그리 높지 않은 경우 자체적으로 인증된 '벨트 자격'의 가치 또한 의심의 눈초리로 보이는 것 역시 이런 질문의 배경 중 하나로 인식된다.

일반적으로 '인증(認證)'이란 한자로 풀어쓰면 "허가해서 알린다" 정도 된다. 정확히는 법률 용어이며, 국어 사전적 정의는 다음과 같다.

> · **인증**(認證) (국어사전) 어떠한 문서나 행위가 정당한 절차로 이루어졌다는 것을 공적 기관이 증명함.

용어 정의 중에 '공적 기관이 증명함'이 가장 눈에 띈다. 바로 이 부분이 앞서 질문을 했던 '벨트 후보'들이 진정으로 확인받고 싶어 하는 내용이 아닌가 싶다. 교육 중 필자의 답변은 다음과 같이 한결같다.

"자 여러분이 현재 받고 있는 교육 기간이 얼마나 되죠? 평균적으로 3주 정도 됩니다. 준비 기간과 과정 정리 기간을 합쳐 약 1달이라고 치죠. 교육이 끝나면 여러분들이 하시는 활동은 '과제 수행'이죠? 이건 또 얼마나 걸립니까? 통상 '프로세스 개선 방법론' 기준 약 4개월인데, 평가 등을 고려하면 6개월 정도죠. 기업에 따라 다르긴 해도 보통 한 개 과제가 종료되면 벨트 인증 시험을 치를 수 있는 자격이 생깁니다. 일반적으로 3개월마다 자체 인증 시험이 진행되므로 첫 번에 '합격'하면 9개월 전후가 지난 시점이 됩니다. 물론 불합격하면 그 기간은 더욱 늘어나겠죠. 시험에 합격하면 바로 '벨트 인증'이 주어지는 것이 아니라 과제 기준 총 2개 수행의 전체 조건이 따르므로 다시 나머지 한 개 과제를 완료한다고 할 때 평가를 포함해 추가 6개월이 필요합니다. 그러니까 중간에 공백 기간 하나 없이 본인이 관심을 갖고 줄기차게 인증에 참여한다고 가정해도 대충 1년 6개월~2년이란 시간이 소요됩니다. 이건 또 본인 입장이고요. 회사 입장에서는 개개인에게 교육시키고, 과제 하도록 승인해주고, 인증 시험을 볼 수 있도록 비용 대주고, 관리도 해주어야 하니 총 들어가는 비용으로 치면 인당 수천만 원을 투자해준다는 큰 결정이 필요합니다. 여러분! 대체 어느 기관이 2년이란 긴 세월 동안 직원 한 명이 하나의 자격을 따는 데 이와 같이 관심을 가져주고 지원하겠습니까? 만일 여러분이 속한 회사가 6시그마라는 경영 혁신을 추진한다고 공식화돼 있고, 또 여러분에게 교육의 기회와 과제를 수행할 승인의 기회가 주어진다면 어떻게 외부에서 이기업에 소속된 직원들의 '벨트 인증 자격'을 감히 의심할 수 있겠습니까? 결론적으로 '벨트 인증'을 어느 기업 또는 어느 시기에 땄느냐보다는 그 인증 자체가 이미여러분에게는 매우 의미 있고 중요한 '공인 자격증' 역할을 하는 것입니다."

'개그 콘서트'를 보면 "이 정도 생겼으면…" 하는 개그 멘트가 나온다. '벨트 인증'에 대해 "이 정도 말했으면…"처럼 대부분의 피교육생들은 알아차리는 분위기 모드로 돌아서곤 한다.

사실 기업에 속한 직원 개개인의 주 업무는 문제 해결의 연속이다. 매일 출근해서 모니터에 나타난 현상에 체크만 하고 앉아 있다면 자동화시키지 굳이 사람에게 맡길 이유가 없다. 매번 발생되는 다양한 일들을 대상으로 생각하고 판단하는 활동이 다반사로 일어난다. 또 그들 중 중대사로 여겨지는 고질적인 문제들은 '과제'로 지정해 장시간 동안 해결하려는 노력을 경주한다. 결국 직원 개개인에게 필요한 역량은 주어진 상황에 맞는 '문제 해결 역량'이 중요하며, 이 역량은 크게 접근 '방법론(Methodology)과 도구(Tools)들의 활용 능력'으로 요약된다. 또 이들을 '문제 해결 방법론'으로 총칭하기도 하고, 과제와 수행 리더, 점검, 운영 등 모든 체계를 관리하는 관점에서 '경영 혁신'이란 표현을 쓰기도 한다. 기업은 경영 혁신을 통해 높은 '이익'을 추구하므로 결국 문제를 잘 푸는 직원이 절실하게 돼 기업(또는 경영진)과 직원 개개인은 서로 상부상조하는 관계를 형성한다. 이때 문제를 잘 해결하는 직원을 가리기 위해 익히 잘 알려진 '인증'이란 제도를 통해 그들의 역량을 실체화, 공식화한다.

그런데 이 단계에서 한 가지 짚고 넘어갈 일이 있다. 「벨트 교육 → 과제 한 개 수행 → 인증 시험 합격 → 과제 두 개째 수행 → 벨트 인증」의 관문을 모두 통과했더라도 '인증의 질(質)'을 따지지 않을 수 없다. 간혹 기업 방문 중에 필자를 찾는 벨트 후보들에게 사업부 내 선임 벨트를 활용하라고 하면 "물어보면 무슨 말을 하는지 못 알아듣겠는 걸요" 하거나 "통계 도구 위주로 얘기하면서 본인도 오래돼 기억이 나지 않는다고 해요" 등 답변도 여러 가지다. 2년 동안이나 공부했는데 못 알아듣는 말만 하거나 기억나지 않는 통계 도구들만 나열하다니 무엇인가 부족했음에 틀림없다. 이 부분에 대해서는 「Be the Solver_프로세스 개선 방법론」편의 '개요'에서 '문제 해결 방법'과 '도구'가 뒤죽박죽 섞여 어느 것을 배우고 있는지 확인하기 어렵다는 지적과, 특히 기업인들이 꺼려하는 '통계 도구'에 많은 교육 시간을 할애한 부정적 결과로 해석한 바 있다. 이런 추세는 자격을 심사하고 '인증'을 부여하는 '인증 시험 문항'에도 그대로 반영된다. 즉 시험 평가지에 포함된 문항들을 훑어보면 주관식과 객관식 모두를 합쳐 통계 지식을 묻는 항이 전체의 80% 이상을 차지한다. '일하는 방법'과 '도구'를 총괄해 그 능력을 평하는 자리에서 우리는 산업 공학이나 통계학 전공자들인지 아닌지를 평하는 자리로 활용하고 있는 것이다. 이들에 대한 현상과 개선 방향에 대해서는 이후 단원에서 논하기로 하고 그 전에 기업에서 통상적으로 운영되고 있는 '인증 제도'에 대해 먼저 알아보자.

2. 역량 평가 제도

　　　　　　　　본 단원에서는 기업형 역량 평가의 대명사인 '벨트 인증'이 어떻게 이루어지고 있는지에 대해 간단히 알아볼 것이다. 단 제도에 대해 특정 기업의 사례나 대표 기업들의 장단점을 상세히 알아보기보다 일반적이고 공통된 특징만을 나열하고 이로부터 본문에서 주장하는 문제 해결 역량 평가의 최고 학습법 제공에 참고로 활용할 것이다.

　삼성 SDI에 재직하던 2000년 6월, 거금을 투자해 컨설팅을 받았던 미국 SBTI社의 DFSS 6개월 과정을 이수한 필자는 정식 벨트 인증을 취득하였다. 물론 트레이닝 과정 중에 연구 과제를 수행했으며 당시 함께 프로그램에 참여하던 70여 개 과제들 중 성과와 과정 품질에서 높은 평가를 받아 내/외빈이 참석한 매우 넓은 공간에서 단 두 개만이 발표하는 영광과 함께 인센티브로 많은 금전적 혜택을 누린 바 있다. 연구원이었기 때문에 SBTI社로부터 배웠던 '제품 설계 방법론 로드맵'은 'D-I-D-O-V'였다. 70여 개 과제를 수행했던 리더들 중 약 1/3은 직접 부문에서, 또 나머지 1/3 정도는 간접 부문에서 인사 고과와 사업부장의 추천 등을 통해 차출된 우수 직원들이었으며, 특히 직접과 간접 부문의 후보 벨트들은 'D-M-A-I-C 로드맵'을 체득하였다. 물론 이들 역시 교육 과정 수료 후 중단이나 목표 변경 등 과제 수행에 큰 이변이 없는 한 대부분 벨트 자격을 취득하였다. 이때는 후보 벨트들이 각 사업부의 우수 직원을 차출해 투입되었던 터라 그전에 경영 혁신에 몸을 담았든 그렇지 않든지에 관계없이 '상급 낙하산 벨트'란 호칭으로 주변에서 불리기도 하였는데, 차출 자체가 이미 벨트 인증을 예고하고 있었을 뿐만 아니라 수십억에 달하는 전무후무한 컨설팅 비용을 배경으로 자격을 취득했기 때문이었다.

　그러나 필자의 경우는 다소 배경이 달랐는데, '상급 낙하산 벨트'가 되기 2

년 전인 1998년도에 **White Belt** 자격을 취득하였고, 다음 해인 '99년 2월에 「진공관내 미세 방전 전류 규명을 위한 연구」로 **GB** 자격을, 같은 해 12월엔 **"PDP 가속 수명법 개발"** 과제로 **BB** 인증을 공식적으로 취득한 상태였다. 당시 **WB**는 필기시험만으로, **GB**는 3일간의 사내 강사로부터의 교육과 이후 고질 불량을 해결하기 위한 연구 과제 한 개 완료로, 또 **BB**는 적정 수준 이상의 난이도 과제를 수행한 이력을 토대로 얻은 결과였다. 특히 **GB** 과제 경우 직속 임원과 연구소 타 부문 사업부장 2명 등 총 3명이 심사 위원으로 참여해 발표 내용과 질의응답을 통해 과제 평가 및 완료를 최종 승인받았다. 이때는 미국에서 **GE**가 완성한 'D−M−A−I−C 로드맵'이나 'D−I−D−O−V 로드맵' 등이 아직 국내에 유입되기 전이었으므로 외국 교수를 초빙해 자체적으로 정립한 'C−S−I(Chart−Solve−Implement)'라는 로드맵을 활용했던 시기였다. 다음 [표 Ⅰ−1]은 국내에 초창기 GE식 6시그마가 막 도입되기 직전과 직후의 벨트 인증 과정을 표로 요약한 것이다.6)

[표 Ⅰ-1] 국내 GE식 6시그마 도입 직전과 직후의 '벨트 인증' 과정

구분	GE식 6시그마 도입 직전	GE식 6시그마 도입 직후
후보 선발	▷ 대상자가 직접 신청(교육, 과제 수행 등)	▷ 전사 조직에서 인사 고과와 사업부장 추천을 통해 선발
인증 요건	▷ WB → 배포된 WB 책자 자습 후 필기시험 70점 이상 ▷ GB → 3일 사내 교육 후 과제 1건, 3명 심사 위원에 발표, 질의 응답을 통한 승인 및 인증 ▷ BB → 과제 등록 및 완료 후 사무국 적합 심사를 거쳐 인증	▷ 6시그마 관련 이력 고려치 않음 ▷ 외부 컨설팅사로부터의 5주 교육, 과제 수행 및 완료 1건 ▷ 이때 강사의 OSC(On−site Consulting) 평가와 전사 사무국 평가, 재무 효과 등을 종합적으로 점수화해 순위화 ▷ 큰 이변이 없는 한 벨트 인증

---

6) 당시 삼성 SDI가 국내 처음으로 GE식 6시그마 경영 혁신을 도입하였으므로 이를 국내 초기 인증 절차의 예로 표현하고 있다.

MBB 경우는 차출된 BB들을 대상으로 별도 2주간의 교육 이수 후 선별적으로 인증을 부여했으며, 각 사업부의 혁신 추진 및 확산의 선봉자 역할을 하였다. 주요 활동에는 사업부 경영 혁신 기획, 과제 선정 지원, 벨트 후보를 대상으로 한 사내 강의, 과제 지도 및 진척 관리 등이 포함되었다.

2001년도부터는 전사 확산을 계기로 벨트 육성을 위한 전사 조직의 체제화, 프로세스와 각종 규정이 정립되었고, 이를 토대로 대상자 선정부터 교육 운영 및 관리, 인사 제도와의 연계 등 전반적인 체계화가 이루어졌다. 다음 [그림 Ⅰ-1]은 2001년도 이후 6시그마 경영 혁신이 국내에 정착되면서 일반화된 '인증 제도'의 개요이다.

[그림 Ⅰ-1] 국내 벨트 '인증 제도'의 일반적 개요

인증 요건

구분	MBB	BB	GB
후보 선발	혁신 사무국+부문 챔피언	부문 챔피언	부문 챔피언
인증 요건	□ 수행과제 3건 이상 □ 지도 5건 이상 □ 강의 10시간 이상	□ 수행과제 2건 이상 □ 지도 2건 이상	□ 수행 과제 1건, 또는 □ BB 과제 참여 3건 이상

(참고) 인증시험 응시자격은 과제 1건 이상 수행부터 주어짐

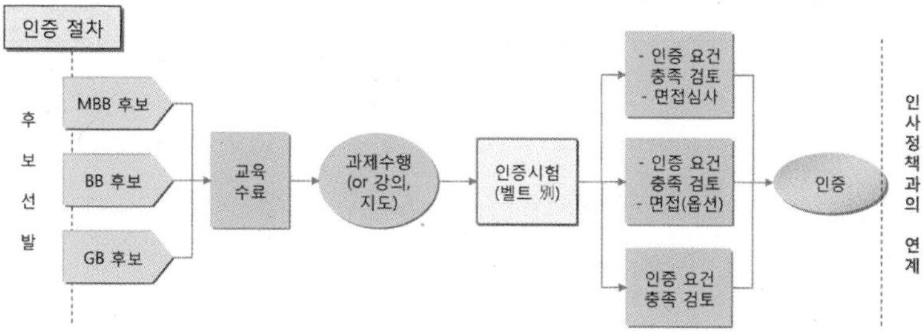

[그림 Ⅰ-1]은 6시그마 경영 혁신을 추진하는 기업들 대부분이 총론으로 채택하고 있는 '인증 제도'를 보여준다. 물론 각론으로 들어가면 기업별 처한

상황에 따라 제도의 차이는 있기 마련이다. 예를 들어 '이수해야 할 교육 시간'이나 '수행 과제의 건수' 등이 그것이다. 그림의 「인증 절차」를 보면 BB와 GB는 부문 내 문제 해결에 주로 투입되므로 후보 선발 은 해당 '부문 챔피언'이 주관하지만 MBB는 전사적 업무를 주로 수행하므로 부문 챔피언의 추천뿐 아니라 전사 운영 조직인 '혁신 사무국'과의 협의가 필요하다. 후보가 선발되면 이어 각 벨트 별 일정 기간의 교육 수료 를 이행한다. 이수해야 할 시간은 GB 경우 하루 8시간 기준 '24시간(3일)~40시간(5일)'을, BB 경우 '120시간(15일, 3주)~160시간(20일, 4주)'이 가장 일반적이며, 기업에 따라서는 정해진 시간의 '80~90% 이상'을 이수토록 규정하는 경우도 있다. D기업 경우 잦은 업무 공백을 고려해 하루 8시간 교육을 야간 9시까지 연장함으로써 이수해야 할 총 시간은 같지만 교육 일수를 줄이는 효과를 얻고 있다. 물론 이런 변화는 사업부와의 사전 조율을 거쳐 결정하는 것이 바람직하다.

통상 'BB 후보'는 교육 기간 중에 과제 수행 을 함께하는 경우가 대부분이며, 매 단계별 교육을 마친 후 부서로 돌아가 배웠던 내용을 과제에 응용한다. 이때 MBB는 과제 대신 '인증 요건'을 충족시키기 위한 '과제 지도'나 '강의' 등을 수행한다. '자격 인증'을 위해서는 각 벨트 후보별로 '인증 요건'에 부합돼야 하는데, 예를 들어 'MBB 후보'는 '수행과제 3건 이상', '지도 5건 이상', '강의 10시간 이상'이 그것이다(BB후보, GB후보 예는 [그림 Ⅰ-1] 참조). '자격 요건'은 기업별 상황에 따라 다양한 건수와 옵션을 두고 있으므로 동종 업계의 벤치마킹을 통해 결정짓는 것도 한 방법이다.

이어지는 인증 시험 은 GB는 한두 시간 소요되는 객관식 또는 일부 주관식이 포함된 형식의 시험을 치르고, BB는 3시간 정도 소요되는 고시(?) 같은 규모의 시험을 치르는 게 대세다. 형식은 객관식과 주관식이 일정 점수 비율로 포함돼 있되, 주관식 경우 통계 해석 능력을 확인하기 위한 미니탭 문항과, '정성적 도구'나 '혁신 운영'과 관련된 기술 문항 등으로 나누어 출제된다. 응시 자격은 교육 이수 후 과제 1건 완료가 충족된 후보를 대상으로 하는 경우가 많다. 합격선은 '60점'이 대부분이나 요즘은 눈높이가 높아진 분위기를 반영해 상당수 기업이 '70점'을 적용하는 추세다.

'인증 요건'이 충족된 후보들은 추가적으로 '면접'을 거쳐 최종 '인증'을 획득하게 된다. 6시그마 도입 초창기부터 벨트 자격을 취득하면 승진 시 가점을 부여받거나 최소 고과 규정, 인센티브 제공 등 다양한 '인사 정책과 연계'해 자격의 유효성을 인정해주고 있다.

기업 컨설팅을 하다보면 회사 정책상 벨트, 특히 'BB 자격'을 취득해야 할 대상자들이 가장 걱정하는 단계가 바로 '인증 시험'이다. 스스로가 통계에 취약하다고 판단하는 후보는 이미 교육 중에 시험 문항 유형에 어떤 것들이 있는지 줄기차게 캐묻기도 한다. 제도가 정착된 기업 경우 시험을 치르기 직전 일주일간 '인증 평가 대비반'을 연수원에서 합숙으로 운영하는 경우가 많으므로 이때는 걱정거리에 차 있는 후보들에게 '인증 평가 대비반'을 최대로 활용할 것을 권유한다. 물론 교육 중에 이해하지 못한 내용은 설사 '인증 평가 대비반'에 참석하더라도 낯설고 어렵게 느껴질 것이므로 교육 내용을 철저히 학습하도록 주문하곤 한다.

'인증' 받기 위한 과정 중 가장 신경 쓰이고 어렵게 느껴지는 '인증 시험'을 낱낱이 파헤치기 전에 '역량 평가'의 관점에서 이 절차가 왜 중요한지 그 의미를 따져보자.

3. '역량 평가'의 속뜻

경영 혁신 활동에 있어 기업은 [그림 Ⅰ-1]의 '인증 절차' 중 '과제 수행', 특히 그 결과의 수확인 '재무성과'에 관심이 많겠지만 리더 입장은 이해타산이 조금 더 복잡하다. '재무성과'가 커서 좋은 평가를 받는 것도 중요하지만 사실 지필 시험인 '역량 평가'가 큰 부담으로 다가오기 마련이다. 규모에 따라 다르기는 해도 '역량 평가'를 치르는 회사의 경우 문항의 난이도가 일정 수준 이상으로 거의 평준화돼 있는 현실에서 "재수는 필수, 삼수는 선택"이란 말이 나돌 정도로 문항 하나하나가 상식으로 풀기에 너무 어렵기 때문이다. '역량 평가 문항'이 왜 이렇게 어려워진 것일까? 서두의 '『Be the Solver』 시리즈 전체 이해하기'에서도 지적했지만 그 이유를 정리하면 다음과 같다.

① 그럴만한 시대적 배경이 있었다

지금과 같은 눈높이의 '역량 평가 문항'이 처음으로 등장한 시기는 2003년도에 삼성그룹에서 'BB 인증 시험 제도'가 공식화되고서부터다. 물론 그 이전에도 LG전자와 같이 '인증 제도'를 깐깐히 운영해오던 예나 타 기업에서 만들어진 문항들이 다수 존재하던 시기였지만 그룹 차원에서 제도가 정착되고, 또 전 그룹원을 대상으로 운영됐던 점을 감안하면 아무래도 삼성그룹의 'BB 인증 시험 제도'를 초창기 대세로 보는 것이 좋을 듯하다.

2000년도에 들어서면서 삼성그룹은 계열사인 삼성SDI, 삼성전기, 삼성전자 등 전자 업종을 넘어 삼성카드, 삼성생명 같은 제조업 프로그램들에 낯설어하던 금융 업종까지 6시그마 경영 혁신이 파죽지세로 전파되던 때라 그룹 내 주요 임원들의 관심과 지원도 최고조에 달하던 시기였다. 초기 '낙하산 BB'로 점철된 '벨트 인증'은 그 대상과 범위가 확대되면서 절차의 체계화가 필요했고, 임원들의 관심과 요구에 부응하기 위한 새로운 문항 유형과 수준의 개발을 촉진시켰다. 결국 각 계열사별로 이루어지던 벨트들의 수준과 절차의 간극을 없애고 그룹에서 통용될 수 있는 '자격'으로 인정하기 위한 그룹 차원의 컨트롤 타워가 조직되었으며, 이곳에서 모든 평가 문항의 개발과 난이도를 총괄하는 시스템으로 발전하였다. 경험해본 사람은 알겠지만 시험 문항을 만드는 작업은 거의 연구 개발 과정과 대동소이(大同小異)하다. 다른 사람이 만들어놓은 문항을 가져다 숫자만 바꿔 넣는 것도 한두 번이지 정기적이면서 많은 인원을 대상으로 하는 정규 시험에서 늘 베껴대는 일은 분명 한계가 있다. 즉 문항을 개발하고 그 수준을 관리하며, 갱신도 주기적으로 할 수 있는 그룹 차원의 공식적인 환경이 필요했던 것이다. '공식적'이란 말은 그룹 내 각 계열사가 보유한 각종 '문제 은행'의 활용도 쉽고, 문항을 만들 충분한 시간도 주어졌으며, 특히 그와 같은 업무를 수행하는 선발된 인력에 월급도 준다는 뜻이므로 개발되는 문항들의 품질과 난이도 역시 높아지고 조정되는 충분한 기회가 됐음에 틀림없다. 가히 개인의 역량 평가만을 위한 평가 문항들이 개발될 충분한 환경이 조성되면서 조잡하고 근거가 불분명한, 또 모호하고 난이도가 매우 떨어지는 문항들은 자연스레 사라지고 시대에 걸맞다고 판단되는 문항들이 대거 출두하고 관리되는 전기가 마련되었다.

② 문항 개발에 통계 전문가들이 다수 참여했다

삼성그룹은 2002년도에 전 계열사가 공통으로 활용할 수 있는 학습 교재를 만들어 배포했으며, 따라서 처음 시작된 2003년도 역량 평가를 위한 시험 문항 개발도 그에 준해 만들어졌다. 그러나 '확률과 통계' 부문의 문항만큼은 '정성적 도구'나 경영 혁신 활동에서 비롯된 제도, 규정, 역할들을 묻는 문항들과 차원을 달리할 수밖에 없었는데, 그 이유는 수학적 원리를 꿰뚫는 자(?)

만이 문항의 품질과 난이도 조절이 가능했기 때문이다. 이와 같이 '확률과 통계' 관점에서 묻는 바를 정확히 짚어 문항으로 나타내기 위해서는 산업공학이나 통계학을 전공한 인력들이 대거(?) 필요했다는 점은 충분히 짐작하고도 남을 일이다. 이 부분은 역량 평가 시기 초반에 긍정적 면뿐만 아니라 부정적 효과까지 드러내는 양면성을 보이기도 하였다.

긍정적 측면은 문항들이 역량 평가의 차수가 증가하면서 바람직한 모습으로 계속 갱신되고 발전돼간 점이다. 질문의 핵심이 현실에서 벗어난 문항들은 구조 조정 대상이 되었고, 좋은 반응을 보인 문항들은 더욱 세련된 형태로 완성도를 더해갔다. 또 활용도가 높은 통계 도구들은 수치 해석과 함께 현실 문제를 해결하는 데 유용한 툴임을 알리도록 작은 문항들로 질문을 세분화해 한 묶음으로 발전시켰다. 다음 [그림 Ⅰ-2]는 출제 시차를 두고 발전돼간 대표적 문항 사례 중 하나이다.

[그림 Ⅰ-2] 문항의 발전 예

[초기 문항 예]

	#1	#2	#3	...	#n
매 출 액 (X)	730	425	16	...	1,020
경상이익 (Y)	23	19	26	...	35

1) 최적의 1차 회귀방정식을 구하시오.
2) R-sq의 의미는 무엇인가?
3) 매출액이 1,000억 원 일 때 경상이익을 예측하시오.

[발전된 문항 예]

	#1	#2	#3	...	#n
판매량 (X)	112	121	139	...	148
평균온도 (Y)	19	26	26	...	41

1) 표본에 대한 회귀방정식을 구하시오. (과정기술 필수)
2) 온도가 25℃일 때 추정판매량에 대한 90% 신뢰구간을 구하시오.(과정기술 필수)
3) 이 회귀 모형의 결과를 김과장이 업무에 어떻게 활용할 수 있을 지에 대한 방안을 제시하시오.

[그림 Ⅰ-2]의 '[초기 문항 예]'를 보면 '회귀 분석(Regression Analysis)'을 통계적 관점에서 확실히 알고 있는지를 묻는 단순 질문에서, 이후 '[발전된

문항 예]'처럼 "(과정 기술 필수)"와 같은 '계산 과정의 중요성'까지 언급하거나, "3) 이 회귀 모형의 결과를 김 과장이 업무에 어떻게 활용할 수 있을지에 대한 방안을 제시하시오"처럼 이론이 아닌 현업에서 직접 활용할 수 있는 도구임을 논술의 형태로 각인시키고 있다. '역량 평가'를 단순한 '테스트' 목적에 두기보다 리더들의 학습 내용이 실제 업무에 적용돼 성과를 거둘 수 있는 실용적 차원의 내용들임을 인지시키는 쪽으로 발전돼가고 있음을 알 수 있다.

이에 반해 통계 전공자들의 참여는 부정적 측면의 결과도 양산했는데 리더는 높은 수준의 역량을 발휘해야 한다는 고정 관념과 그에 따라 선별 과정도 엄격해야 한다는 의식이 만연되면서 너무 이론적 성향의 난이도 높은 문항들이 탄생한 예가 그것이다. 다음 [표 Ⅰ-2]는 그 대표적 사례들 중 하나이다.

[표 Ⅰ-2] 너무 이론에 치우친 문항 예

문제	단순회귀분석에서의 추정 값에 대한 신뢰 구간을 구하여 Prediction Interval에 대한 Graph를 작성하였다. 이에 대한 설명으로 적절하지 않은 것은? ( )
보기	1) 평균$(\bar{x}, \bar{y})$은 적합된 회귀선상에 있다. 2) 일반적으로 표본 크기가 클수록 신뢰 구간이 작아진다. 3) $x = \bar{x}$일 때, 신뢰 구간이 최소가 된다. 4) x의 값이 $\bar{x}$에서 멀어질수록 신뢰 구간이 작아진다.

[표 Ⅰ-2] 경우, 외형적으로는 '단순 회귀 분석'에 들지만 용어 '예측 구간 (Prediction Interval)'은 다소 낯설게 느껴진다. '예측 구간 그래프'는 미니탭에서 다음 [그림 Ⅰ-3]의 위치와 과정으로 얻어진다.

[그림 Ⅰ-3] 미니탭에서 '예측 구간 그래프' 얻기

「통계 분석(S) > 회귀 분석(R) > 적합선 그림(F)…」

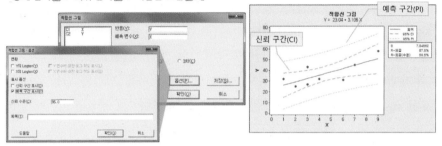

[그림 Ⅰ-3]의 '적합선 그림'에서 직선 주변의 빨간 점선이 '95% 신뢰 구간 (Confidence Interval)'을, 연두색 점선이 '95% 예측 구간(Prediction Interval)' 을 각각 나타낸다. [표 Ⅰ-2]의 정답을 찾기 위해서는 그래프를 잘 보고 판단할 수도 있지만 기본적으로 '예측 구간'과 '신뢰 구간'의 용어 정의와 둘 간의 차이, 좀 더 나아가 '예측 구간'을 얻기 위한 수식의 감도 잡혀 있어야 가능하다. '예측 구간' 산식은 다음과 같다.

새로운 관측값 y에 대한 $100 \times (1-\alpha)\%$ 예측구간은 (Ⅰ-1)

$$(\hat{\beta}_0 + \hat{\beta}_1 x) \pm t_{\alpha/2}(n-2) \sqrt{MSE \times \left[1 + \frac{1}{n} + \frac{(x - \overline{x})^2}{S_{xx}} \right]}$$

단, $MSE = SSE/df = SSE/(n-2)$, $SSE = \sum_{i=1}^{n}(y_i - \overline{y})^2$,

$$S_{xx} = \sum(x_i - \overline{x})^2 = \sum x_i^2 - \frac{(\sum x_i)^2}{n}$$

식(Ⅰ-1)을 보면, [표 Ⅰ-2]의 보기 중 '1)'은 '$y = \overline{y}$'가 될 경우 'MSE=0'

이 되어 회귀 직선 식만 남게 됨에 따라 좌표 값 '평균($\overline{x}, \overline{y}$)'은 회귀선상에 놓인다. 또 '2)'는 '표본 크기가 커질 경우' 산식 내 '1/n'이 작아져 신뢰 구간도 작아지며, '3)'은 $x = \overline{x}$ 일 때 '$(x-\overline{x})^2/S_{xx} = 0$'이 되어 '신뢰 구간'은 최소가 된다. '4)' 경우, 'x'가 '$\overline{x}$'에서 멀어지면 항 '$(x-\overline{x})^2/S_{xx}$'의 분자가 증가해 신뢰 구간은 작아지는 것이 아니라 오히려 커진다. 결국 이 문항의 정답은 '4)'이다. 여기서 기업의 리더들이 본 문항과 풀이 과정, 정답을 탐구하고 이해했다고 가정할 때 과연 그들은 어떤 느낌을 가질까? "어이쿠 하나 틀렸다!" 라든가 "야 찍었는데 맞았으~!" 정도면 양호한 측에 들 수 있다. 도대체 무엇을 알리려는 것일까 궁금한 생각이 들기도 하겠지만 욕이나 안 쏟아내면 다행이다. 이런 문제들이 지속되면 경영 혁신 활동에 강력한 저항 세력들이 양산되는 또 하나의 단초를 제공할 뿐이다. 다행히 [표 Ⅰ-2]의 문항은 그 이후로는 사라지고 사전 학습에서도 제외되었다(^^)! 역량 평가 대비반을 운영하면서 [표 Ⅰ-2]의 문항 풀이를 마친 후 여기저기서 터져 나온 탄식을 아직도 기억한다. 물론 이 어려운 문항을 가뿐히 풀어준 필자의 능력(?)에 감탄했다기보다 "별 희한한 문제를 다 안기네!", 또는 "뭐 하자는 거야?" 하는 허탈의 탄식이었다.

몇몇 문항들의 부정적 이미지가 있긴 하지만 기업인을 대상으로 한 이 같은 '역량 평가'의 의의는 무엇일까? 단순히 '인증'을 얻기 위한 수순으로만 볼 것인가? 또 평가 대비반의 학습 운영은 '벨트 인증률'을 높이기 위한 '혁신 담당 부서'의 단순한 지원 활동인가? 이에 대한 필자의 대답은 단연코 'No'이다.

'평가 대비반'은 오전 8시부터 오후 9시까지 사전 학습과 기출 문항 풀이가 이어지며, 이후부터는 자습 시간으로 통상 끝나는 시점을 정해놓진 않지만 새

벽 2시, 늦게는 3시까지 자율적인 학습이 이어진다. 이때는 필자도 합격률에 일말의 책임이 있는지라 12시까지는 자리를 지키며 여러 개별 질문들에 응하곤 한다. 피교육자나 강사 모두 피곤한 한 주가 아닐 수 없다. 보통 첫날인 월요일과 다음날인 화요일 오후 2, 3시까지는 학습을 받은 지 대부분 오래됐는지라 기억을 되살리기 위한 요약 강의가 진행되고, 그 이후론 '기출 문항' 풀이를 해나간다. 문항은 약 500여 개가 넘으며, 대부분의 응시자가 통계 문항에 취약함에 따라 이 영역에 많은 시간을 할애한다. 미니탭/주관식/객관식 문항들에 대한 풀이가 모두 예정대로 끝나면 대개 금요일 오후쯤 된다. 그때부터는 자습이 이어지며 개별적인 질의응답으로 대체된다.

경험하지 못한 독자는 이해가 되지 않을 수도 있겠지만 과정을 진행하다보면 농담을 하거나 휴식을 취할 여유도 사실 없다. 처음 이틀까지는 여느 학습과 동일하게 50분 진행, 10분 휴식이 반복되지만 수요일쯤 넘어가면 이마저도 사라진다. 어떤 경우는 2시간이 넘어서야 5분 정도 화장실 가는 시간이 주어질 뿐이다. 의도적으로 그렇게 한 것이 아니라 하다보니까 그렇게 되기 일쑤다. 피교육자들은 처음엔 불평불만이 조금씩 터져 나오긴 하지만 묘하게도 수요일 오후 들어서면 모두 잦아든다. 오직 하자는 대로 따라오게 마련인데 이 시점이 되면 필자는 "여러분의 머리가 '멍'해지는 최면 상태에 드는 순간입니다. 이제부턴 가자면 가고, 하자면 하는 무뇌(?) 상태가 계속될 뿐입니다" 하고 말해주곤 한다. 이에 대부분은 허탈한 웃음으로 응수한다. 이때부터는 오히려 몰입도가 매우 높아지는 시기이기도 한데, 그 이유는 수요일 오후쯤부터 앞서 이틀간 그동안 잊혔던 원리들이 새록새록 정리도 돼가고, 문항 풀이를 통해 그 의미도 파악되기 시작하며, 한편으론 새로운 효과도 나타나기 시작하는데 바로 응용력이 생겨나기 때문이다. 이틀간의 사전 학습을 통해 잊혔던 내용을 알아간다는 것은 곧 '재미를 느낀다'는 것이고, 다양한 문항 풀이를 통해 응용력이 생겨나는 것은 본인 스스로가 원리나 현업의 활용성을 터득함으로써 앎의 수준, 곧 역량이 높아짐을 자각한다는 뜻이다. 이때 "합격해야겠다"는 의식은 "아! 이게 이렇게 써먹히는구나!" 하는 깨달음(?)의 경지로 뒤바뀌어 간다. 너무 과장된 해석일까?

과정을 마치고 시험을 본 뒤 이후에 얻은 설문 등에서 응시자들은 이 한 주간의 기간을 "정말 뜻깊었다. 기업에 입사해서 그와 같이 뭔가 한 가지에 집중했던 경험은 처음인 것 같다"로 요약하곤 한다. 바로 **'평가 대비반'은 합격을 위한 보충 교육의 목적보다 이전 학습에서 배웠던 이론을 실제와 연결시킬 배움터로 작용하는 '교육 프로그램'의 하나인 동시에, 개개인의 역량을 심화시킬 장으로써의 기능**을 담당하고 있는 것이다.

'평가 대비반'을 거친 후 응시한 인원의 약 65% 내외가 합격을 통보받는다. 그렇게 해도 70%를 넘기가 어렵다는 것인데 그만큼 확실히 알지 못하면 통과할 수 없다는 뜻이기도 하다. 그러나 분명한 것은 "기업에서의 역량 평가는 개인의 합격 여부를 따져 자격을 부여하는 의미보다 대비반 과정을 통해 개개인의 역량을 높이는 효과에 더 큰 의미를 부여해야 한다"는 점을 강조하고 싶다. 따라서 경영 혁신을 수행하는 기업은 '평가 대비반'을 주요 '교육 프로그램' 중 하나로 인식해줄 것을 당부하는 바이다.

4. '기출 문항' 유형과 개선점

현재 '역량 평가 제도'를 운영 중인 기업에서 문항 출제는 어떻게 하고 있을까? 앞서 언급한 대로 출제를 위한 문항은 저절로 만들어진다거나 단순히 남이 해놓은 것을 가져다 쓰는 데는 분명 한계가 있다. 그렇다고 출제 전문 요원을 상시 배치해서 적합한 문항을 개발토록 운영하는 것도 매우 비효율적이다. 따라서 필요한 시점에 필요한 인력, 주로 부문별 사내 전문가들을 임의로 선정해 일정 기간 출제 위원으로 선임한 뒤 인증 시험지를 완성토록 하는 방법이 선호된다. 이때 출제를 위한 충분한 기간이 주어지지 않거나 역량이 적정 수준에 이르지 못하면 주로 타 기업에서 유입된 문항들을 그대로 인용하거나 숫자 또는 상황을 기업에 맞게 조정하는 방식을 취한다. 문항을 만드는 일은 매우 어려운 일이며 일종의 개발 영역으로 인식되기 때문이다. 나쁘게 얘기하면 '카피'이고 좋게 얘기하면 '벤치마킹'이다.

현재 국내에는 20여 년에 걸쳐 경영 혁신을 추진했던 수많은 기업들이 있으며, 이들로부터 만들어진 문항의 수 또한 상당한 양에 이른다. 물론 그 문항들 모두를 한 자리에 모아놓을 뚜렷한 방법은 없지만 적어도 대표성을 띠는 몇몇 문제 은행들이 시중의 서점이나 관련 기관들에 의해 잘 정리되고 다듬어져 있어 사실 마음만 먹으면 그 수준이나 유형들을 손쉽게 접할 수 있다. 평가의 목적이 문제 해결에 필요한 적정 수준 또는 역량을 보유하고 있는지 알아보는 절차이므로 그에 대한 객관적이고 적합한 물음이 시험 문항에 반드시 포함돼 있어야 한다. 정말 그럴까? 이를 간접적으로 확인할 수 있는 방법이 있다. '기출 문항'들의 유형을 간단히 분석해보는 일이다. 다음 [표 Ⅰ-3]은 A 기업의 2년간 출제 문항들을 유형별로 구분해 그 빈도를 따져본 결과다. 중복된 문항도 있고, 또는 분류하기에 모호한 것들도 있어 대표성을 띠진 않지만 필자의 8년간 평가 대비반 운영 노하우를 토대로 국내 역량 평가의 경향을 파악하기엔 충분한 표본이라 생각된다(직접/간접/개발 포함).

[표 Ⅰ-3] '기출 문항' 유형 분석

문항 유형	빈도(건)	점유율(%)	비고
확률 통계	129	40.44	수치적/통계적 원리, 해석, 계산 등과 관련된 문항
이론	109	34.17	정량/정성적 도구를 제외한 내용, 용어, 정의, 개념, 적절한 대응 등을 묻는 문항
정성적 도구	36	11.29	비 수치적 도구들의 용법, 활용법 등과 관련된 문항
관리/운영	26	8.15	과제 선정–수행–평가와 관련된 문항
방법론	19	5.96	로드맵, 즉 '흐름'과 관련된 문항
합 계	319	100	–

기업별 출제 문항 유형엔 분명 차이가 있다. 그러나 총론에 있어 유사성을 띠므로 일단 [표 Ⅰ-3]을 통해 현재를 엿보기로 하자. 구분된 '유형'은 '비고'란에 그 성격을 부연해놓았다. 우선 표에서 눈에 띠는 대목은 점유율이 가장 높은 '확률 통계' 유형이다. 문제 해결의 본질이 파악되지 않은 상태에서 늘 주위를 맴도는 구절이 "통계 덩어리"라는 표현인데, 이를 증명이라도 하듯 전체 문항들 중 40% 이상이 '확률 통계'가 점하고 있다. 도구(확률 통계, 정성적 도구)와 용어 정의, 개념 등을 묻는 이른바 '이론'을 모두 합하면 전체 약 86%를 점유한다. 이 결과로만 볼 때, 우리가 심각하게 고려할 사항이 있다. "[표 Ⅰ-3]의 결과가 시사하는 바는 과연 무엇일까?"가 그것이다.

'문제 해결'은 "어떻게 접근할 것인지"에 대한 '방법론'이 매우 중요하다. 이때 '접근 방법'은 매우 추상적이므로 이를 구체화시킨 것이 '로드맵(Road-map)'이다. '로드맵'은 '도구(Tools)'와는 구별된다. 좀 징그러운 표현이나 '로드맵'이 지네의 '몸통'이면 '도구'들은 그 '몸통'에 붙은 '지네발'과 같다. 필요한 위치에서 필요한 만큼만 쓰이는 도구 말이다. 다시 '몸통'은 '시작점'과 '끝점'이 있으며 그 사이는 여러 층으로 나뉘는데, 이것은 '문제 해결 과정'을 '층별'해 놓은 것에 대응한다. 통상 상사가 "지시한 일 어떻게 돼가고 있나요?" 하고 물었을 때, "아, 네 이건 이렇고 저건 저렇게 됐고요. 그래서 결국은…" 하는 답변보다 "네, 'Step-5.2. 현 프로세스 능력 평가' 중이고요, 과거 6개월 자료를 토대로 3.2시그마 수준이 나왔습니다" 하는 편이 서로 간 대화에 훨씬 더 효율적이다. 또 이전과 앞으로의 활동을 논하기도 수월한데, 다음 할 일은 'Step-6. 잠재 원인 변수의 발굴'로 이미 정해져 있기 때문이다. 이와 같이 다양한 '문제 해결 방법'을 규격화, 또는 표준화한 '로드맵'은 리더로 하여금 문제의 해법을 찾아나가기 위한 돌다리 역할을 하며, 결국 '로드맵'에 익숙할수록 과제 성공 가능성은 현저히 높아진다. 이것을 **'예지력(豫知力)'**이라고 정의한 바 있다. 즉 '문제 해결 방법론'을 제대로 학습한 리더들은 문제 해결을 위한 '예지력' 향상이 핵심 목적이다. 그렇다면 [표 Ⅰ-3]과 같은 문항의 유형은 본래의 취지와 상당히 동떨어진 결과로 나타난 것은 아닐까? 이에 대한 필자의 답은 "그렇다"이다. 그것도 강력히….

  '평가 시험'은 분명 '문제 해결 능력(또는 역량)'의 수준을 확인하는 절차이며, 따라서 문항도 그에 걸맞게 재배치돼야 한다. 가령 [표 Ⅰ-3]의 문항 유형들 중 '방법론'의 비율이 현재의 '5.96%'에서 적어도 '40%'까지는 높여야 한다. 맞는다면 우리는 '문제 해결 방법', 즉 '로드맵'과 관련된 문항을 개발하는 데 주력해야 하며, 응시자 역시 학습 방향을 현재의 '도구'나 '이론'에서 앞으론 '방법론의 학습'으로 선회해야 한다. 이것이 기업에서 추진하는 문제 해결 역량 향상의 큰 방향과, 성과를 내야 할 리더들과의 일치된 모습이며 바람 직한 방향이라 할 수 있다.

[그림 Ⅰ-4] '기존 문항 유형'과 '개선된 문항 유형' 비교

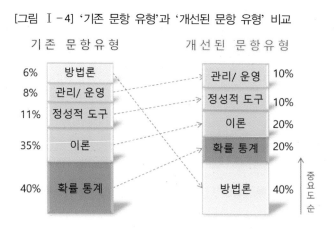

[그림 Ⅰ-4]에 [표 Ⅰ-3]의 유형별 비율을 약간 조정한 '기존 문항 유형' 과 새롭게 나아가야 할 '개선된 문항 유형' 출제 비율을 비교하였다. 기존 '확 률 통계'와 '이론'의 비율을 낮추고, 가장 천덕꾸러기로 여겼던 '방법론(로드 맵, 또는 로드맵+도구형 문항)' 비율을 40%로 높여 기업에서 추구하는 '문제 해결 역량'을 평가할 본연의 체제로 재정립하였다. 사실 새로울 것도 없고, 새 롭게 확인된 사실도 없다. 약간 엇나갔던 틀을 단지 원래의 자리로 되돌려놓 았을 뿐이다.

이 시점에 '방법론'과 관련된 문항이 어떤 모습일지 매우 궁금해하는 독자 가 있을 것이다. 기존 출제된 문항에 항상 포함돼 있었지만 그 빈도가 낮고 또 해당 문항이 '방법론 유형'인지를 깨닫지 못했을 뿐이다. 다음 [표 Ⅰ-4]

는 '방법론 유형'의 대표적 문항 예이다('로드맵+도구'형 예시는 제외).

[표 I-4] '방법론' 문항 예

문제	다음과 같은 주제(과제)를 해결하기 위해 수행해야 할 주요 활동을 D-M-A-I-C 각 Phase별로 기술하시오(단, Phase별 전개 때 제공된 주제의 내용만으로 정보가 부족할 시 상식선에서 상황을 가정해 기술할 수 있음).
주제	김 과장은 작년 말 건강검진에서 폐 기능에 이상이 있다는 진단을 받고 새해 들어 10년간 피워왔던 담배를 끊기로 결심하였다.

[표 I-4]는 큰 틀에서 이미 신체 이상 징후의 원인 규명과 어떤 조치(개선)를 취할지에 대한 입장 정리가 명확하다. 그러나 'D-M-A-I-C 각 Phase'를 전개하면서 왜 폐가 나빠졌는지, 금단 현상을 막을 방안은 무엇인지 등 다양한 분석과 개선의 여지를 남긴다. 따라서 리더가 '방법론(로드맵)' 전체를 이해하고 있는지 평가하는 문제이며, 'Define Phase'부터 'Control Phase'까지를 아우른다. 만일 문항 규모를 축소시키면 D-M-A-I-C 각 Phase별로 쪼개어 '세부 로드맵 문항'이나 응용 문항의 출제도 가능하다. '방법론 문항'에 대한 예와 답안 기술은 「II. 방법론 사전 학습」을 참고하기 바란다.

5. '역량 평가' 사전 학습 방법

본 책의 집필 목적이 역량 평가를 준비하는 수험생(?)들에게 주어진 시간 내에 어떻게 하면 가장 효율적으로 사전 학습을 할 수 있는지 그 묘책을 전수하는 데 있으므로 아마 본문 중에서도 본 단락이 가장 중요하지 않을까 생각된다. 정말 무슨 좋은 방법이 있기는 한 걸까?

가끔 TV 채널을 돌리다 EBS에서 방송하는 '공신(공부의 신)'들이 수능을 준비하면서 겪었던 시행착오와 노하우의 터득 경험담 인터뷰를 시청하곤 한다. 수학 참고서를 가져다 한 장씩 풀어 가면 시간도 오래 걸리고 짜증도 나는 것이 싫어 처음부터 끝까지 아는 문제만 대충 풀어 한 번 봤다는 만족감을 느낀 뒤 다음 난이도 수준의 문제를 또 처음부터 끝까지 푸는 식의 반복이라든가, 모르는 부분에 파란색 메모, 또 모르면 그 밑에 빨간색 메모, 또 모르면 까만색 메모로 뒤덮어 반복하고, 그 내용을 이해하는 데 참고했던 서적과 페이지 등을 기입해 나중에 내용 파악이 용이토록 하는 습관 등 명문대 합격한 사람 수만큼이나 그 방법도 가지가지 천차만별이다. 만일 수험생 중 한 명이 그 방법들을 모두 시청한 뒤 그대로 따라했다간 수능에 좋은 점수를 얻기는커녕 어떻게 해야 할지 머릿속이 뒤죽박죽돼 오히려 숱한 나날을 시행착오로 보내지 않을까 염려스럽다. 왜일까? TV에서 소개된 '공신'들은 모두 자기 스타일에 맞는 공부 방법을 일찍이 터득하고 몸에 완전히 일체시켜 자연스럽게 일상화시킨 반면, 그를 따라하려는 수험생은 그 방법들이 나에게 적합한지 아닌지를 검증할 충분한 시간적 여유를 갖지 못했다는 것이 가장 큰 이유다. 결국 열정이 있는 수험생이면 합격을 위한 사전 학습 자체보다 자기에 맞는 공부 방법을 찾기 위한 부단한 노력이 신행돼야 한다는 결론에 이른다. 그 과정 속에 남이 했던 접근법은 하나의 좋은 벤치마킹 대상이 될 수 있으며, 일부 방법을 자기한테 응용하는 것이 분명 무작정 따라하는 것보다 효과적이다.

필자는 2004년부터 2011년도까지 약 8년 넘게 몇몇 대기업들의 역량 평가 대비반을 운영한 풍부한 경험이 있다. 여기서의 '운영'은 당연히 '강사 자격'으로 서다. 통상 한 회에 10~25명의 응시자들이 1주일간 연수원에 들어와 합숙으로 진행되므로 참가자들의 사전 학습에 대한 부담은 일반 교육의 그것에 비해 몇 배 더 높다. 소속 팀에서 업무를 빼고 와야 하는 부담과, 교육의 결과가 조직원들과 공유하기 어려운 본인만을 위한 자격증 취득에 있기 때문이다. 따라서 불합격되면 본인뿐만 아니라 주변 부서장과 부서원들에게까지 살짝 눈치도 보이는 한마디로 복잡한 심경으로 입과하는 것이 보통이다. 그런데 이와 같이 어렵게 입과를 하고, 장장 1주일이나 시간을 그것도 정열적으로 투자했음에도 불합격 통지를 받는 비율은 자그마치 30~40%를 넘나든다. 20명이 참여했다면 그들 중 최소 6~8명은 합격에 이르지 못한다는 결론이다. 그러나 군대에서 자주 쓰는 우스갯소리로 "찬물에도 온도 차가 있다"는 표현처럼 불합격에도 수준차가 존재하는데, 합격선을 기준으로 1~3점의 한두 문항 미달로 불합격에 이르는 응시자가 있는 반면, 작게는 10점에서 크게는 20여 점이 부족한 응시자도 있어 개인별 차이가 하늘과 땅 사이에 걸쳐 분포한다. 합격선 근방의 불합격자들은 다음 응시엔 필 합격으로 보답하지만 점수 차가 큰 불합격자 경우 재수, 길게는 사수까지 이어지는 게 보통이다. 불합격자 수가 많거나 점수 차가 크게 난 경우 1주일 동안 선장 노릇을 한 필자 역시 마음 한 구석이 불편하긴 마찬가지다. 이때 다년간 관찰을 통해 습득한 이들의 특징을 정리하면 다음과 같은 공통점을 발견한다.

① 문제 해결 교육 과정을 부실하게 이수한 경우

기업마다 차이가 있긴 해도 2~3주 이상의 문제 해결 정규 교육을 이수해야 하는 공통점이 있다. 그러나 문제는 교육의 질이다. 이 부분을 결정하는 요소는 강사의 자질이 의심되거나 피교육자의 일관된 무관심, 또는 최악의 경우

둘 다가 역 시너지를 내는 예 등이다. 교육의 질이 떨어진 환경에 노출됐던 응시자들은 역량 평가를 위한 대비에 직접적인 영향을 받게 되며, 이때의 응시자들 비율이 높을수록 1주일의 피나는 노력에도 불구하고 전체 합격률은 50% 아래를 밑도는 성적을 거둔다. 역량 평가 대비반에서의 학습이 복습의 의미가 아닌 새로운 내용을 접하는 상황이 됨으로써 꽉 짜인 일정을 따라가는 것이 아니라 계속 뒤처지는 결과로 나타나기 때문이다.

정규 교육 과정에 있어 강사의 자질이 부족한 예는 주로 사내 컨설턴트의 기용에서 나타난다. 외부 강사와 달리 사내 컨설턴트는 본인의 주 업무를 평상시 수행하다 회사의 부름(?)을 받을 때면 일시적으로 강의를 하는 예가 많아 손 놓고 지내던 확률 통계에 익숙하지 못하다. 그 외에 업무로 강의가 예정됐던 사내 강사가 참여하지 못하는 사태가 발생하면 대타를 급조하는 행태도 학습의 질을 떨어트리는 주요 요인 중 하나다. 피교육자가 무관심한 경우 업무 등으로 하루 이틀 빠졌다가 다시 복귀하거나 이수 조건인 교육 참석률 85%를 맞추는 데만 열중(?)함으로써 정작 들어야 할 내용을 제대로 학습하지 못한 경우도 꽤 된다. 또 교육 참석자들은 회사 내 여러 부서에서 한두 명씩 예정된 차수에 따라 들어오는 것이 예사지만 특정 사업부 직원들이 대거 참여하는 경우 업무 공백 등이 커짐에 따라 오히려 학습 집중도에 악영향을 미치는 예도 있다.

교육에 참석하는 것도 업무의 연장이고 상사의 승인을 득하고 왔으므로 가급적 학습에 열중하려는 마음가짐이 중요하다. 모 기업 경우 이런 응시자들이 많다고 판단될 경우 평가 대비반에 입과하기 약 2주 전쯤부터 원하는 직원에 한해 사내 컨설턴트들로 하여금 한두 시간의 야간 학습에 참여토록 유도하기도 한다. 그러나 '정규 교육'이 시험을 위한 학습이기보다 본인의 역량을 높여주는 중요한 기회임을 인식하고 적극적으로 참여하는 자세가 필요하다.

② 학습 중간 중간 업무를 보는 경우

역량 평가 준비 기간이 1주일이라 긴 것처럼 여겨지지만 동일한 내용이 반복돼서 나올 가능성은 거의 없다. 적어도 1, 2년 전에 약 3~4주간 배웠던 분량을 '기출 문항' 풀이에 앞서 1.5일간 압축해 전달하므로 중복된 내용이 있을 리 만무하고, 본인은 업무관련 잠깐 전화를 받은 거지만 핵심만 짚는 과정에서의 '잠깐'은 이미 한강 다리 중간 어딘가가 떨어져 나간 이름만 다리지 이미 전체를 놓치는 결과로 이어지기 일쑤다. 기본 원리를 자기 것으로 만들지 못한 상태에서는 응용력의 발휘란 애초부터 기대하기 어렵다. 혹자는 "저녁 자습 시간에 질문하면 되지 않나요?" 하고 물을지도 모른다. 그러나 문제는 본인이 무슨 내용을 빠트렸는지 모른다는 데 있다. 전체적인 맥락은 익히 들어서 알고 있는 터라 빠트린 내용을 거의 인지하지 못한 상태로 보내는 것이다. 잊어서는 안 될 것이 1.5일간의 사전 복습 기간은 평상시의 지식 습득이 아닌 오직 시험 문항만을 풀기 위한 족집게 과정이라는 점이다. 경험적으로 "중간 중간 업무를 보던 불합격자" 경우 전체 불합격자들 중 약 30% 수준에 이르는 것으로 파악된다.

③ 아예 입과 때부터 포기하고 들어오는 경우

가장 개선이 안 되는 그룹 중 하나다. 부서장의 '합격률' 관리 때문에 평상시 본인은 입과를 할 생각이 전혀 없었으나 분위기상 떠밀려 들어온 경우가 이 부류에 속한다. 또는 회사 경영 혁신에 부정적이기보다 관심이 별로 없어 요리조리 잘 피해 다니다 결국은 부서에서 막차를 타야 할 비운의 주인공이 된 경우도 간혹 포함된다. 이들의 특징은 강의실 자리 중 가장 뒤쪽이면서 가장 후미진 곳에 정착하는 공통점이 있으며, 강의 기간 내내 고개를 숙이고 뭔가 열중하는 태도를 취한다. 가만히 다가가 살펴보면 십중팔구는 인터넷 서핑이다(^^)! 보통 조용히 잠수를 타고 있어 수업에 방해되는 일은 결코 없지만 문제는 시작 초기부터 불합격될 것을 전제하고 왔으므로 소위 '불합격률'을 높이는 데 지대한 영향을 미친다. 아무리 좋은 말로 협박해도 결코 따라오지 않는 무리이므로 평가 대비반을 운영할 때 가장 무서운 적이기도 하다. 왜냐하면 "이 응시자는 처음부터 포기하고 있다!"라고 공식적으로 밝힐 수도 없고, 외관상 응시 후 예상대로 떨어져도 포기해서가 아니라 열심히 했지만 점수가 미달된 결과로 인식되기 때문이다. 더 무서운 건 그가 다음 평가 대비반에 또 입과하는 경우며, 가장 경악스러움은 그럼에도 역시 인터넷 서핑을 계속하고 있을 때이다(ㅅㅅ)! 이와 같은 응시자들은 전체 불합격자들 중 약 10% 내외를 점한다.

④ 확률 통계에 알레르기 증상을 보이는 경우

'역량 평가' 중 응시자들이 가장 어려워하는 문항 유형은 뭐니뭐니 해도 '확률 통계'다. 이 분야는 수십 년 전 고등학교 때부터 이미 대부분의 선량한 학생들에게 거부감을 안겨왔던 터라 평가 대비반에 참석한 직장인들에겐 하나의 트라우마로 자리한다. 특히 응시자들 중 일부는 '통계'의 '통'자만 나와도 알레르기 반응을 보이는 경우가 있어 본인은 알아들으려고 부단히 노력은 하지만 왠지 진도가 안 나가 결국은 내용 이해에 실패하기 일쑤다. 내용 파악이 안 된 상태에서는 응용력이 생기지 않으므로 문항의 수치나 데이터 양상이 조금이라도 바뀌면 바로 손도 못 대는 처지로 전락한다. 불합격자들 중 가장 안타까운 대상이다. 이때는 자습 시간에 별도로 불러 모아 가장 어려워할 내용을 반복해 전달하기도 하지만 본인들이 모르는 부분을 계속 드러내며 알아가는 모습대신 수줍음 탓인지 드러내지 않고 보통은 끄덕이며 이해했다는 반응으로 짐철된다. 그러나 이들 대부분이 이번 시험은 실패하더라도 다음 대비반에 다시 들어왔을 때는 양상이 바뀌곤 한다. 그 이유는 우선 문항 패턴이 거의 일정해 매 대비반의 복습 내용도 "이하 동문"이라 반복 효과의 수혜를 본다는 것과, 기간 중 매우 열심히 참여했으므로 다음 반복해서 들을 땐 분명 자기 것으로 소화시킨 내용이 늘어 합격으로 이어진다. 잘 풀리지 않는 응시 자는 삼수를 거쳐 사수까지도 시도하지만 그 빈도는 매우 낮고 대부분 두 번째에는 합격한다. 이들의 점유율은 가장 다수인 불합격자의 약 55% 정도를 차지한다. 사수를 넘어선 경우는 아직 본 적 없다!!

⑤ 실제 평가 중 실수를 범하는 경우

어디에나 존재하는 유형이다. 대학교 수능 보는 시기이면 어김없이 나오는 뉴스가 늦은 학생을 경찰 오토바이로 경적을 울리며 제 시간에 교문으로 들여 놓는 보도다. 마찬가지로 답안지에 잘못 표기하거나 평가 규칙을 잘못 알고 당일 알게 돼 당황해서 망친 경우, 시험 중 감독자에게 부적절한 행동으로 인식돼 실랑이를 벌이다 아예 포기한 경우 등 그 행태도 가지가지다. 어떤 응시 자는 오픈 북 상태에서 여백에 불필요한 내용을 잔뜩 옮겨놓은 것이 적발돼 압수(?) 당하면서 어수선한 분위기로 마무리 한 예도 있고, 통계 문항에만 올 인 하다 정작 풀 수 있는 주관식은 손도 못 대고 끝나버린 경우도 허다하다. 사소한 것까지 나열하면 끝도 없을 것 같아 이만 줄이지만 어쨌든 실력이 아 닌 준비 부족의 상황이므로 불합격됐을 때 안타까움은 배에 달한다. 이들은 전체 불합격자들 중 약 5% 내외를 차지한다.

필자가 국가고시를 치러보진 않아서 잘 모르겠지만 기업에서의 '역량 평가' 만큼은 그 난이도나 패턴이 10년의 세월을 거치는 동안 단 한 번도 바뀐 적이 없다. 난이도 역시 일정 수준을 그대로 유지하고 있는 것만 봐도 그렇다. 다만 그 눈높이가 다소 높아 암기 위주의 대응이나 우리나라 고유 학습법(?)인 '벼 락치기'로는 합격선인 70점 이상을 획득하기란 거의 어렵다는 것은 분명하다.

다행인 것은 8년 넘게 역량 평가 대비반 강사로 활동해오면서 문항 패턴이 일정하게 유지돼온 탓에 그에 대응하기 위한 학습법도 표준화시킬 수 있었다는 점이다. 다음 [표 I-5]는 사전 학습 기간을 최소 1주일(5일)로 가정했을 때, 지금까지 필자가 운영해온 학습 내용과 소요 시간을 요약해놓은 것이다. 본인의 회사가 '역량 평가 제도'를 운영하고 있는 기업이면 2, 3일의 학습 기간이나 직원 개개인이 알아서 공부하는 접근보다 표에서 주어진 일정을 프로그램으로 소화해 운영하는 것도 고려해봄직하다.

[표 I-5] 사전 학습 내용 및 소요 시간(최소 5일, 일 10시간 기준)

	학습 항목	소요일(시간)	주요 내용
확률 통계	확률 통계 핵심 내용 학습	1.5일(15)	1. 정규 분포 가법성 2. 정규 분포 확률(넓이) 구하기 → 시그마 수준 3. 중심 극한 정리 → 신뢰 구간 4. 분포(이항, 포아송) 5. 가설 검정 용어 6. 가설 검정 7단계 7. 회귀 분석/DOE, 필요 시 '정의 대비' 포함 8. 관리도 9. (추가) MSA
	기초 통계 문항 풀이	0.8일(8)	1~4 관련 약 3년치 '기출 문항' 풀이
	통계 문항 풀이	1.0일(10)	5~9 관련 약 3년치 '기출 문항' 풀이
주관식 문항 풀이		0.7일(7)	주관식 문항(정성적 도구, 논술형, 단답형 등)
객관식 문항 풀이		0.5일(5)	객관식 문항
자기 학습		0.5일(5)	Q&A, 부족한 영역 보충 학습
합 계		5.0일(50)	(참고) '기출 문항'은 주로 직전 3년치를 대상

[표 I-5]는 1주일간 진행되는 「역량 평가 대비반 운영 프로그램」을 소개

한 것이다. [그림 Ⅰ-4]처럼 중요도 측면에선 「방법론」이 가장 중요하지만 평가 준비를 위해서는 난이도가 가장 높은 '확률 통계'의 우선순위가 당연히 높다. 불합격된다면 이 분야에서 점수를 제대로 획득하지 못한 경우가 대부분이기 때문이다. 표와 같이 보통 최근 3년치의 '기출 문항'들을 대상으로 하되, '확률 통계'에 대한 이론 설명이 약 1.5일간 집중적으로 진행되며, 이를 기반으로 '기초 통계' 문항만 골라 3년치를 약 0.8일(8시간) 동안 풀이한다. 이로써 다양한 '기초 통계'의 변화무쌍한 문항들에 대응력을 키운다. 약간 자신감이 생긴다고 볼 수 있다. 이 여세를 몰아 '가설 검정~관리도'에 이르는 미니탭 관련 문항을 약 1일(10시간) 정도 풀이한다. 양도 많지만 응시자들이 매우 어려워하는 영역이기 때문에 조리 있는 풀이와 해석에 특히 주의한다. 참고로 "확률 통계 핵심 내용 학습" 중 "9. (추가) MSA"는 기업에 따라 활용도가 극명하게 갈리는 현실을 감안, 선택 사항으로 간주하였다. 주관식에는 '방법론'을 포함 '정성적 도구', 논술형, 단답형들이 모두 포함되며 수학적 원리나 이론보다 반복을 통한 익숙해짐이 중요하므로 이에 초점을 맞춘다. 다행히 유사한 '기출 문항'들이 반복적으로 나와 주므로 풀이만으로도 소기의 목적 달성이 가능하다. 참고로 '정성적 도구'는 「Be the Solver_프로세스 개선 방법론」편의 Improve Phase에서 설명한 '개선 체계도'를 중심으로 약 30여 분간의 전달 교육을 실시한다. 또 객관식 문항들 중 난이도가 높은 유형들은 대부분 '확률 통계 핵심 내용 학습'에서 이미 설명하므로 '기출 문항' 풀이를 할 때 재확인하는 선에서 정리한다.

다음 단원부터는 응시자들이 스스로 학습해 평가에 임할 수 있도록 사전 학습 방법을 상세히 논하고자 한다. 이에 [표 Ⅰ-6]처럼 사전 학습 항목을 '중요도 순'으로 설명하되 큰 주제 세 개 항목에 한정할 것이다. 내용에 포함되지 않은 유형의 문항들은 응시자 각자가 '기출 문항'을 풀이하면서 채워나가기 바란다.

[표 Ⅰ-6] 자기 학습을 위해 본문에서 설명할 항목

학습 항목	주요 내용
'방법론' 사전 학습	1. '프로세스 개선 방법론 로드맵' 관련 문항 풀이 2. '세부 로드맵' 관련 문항 풀이 3. '방법론' 관련 문항 풀이
'확률 통계' 사전 학습	1. 정규 분포 가법성 2. 정규 분포 확률(넓이) 구하기 → 시그마 수준 3. 중심 극한 정리 → 신뢰 구간 4. 분포(이항, 포아송) 5. 가설 검정 용어 6. 가설 검정 7단계 7. 회귀 분석/DOE, 필요 시 '정의 대비' 포함 8. 관리도 9. (추가) MSA
'정성적 도구' 사전 학습	'개선 체계도'를 중심으로 한 용법 소개 및 문항 풀이 예

일반적으로 [표 Ⅰ-6]의 내용만 숙지한 뒤, '기출 문항'을 충분히 푼다면 최소 70점 이상은 확보할 수 있다. 합격선에 들 수 있다는 뜻이다. 그만큼 표의 내용이 역량 평가에서 중요한 고지를 차지하고 있으므로 응시자라면 다음부터 이어질 본문에 충실히 임해주기 바란다. 참고로 「방법론 사전 학습」은 필자가 향후 '역량 평가'에 '방법론 섹션'을 별도 구분하여 출제토록 강력히 주장하는 항목이므로 '기출 문항'에 포함된 것들은 발췌해서 풀이 과정을 소개한다. 그러나 존재하지 않거나 부족한 부분에 대해서는 직접 개발한 문항의 예를 들어 보충해 나가겠다.

II

'방법론' 사전 학습

문제 해결에서 과제 리더들이 가장 중요하게 생각하고 또 내용 파악에
훨씬 많은 시간과 공을 들여야 할 대상이 바로 '방법론 학습'이다. '문
제 해결 방법론'은 오랜 기간의 연구와 시행착오를 거쳐 규격화되었고
표준화되었으므로 그에 대한 이해는 필수이다. 따라서 역량 평가를 통
해 Solver가 되려는 응시자들은 '방법론 학습'의 목표인 본인의 '예지
력' 수준이 어느 정도 되는지 스스로 가늠하고, 만일 부족하면 이를 향
상시키기 위해 노력한다.

시중에 나와 있는 역량 평가를 위한 문제집은 거의 대부분 '확률 통계 문항'에 치중돼 있다. 역량 평가를 위한 문항이기보다 '통계 지식'을 묻는 종합 문제지로 인식될 정도다. 그도 그럴 것이 평가의 당락은 '통계 지식'을 어느 정도 갖추고 있는지 여하로 대부분 결정되기 때문이다. 이런 기류는 기업에서 치러지는 역량 평가도 대동소이한데, 기업인에게도 '확률 통계'는 평상시 나와 관계없는 먼 나라 외계 학문으로 여겨질 뿐 일상에서 늘 관심 속에 유지 발전시키는 대상과는 거리가 있다. 그러므로 당락의 중요성을 감안할 때 사전 학습의 우선순위는 '확률 통계'에 두는 것이 마땅하다. '방법론(주로 로드맵)'이 '확률 통계'보다 상상할 수 없을 정도의 중요성을 갖고 있다 해도 합격/불합격을 결정지을 '확률 통계'에 학습 우선순위를 두지 않으면 그 뒷감당은 아무도 하지 못한다.

　우리는 그동안 "문제 해결=통계 덩어리"란 항등 관계를 듣는데 너무 익숙하다. 학습의 커리큘럼이 그렇고 과제 수행 시 통계 처리 여하에 수행 품질을 넉넉하게 쳐주는 인식도 그렇다. 거기에다 문제 해결 역량을 평가할 '인증 시험'까지 확률 통계가 대부분을 차지하다보니 누가 봐도 "문제 해결=통계 덩어리"란 명제는 의심할 여지없이 받아들여야 한다. 더 큰 문제는 기업에 입사를 희망하는 취준생들까지 '문제 해결=통계 덩어리'란 인식에서 벗어날 수 없다는 것이다. 시작도 하기 전에 시중의 여러 정보들을 접한 이들은 이미 그와 같은 결론을 내리기에 충분하다. 정말 이대로 계속 나아가는 것이 옳은 일일까? 그러나 생각을 조금만 바꾸면 문제 해결에서 추구하는 본질과 현실과의 어긋남을 한 물줄기로 일치시킬 묘안은 있다. 적어도 '역량 평가'만큼은 '확률 통계'보다 '방법론'이 더 중요하다는 취지를 심어놓음으로써 응시자들이 과거 어떤 학습 과정을 거쳐 현재 수준에 이르렀던 작으나마 본질을 깨우치도록 독려하는 방법이 그것이다. 따라서 본 소단원은 당락을 결정지을 '확률 통계'보다 문제 해결에서 가장 중요하고, 또 실제 개인의 역량을 높이도록 힘써야 할 '방법론 사전 학습'에 치중할 것이다. 다음은 [표 I-6]을 다시 가져와 본문에서 집중 다룰 '방법론 사전 학습'을 재강조한 예이다.

[표 II-1] 자기 학습을 위해 본문에서 설명할 항목

학습 항목	주요 내용
'방법론' 사전 학습	1. '프로세스 개선 방법론 로드맵' 관련 문항 풀이 2. '세부 로드맵' 관련 문항 풀이 3. '방법론' 관련 문항 풀이
'확률 통계' 사전 학습	1. 정규 분포 가법성 2. 정규 분포 확률(넓이) 구하기 → 시그마 수준 3. 중심 극한 정리 → 신뢰 구간 4. 분포(이항, 포아송) 5. 가설 검정 용어 6. 가설 검정 7단계 7. 회귀 분석/DOE, 필요 시 '정의 대비' 포함 8. 관리도 9. (추가) MSA
'정성적 도구' 사전 학습	'개선 체계도'를 중심으로 한 용법 소개 및 문항 풀이 예

'방법론 사전 학습'은 문항 출제가 크게 'D-M-A-I-C 각 Phase'를 충분히 인지하고 있는지 묻는 경우와, 'D-M-A-I-C'를 잘게 쪼갠 '세부 로드맵'을 제대로 이해하고 있는지 묻는 문항 예 및 그 둘을 통합하되 실 사례로 묻는 세 가지 유형으로 구분된다. 세 번째는 필자가 제안한 예이다. 따라서 이후 전개도 이에 맞춰 진행할 것이다.

1. '프로세스 개선 방법론 로드맵' 관련 문항 풀이

'프로세스 개선 방법론 로드맵' 관련 '기출 문항'들의 전형적인 예는 이미 [표 Ⅰ-4]에 소개해놓았다. 주로 하나의 '주제'를 제시하고 그에 대해 'D-M-A-I-C' 각 Phase별로 직접 전개하도록 요구하는 형식이다. 실제 '역량 평가 대비반'에서 문항 풀이를 하다보면 '확률 통계 문항'은 몰라서 손을 못 대고, '로드맵 문항'은 제대로 학습받지 못한 이유로 답을 적는 데 어려움을 겪는다. 통계 풀이는 몇 번 해설을 달아도 그 기반이 부족한 상태에선 본인 것으로 만드는 데 어려움을 겪거나 오랜 시간이 걸리지만, '로드맵 문항' 풀이는 정확히 한 번만 제대로 설명해주면 바로 본인 것이 되는 차이점이 있다. 복잡한 이론이나 속임수가 숨겨져 있기보다 제대로 알고 있느냐의 문제이기 때문이다. 또 한 가지 짚고 넘어가야 할 중요 사항은 '로드맵'을 학습하는 목적인데 이 부분에 대해서는 '예지력(豫知力)'을 키우는 것이라 누누이 강조한 바 있다. '기출 문항' 풀이에 들어가기 전 기본 개념부터 먼저 살펴보자.

1.1. '프로세스 개선 방법론 로드맵' 기본 개념

'프로세스 개선 방법론'은 '5-Phase, 15-Step, 40-세부 로드맵'을 기반으로 한다. '제품(또는 프로세스) 설계 방법론'의 '50-세부 로드맵'도 중요하지만 본문은 보다 대중적인 전자에 집중한다. 다음 [그림 Ⅱ-1]은 로드맵 'D-M-A-I-C'에 대해 각 Phase별로 꼭 알아둬야 할 특징들을 요약한 개요도이다. 핵심 내용 설명이 쉽도록 해당 위치에 '원 번호(①~③)'를 표시해두었다. 참고로 '문제 해결 정의'와 '로드맵'과의 관계 및 '로드맵' 탄생 배경 등

'로드맵' 관련 자세한 사항은 「Be the Solver_프로세스 개선 방법론」편을 참고하기 바란다.

[그림 Ⅱ-1] 'D-M-A-I-C' 각 Phase별 특징 개요도

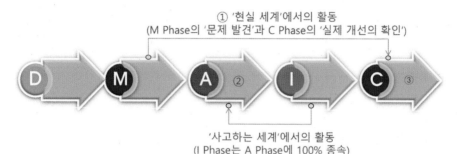

① '현실 세계'에서의 활동('Measure'와 'Control')

이 부분은 마이클 해리가 'M-A-I-C'를 구성하면서 설정한 각 Phase별 정의와 관계한다. 즉 'Measure와 Control'은 '현실 세계'이고, 'Analyze와 Improve'는 '사고(思考)의 세계'이다. 'Measure Phase' 경우, 프로세스 운영 담당자가 "어라! 이 특성 값이 왜 기준을 벗어났지?" 하고 생각이 든 순간 또는 고객으로부터 "저 값이 너무 왔다 갔다 해서 우리 프로세스 적용 시 많은 문제가 발생한다!" 등을 전해 듣는 순간 '문제의 인식 단계'에 돌입하고, 곧바로 이어지는 'Measuring', 즉 '측정'을 실시한다. 프로세스 개선에 자원과 비용을 투입해야 할지 판단이 요구되므로 발생 수준을 가늠하는 일은 매우 중요하다. 이 때문에 'Measure Phase'는 '현실 세계'에서 일어나는 활동에 견준다. 또 만일 별다른 원인 규명 과정이 불필요하면 바로 개선으로 이어지며, 운영 중인 프로세스에서 직접 개선이 이루어질 경우 그 결과를 모니터링함으로써 개

선의 유의성을 파악한다. 이와 같이 실제 프로세스에 개선 내용을 적용하고 그 추이를 지켜보면 'Control Phase'에 해당하고 결국 'Measure Phase'와 'Control Phase'는 우리가 속한 환경에서 일어나는 '현실적인 활동'에 해당한다.

그에 반해 현실 세계에서 '측정'을 수행한 결과 문제를 유발시킨 원인의 규명이 필요하면 'Analyze Phase'가 필요하다. 이 과정은 문제가 발생된 프로세스 주변에서 연관 데이터를 수집해 징후 포착과 개선을 추적할 방향 찾는 일이 주요 활동이므로 책상에 앉아 땀띠 나게 인내하는 시간이 필요하다. 이때 현재의 틀에서 보완해야 할 증거가 확보되면 그 내용을 'Improve Phase'로 넘겨 개선해도 좋은지 확인 또는 검증토록 하는데, 이들 관계로 따져볼 때 'Improve Phase'는 'Analyze Phase'에 100% 종속돼 있음도 알 수 있다. 'Analyze Phase'에서 논리적으로 또는 개선할 충분한 이유가 제공되지 않았는데 'Improve Phase'에서 "툭!" 하고 개선이 펼쳐지면 적어도 '문제 해결'로 보긴 어렵다. 그냥 평상시 하던 대로의 개선 활동을 한 것이다. 주어진 자료로 문제의 원인을 규명하고 '개선 방향'을 설정하며, 또 현 프로세스에 '개선 방향'을 적용 시 그 영향과 효과, 위험 등을 파악하는 활동이면 분명 '사고(思考)'가 필요한 것임에 틀림없다. 'Analyze Phase 및 Improve Phase'가 'Measure Phase 및 Control Phase'와 큰 차이를 보이는 대목이다.

[그림 Ⅱ - 1]에서 'M과 C'를 선으로 연결해서 'A 및 I'와 차별해 표현한 것도 이 이유 때문이다. 다시 정리하면 'M 및 C'는 '현실 세계에서의 활동'인 반면, 'A 및 I'는 '사고(思考)하는 세계에서의 활동'이다.

② 흐름 관점에서 가장 중요한 'Analyze Phase'

[그림 Ⅱ-1]의 'Analyze Phase'에 '②'를 표시해놓았다. "흐름 관점에서 왜 'Analyze Phase'가 가장 중요할까?"를 알아보기 위함이다. 강의 중 가끔 받는 질문 중에 "체계적인 방법론 학습 전에도 우리는 항상 과제를 수행하고 있었는데, 왜 이 시점에 마치 별개의 과제를 수행하는 양 강조하고 이것저것 덧붙여 정신없게 만드는가?"와 같이 소위 저항 세력들의 공세에 직격탄을 맞는 경우가 있다. 답은 간단하다. 리더들이 실질적으로 문제 해결 분야에서 처음 접한 것들에 통계 도구나 휘황찬란한 파워포인트 작성스킬도 있겠지만 이런 것들은 기존의 '품질 도구'들에 포함돼 있어 사실 특별날 것도 없다. 그러나 뭐니 뭐니 해도 도입된 '문제 해결 방법론'을 통해 얻은 가장 큰 선물은 다름 아닌 '로드맵'이다. 바로 '문제 해결의 실체'인 셈이다. 따라서 주어진 과제를 수행할 때 각자가 알고 있는 방식대로 전개하면 그때는 그냥 '기존 방식대로' 결과를 얻은 것이나 그렇지 않고 'D-M-A-I-C' 정의대로 과제를 전개했다면 그제야 '체계화된 문제 해결 방식대로' 결과를 얻은 것이다. 결과가 같더라도 과정이 틀리니 분명 둘은 다른 것이다. 또 일을 층별해서 차근차근 인과 관계와 전후 관계를 따져 완성된 결과는 다른 사람과 내용 공유도 쉽고 잘못 됐을 때 어디서 틀어졌는지 확인도 용이하다. 빠트리지 않고 왔으므로 성과란 측면에서 기대 이상의 더 큰 이익을 가져다줄 수도 있다. 뒤죽박죽 뒤섞인 옷을 장롱 속에 차곡차곡 정리해 넣듯 '로드맵'은 뒤섞인 해야 할 활동들을 순서대로 연결해나가는 개념이니 사실 전혀 새로울 것도 없다. 그렇지만 일하는 방식의 작은 변화로 앞서 설명된 장점들이 부각되면 일단 'D-M-A-I-C'가 얼마나 유용한가를 간접적으로 체험할 수 있다.

'로드맵'에 대한 이해가 섰으면 이제 'D-M-A-I-C'를 '일의 흐름' 관점에서 보자. 이때 각 Phase별 중요도에 확연한 차이가 관찰된다. 강의 중 어느 Phase가 가장 중요한지를 묻는 질문에 항상 "Improve Phase요!" 하는 답이 돌아오곤 한다. 만일 'Analyze Phase'가 없다고 가정해보자. 우리는 'Measure Phase'를 통해 운영 중인 프로세스 내 현 상태를 '측정'할 것이고, 이어 머리에 떠올린 개선점을 바로 적용시켜 그 결과를 모니터링하게 될 것이다. 이 활동은 'Control Phase'에 해당한다. 결국 'Analyze Phase'에서 현상을 파헤쳐 문제를 유발하는 근본 원인을 규명하고 그를 제거하거나 감소시킬 방안을 만들면 이것이 곧 '개선 방향'이며 'Analyze Phase'의 '산출물'이다. 만일 'Analyze Phase'가 없으면 '개선 방향'에 대한 고민이 사라져 익히 알고 있는 '즉 실천(개선)'이 행해진다. 따라서 '원인 규명 과정' 없이 탄생한 '개선 방향'은 곧바로 현실 세계의 프로세스에 적용해 그 성과를 가늠하는 것이 훨씬 더 효율적이다. 즉 'Measure Phase'에서 바로 'Control Phase'로 연결된다('즉 실천' 예).

반대로 'Analyze Phase'가 존재하면 반드시 그 '존재 이유'가 있어야 한다. 존재하는 데 쓸모가 없다면 무용지물이며 군더더기다. 과제를 수행하면서 분석이 필요치 않은데도 다양한 통계 기술을 펼쳐 보이는 것은 누가 봐도 역정낼 일이다. 아닌 게 아니라 우리 주변에 이와 같은 유형의 과제가 93%에 이른다면 믿기겠는가('통계 분석'이 아닌 '정성적 분석'의 예를 지칭)? 정례화된 문제 해결 방법을 비판하고 혹평하는 대다수가 이 같은 비합리적인 활동을 지적하곤 한다. 바로 '로드맵'의 오용 사례인데 더 큰 문제는 아직도 이 점을 깨닫지 못하고 모든 과제는 반드시 'D-M-A-I-C' 하나로만 해결하도록 정책적인 강요(?)가 이루어지고 있는 점이다. '역량 평가'를 준비하는 과정 속에서 그동안 잘못 알고 있던 점을 바로 잡을 수 있는 기회가 분명 존재함을 확실히 인식할 수 있으며, 또 문항 출제자들에게도 응시자들이 이런 부분을 깨닫도록 다양한 고민과 연구가 필요한 대목이기도 하다. 교육 중에 전달했어야할 중요한 내용임에도 평가 때에 이르러서야 깨닫도록 하는 게 다소 늦은 감은 있지만 말이다.

③ 성과 관점에서 가장 중요한 'Control Phase'

[그림 Ⅱ-1]의 'Control Phase'에 '③'을 표시해놓았다. '②'에서 설명했듯이 'Analyze Phase'는 '흐름 관점'에서 매우 중요한 역할을 담당한다. 그런데 '성과 관점'은 또 뭔가? 과제를 여러 번 수행해본 리더는 아무리 'Analyze Phase'에서 심도 있는 분석을 했더라도 그것이 높은 성과와 직결된다고 주장하진 못한다. 그 이유는 '근본 원인'을 확인한 뒤 개선에 잘 이르렀다손 치더라도 아이디어는 좋지만 예상과 달리 금전적 성과가 없을 수도 있고, 규모가 기대에 못 미쳤을 수도 있다. 재무성과가 아닌 비재무성과도 상황은 비슷하다. 원인 규명과 그에 따른 '개선 방향'이 잘 설정되었고, 'Improve Phase'에서 최적화도 매우 긍정적으로 이루어졌지만 실제 프로세스에 적용한 결과 운영에 심각한 문제점이 드러나 폐기되거나 생각만큼 효과가 크지 않을 수도 있다. '로드맵'의 '흐름 관점'에선 매끄럽고 긍정적이어서 과제 수행 품질은 매우 높았지만 성과만큼은 기대에 못 미치리란 점은 충분히 예견할 수 있다. 물론 '로드맵' 흐름이 좋고 분석의 심도도 깊으면 대부분 좋은 성과로 이어질 가능성은 높다. 그러나 반드시 그렇지 않다면 '성과 관점'에서 과제 수행을 재검토해볼 필요성이 생긴다.

일반적으로 과제 수행을 평가할 때 세 가지를 봐야 한다. 첫째는 '문제 해결 로드맵'을 잘 따랐는가와, 두 번째로 분석의 심도가 깊었는가, 세 번째는 성과가 기대 수준에 이르렀는지 여부이다. 물론 기업 입장에서는 일단 '성과'가 중요하다. '성과'를 많이 내려는 목적으로 문제 해결 방법을 도입했으며, 비용을 들여 직원 역량 향상을 꾀한 이유이다. 결국 과제 평가에서 가장 중요한 것은 세 번째인 '성과 달성 여부'이다. '성과'가 기대 이상으로 나려면 실제 프로세스에서의 적용성과 효과성이 입증돼야 하는데 이 같은 검증은 'D-M-A-I-C' 중 'Control Phase'에서 이루어진다. 강의 중에는 이에 대해

"D-M-A-I는 전혀 수행하지 않아도 마지막 Phase인 Control은 반드시 이행해야 합니다. 개선을 이룬다는 것은 잘 운영 중인 프로세스에 변경점을 야기하는 것이고, 변경점이란 통상 해당 프로세스 또는 이후 프로세스에 심각한 문제를 발생시킬 소지가 크기 때문입니다. 개선 효과가 있는지 여부는 Control Phase에서 반드시 검증이 이루어져야 합니다. 이것만 봐도 Define Phase의 '일정 기술' 때 'D-M-A-I-C' 각 Phase별로 한 달씩 잡은 일은 너무 어리석고 무책임한 설정입니다. 개선 사항이 단 한 개라도 있을 것으로 예상되면 프로세스 적용성과 효과성을 입증할 충분한 기간이 Control Phase 수행 중 확보돼야 합니다"라고.

우리가 그동안 'D-M-A-I-C' 로드맵에 대해 어떤 생각과 입장을 고수해왔는지는 중요치 않다. 최소한 '역량 평가'에서만큼은 올바른 정의 설정과 올바른 학습이 이루어질 수 있도록 충분하고 격에 맞는 문항들이 출제돼야 한다. 또 응시자들은 통계 도구에 올인(?)하기보다 문제 해결 역량을 키우기 위해 꼭 필요한 학습이 '방법론'에 있음을 인식하고 입문 시 잘못된 사상이나 시행착오를 최소화하는 데 나름 노력하는 자세가 필요하다. 그래야만 합격을 위해 집중하는 짧은 기간이나마 충분한 수준 향상을 꾀할 수 있다. 지금부터 '기출 문항'들을 통해 어떤 모습이 '로드맵'을 묻는 유형들인지에 대해 알아보자.

1.2. '프로세스 개선 방법론 로드맵' 관련 '기출 문항' 풀이

'로드맵' 관련 문항들은 다양한 난이도로 구분된다. 그들 중 가장 기본적인 사례가 각 Phase별 활동에 대한 정의를 묻는 경우이다. 교과서적인 정의를 확실하게 알아둬야 좀 더 난이도 높은 문항 풀이가 가능하다. 그다음이 [표 Ⅰ-4]에 소개한 바와 같이 주제를 제시하고 각 Phase별로 간단히 전개토록 요구하는 문항이다. 대부분의 응시자들은 이 부분에 취약한데, 평소 '도구 학습'에 익숙해 있거나 '로드맵'에 대한 이해가 충분치 않은 이유가 가장 크다. 그 외에 응용적 측면에서 특정 Phase를 정한 뒤 세부 활동들을 조목조목 따져 묻거나 벤치마킹, FMEA와 같은 범용 도구(Tools)들을 각 Phase별로 사례를 들어 기술하도록 요구하는 문항이 있다. 다음 [표 Ⅱ-2]는 기본 정의를 묻는 문항의 예이다(난이도 하).

[표 Ⅱ-2] [문항] '프로세스 개선 방법론 로드맵' 관련 예(난이도 하)

문제	과제 수행을 위해 요구되는 방법론 로드맵 중 'D-M-A-I-C'의 각 Phase별 주요 활동을 기술하시오
Phase	1) Define : 2) Measure : 3) Analyze : 4) Improve : 5) Control :

사실 [표 Ⅱ-2]의 문항은 이젠 찾아보기 어렵다. 난이도가 낮기도 하지만 용어 등의 '정의'를 묻는 문항은 초보자들을 대상으로 하는 것이 공론화돼 있기 때문이다. 참고로 하되 본인이 부족하다고 판단되는 독자는 이번 기회에 정확히 알아두도록 하자. 다음은 정답이다.

1) Define: 과제 선정 및 배경을 기술하며, 목표와 범위를 구체적으로 정의.
2) Measure: 과제 CTQ를 가장 잘 대변할 측정 가능한 Y의 선정과 데이터를 바탕으로 한 현 수준 파악, 이어 Y의 변동을 설명할 '잠재 원인 변수'를 발굴.
3) Analyze: '잠재 원인 변수'의 우선순위에 따라 데이터를 수집하고 분석하여 Improve Phase에서 실행할 주요 '개선 방향(or Vital Few X)'을 결정.
4) Improve: 과제의 실질적인 개선 전략을 수립하여 그에 따라 '최적 대안' 도출 및 '최적화'를 수행하며, 그 결과를 검증.
5) Control: 개선 성과를 유지하기 위한 관리 항목 선정과, 관리 계획 수립 및 실행을 통해 지속적 관리가 이루어지도록 체계적 관리 시스템을 구축하고 프로젝트를 완료.

적어도 문제 해결 역량을 구비한 리더라면 '정답'에 논한 내용 정도는 외우지 않고도 술술 기술할 정도는 돼야 한다. 아마 외우려 애쓰는 독자가 있다면 이후 사례부터 어려움을 호소할 것이므로 이 기회에 확실하게 내 것으로 만들기 바란다. 다음은 주제를 제시하고 **Phase**별 활동 정의에 맞게 내용 전개를 묻는 문항 예이다(난이도 상).

[표 Ⅱ-3] [문항] '프로세스 개선 방법론 로드맵' 관련 예(난이도 상)

문제	다음과 같은 주제(과제)를 해결하기 위해 수행해야 할 주요 활동을 D-M-A-I-C 각 Phase별로 기술하시오(단, 제공된 주제의 내용만으로 정보가 부족할 시 상식선에서 상황을 가정해 기술할 수 있음).
주제	김 과장은 작년 말 건강 검진에서 폐 기능에 이상이 있다는 진단을 받고 새해 들어 10년간 피워왔던 담배를 끊기로 결심하였다.

[표 Ⅱ-3]의 '주제'가 아니더라도 다양한 상황을 가정할 수 있는데, 다음은 유사 내용들을 모아놓은 예들이다.

<u>주제 1)</u> 최 대리는 현재의 태권도 5급을 금년 내에 2급으로 3단계 향상시키기 위한 노력에 착수하였다(이외에 바둑, 경기 종목, 자격 시험 유형이 가능).

<u>주제 2)</u> 김 대리는 맞벌이 부부이며, 한 달에 최소한 보름 이상은 밥을 짓고 있으나 매번 설익어 안타까워하는 사례가 빈번하다. 이에 맛있는 밥을 짓기 위한 프로젝트를 수행하기로 결심하였다(이외에 제작, 조리, 가공, 설치, 만족도 향상 유형 등이 가능).

<u>주제 3)</u> 유 과장은 지난 1년간 주식 투자를 통해 1,000만 원을 잃는 고배를 마셨고 금년 이를 만회하기 위한 체계적 접근을 시도하기로 결심하였다(이외에 매출이나 수익 향상, 기능 향상, 절약 유형 등이 가능).

다음은 [표 Ⅱ‐3]에 대한 정답 중 'Define Phase'를 기술한 예이다. 내용이 많아 Phase별로 나누어 전개하였다.

(정답)

Define	1) 과제 선정 배경 기술: 20xx년 3월20일, 김 과장은 정기 검진 결과 '노력성 폐활량(FVC)'이 정상 예측치 대비 65% 수준으로 폐 기능 '주의' 진단 받음. 2) 문제 기술: 19xx년 1월부터 10년간 하루 1갑(20개비)을 피어온 애연가임. 3) 목표 기술/효과 기술: 하루 20개비 → 0개비/연, 146만 원 절감. 5) 범위 기술: (프로세스 범위) 출근~업무~퇴근~취침 　　　(공간적 범위) 집, 회사, 회식 장소, (유형적 범위) 술, 담배. 6) 팀원 기술: 아내, 아들, 딸. 7) 일정 기술: D(~4/5), M(~4/7), A(~4/30), I(~6/30), C(~12/31).

'Define Phase'의 정답에서 '과제 선정 배경 기술'과 '문제 기술'은 '6하 원칙'에 따라 가급적 정량적으로 표현한다. 또 '목표 기술'은 '지표'에 대해, '효

과 기술'은 그 지표를 향상시켰을 때 얻어지는 재무성과를 적는다. '범위 기술'은 개선할 프로세스의 '시작'과 '끝'을 정의하는 '프로세스 범위', 그 프로세스가 걸쳐 있는 공간의 정의(공간적 범위), 프로세스 속에서 흘러가는 대상(모델, 유형 등)을 규정(유형적 범위)함으로써 무엇을 개선할 것인지 명확히 한다. '팀원 기술'은 '범위 기술'에 속한 전문가들을 섭외해야 하고, '일정 기술'은 그들과 시간대별로 어떤 활동을 해나갈 것인지 규정한다. 본 예에서는 'Analyze Phase'까지는 조금만 노력하면 정리가 될 것으로 예견돼 한 달 내 끝내는 것으로 설정했으며, 개선 내용을 적용해보는 기간으로 Improve 두 달을, 지속적으로 유지 관리되는지 확인하기 위해 12월 말까지 Control Phase를 설정하였다(고 가정). 모든 Phase별 상세 설명은 「Be the Solver_프로세스 개선 방법론」편에 있으니 관심 있는 독자는 참고하기 바란다. 다음은 'Measure Phase' 정답 예이다.

(정답)

Measure	1) Y의 선정: (CTQ) 일 흡연량 → (Y) 흡연 개비, (운영적 정의) 당사자가 일일 흡연한 개비 수, (성과 표준) 하루당 흡연 0개를 초과하는 아이템(Unit).
	2) 현 수준 평가: 직전 3개월간 자료로부터 DPU=21.8개비, (목표) 0개비.
	3) 잠재 원인 변수의 발굴: '특성 요인도'로 발굴한 뒤, 주요한 X를 다음과 같이 선별해냄 → 식후 흡연 여부, 회의 중 흡연 여부, 회식 지속 시간.

'Y의 선정'을 위해 기본적으로 프로세스 끝단에 위치한 고객으로부터 'VOC'를 수집해 'CTQ'를 구한 뒤, 이로부터 측정 가능한 과제 지표, 'Y'를 선정한다. 'CTQ'로부터 'Y'로의 전환은 '직접' 올 수도 있고, '대용 특성화', '제약 특성화', '하위 특성화' 과정을 거쳐 정해진다. '운영적 정의'는 어떻게 'Y'가 숫자로 나오는지 명확히 하는 단계인데, 본 예 경우 "당사자가 일일 흡

연한 개비 수"가 정확한 표현이다. 또 대부분의 리더들이 소홀히 여기는 '세부 로드맵'이 '성과 표준'인데, 바로 '기준'이다. 제조에서는 '규격'으로 통한다. 이때 '성과 표준'을 넘으면 불량품(결점 발생), 안 넘으면 양품(정상) 등의 구 별이 가능하므로 반드시 언급돼야 한다. 본 예에서는 "하루당 흡연하는 담배 개비" 전체가 '결점 수'이며, 이때 '성과 표준'은 "하루당 흡연 0개를 초과하 는 아이템(Item, 또는 Unit)"이다. 그 수를 헤아려 미니탭 '워크 시트' 첫 열에 '하루'를 의미하는 '1'을 반복적으로 입력하고, 바로 옆 열에 매일의 '흡연 개 비 수'를 입력해 '포아송 분포 공정 능력'을 구하면 'DPU(Defect per Unit)'를 얻는다(고 가정). 끝으로 '잠재 원인 변수의 발굴'은 '특성 요인도'로부터 예와 같이 세 개를 얻었다(고 가정한다). '세부 로드맵'과 도구 용법들의 상세한 설 명이 필요한 독자는 「Be the Solver_프로세스 개선 방법론」편을 참고하기 바 란다. 다음은 'Analyze Phase' 정답 예이다.

(정답)

Analyze	1) 분석 계획 수립: 직전 3개월 동안 회의, 회식 자료로부터 X들의 데이터 수집, 및 인터 뷰 등을 통한 정성적 분석 수행. 2) 데이터 분석/핵심 인자 선정: (식후 흡연 여부) 식당 출구를 나오면 등나무 아래 흡연 장소에 애연가들이 모임 → 들르지 않고 시간 이용할 수 있는 방안 모색. (회의 중 흡 연 여부) 실내 흡연 금지 규정 무시하고 환기 팬 가동하며 회의 → 규정을 지킬 수 있 는 강제 방안 모색. (회식 지속 시간) 식사 후 이어지는 술자리, 또 2차로 이어지는 회 식 문화 → 회식 문화 변경 검토 또는 참석 시간을 조절하는 방안 모색.

이 Phase에서 중요한 것은 바로 '흐름'이다. 이어진다는 의미의 '흐름'은 '로드맵'이 존재하는 이유이기도 하다. 분명 'Measure Phase'에서 '식후 흡연 여부', '회의 중 흡연 여부', '회식 지속 시간'이란 'X'들을 선별해놓고,

'Analyze Phase'에서 'X 명칭'이 바뀌거나 누락 등이 발생하면 일단 정통 '문제 해결 방법'에서 점점 멀어진다고 봐야 한다. 또, '데이터 분석'의 산출물은 '개선 방향'이다. 이를 'Improve Phase'로 넘겨 구체성을 확보하면 '최적 대안'이고, 이를 적용하면 '최적화'가 되는 구조를 머릿속에 그리고 있어야 한다. 그래야 '흐름', 즉 '로드맵'이 완성된다. '정답'은 모두 적절하게 구성된 내용이다.

한편에선 "아니 과제를 수행하기도 전인데 어떻게 내용을 이렇게 전개하는가?"와 같은 의문이 들 수 있다. 이것은 본 문항의 출제 의도를 정확하게 파악하지 못한 데서 비롯된다. '로드맵'을 익히는 목적은 '예지력'을 키우는 데있다. 이것은 과제를 받아든 순간 '세부 로드맵'을 머릿속에 쫙 펼치고 주제에 맞는 활동들을 미리 그려보는 능력이다. 이 능력이 향상되면 모든 '세부 로드맵'을 거치기보다 과제 성격에 맞는 '세부 로드맵'만 집중하면 되므로 소요 기간과 자원을 최소화하면서 최대의 목표 달성이 가능하다. 본 예는 바로 '예지력의 수준'을 가늠하는 질문이다. 다음은 'Improve Phase'의 정답 예이다.

(정답)

Improve	1) 개선 계획 수립: "① 흡연 장소를 들르지 않는 방안, ② 실내 흡연 금지규정을 지킬 수 있는 강제 방안, ③ 회식 문화 변경의 검토, 또는 참석시간 조절 방안"에 대한 브레인스토밍 진행. 2) 최적화: ① → 복지관 피트니스 센터로 직행, ② → CC 카메라 설치, ③ → 회식 1차만 참석. 3) 결과 검증: 팀원들과 최적화 내용 유지 가능성 & 위험 평가 후 확정함.

'Analyze Phase'와 마찬가지로 'Improve' 역시 이전 Phase의 산출물을 묻고

들어와야 한다. 즉 'Analyze Phase'에서 논의된 '개선 방향'들이 '개선 계획 수립'에 그대로 와야 하며, 이어 '최적화' 과정에서 현 프로세스에 딱 맞는 '최적 대안'들을 발굴한다. 과제 수행 중이면 '최적화'가 어떤 모습으로 변화되는지 그 "된 모습"을 보여줘야 하지만 평가 중이므로 기술한 '답안' 정도의 표현이면 충분할 것 같다. '결과 검증'은 개선된 모습이 효과가 있을 것인지와 '위험 평가' 등을 팀원들과 논의하는 것으로 대체하였다(고 가정한다). 다음은 'Control Phase'의 정답 예이다.

(정답)

Control	1) 관리 계획 수립: ① 복지관 피트니스 센터로 직행 → 출석 표 매일 작성. 1회 빠지면 급여에서 1개월분 자동 공제. ② CC 카메라 설치 → 녹화 테이프를 총무부에 매주 금요일 제출, 흡연자 징계 조치. ③ 회식 1차만 참석 → 회식 중 딸(or 아들) 30분 간격으로 전화 경종 울림. 2차 갈 시 집문 안 열어줌. 2) 관리 계획 실행: 6개월간 시행 후 평가. 6월 말 현재 DPU=21.8개비 → 3.8개비로 줄어듦. 3) 문서화/이관: 모니터링 양식 완료, 보고서 작성, 최종 결과 팀원 보고.

일부 코믹한 부분도 있으나 제시된 어떤 주제에 대해서도 '15-Step' 수준의 흐름 전개를 완성할 수 있으면 충분한 '예지력'을 갖춘 것으로 본다. 개요 단계에서 강조한 바와 같은 '흐름'을 묻는 문항은 '문제 해결 방법'의 핵심인 '로드맵'을 얼마나 잘 이해하고 응용할 수 있는지를 평가할 매우 유용한 척도이다. 앞으로 유사한 문항들의 개발도 다각화되고 출제 빈도도 높아지면 응시자들도 그 취지를 십분 이해하고 깊이 학습하는 계기가 될 것이다.

2. '세부 로드맵' 관련 문항 풀이

이전까지는 '로드맵'을 크게 'D−M−A−I−C' 5개, 또는 조금 확장해서 열다섯인 '15−Step'으로 두고 '기출 문항'들을 풀이했다면, '세부 로드맵' 관련 문항은 '흐름'을 총 '40개'로 쪼갠 후 각각의 정의, 활동, '세부 로드맵' 간 연계성을 명확히 이해하는지에 주안점을 둔다. 열다섯 단계보다 더 잘게 쪼갰으므로 학습양이 늘어나지만 출제자의 선택 폭은 그만큼 넓어져 문항의 난이도 조정이 쉬워진다. 반면 학습자들은 양과 내용에 있어 좀 까다롭다는 느낌을 받는다. 참고로 **'세부 로드맵'은 그동안 존재는 했지만 명확하게 정의되지 않고 사용돼온 '15−Step' 내 하위 활동들을 필자가 초급자들의 로드맵 접근성을 높이기 위해 정립한 결과물**이다. 물밑에 가라앉아 있던 활동을 수면 위로 부상시켰다고나 할까! '기출 문항'들을 풀어보기 전에 먼저 '세부 로드맵'에 대해 간략히 알아보자.

2.1. '세부 로드맵' 기본 개념

예를 들어보자. 세 개 'Step'으로 이루어진 'Define Phase'를 더 잘게 쪼갠 '세부 로드맵'은 '과제 선정 배경 기술−문제 기술−목표 기술−효과 기술−범위 기술−팀원 기술−일정 기술'로 구성된다. "과제를 왜 하는지에 대한 대외적 경향을 3C 관점에서 설명하고(과제 선정 배경 기술), 그렇게 쫓아가지 못하는 우리의 문제가 무엇인지 기술하며(문제 기술), 그를 극복하면 목표가 달성될 것이고(목표 기술), 달성된 차이 만큼에 단가를 곱하면 돈이 생긴다(효과 기술). 여기까지가 과제를 왜 해야 하는지에 대한 당위성 설명이며, 이후는 과제를 어떻게 할 것인지에 대한 '과제 관리' 차원의 기술인데, 우선 과제의

(프로세스, 공간적, 시간적, 유형적, 기술적)범위가 어디까지이며(범위 기술), 그 범위에 속한 전문가와 함께해야 성공 확률이 높아질 것이므로 팀원 구성을 언급하고(팀원 기술), 이들과 어떤 일정으로 수행할 것인지를 '간트 차트'화 한다(일정 기술)" 같이 하나의 명확한 '이야기 전개(Story Line)'를 완성한다. 다음 [그림 Ⅱ-2]는 '40-세부 로드맵'을 나타낸다.[7]

[그림 Ⅱ-2] '프로세스 개선 방법론'의 '40-세부 로드맵'

'문제 해결'은 항상 이들 '세부 로드맵'에 대한 정확한 이해를 바탕으로 한다. 왜냐하면 '세부 로드맵'을 통해 현재 해야 할 활동과 향후 활동을 명확히

---

7) 「Be the Solver_프로세스 개선 방법론」편 '개요' 참조.

규정할 수 있으며 전후 간 '인과 관계'를 통해 목표 달성 가능성을 높여나갈 수 있기 때문이다. 결국 과제 수행 주체인 리더들에 있어 '세부 로드맵'은 주요 학습 대상이 될 수밖에 없다. 따라서 '역량 평가'의 출제도 응시자가 이 부분을 얼마나 잘 이해하고 응용 능력이 있는지 묻는 데 집중할 필요가 있다. 그러나 아직까지 '세부 로드맵'을 이용한 문항 개발은 매우 저조한 실정이라 아쉬움을 남긴다. 'Define Phase' 외에 'Measure', 'Analyze', 'Improve', 'Control'의 '세부 로드맵'에 대해서는 「Be the Solver_프로세스 개선 방법론」편을 참고하기 바라고 더 이상의 추가 설명은 생략한다.

2.2. '세부 로드맵' 관련 '기출 문항' 풀이

가장 일반적인 유형은 특정 '세부 로드맵'에서 원하는 수준의 결과를 얻지 못했을 때 취해야 할 조치에 어떤 것들이 있는지 기술하는 문항이다. 다음 [표 Ⅱ-4]는 대표적인 예를 보여준다.

[표 Ⅱ-4] [문항] '세부 로드맵' 관련 예(난이도 중)

문제	분석 Phase의 '가설 검정' 수행 결과, 선별된 5개의 '잠재 원인 변수'들 중 어느 하나도 만족할 만한 수준의 '개선 방향(or 핵심 인자)'이 도출되지 않았다. 이에 대한 문제점엔 어떤 것들이 있는지 3개 이상 기술하시오.

[표 Ⅱ-4]는 '세부 로드맵'을 확실히 이해했는지 묻는 문항이다. 이와 같은 유형의 풀이는 우선 "현재 위치가 어디인지 파악"하는 일부터 시작한다. [표 Ⅱ-4]의 지문으로부터 '세부 로드맵'상 위치는 'Step-8.1. 가설 검정'이다.

이어서 해야 할 일은 "현재 위치에서 활동을 제대로 했음에도 불구하고 요구되는 수준 또는 결과에 이르지 못했다면 그 이전에 무엇이 잘못되었는지 파악"하는 작업이 필요하다. 이 작업 결과가 바로 물음의 '정답'이다.

[그림 Ⅱ-3] '세부 로드맵' 문항 풀이 방법

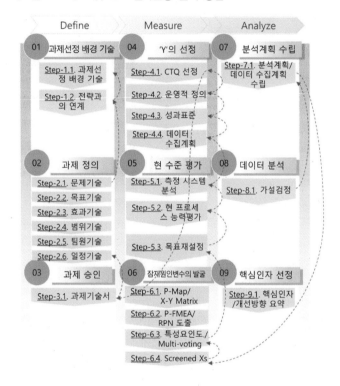

[그림 Ⅱ-3]은 문제가 발생한 현 위치 'Step-8.1. 가설 검정'에서의 결과가 기대에 못 미친 이유는 바로 직전 '세부 로드맵'인 'Step-7.1. 분석 계획/데이터 수집 계획 수립'이 미진한 때문으로, 또는 'Step-7.1. 분석 계획/데이

터 수집 계획 수립'의 바로 전 '세부 로드맵'인 'Step−6.4. Screened Xs'에서의 문제점 존재 가능성, 다시 이 '세부 로드맵'은 그 직전인 'Step−6.3. 특성요인도/Multi−voting' 과정에서의 부적절한 처리 등 계속해서 바로 이전 '세부 로드맵'으로 거슬러 올라가며 확인한다. 그림에서는 시작점인 'Step−8.1. 가설 검정'부터 '세부 로드맵' 한 개씩 거슬러 올라가는 모습을 보라색 화살표로 표시하고 있다.

[표 Ⅱ−4]의 '정답'에 대한 예를 들어보자. 우선 'Step−8.1. 가설 검정'에서 산출물인 '개선 방향'이 제대로 안 나왔다면 다음의 가능성을 염두에 볼 수 있다.

① '데이터 유형'에 적합한 도구(Tools)의 선택이 잘못된 경우
② 분석 과정은 적절했으나 해석에 오류가 있는 경우
③ '사실 분석'의 심도가 낮거나 '근본 원인'을 찾지 못한 경우
④ ……

사실 따지고 들면 훨씬 더 많은 수행 중 문제점을 적출해낼 수 있다. 다음은 직전 '세부 로드맵'인 'Step−7.1. 분석 계획/데이터 수집 계획 수립'에서의 잘못된 영향을 고려한 것이다.

① '표본 크기'가 원인을 규명할 만큼 충분치 않은 경우
② 표집의 '대상 기간'이 문제 소지가 많았던 시점을 피해 설정된 경우
③ 표집 담당자가 과제 내용에 대한 이해가 부족한 경우
④ 가설의 설정이 문제의 핵심으로부터 벗어난 경우
⑤ ……

이것도 아니면 또다시 이전 '세부 로드맵'인 'Step−6.4. Screened Xs'로 거

슬러 올라간다. 다음은 '정답'의 한 예이다.

① 'Y'에 미치는 영향이 적은 '즉 실천(개선) 인자'가 선택된 경우
② 선별 과정에서 중요 원인 변수가 누락된 경우
③ '정량적 분석'이 가능한 변수만 선별된 경우
④ 최적화 대상 프로세스에 포함되지 않은 변수가 선별된 경우
⑤ ……

이렇게 바로 전 '세부 로드맵'으로 계속해서 거슬러 올라가면 최종은 'Step-1.1. 과제 선정 배경 기술'에 이를 수 있다. 어차피 '로드맵'이란 흘러가는 물위의 돌다리와 같아서 내가 지금 서 있는 위치에서 뒤를 돌아봤을 때 밟고 온 돌다리가 없으면 누구든 납득하기 어려운 상황이 연출된다. 물 위를 걸어서 왔을 리는 만무하기 때문이다. 이것이 곧 '현재의 문제'는 바로 앞 어딘 가로부터 유래된 것이라 확신하는 이유이다. [표 Ⅱ-4]에서 세 개 이상 기술하라고 했으므로 예시들 중 대표적인 서너 개만 정답에 올린다. 다음과 같다.

(정답)
_____

1) 선별 과정에서 중요 원인 변수가 누락된 경우
2) '표본 크기'가 원인을 규명할 만큼 충분치 않은 경우
3) 가설의 설정이 문제의 핵심으로부터 벗어난 경우
4) '데이터 유형'에 적합한 도구(Tools)의 선택이 잘못된 경우
5) 분석 과정은 적절했으나 해석에 오류가 있는 경우
6) '사실 분석'의 심도가 낮거나 '근본 원인'을 찾지 못한 경우
7) ……
_____

동일한 유형이 '기출 문항'에서 자주 발견되는 데 다음에 그들을 모아보았다.

[표 Ⅱ-5] [문항] '세부 로드맵' 관련 예(파생 문항, 난이도 중)

문제	과제 멘토링 상황에서 '현 프로세스 능력 평가'를 위해 사전 검토돼야 할 사항을 알려주려고 한다. 5개 이상 기술하시오.
문제	리더가 과제 완료 시점에 애초 예상했던 목표에 미달했다면 멘토로서 해줄 수 있는 조언, 또는 검토 사항은 무엇인지 5개 이상 기술하시오.
문제	과제 완료 후 통상 12개월간 트래킹(실적 추적)을 한다. 만일 이관받은 Process Owner가 최적화의 일부만을 유지 관리하고 있다면 리더로서 파악해야 할 사항이 무엇인지 3개 이상 기술하시오.

[표 Ⅱ-5]의 첫 번째 문항에 대한 현 '세부 로드맵'은 'Step-5.2. 현 프로세스 능력 평가'이고, 두 번째는 '과제 완료 시점'이므로 성과가 파악되는 'Step-15.1. 과제 성과의 종합', 또 세 번째는 이미 과제가 종료된 후 트래킹(실적 추적) 기간 동안 발생된 상황이다. 따라서 '세부 로드맵' 관점에서는 맨 끝단인 'Step-15.4. 차기 제안 과제 요약'이 적절하다. 지적된 미진한 부분의 원인 제공은 바로 직전 '세부 로드맵'들로부터 유래되므로 확인된 현재 위치에서 하나씩 거슬러 올라가며 반드시 해야 할 활동의 부족 또는 미진했음을 적절한 표현으로 기술해나간다. 결국 예시된 문항들을 풀기 위해 응시자가 반드시 파악하고 있어야 할 핵심은 '세부 로드맵'을 얼마나 정확하게 이해하고 있느냐가 관건이다. 대충 알아서는 출처가 불분명한 난잡한 답안으로 채워질 수 있기 때문이다. 사전 학습을 위해서 [그림 Ⅱ-2]의 '40-세부 로드맵'을 철저히 자기 것으로 만들기 바란다.

[표 Ⅱ-5]의 문항 특징은 지문에서 주어진 현재 상황이 어떤 '세부 로드맵'에 해당되는지 파악하고 그 위치를 시작으로 직전 활동을 기술하는 접근이었던 반면, 반대로 현재 위치를 시작으로 향후 활동을 기술하도록 요구하는 문항도 있다. 다음 '기출 문항' 예인 [표 Ⅱ-6]을 보자.

문제	'Define Phase'의 완료 승인을 받은 후, AA 서비스에 대한 고객 VOC 조사 결과 고객 대면 담당자의 대고객 친절 수준이 경쟁사에 비해 현격히 떨어지는 것으로 조사되었다. Measure Phase에서 '개선 목표'를 설정하기 위해 취해야 할 사전 활동을 기술하시오.

　　[표 Ⅱ-6]의 상황이 '세부 로드맵'의 어느 시점에 해당되는지 먼저 파악하는 게 중요하다. 지문에서 "'Define Phase' 승인 후"이므로 'Measure Phase'에 막 진입하는 시점이며, 특히 "고객 VOC 조사 결과…"는 과제 지표 'Y'를 선정하기 위한 수순으로 여겨진다. 따라서 '세부 로드맵'상 현 위치를 'Step-4.1. CTQ 선정'으로 봐야 마땅하다. 지문에서 "개선 목표 설정을 위해 취해야 할 사전 활동 기술"을 위해 [그림 Ⅱ-2]의 '40-세부 로드맵'으로부터 '개선 목표'를 설정할 '세부 로드맵'인 'Step-5.3. 목표 재설정'을 염두에 둬야 한다. 결국 '정답'은 'Step-4.1. CTQ 선정'부터 'Step-5.3. 목표 재설정' 사이의 '세부 로드맵' 활동을 중심으로 기술한다. 다음은 '정답'의 예이다.

(정답)

1) CTQ인 '친절도'에 대해 측정 가능한 지표 'Y'를 결정
2) 'Y'에 대해 '운영적 정의'와 '성과 표준'의 설정
3) 장기 능력을 평가할 데이터의 표집 수행
4) 데이터 신뢰성을 평가할 '측정 시스템 분석'의 수행
5) '현 수준'의 평가 후 달성 목표 설정에 대한 논의

　　'정답'에 기술된 총 5개의 활동은 [그림 Ⅱ-2]의 '40-세부 로드맵'에 표현된 'Step-4.1. CTQ 선정'부터 'Step-5.3. 목표 재설정' 사이의 '세부 로드맵' 명칭과 대조하면 금방 이해될 수 있다.

[표 Ⅱ-6]의 문항처럼 현재 위치에서 향후의 전개를 묻는 유형은 정답 작성 시 다음과 같은 방식으로 접근한다.

· 현재 위치에서 향후 전개를 묻는 유형의 정답 기술 방법

첫째, 지문에 주어진 현 상황이 '40-세부 로드맵'상 어디에 위치하는지 파악
둘째, 향후 해야 할 활동을 기술하기 위해 '40-세부 로드맵'상 최종 '세부 로드맵'
    이 어디인지 결정
셋째, '시작'과 '끝' 관련 '세부 로드맵' 사이의 활동을 정답으로 기술

즉 '시작'과 '끝' 관련 '세부 로드맵'을 정해놔야 그 사이 활동들이 정답을 기술하는 데 이용된다. 다음은 [표 Ⅱ-6]과 유사한 문항들의 예이다.

[표 Ⅱ-7] [문항] '세부 로드맵' 관련 예(파생 문항, 난이도 중)

문제	'잠재 원인 변수'를 발굴한 후 최상의 '개선 방향'을 얻기 위한 접근을 4개 이상 기술하시오.
문제	'Pilot Test'를 수행한 후 '관리 계획'을 수립하기 전 고려해야 할 사항들은 무엇이며, 어떻게 전개하는 것이 바람직한지 예를 들어 기술하시오.
문제	기존 완료 과제들을 조사한 결과, 트래킹 과정 중 예상 목표에 미달되는 비율이 전체의 약 35% 수준에 이르렀음이 확인되었다. 박길동 리더는 현재 '관리 계획 수립'을 준비 중이며, 이에 앞서 조사된 문제점을 극복하기 위해 취해야 할 조치엔 어떤 것들이 있는지 5개 이상 기술하시오.

[표 Ⅱ-7]의 첫 번째는 'Step-6.1. P-Map/X-Y Matrix'부터 'Step-9.1. 핵심 인자/개선 방향 요약' 사이의 활동이, 두 번째는 'Pilot Test'가 'Improve Phase'의 'Step-12. 결과 검증'에 해당됨에 따라 'Step-12.1. Plan: 파일럿

계획'부터 'Step－13.3. 관리 계획 수립' 사이의 활동이, 끝으로 세 번째 경우 'Step－13.3. 관리 계획 수립'부터 'Step－15.4. 차기 제안 과제 요약' 사이의 활동이 각각 대응한다. '정답'을 기술할 때 꼭 '세부 로드맵' 명칭만을 이용하기보다 '세부 로드맵' 각 활동 속에서 일어나는 핵심 활동들을 머릿속에 떠올리며 적어나가는 역량이 필요하므로 '40－세부 로드맵'을 확실하게 마스터하는 길만이 다양한 응용 문항에 대응하는 유일한 길임을 잊지 말자.

지금까지는 기업에서 출제된 문항 유형들 중 '프로세스 개선 방법론 로드맵 관련 문항'과 '세부 로드맵 관련 문항'의 사례와 정답 기술 방법에 대해 알아보았다. 그러나 '문제 해결'이 '도구(Tools)'보다 '방법론'에 더 무게 중심이 쏠려 있는 점을 감안할 때, 훨씬 더 발전적이고 응용된 문항들의 개발이 요구된다. 다음 장에서는 필자가 개발한 일부 응용 문항들을 소개하고, 또 이들의 발전 방향 등에 대해서도 알아보자.

3. '방법론' 관련 문항 풀이

우선 문항 풀이와 관련해 용어 '방법론 문항'을 "프로세스 개선 방법론 로드맵+세부 로드맵+일부 도구 활용을 포괄한 호칭"으로 정의할 것이다. 따라서 「'방법론' 관련 문항」은 "'프로세스 개선 방법론 로드맵'과 '세부 로드맵'의 구분이 어렵거나 불필요한 문항, 또는 두 유형들의 혼합형, 그리고 일부 도구의 활용이 허용되는 문항" 모두를 포괄한다. '프로세스 개선 방법론 로드맵'이나 '세부 로드맵' 관련 문항들은 앞 단원에서 설명했으므로 본 단원에서는 혼합형의 설명에 치중할 것이다. 단 '프로세스 개선 방법론'의 로드맵이 'D-M-A-I-C'에 기반을 둔 '40-세부 로드맵'에 있으므로 향후 '제품(또는 프로세스) 설계 방법론'의 로드맵인 '50-세부 로드맵'으로의 확장을 열어둔다. 또, 10년에 걸쳐 완성한 『Be the Solver』 시리즈 총 17권을 교재로 활용한 교육 프로그램을 개발했으며,[8] 현재 기업을 대상으로 보급하고 운영 중에 있다. 이에 개발 프로그램을 학습한 이수자를 대상으로 '역량 평가'를 제공하고 있다. 문항은 본문에 소개된 유형들을 기반으로 하며 개인의 문제 해결 능력을 가늠할 훌륭한 척도로 이용된다.

우선 문항들의 예를 들기 전에 '방법론 관련 문항'이 왜 좀 더 부각되고 출제에서 비중 있게 다뤄져야 하는지 알아보자. 필자는 앞서 문제 해결 학습의 목적이 '예지력'을 키우는 데 있다고 강조한 바 있다. 처음 입문한 리더들은 해결이 필요한 문제와 맞닥트릴 시 평소 본인이 갖고 있던 습관 또는 방법을 동원해 문제 해결에 임한다. 그러나 적어도 '문제 해결 학습'을 이수한 후부터는 상황이 반전되는데, 본인의 습관이나 접근법에서 벗어나 '문제 해결 방법론'에 의거해 주어진 문제를 해결한다. 단, 이 경우 '방법론'에 충분히 익숙지

---

8) 기업인, 연구원, 엔지니어를 대상으로 한 독창적인 학습 방법으로 개인의 역량을 키우는 데 1단계 목표를 두고 운영 중임. www.ps-lab.co.kr 참조.

않아 바로 현업 적용에 어려움을 겪게 되므로 교육 직후 단 1회에 걸쳐 제대로 된 멘토링을 통해 '세부 로드맵' 활용 시 부족한 역량을 메운다. 이 시기가 지나면 스스로 '예지력 수준'이 어느 정도 되는지 가늠할 수 있으며 각자가 얼마만큼 발전시켜 나가야 할지도 예상 가능하다. 예를 들어 리더 본인이 소속된 부서의 문제를 해결할 때, 전체 40개의 '세부 로드맵' 중 어느 '세부 로드맵'만 거치면 주어진 문제가 해결될지를 미리 예견할 수 있는 수준이 80점이라든가, 본인이 소속된 영역을 벗어나 타 부서나 다른 비즈니스 부문의 문제가 주어졌을 때도 어느 '세부 로드맵'들이 필요할지 빠르게 떠올리는 능력을 발휘할 경우 100점에 근접한 역량을 갖췄다고 판단하는 일 등이다.

'역량 평가'에서 파악하려는 응시자의 적정 수준은 "본인 부서에서 발생된 문제(또는 과제)를 해결하기 위해 적어도 80점 정도의 역량은 갖춰야 함"을 확인하는 절차이다. 이 정도 수준이 돼야 리더로서 자격이 있다고 판단하며, 필자가 정의한 'The Solver' 수준은 90점 이상의 역량을 필요로 한다. '방법론 관련 문항'이 출제됨으로 해서 보이지 않던 문제 해결 역량과 현업에서 실제로 드러내보여야 할 역량 간 괴리를 발견할 수 있으며, 이로부터 부족한 만큼의 수준 향상을 추가로 꾀할 수 있는 기회가 생긴다. '역량 평가'에서 왜 '방법론 관련 문항'이 좀 더 부각되고 출제에서 비중 있게 다뤄져야 하는지에 대한 이유이다.

'문제 해결 역량 평가'가 국내에 도입된 지 벌써 많은 세월이 흘렀으며 대부분의 산업 군에서 유사 제도가 운영되는 점을 감안할 때, '역량 평가 문항'도 [표 Ⅱ-3]과 같이 실 업무와 동떨어진 단순 사안을 지문으로 삼기보다 실제 업무와 관련 있는 상황을 제시함으로써 현실적 문제 해결 역량이 어느 정도 되는지 파악하는 데 주안점을 둘 필요가 있다. 예를 들어, "철수의 태권도 급수를 현재의 7급에서 2급으로 향상시키기 위해 해야 할 활동을 D-M-A

-Ⅰ-C 각 **Phase**별로 기술하시오"보다 "영업부 OO업무의 예측 정확도를 기존 **75%**에서 **90%**로 향상시키기 위해 **Analyze Phase**를 중심으로 해야 할 활동을 상세히 기술하시오"와 같은 논술적 시각에서 "실 업무에 대응하는 역량의 평가"가 훨씬 더 의미 있어 보인다. 이 부분에 초점을 맞추면 다음 예와 같은 여러 부문(제조, 관리, 영업, 물류, 지원, 연구 개발 등)을 대변할 다양한 문항들의 출제가 가능하다.

[표 Ⅱ-8] [문항] 방법론 관련 '혼합형' 예(난이도 상)

문제	다음 분기 중 신규 고객향 물량 공급이 시작된다. 이에 기존 생산 Capa가 증대됨에 따라 포장라인 처리 건이 현재의 하루당 3,000개를 3,360개로 12% 높이는 작업이 추진돼야 한다. 이 과제를 완수하기 위해 가장 핵심적으로 수행돼야 할 '세부 로드맵'과 예상되는 활동을 기술하고, 기술된 내용에 있어 예상되는 '위험 평가'와 대책을 논하시오.

[표 Ⅱ-8]은 '로드맵' 관련 문항이면서 실제 현업의 예를 지문으로 활용하였다. 또 사전에 답이 정해졌다기보다 평가 시 문제 해결을 위한 응시자의 예지력 수준을 가늠하는 데 중점을 둔다. 즉, 문제를 바라보는 응시자의 시각과 문제 해결에 대한 접근법, 논리성 등을 평가 대상으로 두며, 이에 따라 출제 문항은 논술의 성격을 띤다. 정해진 답이 없다는 데서 난이도는 '상' 수준이며, 실질적인 문제 해결 역량이 어느 정도 되는지 가늠하는 척도로 이용된다. 물론 채점의 객관성과 공정성, 일관성을 유지하기 위해 점수 부여 방법에 대한 가이드라인을 정해야 하며, 이에 따라 '역량 평가' 운영의 전반적 수준 향상을 꾀하는 데도 일조한다. 아마 평가 결과에 승복하지 못하고 이의 제기하는 건수도 증가할 수 있으며, 이때 가칭 '평가 위원회'가 구성돼 매겨진 점수

의 재심사를 거치는 과정과 결론의 공론화를 통해 직원들의 '예지력'은 더욱 향상되는 계기로 작용한다. 순기능이 생기는 것이다. 이제 [표 Ⅱ-8]의 정답이 다양하게 존재할 수 있음을 예시로 들어보자.

(정답 1)

---

1) 핵심 '세부 로드맵': 'Step-11.1. 최적화 및 기대 효과.'
2) 예상 활동: 기존 라인의 어느 부분을 어떤 방식으로 교체 또는 보완해야 할지 팀원들과 '아이디어 창출 → 아이디어 종합 → 아이디어 평가/선정' 과정을 거쳐 '최적 대안'을 선정한다. '최적 대안'을 바탕으로 프로세스를 최적화시킨다.
3) 위험 평가 및 대책: 개선 공정과 그 전 및 후 공정과의 Balancing 문제로 포장품의 병목 발생 가능성 → PC 기반 OO시뮬레이터로 Process Time에 대한 시뮬레이션 반복 실시. 이때 시간의 여유도를 기존의 5%에서 10%로 확대. 즉 최대 10% 물량 증대가 순간적으로 발생하더라도 대처할 수 있도록 최적화 추진.

기술된 '(정답 1)'은 문제 해결의 실마리를 '공정 개선'에 두고 기존 상태의 보완에 초점을 둔 접근이다. 우선 전체 '40-세부 로드맵' 중 'Analyze Phase'를 거치지 않고 바로 'Improve Phase'의 '최적화 및 기대 효과'로 들어갈 수 있음을 보여준다. 현재 운영 중인 프로세스 내 잠재된 문제의 근원을 파헤치기보다 생산성을 높이기 위해 뭔가 새롭게 추가되는 특징을 잘 반영한 접근으로 해석된다. 만일 [표 Ⅱ-8]에 제시된 상황이 "기존 공정의 Capa.가 하루 3,400개인 상황에서 현재 3,000개 수준이며, 이때 3,360개로 높여야 함"이었다면 접근 자체가 문제의 근원을 파헤치는 'Step-6.3. 특성 요인도/Multi-voting'부터 'Step-8.1. 가설 검정'까지를 핵심 '세부 로드맵'에 둬야 한다. '데이터 분석'을 하면 그 결과물로 '개선 방향'이 나오므로 이들을 'Improve Phase'로 넘길 것인지에 대한 '(위험) 평가'가 가능하다.

그러나 논술의 특성상 정답이 하나만 존재할 수는 없다. 다양한 업무 환경에 속한 응시자가 참여하니 만큼 논리성을 갖는 답도 여럿일 가능성이 높다. 다음의 예는 또 하나의 '정답' 가능성을 시사한다.

(정답 2)

---

1) 핵심 '세부 로드맵': 'Step-2.1. 문제 기술.'
2) 예상 활동: 포장 생산성을 높이기 위해 현재 공정이 갖고 있을 문제점을 기술한 뒤, 목표 수량 수용이 불가하다고 판단될 경우 현 설비를 재설계한다. 이 경우 'Concept Design'이 필요하므로 '제품 설계 방법론 로드맵'인 '50-세부 로드맵'을 활용한다.
3) 위험 평가 및 대책: 재설계보다 현 체제에서 몇몇 기능을 보완하는 것만으로 목표 수량 달성이 가능할 경우 → '문제 기술'의 현황 파악이 명확히 이루어지도록 1차 조사 자료를 관련 부서원들에 P/T하며, 수집된 의견을 토대로 재설계 여부를 최종 판단함.

'(정답 2)'는 아직 일어나지 않은 사안에 대해 두 개의 옵션을 제시하는 상황에 빗댈 수 있다. '예지력'과 함께 '위험 관리 능력'까지를 발휘하는 순간이다. 포장 공정의 생산성 향상에 대해 과제가 시작되기 직전 단계에서 기존의 것을 기능 개선하는 것만으로 목표 수량이 달성 가능한지, 아니면 절대적으로 재설계가 필요한지 사실 알 길이 없다. 평소에 포장 공정의 Capa. 관리가 철저히 이루어져 왔다면 담당 실무자 선에서의 판단이 가능하겠지만 변경점의 강도가 생각보다 세거나 경험해보지 않은 사안일 경우 과제 수행 초반에 판단하기란 무리가 따른다. 만일 '문제 해결'을 정상으로 수행해가면서 'Analyze Phase'에 이르렀을 때 "어라! 안되겠는걸, 신규 설비 도입이 필요할 것 같아!!" 한다면 이미 두 달 정도가 지난 시점이다. '예지력(豫知力)'이란 "어떤 일이 일어나기 전에 미리 아는 능력"이므로 두 달이 지나서야 다시 과제 수행 궤도를 크게 수정하는 일은 'COPQ(Cost of Poor Quality)' 관점에서 상당한

손실이 아닐 수 없다. 이 경우 과제 수행 초반인 'Define Phase'에서 가급적 확실한 방향 설정이 있어야 하며, 이때 가장 적합한 '세부 로드맵'은 '문제 기술'이다. 참고로 'Define Phase'의 '세부 로드맵' 기본 구조는 다음 [그림 Ⅱ-4]와 같다.

[그림 Ⅱ-4] 'Define Phase'의 '세부 로드맵' 기본 구조

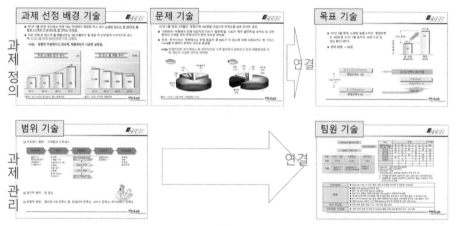

[그림 Ⅱ-4]에는 'Define Phase'가 크게 「'과제 정의' 영역」과, 「'과제 관리' 영역」으로 나뉘어 있음을 보여준다. 「'과제 정의' 영역」은 '과제 선정 배경 기술'이 '3C 관점', 즉 '고객(Customer)'의 시장 형성 추이가 이렇게 가고 있어서 본 과제가 탄생했거나, 또는 '경쟁사(Competitor)'가 저렇게 하니까 우리도 이 과제를 해야 함, 아니면 '자사(Company)' 내에서 관찰한 결과 이 문제가 심각해서 꼭 해결해야 함 등과 같이 과제가 어떻게 선정되었는지 그 배경을 기술한다. 이어 '문제 기술'은 "우리를 제외한 대외적 환경('3C'에서 거론된 환경)을 못 쫓아가는 우리의 문제가 무엇인지" 또는 "못 쫓아갔을 때 우

리가 받는 악영향(Damage)"이 무엇인지를 거론하면 이를 극복하기 위한 '목표 기술'로 연결된다. 반면에 앞서 「'과제 정의' 영역」이 과제를 왜 하는지에 대한 당위성을 설명하므로 「'과제 관리' 영역」은 앞으로 어떻게 과제를 이끌어나갈 것인지에 대한 정보를 제공한다. 즉 프로세스의 어떤 영역을 구체적으로 최적화할 것인지 '프로세스 범위', '공간적 범위', '유형적 범위', '시간적 범위', '기술적 범위'를 규정하고, 이 범위에 속한 전문가들을 영입함으로써 과제 성공 가능성을 높이기 위한 '팀원 기술', 그리고 이들과 앞으로 어떤 활동들을 어느 기간 동안 추진할지에 대한 '일정 기술'을 요약한다.

[표 Ⅱ-8]의 문항에 대한 '(정답 2)'는 '재설계' 가능성을 염두에 두고 있으나 위험 관리 차원에서 '공정 개선' 가능성이 우려되므로 [그림 Ⅱ-4] 중 「'과제 정의' 영역」을 심도 있게 파고들면 '목표 달성'을 위한 적합한 접근법 결정이 가능하다. 예상되는 한 예로 지금의 포장 공정 운영에 대해 여러 담당자들과 깊이 있는 현상 분석이 이루어질 것이며, 그 결과 '재설계'인지 아니면 '공정 개선'인지가 분명하게 드러날 수 있다(고 가정한다).

'예지력' 관점에서 과제를 어떤 통찰력으로 바라볼 것인지는 사실 해당 분야에 속한 리더가 실제 과제를 맞닥뜨렸을 때 이렇게 하는 것 또는 저렇게 하는 것 중 어느 쪽이 시행착오를 줄일 것인가에 대해 어느 정도 모범 답안을 갖는다. 다만 지금까지 설명된 '(정답)'은 실제 과제 수행 시 앞으로 전개될 일에 대해 얼마만큼의 대처 능력을 갖고 있는지 그 수준을 '역량 평가'로 가늠하는 자리이며 무엇보다 '논리성'에 무게를 두는 것이 합당하다. 다음 [표 Ⅱ-9]는 '혼합형 문항'들의 예를 모아놓은 것이다. 각자가 상황을 머릿속에 그려보며 '예지력'을 발휘해보기 바란다.

[표 Ⅱ-9] [문항] '방법론' 관련 예(난이도 상)

문제	D 기업은 자사의 핵심 인력 이직률이 전년도 6.7%에서 올 9.8%로 크게 증가한 데 대한 대책 마련에 부심 중이다. 더 심각한 것은 그 추이가 증가세에 있다는 것이다. 이에 인사 부서의 유일한 문제 해결 전문가인 오 과장에게 긴급 과제로 할당하였다. 여러분이 리더라면 어느 '세부 로드맵'에 중점을 두는 것이 문제 해결에 가장 효과적인지 선택하고 수행 과정을 설명하시오.
문제	N 반제품은 프로세스의 가공 품질 수준에 따라 결점 함유율에 등락을 보이나 현재까지 뚜렷한 관리 체계가 정립돼 있지 않아 현상과 추이 파악에 어려움을 겪고 있다. 홍길동 리더는 사업부의 하위 과제들 중 하나로 이 문제를 할당받아 약 2개월에 걸쳐 그 해결에 나서게 되었다. 짧은 기간 동안 가장 효율적으로 성과를 내기 위한 방법론 활용에 대해 설명하시오.
문제	A 보험사는 최근 외부 기관의 협조로 보험금 지급관련 고객 만족도를 조사한 결과 친절도는 5점 만점에 4.3으로 매우 높은 수준이었으나 신속도는 2.8로 동종 기업들 중 최하위로 파악돼 사장님 이하 모든 간부들에게 매우 심각하다는 공감대가 형성되었다. 급기야 이 문제를 해결하기 위해 CS센터 내 최 과장에게 중요 과제로 부여되었다. 만일 여러분이 리더라고 가정할 때 문제 해결을 위한 최적의 방법론 활용법, 즉 핵심 '세부 로드맵' 선정과 주요 활동에 대해 기술하시오.

[표 Ⅱ-9]의 지문을 면밀히 검토하면 '40-세부 로드맵' 전체를 모두 쓴다기보다 주어진 문제 해결에 꼭 맞는 핵심 '(세부) 로드맵'이 항상 존재하는 것처럼 여겨진다. 사실 이와 같은 해석은 기업에서 수행되는 거의 대부분의 과제에 정확히 들어맞는 얘기다. 한 기업에서 1년간 수행된 전체 과제들 중 약 93% 이상은 '빠른 방법론(Quick Methodology)'으로 처리가 가능하다.9) 하물며 '40-세부 로드맵' 전체를 모두 활용해야 성과가 나는 과제는 5%도 채 안된다. 왜 그럴까? 기업에서 '문제 해결 방법론'을 도입할 때 전 직원의 전문화를 꾀하는 과정에서 너무 많은 과제가 도출된 것이 한 원인이다. 또 하나는 'D-M-A-I-C' 전체를 밟아야 할 과제는 난이도가 매우 높은 경우여야 함에도 상대적으로 난이도가 낮은 과제를 이 로드맵에 대응시킨 부작용의 한

---

9) 주로 '빠른 해결 방법론(D-M-W-C)', '단순 분석 방법론', '즉 실천(개선) 방법론', '원가 절감 방법론'들을 일컫는다.

결과이다. 로드맵 탄생 배경을 뒤돌아보자. 마이클 해리가 '6시그마'를 고민할 당시는 모토롤라가 일본의 고품질 제품의 확산에 망할지 말지를 걱정할 매우 어려운 시기였으며, 이 어려움을 타개할 목적으로 탄생한 로드맵이 바로 'M-A-I-C'이다. 기업의 흥망성쇠를 결정할 중대한 문제에 적합한 로드맵이라는 뜻이다. 따라서 그 정도 수위에 걸맞지 않은 단지 인증 목적의 단순 과제나 난이도가 낮은 과제들을 'M-A-I-C'로 전개하면 당연 엇박자가 나기 마련이다. 이에 93% 이상 과제들은 'Quick 방법론'을 학습시켜 적극 활용토록 유도하는 정책이 매우 중요하다.

'방법론(정확히는 로드맵)'에 대한 지금까지의 설명을 요약하면 비록 '평가'를 목적으로 하지만 문항의 예시는 리더들에게 문제 해결을 위한 '예지력'의 필요성을 강조한다. 리더가 맞닥뜨린 문제 해결에 오로지 '40-세부 로드맵' 전체를 활용토록 종용하기보다 과제 성격에 맞는 핵심 '세부 로드맵'을 예지시킴으로써 기간 단축과 최고의 효율로 최대의 성과를 낼 수 있음을 알리는 것이야말로 평가의 기능을 충분히 살린 바람직한 운영이라 할 수 있다.

다음은 '벤치마킹', 'FMEA'와 같은 범용 도구(Tools)들을 'D-M-A-I-C' 각 Phase별로 사례를 들어 기술하도록 요구하는 문항에 대해 알아보자.

[표 Ⅱ-10] [문항] '로드맵'이 'FMEA 용법'과 관련된 예(난이도 중)

문제	FMEA는 M-A-I-C 각 Phase별로 모두 쓰일 수 있는 도구들 중 하나이다. Phase별 어떤 용도로 쓰일 수 있는지 기술하시오.
단계	1) Measure: 2) Analyze: 3) Improve: 4) Control:

[표 Ⅱ-10]과 형식이 같은 자매 문항들을 여럿 파생시킬 수 있는데, 예를 들어 다음과 같은 유형들이 포함된다.

[표 Ⅱ-11] [문항] '로드맵' 관련 예(파생 문항, 난이도 중)

문제	과제 수행은 정성적보다 정량적으로 모든 활동을 표현하도록 권장한다. 각 Phase에서 정량적으로 표현할 수 있는 예를 들고 부연하시오(예를 들 때 관련 도구를 활용).
문제	'문제 해결 방법론' 도입 이전의 과제 수행과 도입 이후의 과제 수행 간 장·단점을 D-M-A-I-C 각 Phase별로 비교 설명하시오('4-Block' 등 시각화 도구 사용 가능).
문제	과제 완료 후 Process Owner에게 최적화 내용 전체를 이관하였으나 예상된 목표를 지속적으로 유지하는 데 실패하였다. 어떤 점을 점검해야 하는지 D-M-A-I-C 각 Phase별로 기술하시오(관련 도구 활용 가능. 예로 관리도 등).
문제	'제품 설계 방법론 로드맵'은 일반적으로 'D-M-A-D-V'가 쓰이며, 운영 중인 프로세스 개선엔 'D-M-A-I-C'를 활용한다. 이때 두 방법론에 공통으로 들어 있는 Define, Measure, Analyze에 어떤 차이가 있는지 기술하시오(도표로 비교 가능).
문제	과제 중 현재 관리되고 있지 않은 특성을 개선하고자 할 때 D-M-A-I-C 각 Phase별로 마주치는 문제와 해결책에 대해 기술하시오(문제 발굴 시 '특성 요인도' 등 도구 사용 가능).

[표 Ⅱ-11]에 포함된 문항들에 막힘없이 줄줄 정답을 써내려간다면 당신의 '예지력'은 달관의 경지(?)에 이르렀음을 의미한다(ㅅㅅ)! 이제 [표 Ⅱ-10]의 정답을 기술해보자.

(정답)

---

1) Measure: CTQ 도출(Effects), 잠재인자(Xs) 도출, 잠재인자의 우선순위화(RPN 이용).
2) Analyze: 영향(Y)에 대한 원인(X) 확인, '개선 방향(Recommended Actions)'의 설정.
3) Improve: 개선 실행(Taken Actions), 결과 검증(RPN 재평가를 통한 위험감소 확인).
4) Control: 관리 항목 도출, 관리 방안 마련(Current Process Controls).

‘FMEA’는 ‘정성적 도구’들 중 중요도뿐만 아니라 쓰임새도 매우 높다. ‘Potential Failure Effects(Ys)’는 ‘Measure’에, ‘Potential Causes of Failure(Xs)’와 ‘OCC’ 및 ‘Recommended Actions’는 ‘Analyze’에, 그리고 ‘Taken Actions’는 ‘Improve’에 각각 대응한다. 또 ‘Current Process Controls’는 ‘Control’이다.

[그림 Ⅱ-5] ‘P-FMEA’의 구조와 ‘M-A-I-C 로드맵’과의 대응 관계

#	Process Function (Step)	Potential Failure Modes (process defects)	Potential Failure Effects (Y's)	S E V	C l a s s	Potential Causes of Failure (Xs)	O C C	Current Process Controls	D E T	R P N	Recommend Actions	Responsible Person & Target Date	Taken Actions	S E V	O C C	D E T	R P N
1																	
2																	
3																	
4																	
5																	
6																	
7																	

[그림 Ⅱ-5]를 보면 ‘FMEA’ 자체만으로도 ‘과제(문제) 도출’과 ‘개선’ 및 ‘관리’까지 한 번에 이룰 수 있는 특징이 있으며, 결과 보고서인 파워포인트 파일을 ‘개체 삽입’시킴으로써 데이터베이스 기능까지 갖출 수 있다. ‘역량 평가’에서 출제 빈도가 꽤 높은 이유도 여기에 있다. ‘FMEA’ 관련 사전 학습 및 ‘기출 문항’ 풀이에 대해서는 「Ⅳ. ‘정성적 도구’ 사전 학습」을 참조하기 바란다.

지금까지 ‘방법론(정확히는 로드맵)’에 대한 문항 예와 그 풀이에 대해 알아

보았다. '문제 해결 역량 향상'에 입문한 모든 이는 바로 가장 중요한 '방법론', 곧 그 실체인 '로드맵' 활용에 전문가가 돼야 하며, 그것이 개인의 문제 해결 역량을 가늠하는 척도가 됨을 명확하게 인지해야 한다. 이 같은 중요도를 감안할 때 기존 '프로세스 개선 방법론'에 한정된 '기출 문항'이 '빠른 해결 방법론(D - M - W - C 로드맵)', '제품(또는 프로세스) 설계 방법론(50 - 세부 로드맵)', '영업 수주 방법론(12 - 세부 로드맵)' 등으로 확대돼야 한다. 또 기업 역시 리더 개개인의 역량 수준을 평가할 '역량 평가 제도'의 운영에도 한 치 소홀함이 없어야 한다.

'방법론' 출제 경향에 익숙해졌으면 다음으로 대부분의 응시자들에게 가장 모질고 시험 불합격의 원인 제공 역할을 하는 '확률 통계 사전 학습'에 대해 알아보자. 아마 본문도 가장 많은 분량을 차지할 것이므로 스스로가 이 영역에 미흡하다고 판단되는 응시자는 정독으로 임해주길 바란다.

'확률 통계' 사전 학습

역량 평가의 당락을 결정할 주요 내용들이 대거 포함돼 있다. 문제 해결의 핵심이 '확률 통계'가 아닐진대 이 영역의 중요도가 매우 높은 이유는 응시자들의 주요 불합격 사유가 이 영역에서 나오기 때문이다. 따라서 평가 대비반을 위한 학습 내용에 가장 큰 비중으로 다룰 수밖에 없다는 점 이해해주었으면 한다.

본 장에서는 [표 Ⅰ-6]의 학습 중 '확률 통계 사전 학습'을 어떻게 해야 하는지를 다룬다. 설명이 쉽도록 [표 Ⅰ-6]을 다시 옮겨와 이 단원에서 설명할 영역을 다음 [표 Ⅲ-1]에 색으로 표시하였다.

[표 Ⅲ-1] 자기 학습을 위해 본문에서 설명할 항목

학습 항목	주요 내용
'방법론' 사전 학습	1. '프로세스 개선 방법론 로드맵' 관련 문항 풀이 2. '세부 로드맵' 관련 문항 풀이 3. '방법론' 관련 문항 풀이
'확률 통계' 사전 학습	1. 정규 분포 가법성 2. 정규 분포 확률(넓이) 구하기 → 시그마 수준 3. 중심 극한 정리 → 신뢰 구간 4. 분포(이항, 포아송) 5. 가설 검정 용어 6. 가설 검정 7단계 7. 회귀 분석/DOE, 필요 시 '정의 대비' 포함 8. 관리도 9. (추가) MSA
'정성적 도구' 사전 학습	'개선 체계도'를 중심으로 한 용법 소개 및 문항 풀이 예

앞으로 [표 Ⅲ-1]의 '확률 통계 학습' 중 주요 내용 '1~8'까지를 응시자가 실제 시험 공부(?) 시 활용할 수 있도록 내용과 실 문항 예 및 풀이까지 일목요연하게 설명해나갈 것이다. 또 사례로 든 문항은 '기출 문항'들 중 난이도가 가장 높은 것을 기본으로 소개함으로써 독자들로 하여금 현재 국내에서 출제되고 있는 '평가 문항'들의 수준을 가늠토록 배려할 것이다. 그 외의 다양한 문항들과 소소한 예들은 시중 서점이나 기업에서 운영 중인 '기출 문항 풀이'를 통해 부족한 부분을 메워주기 바란다.

1. 정규 분포 가법성

　　　　　　　본 단원에서는 [표 Ⅲ - 1]의 '확률 통계 학습' 중 '항목 1'을 상세히 다룰 것이다. 평가를 준비 중인 독자는 본문을 정독해주고 이해가 충분히 된 상태에서 보유하고 있는 '기출 문제지'의 관련 문항을 푸는 데 기본 지식으로 활용하기 바란다.

　'정규 분포 가법성'이란 '정규 분포의 덧셈 법칙'을 말한다. 우리가 알고 있는 숫자는 서로 더하거나 빼거나 곱하거나 나눌 수 있지만 '분포의 덧셈, 뺄셈'은 어떻게 계산해야 할지 머리에 잘 떠오르질 않는다. '분포'란 '숫자'가 아니기 때문이다. 가령 두 개의 '정규 분포'가 있다고 가정하자. 예를 들어, 성인 남자의 신장 분포를 '~$N(170, 10^2)$'이라 하고, 성인 여자의 신장 분포를 '~$N(164, 12^2)$'이라고 하자. 여기서 'N'은 'Normal', 즉 '정규'라는 의미고, 괄호 내 첫 숫자는 '(산술)평균'을, 두 번째 숫자는 '표준편차의 제곱'인 '분산'을 나타낸다. 참고로 '정규 분포'를 만들기 위해서는 성인 한 명의 키 값을 하나의 벽돌이라고 할 때, 'X-축'상 해당 위치에 벽돌을 하나씩 쌓아가는 과정을 거치며, 이때 완성된 모습이 좌우대칭 종 모양을 형성하면 '정규 분포'라고 명명한다. 19세기 초 대부분의 자료를 이와 같이 쌓아놓으면 좌우대칭 종 모양이 형성되는 것을 보고 '표준(Normal)'이란 의미의 '정규 분포'가 탄생한 것이다. 다시 주제로 돌아와 '정규 분포 가법성'은 바로 나열된 두 개의 분포를 어떻게 합할 것인지 '더하는 방법'을 알려준다. 다음 [그림 Ⅲ - 1]은 남자 신장의 분포도와 여자 신장의 분포도를 각각 보여주며, 둘을 합하는 과정이 간단한 개요도로 표현돼 있다. 물음표에 위치한 분포도가 두 분포를 합쳐 탄생한 결과물이다.

[그림 Ⅲ - 1] '정규 분포 가법성' 개요도

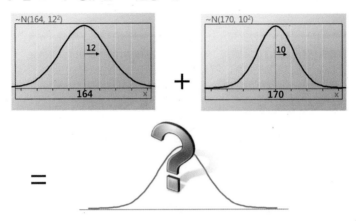

계산에 들어가기 전 '정규 분포 가법성'의 정의를 살펴보면 다음과 같다.

어느 한 그룹 $N(\mu_1, \sigma_1^2)$에서 끄집어낸 하나의 값과 또 한 그룹 $N(\mu_2, \sigma_2^2)$에서 끄집어낸 값의 합 분포는 $N(\mu_1+\mu_2, \sigma_1^2+\sigma_2^2)$의 정규 분포를 따름.

정의로부터 [그림 Ⅲ - 1]의 상황을 수치로 나타내면 다음과 같다.

$$\bar{x}_{total} = 164 + 170 = 334,$$ (Ⅲ - 1)
$$s_{total} = \sqrt{12^2 + 10^2} \cong 15.6205 \quad \Rightarrow \quad \sim N(334, 15.6205^2)$$

식(Ⅲ - 1)을 통해 두 분포를 더하는 방법은 쉽게 이해될 수 있다. 덧붙여 두 분포의 차도 구할 수 있는데 이때 주의할 점은 평균은 서로 뺄 순 있어도 분산은 항상 더해야 함을 명심하자. 이것은 분산의 산식에 제곱이 들어 있기 때문이다. 그런데 '정규 분포 가법성'이 왜 '역량 평가'를 준비하는 이 시점에 꼭 필요한 것일까? 이유는 다음과 같은 문항의 풀이를 돕기 위해서다.

[표 Ⅲ-2] [문항] '정규 분포 가법성' 예(난이도 중)

문제	다음은 고객으로부터의 불만을 처리하는 데 필요한 활동과 각 '소요 시간'을 조사한 자료다. '프로세스(공정) 능력'을 산정하시오(단, 자체 규정에 처리 '소요 시간'이 150분을 넘으면 특별 관리 대상이다).		
자료	**활동(단계)**	**평균(분)**	**표준 편차(분)**
	접수	4	1.2
	담당 부서 통보	14	3.5
	담당 부서 검토	110	16.2
	고객 통보	9	3.1

[표 Ⅲ-2]를 보면 업무를 처리하는 '활동(Activity)'이 있고 각각의 '평균 소요 시간'과 '표준 편차'가 기록돼 있다. 만일 지문의 "프로세스(공정) 능력을 산정하시오"가 빠지면 난이도가 최하위인 가장 단순한 문항이 된다. 보통 문항의 난이도는 [표 Ⅲ-1]에 나열한 '항목 1~8'의 내용들이 얼마나 조합돼 나오느냐로 결정된다. '프로세스 능력'인 '시그마 수준'을 얻기 위해서는 [표 Ⅲ-2] 내 자료로부터 '전체 소요 시간과 표준 편차'를 구해야 하며, 이때 지문에 주어진 "규격(USL)=150분"을 적용한다. 그러나 우리는 아직 '프로세스 능력'을 설명할 단계인 [표 Ⅲ-1]의 '2. 정규 분포 확률(넓이) 구하기'에 이르지 않았으므로 이 부분은 잠시 뒤로 미루기로 하고, 여기서는 주어진 자료로부터 전체 분포를 얻는 것까지만 학습해보도록 하자. '전체 평균과 표준 편차'의 계산은 '정규 분포 가법성'에 따라 다음과 같이 얻는다.

$$\overline{x}_{total} = 4 + 14 + 110 + 9 = 137, \tag{III-2}$$
$$s_{total} = \sqrt{1.2^2 + 3.5^2 + 16.2^2 + 3.1^2} \cong 16.9039 \quad \Rightarrow \quad \sim N(137, 16.9039^2)$$

만일 식(III-2)로부터 '프로세스 능력'을 구하기 위해서는 주어진 파라미터를 이용해 '정규 분포'를 도해하는 과정이 필요하다. 다음 [그림 III-2]는 식(III-2)의 결과를 분포도로 표현한 예이다.

[그림 III-2] 전체 분포도

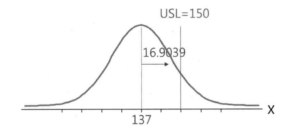

[그림 III-2]에서 만일 '불량률'을 구한다면 '규격(USL)'의 오른쪽 영역을, '수율(양품률)'을 구한다면 왼쪽 영역을 미니탭으로부터 계산한다.[10] 물론 이때는 '정규 분포 가법성' 산정에 계산 항목 하나가 더 추가되었으므로 난이도는 약간 증가한다.

'정규 분포 가법성'을 묻는 문항은 '시간' 외에도 여러 분야 또는 상황에 응용돼 출제되곤 하는데 그중 대표적인 예가 특정 제품의 '불량률(또는 수율)'을 산정하는 문제다. 기출 문항들 중 하나인 다음 [표 III-3]의 예를 보자.

---

10) 미니탭 「계산(C)>확률 분포(D)>정규 분포(N)…」에서 수행.

문제	최고 출판사는 근래 들어 경제 분야 관련 4권의 시리즈물을 기획하였으며 하드 케이스에 이들을 넣어 판매할 목적으로 현재 제본 중에 있다. 각 책의 두께와 케이스에 대한 자료가 다음과 같을 때 불량률을 계산하시오(단, 갭은 최대 2mm까지 허용, 단위는 모두 mm).
상황	-책 1권~N(30, 0.4²) -책 2권~N(42, 0.2²) -책 3권~N(28, 0.2²) -책 4권~N(13, 0.1²) -하드 케이스~N(114, 1.1²)

[표 Ⅲ-3]의 예에서 각 책들은 '하드 케이스'에 그림과 같이 끼워 넣는 구조이므로 이 조합이 정상이 되려면 최종 남는 간격(이하 'Gap'으로 표기)이 너무 넓어도, 또 너무 좁아도 안 된다. 예를 들어 갭이 '양의 값'이면 책들이 헐겁게 끼워져 이동 중 빠져나올 것이고, 반대로 '음의 값'이면 처음부터 끼워 넣을 수 없는 지경에 이른다. 우선 '정규 분포 가법성'에 따라 상황을 수치적으로 계산하면 다음과 같다.

$$\overline{x}_{Gap} = 114 - (30 + 42 + 28 + 13) = 1, \qquad (\text{Ⅲ}-3)$$
$$s_{Gap} = \sqrt{1.1^2 + 0.4^2 + 0.2^2 + 0.2^2 + 0.1^2} \cong 1.2083$$

$$\Rightarrow \ Gap분포 \sim N(1, 1.2083^2)$$

식(Ⅲ-3)을 통해, 본 예의 책들을 케이스에 끼워 넣을 때 남는 갭은 '1'을 중심으로 '표준 편차(1.12083)'만큼 왔다 갔다 하는 경향을 보인다. 이 결과를 분포도로 시각화하면 다음 [그림 Ⅲ-3]과 같다.

[그림 Ⅲ-3] Gap 분포도

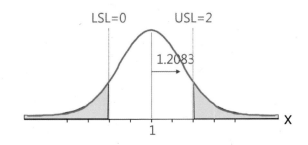

　[그림 Ⅲ-3]에서 'LSL=0mm'는 갭이 '0 이하'가 됐을 때 책은 아예 끼워지지 않는 영역이고, 또 'USL=2mm'는 갭이 그 이상 됐을 때 너무 헐거워 이동 중 빠지는 영역이다. 따라서 이들 영역의 갭 값들은 모두 '불량 영역'에 속하게 돼 해당 넓이를 미니탭에서 계산(적분)[11]하면 [표 Ⅲ-3]의 문항에서 요구하는 '불량률'이 얻어진다. 물론 '시그마 수준'으로의 전환은 언제든 가능하다. '불량률' 계산은 「2. 정규 분포 확률(넓이) 구하기」에서 다룰 예정이다.

　참고로 [표 Ⅲ-3]의 유형은 '연구 개발(R&D)' 부문 응시자(연구원)를 대상으로 한 문항에도 응용될 수 있는데, 바로 '공차 설계'가 그것이다. 예를 들어, [표 Ⅲ-3]에 포함된 책과 케이스의 조립도를 설비 부품들 간 조립도로 바꾸고, 현재의 '양품률'을 '6시그마 수준'으로 개선하기 위한 '최적 공차'를 예측(산정)하는 일 등이다. 관련 문항 예는 「2.4. '시그마 수준'과 관련된 '기출 문항' 풀이」를 참조하기 바란다.

　기출 문항에 '정규 분포 가법성'을 직접 묻는 경우는 거의 없다. 이를 기초 지식으로 활용해 '시그마 수준'이나 '불량률', 또는 '공차 설계'와 같은 다른 항목들과 연계시키는 문제가 다수를 차지한다. 다음 [표 Ⅲ-4]는 설명된 '정

---

11) 미니탭 「계산(C)>확률 분포(D)>정규 분포(N)…」에서 수행.

규 분포 가법성'의 원리를 이용해 지금까지 출제된 유형을 난이도와 함께 요약한 예이다.

[표 Ⅲ-4] '정규 분포 가법성'을 응용한 '기출 문항' 및 난이도 구분

	구분	내용	난이도
1	전체 분포 구하기	각 활동별 '소요 시간(또는 특성치)'으로부터 '전체 분포'의 평균, 표준 편차 등을 물음	하
2	불량률, 시그마 수준 구하기	'정규 분포 가법성' 결과를 이용하여 불량률(수율 or 양품률), 시그마 수준 등을 구하도록 하는 물음	중
3	최적 공차 구하기	'2'와 동일한 유형이나, R&D 부문 연구원을 대상으로 함. 주로 요구된 양품률을 만족시키기 위한 공차 값을 물음	상
4	파라미터 구하기	문항에 '소요 시간' 자료와 함께 불량률, 시그마 수준을 함께 제시한 뒤, 문항에서 알려지지 않은 '평균'이나 '표준 편차' 등을 계산하도록 물음	상

[표 Ⅲ-4]의 '2', '3', '4' 유형은 모두 '확률(넓이)'을 구하는 문제와 직결되므로 다음 소단원에서 필요한 설명이 이어질 것이다.

2. 정규 분포 확률(넓이) 구하기 → 시그마 수준

[표 Ⅲ-1]의 '정규 분포 가법성'에 이어 두 번째로 학습할 내용이다. 평가 대비반을 운영하다보면 대체로 응시자들이 분포의 확률(넓이) 구하는 기본 사항에 매우 취약하다. 우리가 다루는 '정규 분포'는 '확률 밀도 함수'를 의미한다. '정규 곡선' 아래 전체 넓이는 '1'이며, 특정 'X-축 범위' 내 '넓이'는 곧 '확률'이다. 다시 '규격(Specification)'을 기준으로 한 '넓이'는 '수율(또는 양품률)'이나 '불량률'에 대응한다. '수율'은 문항에서 자주 제시되는 '시그마 수준' 산정의 기본 자료로 이용된다. 결국 '확률'이나 '시그마 수준' 등을 계산하려면 가장 근간인 '분포의 넓이를 구하는 방법'의 학습이 기본 중의 기본이다. 이에 '넓이 구하는 방법'을 먼저 학습한 후 '시그마 수준'의 계산에 도전해보자.

2.1. 정규 분포의 확률(넓이) 구하기

[그림 Ⅲ-4]는 미니탭으로 '정규 분포 확률(넓이)'을 구하는 기본 예이다.

[그림 Ⅲ-4] 가장 기본적인 '넓이 구하기' 예

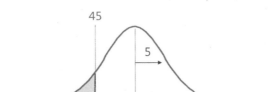

수학에서는 [그림 Ⅲ-4]의 예처럼 'x≤45의 확률(넓이)'을 'P(x≤45)'로 표기하는데 'P'는 '확률'인 'Probability'의 첫 자이다. 평가는 답을 얻는 것도 중요하지만 일반적으로 '계산 과정의 기술'이 빠지면 틀린 답으로 간주하므로 표기에 있어서도 요건을 갖추는 것이 좋다. '넓이'는 곧 '적분 결과'를 의미한다. 연속형 함수에서의 적분은 경계 값(예에서 '45')이 적분 시 포함되거나 포함되지 않아도 결과에는 영향을 미치지 않는다. 왜냐하면 적분이란 미세한 'x 값의 증분'과 '정규 곡선'이 이루는 극히 작은 직사각형 영역의 넓이를 수도 없이 더해가는 과정인데, 이때 한 점 'x=45'로 이루어진 영역은 '선분'으로 그 자체는 '넓이'가 존재하지 않기 때문이다. 선분의 넓이는 '0'이므로 기호에 '<'를 쓰든 '≤'를 쓰든 관계없다. [그림 Ⅲ-4]의 상황을 기호로 나타내면 다음 식(Ⅲ-4)과 같다.

$$P(x \le 45) = \int_{-\infty}^{45} f(x)\,dx \ = \int_{-\infty}^{45} \left[\frac{1}{\sqrt{2\pi}*5} e^{-\frac{1}{2}\frac{(x-50)^2}{5^2}} \right] dx \qquad (\text{Ⅲ}-4)$$

식(Ⅲ-4)은 '$f(x)dx$'[12]인 직사각형 넓이를 'x=-∞'부터 'x=45'까지 모두 합한다는 뜻이며, 수학적 적분을 통해 결과 값을 얻는다. 그러나 식 자체의 적분은 어렵고 근사식으로 바꿔야 가능한데 리더들에게 적분하자고 했다간 욕을 바가지로 먹거나 다시는 과제 안 한다고 할 게 뻔하다(^^)! 당연히 수작업으로 적분할 필요 없이 이후 단계부터는 미니탭의 '계산' 기능을 적극 활용한다. 다음 [그림 Ⅲ-5]는 미니탭의 입력 '대화 상자'와 '세션 창' 결과를 보여준다.

---

12) 'f(x)'는 [그림 Ⅲ-4]에서 높이인 'y'를 나타낸다. 밑변인 '△x'와 높이인 'y'의 곱은 곧 직사각형의 넓이를 의미하며, 적분을 위한 최소 넓이에 해당한다.

[그림 Ⅲ-5] 적분을 위한 미니탭 경로, '대화 상자' 입력 및 결과

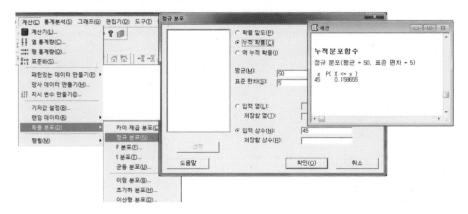

미니탭 경로는 「계산(C)>확률 분포(D)>정규 분포(N)…」이다. '세션 창'에는 '45 이하'의 넓이가 '0.158655'로 나타났다. 이 값은 만일 'x'가 특정 제품의 '두께'나 업무를 처리하는 '소요 시간'이면 '두께(또는 소요 시간)'가 '45 이하가 될 확률'의 의미다. 또 'x=45'에서의 특정 값인 '확률 밀도'는 [그림 Ⅲ-5]의 '대화 상자'에서 '누적 확률(C)' 대신 '확률 밀도(P)'를 선택한다.

'정규 분포'의 '확률(또는 넓이)'을 구하는 가장 기본적인 방법을 알았으면 다음으로 분포의 '왼쪽 넓이'에 대한 '확률' 계산이 아닌 '오른쪽 넓이'에 대해서도 생각해보자. 다음 [그림 Ⅲ-6]은 분포의 오른쪽 '확률(또는 넓이)'을 구하는 문제의 개요도를 나타낸다.

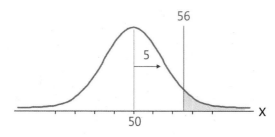

[그림 Ⅲ-6]의 상황은 다음의 식으로 표현될 수 있다.

$$P(x \geq 56) = \int_{56}^{+\infty} f(x)\,d\,x = \int_{56}^{+\infty} \left[\frac{1}{\sqrt{2\pi}*5} e^{-\frac{1}{2} \frac{(x-50)^2}{5^2}} \right] dx \qquad (\text{Ⅲ}-5)$$

그러나 미니탭은 항상 왼쪽 넓이만 계산하도록 프로그램화돼 있으므로 식 (Ⅲ-5) 그대로는 답이 안 나온다. 이때 전체 확률이 '1'인 점을 감안해 다음과 같이 조정한 후 미니탭 '계산' 기능을 이용한다.

$$P(x \geq 56) = 1 - P(x \leq 56) \qquad (\text{Ⅲ}-6)$$
$$= 1 - 0.884930 = 0.11507$$

식(Ⅲ-4)와 식(Ⅲ-6)을 응용해 개념을 좀 더 확장하면 '양쪽 규격(LSL, USL)'일 경우 그 안에 속하는 확률(넓이)의 계산도 가능하다. 다음 [그림 Ⅲ-7]은 '양쪽 규격'이 존재할 때 그 안의 넓이를 표시한 개요도이다(LSL=45, USL=56).

[그림 Ⅲ-7] '양쪽 규격' 내 확률(넓이) 구하기

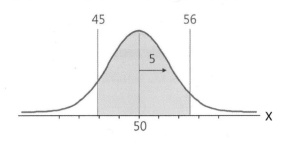

[그림 Ⅲ-7]의 상황은 다음 식(Ⅲ-7)과 같이 표현되고, 미니탭을 통해 계산된다.

$$P(45 \leq x \leq 56) = P(x \leq 56) - P(x \leq 45) \qquad (\text{Ⅲ}-7)$$
$$= 0.884930 - 0.158655$$
$$\cong 0.7263$$

평가 문항에서 규격이 주어졌을 때, '정규 분포'상의 확률(넓이)을 구하는 문제에 익숙해졌으면, 이를 이용하여 출제 빈도가 높은 '시그마 수준'의 계산 과정으로 넘어가보자. 평가 문항엔 단순히 분포로부터의 확률을 구하는 문제보다 이를 기반으로 '시그마 수준' 구하기 등과 연계시키는 경향이 강하기 때문이다.

2.2. '시그마 수준' 구하기

'시그마 수준(Sigma Level)'은 "프로세스의 질을 나타내는 척도"이다. 네이버 지식백과에 포함된 '시그마 수준'은 다음과 같이 설명된다.

> · 시그마 수준(Sigma Level) (네이버 백과사전 '6시그마' 정의 內)…(중략) '6시그마
> 수준'이라고 하면 프로세스의 평균이 중앙에 위치하는 경우, 규격의 중심인 목표 값으
> 로부터 한쪽 규격 한계까지의 거리가 정규 분포의 표준편차 값의 6배로 표현되는 경
> 우를 의미한다. 6시그마 품질 수준의 경우, 결함이 발생할 비율을 계산해보면
> 2ppb(parts per billion), 즉 10억 개 중에 두 개밖에 되지 않는다. (중략)

 비록 '시그마 수준'의 정의 대신 '6시그마 수준'을 설명하고 있지만 개념은
동일하다. 다음 [그림 Ⅲ-8]은 '시그마 수준'을 설명하기 위한 개요도이다.

[그림 Ⅲ-8] '시그마 수준' 정의 개요도

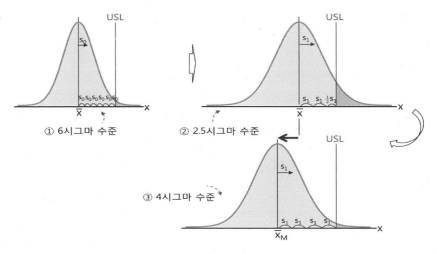

 [그림 Ⅲ-8]에서 상단 왼쪽의 분포는 '6시그마 수준' 정의에 따라 '평균
($\bar{x}$)'과 '규격(USL)' 사이에 '표준 편차(S_0)'가 '6개' 들어간다. 이 분포가 만일
관리가 잘 되지 않아 중심은 그대로인 반면 '표준 편차'만 처음의 'S_0'에서
'S_1'으로 증가되었다고 가정한 예가 상단 오른쪽 분포도다. '규격(USL)'은 고

정돼 있으므로 '평균($\bar{x}$)'과 '규격(USL)' 사이에 '표준 편차(S_1)'가 '2.5개' 들어가 '2.5시그마 수준'임을 알 수 있다. 거리는 동일한데 '표준 편차' 크기만 커졌으므로 당연한 결과다. 물론 '표준 편차'가 '1.5개' 들어가면 '1.5시그마 수준'이, '3개' 들어가면 '3시그마 수준'이다. 다시 [그림 Ⅲ-8]의 아래 분포도는 바로 위 분포의 '표준 편차(S_1)'는 고정인 상태에서 '평균'이 기존 '$\bar{x}$'에서 '$\bar{x}_M$'으로 이동한 예이다. 이 경우도 '규격(USL)'은 고정이므로 '평균($\bar{x}_M$)'과 '규격(USL)' 간 거리가 늘어나 들어갈 수 있는 '표준 편차(S_1)' 수는 이동하기 전인 '2.5개'에서 이동한 후 '4개'로 증가한다. '4시그마 수준'이 된 것이다. 이와 같이 '시그마 수준'은 '산포'가 변하든, '평균'이 변하든 또는 둘 다가 변하든 그 크기가 커질수록 관리 중인 프로세스 질도 개선돼 감을 정량적으로 표시한다. 수학적으로는 '시그마 수준'이 무한대 값을 가질 수 있으나 프로세스 관리에서는 '6'의 값만 얻더라도 정의에 기술한 바와 같이 '2ppb', 즉 "10억 개 중 2개의 결점만을 발생시키는 품질 수준"이며, 이 자체만 놓고 보더라도 현실에서 달성이 매우 어려운 높은 수준의 관리 상태임을 알 수 있다.

설명한 내용과 연계된 '기출 문항' 하나를 풀어보자. '정규 분포'를 이용한 '시그마 수준' 구하기는 주로 초보자 대상의 문항이다. 난이도가 낮고 단답형 성격이라 Solver 평가에 출제되는 경우는 초창기 때를 빼고는 거의 찾아보기 어렵다.

[표 Ⅲ-5] [문항] '정규 분포'의 '시그마 수준' 구하기 예(난이도 하)

문제	품질 관리를 담당하는 박 과장은 최근 자사 제품의 A특성에 변동이 감지됐다는 보고를 접하고, 이를 확인하기 위해 하루 동안 30개의 데이터를 수집하여 다음의 결과를 얻었대(단기 데이터). 시그마 수준을 구하시오.
상황	□ 평균 $\bar{x}=3.6\ \Omega/cm^2$. □ 표준 편차 $s=0.88\ \Omega/cm^2$인 '정규 분포'를 따름. 단, A는 '망소 특성'이며, '4.0'을 넘으면 심각한 품질 문제가 발생함.

우선 "하루 동안 수집된 데이터"란 점에서 '단기 시그마 수준'을 계산해야 한다. 보통 평가에서 제시되는 자료나 숫자는 '장기 데이터'로 간주되는 경우가 대부분이다. 따라서 특별히 "단기 데이터"란 표현이 없는 한 '장기 데이터'로 간주하고 계산된 '시그마 수준'에 '+1.5'를 더한다. '1.5 Shift'와 관련된 자세한 내용은 「Be the Solver_Quick 방법론」편을 참고하기 바란다. 다음 [그림 Ⅲ-9]는 [표 Ⅲ-5]의 상황을 도해한 결과이다. '확률(넓이)'을 구할 때는 문항에서 제시된 상황을 꼭 도해하는 습관을 갖도록 하자. 평가 중이라면 해당 문항 아래에 그려 넣고 풀이 과정을 기술한다.

[그림 Ⅲ-9] 현 상황 도해와 '시그마 수준' 구하기

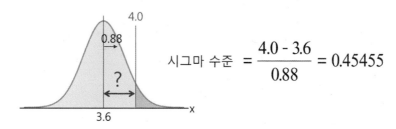

[그림 Ⅲ-9]의 "?"는 '평균'과 '규격' 사이에 '표준 편차(0.88)'가 몇 개 들어가는지를 묻는 것이다. 분포도 바로 옆에 계산된 '시그마 수준'은 '약 0.45455'로 '단기 데이터'를 통해 얻었기 때문에 '1.5'를 더하지 않았다. 의미는 "'평균'과 '규격' 사이에 '약 0.45455개'의 '표준 편차'가 들어간다"이다.

프로세스 관리에 경험이 좀 많은 독자라면 "왜 규격을 'USL'만 사용하고 있지? '망대 특성'과 같이 'LSL'만 있는 경우도 있고, '망목 특성'에선 'LSL'과 'USL'을 동시에 적용해야 하는데… 특히 '망목 특성' 경우 '평균'과 '규격' 사이의 어느 쪽을 선택해서 계산해야 하는지…" 등의 의문을 제기할 수 있다.

이 물음에 대한 정답은 "'망대 특성'이든 '망목 특성'이든 항상 불량 영역 넓이를 오른쪽으로 몰아넣은 뒤 마치 [그림 Ⅲ-8]과 같은 '망소 특성'의 형태로 고쳐 '시그마 수준'을 계산한다"이다. 이때 다시 다음과 같은 의문이 생긴다.

[그림 Ⅲ-10] '망목 특성'을 '망소 특성'으로 전환했을 때의 'USL'은?

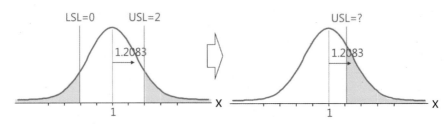

즉 [그림 Ⅲ-10]에서처럼 'LSL=0' 이하의 불량률을 오른쪽 'USL=2' 이상의 불량률 영역에 통합하면 어차피 '넓이'의 합이므로 '전체 불량률'의 차이는 없다. 따라서 [그림 Ⅲ-8]과 동일한 원리로 '시그마 수준'을 계산할 수 있으나, 이때 새롭게 형성된 'USL'을 모르므로 '평균'과 '규격(USL)' 간 거리를 알 수 없어 계산이 불가한 상태에 놓인다. 따라서 '시그마 수준'을 계산하는 다른 방식의 접근이 필요한데, 이에 대해서는 다음 소단원에서 다룬다.

2.3. '표준 정규 분포'를 이용한 '시그마 수준' 구하기

'시그마 수준'을 구하는 또 하나의 방식이 존재한다는 것은 역량 평가 문항을 출제하는 출제자에겐 큰 매력이 아닐 수 없다. 한 방식에서 도저히 풀 수 없는 상태로 문항을 만들어놓고, 풀이의 단서를 다른 방식에서 가져오도록 유도하는 것이다. 결국 응시자가 통계적 원리를 올바로 이해하고 있는지 묻게

되므로 출제 명분도 세울 수 있다. 또 하나는 난이도 조절도 매우 용이하다는 장점이 있다. 우선 기본 원리를 학습한 후 '기출 문항' 사례로 들어가 보자. 다음은 '시그마 수준'을 구하는 또 하나의 방식에 대한 개요도이다.

[그림 Ⅲ-11] '표준 정규 분포'로 '시그마 수준' 구하기

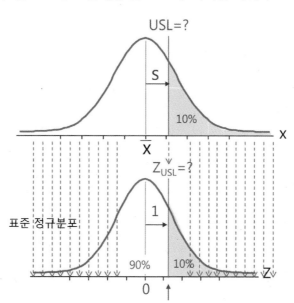

[그림 Ⅲ-11]의 위쪽 분포도는 프로세스로부터 수집된 데이터로 그려진 일반적으로 접하는 '정규 분포'이고, 아래쪽은 '표준 정규 분포'를 나타낸다. '표준 정규 분포'가 어떻게 만들어지고, 또 왜 필요한지에 대해선 「Be the Solver_확증적 자료 분석(CDA)」편에 상세히 소개하고 있으니 관심 있는 독자는 참고하기 바란다. '표준 정규 분포'의 사전적 정의를 옮기면 다음과 같다.

· 표준 정규 분포(Standard Normal Distribution) → (사이언스 올 과학 공유 사전) 실수 전체의 값을 취하는 확률 변수 Z가 a, b일 때,

$$P(a \leq Z \leq b) = \frac{1}{\sqrt{2\pi}} \int_a^b \left[e^{-\frac{1}{2}z^2} \right] dz$$

를 만족시킨다면, Z의 확률분포를 '표준 정규 분포'라고 한다. 여기서 e는 2.71828…인 자연로그의 밑으로 무리수이다. 이때, Z의 평균값은 0, 분산은 1이다. (중략)

정의에서 기억할 구절은 "평균은 '0', 분산은 '1'이다." '분산=1'이면 제곱근해도 '1'이므로 '표준 편차' 역시 '1'이다. '평균'과 '표준 편차'가 고정된 분포이고, 또 그 값도 알려져 있으므로 이 분포에서는 모든 확률 계산이 가능하다. 이것이 바로 평가 문항을 푸는 데 매우 중요한 요소로 작용한다. 왜냐하면 우리 주변에서 수집된 자료로 '정규 분포'를 만들면 그 모든 분포를 '표준 정규 분포'로 전환할 수 있기 때문이다. 물론 그 역도 가능하다.

[그림 Ⅲ-11]에서 위 분포도의 모든 'X$_i$'들은 아래 '표준 정규 분포' 내 각각에 대응하는 'Z$_i$'로 변환할 수 있다. 따라서 'USL'도 하나의 'X값'이므로 이 값 역시 대응하는 특정의 'Z값'으로의 전환이 가능하다. 이제 어떻게 전환하는지 그 수식만 알면 위에서 아래로, 또 아래에서 위로의 변환은 그 식을 통해 언제든 이루어질 수 있다. 다음 [그림 Ⅲ-12]를 보자.

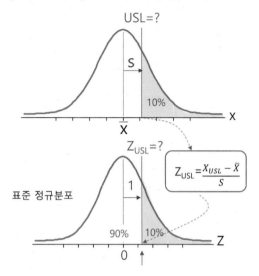

[그림 Ⅲ-12]에 'X$_i$'를 'Z$_i$'로 전환하는 변환 일반식이 주어져 있다. 변환하려는 값(X$_i$)과 분포의 평균($\overline{X}$) 간 차이를 분포의 '표준 편차(S)'로 나누면 '표준 정규 분포'상 'Z$_i$'로의 변환이 완료된다. 이때 'USL'도 'X-축'상의 한 값이므로 해당하는 'Z$_{USL}$'을 얻기 위한 변환 식은 다음과 같다.

$$Z_{USL} = \frac{X_{USL} - \overline{X}}{S} \qquad\qquad (Ⅲ-8)$$

식(Ⅲ-8)을 가만히 들여다보면 매우 낯익다는 생각이 든다. 왜일까? 바로 [그림 Ⅲ-8], [그림 Ⅲ-9]에서 설명했던 '시그마 수준'을 얻는 방법과 정확히 일치한다. 즉 "USL을 표준화하는 식은 '시그마 수준' 정의, 또는 얻는 산식과 정확히 일치한다." 이 원리를 이용하면 [그림 Ⅲ-10]처럼 '망목 특성'을

'망소 특성'으로 전환하거나, '망대 특성'을 '망소 특성'으로 전환해서 'USL'의 구조를 만들 때, 그 'USL'을 '표준화'하면 바로 '시그마 수준'이 되는 것을 알 수 있다. 따라서 모든 특성들을 '망소 특성' 하나의 분포도로 변경하면 통일된 방식으로 '시그마 수준'을 얻을 수 있다. 그러나 여전히 새롭게 형성된 'X_{USL}'을 모르므로 계산이 불가하긴 마찬가지다.

다시 [그림 Ⅲ-12]를 보자. 어떤 경로로 만들어졌던 'USL'이 존재하는 '망소 특성'의 분포도가 완성되면 '불량률'은 반드시 알려져 있어야 한다. 이 경우는 '10%'이다. 이때, 나머지 넓이는 자연스럽게 '수율(또는 양품률)'이 되며, 본 예 경우 그 값은 '90%'이다. '표준 정규 분포'의 큰 장점 중 하나가 '평균'과 '표준 편차'가 각각 '0'과 '1'로 고정돼 있으므로 우리는 미니탭의 '역 누적 확률' 기능을 통해 '넓이(확률)를 가르는 Z_{USL}값'을 계산할 수 있다. 미니탭은 왼쪽 넓이만 얻도록 프로그램화돼 있으므로 [그림 Ⅲ-12]에서의 '90%', 즉 '0.9'를 '역 누적 확률'로 계산하면 '0.9'를 가르는 'Z_{USL}'이 나타나는데, 이 값은 '시그마 수준의 정의'와 일치된 값이므로 곧 '시그마 수준'이다. 이 과정을 수식으로 정리하면 다음과 같다.

[그림 $\Pi-12$]아랫쪽에서, $Z_{USL} = \Phi_z^{-1}(0.9) = 1.28155$ ([그림 $\Pi-13$] 참조)   (Ⅲ-9)

만일 '장기 데이터'면, $Z_{st} = Z_{lt} + 1.5 = 1.28155 + 1.5 = 2.78155$ 시그마 수준

식(Ⅲ-9)를 얻기 위한 미니탭 '대화 상자' 입력과 결과는 다음과 같다.

[그림 Ⅲ-13] '역 누적 확률'을 통한 'Z$_{USL}$(시그마 수준)' 구하기

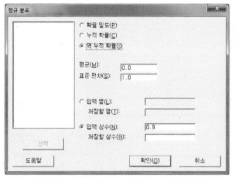
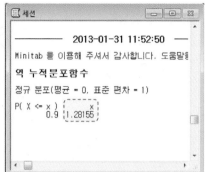

[그림 Ⅲ-12]를 통해 '시그마 수준'을 얻는 두 방법인 식(Ⅲ-8)과 식(Ⅲ-9)을 함께 정리하면 다음과 같다.

$$Z_{USL}(\text{or 시그마 수준}) = \frac{X_{USL} - \overline{X}}{S} \; = \; \Phi_z^{-1}(\text{수율}) \qquad (\text{Ⅲ-10})$$

식(Ⅲ-10)은 '시그마 수준'을 두 가지 방식으로 얻을 수 있다는 것과, 이를 이용해 문항에서 'X$_{USL}$', '$\overline{X}$', 'S', 'Φ_z^{-1}(수율)'들 중 어떤 하나가 알려지지 않았을 때 그 값을 찾아낼 수 있음을 시사한다. 'Φ_z^{-1}(수율)' 중 'Φ^{-1}'는 '역 누적 확률', 즉 "Z값이 가르는 왼쪽 넓이를 구하는 것이 아닌, 그 반대의 과정으로 넓이를 아는 상태에서 그를 가르는 Z값을 찾는 접근"의 표기이다. 또 밑인 'Z'는 그 '역 누적 확률'을 '표준 정규 분포'상에서 진행한다는 뜻이며, 미니탭으로는 [그림 Ⅲ-13]에 대응한다. 끝으로 괄호 내 '수율'은 '불량률'을 오른쪽으로 몰아넣은 상태에서 미니탭이 구하는 넓이가 왼쪽이므로 '100-불량률=수율'의 개념이 적용된다. '데이터 유형'별로 식(Ⅲ-10)을 적용하면 다음

과 같이 요약된다.

[그림 Ⅲ-14] '데이터 유형'별 'Z$_{USL}$(시그마 수준)' 구하기 개요도

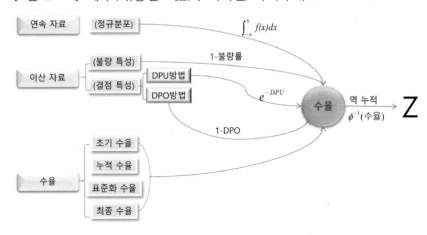

　　[그림 Ⅲ-14]의 오른쪽을 보면 '데이터 유형별'로 '수율'을 구한 뒤 '역 누적 확률'을 통해 'Z('시그마 수준'에 대응)'을 얻는다. 식(Ⅲ-9)와 [그림 Ⅲ-13]과 동일한 내용이다. 다만 '데이터 유형'별로 '수율'을 얻는 방식에 차이가 있으므로 그를 구분해 정리해놓았다. '**연속 자료**' 경우 식(Ⅲ-4)의 적분을 통해 '수율'을 얻는다. '시그마 수준'을 계산하기 위해서는 '불량률'을 항상 분포의 오른쪽 영역으로 모아놓으므로 이 같은 '수율' 산정식이 필요하다. 또 '**이산 자료**'의 '**불량 특성**'은 "전체 개수 중 불량품 개수의 비율"이 '불량률'이므로 '전체(100% 또는 확률=1)'에서 '불량률'을 빼면 '수율'을 얻는다. '**결점 특성**'은 '수율'을 얻는 두 가지 접근이 있는데 하나는 'DPU 방법'이고 다른 하나는 'DPO 방법'이다. '**DPU 방법**'은 '포아송 분포'로부터 유도되며 다음과 같다.

$$P(x) = \frac{\lambda^x e^{-\lambda}}{x!}, \text{ 만일 '결점'이 하나도 나오지 않는 경우,} \qquad (\text{III} - 11)$$

즉, '수율'은 $x = 0$일 때이므로,

$$P(x=0) = \frac{\lambda^0 e^{-\lambda}}{0!} = e^{-\lambda} \Rightarrow \text{수율} = e^{-DPU}$$

단, λ는 해당 구간(또는 범위)에서 확률사상의 '평균 발생 회수'를 의미하며, '결점'의 경우, $\lambda = DPU$임.

'DPO 방법'은 '기회(Opportunity)'가 주어지면 "전체 기회 대비 결점의 비율"을 의미하며, 값이 '100'을 초과하지 않아 '불량률'의 개념과 동일하다. 따라서 '수율'은 '전체(100% 또는 확률=1)'에서 'DPO'를 빼면 얻어진다. 그 외에 **'수율'** 자체도 문항에서 제시될 수 있는데 이때는 그대로 '역 누적 확률'을 계산한다. 'DPU'나 'DPO', '초기 수율', '누적 수율', '표준화 수율', '최종 수율'들의 정의와 활용에 대해서는 「Be the Solver_프로세스 개선 방법론」편을 참고하기 바란다.

간혹 교육 중에 나오는 질문이 있다. "강사님! '정규 분포'는 그렇다 치더라도 '이항 분포'나 '포아송 분포'들은 분명 '정규 분포'도 아니고, 특히 'DPO'는 분포 측에 들지도 않으면서 '시그마 수준' 계산할 때 왜 항상 '(표준) 정규 분포' 하나로만 통일하는 건가요?" 똑똑한 질문이 아닐 수 없다. '기초 통계 과정' 중 조금이라도 관심이 있었거나 세심한 교육생이면 한번쯤 의문을 가질 법도 하다. 간단히 설명하면 '정규 분포'는 '이항 분포'의 수학적 처리 한계를 극복하기 위해 탄생한 근사식이다. '이산 자료'에 있어 세는 수가 많아지면 계산 양이 큰 폭으로 증가하므로 그를 대처하기 위해 '연속 자료'형 근사식을 만든 것이다. 또 '포아송 분포'와 '이항 분포', '포아송 분포'와 '정규 분포'들도 파라미터 변화에 따라 서로 간 근사가 가능하다. '이항 분포'는 '표본 크기

(n)'나, 비율의 크기(p), '포아송 분포' 경우 '단위당 평균 수(λ)'의 적정 값 이상이면 모두 '정규 분포'로 근사시켜 해석이 가능하며, [그림 Ⅲ-14]의 모든 '데이터 유형'의 '시그마 수준' 계산이 '표준 정규 분포'상에서 이루어지는 이유이다. 자세한 내용은 「Be the Solver_확증적 자료 분석(CDA)」편을 참고하기 바란다.

2.4. '시그마 수준'과 관련된 '기출 문항' 풀이

앞서 소 단원들의 내용은 '정규 분포 가법성 → 정규 분포 확률(넓이) 구하기 → 시그마 수준 구하기'로 확률/통계적 개념이 점차 확대되는 양상을 보인다. 본 단원에서는 학습한 내용을 종합한다는 의미와 풀이에 대한 충분한 이해를 돕기 위해 그들 각각이 따로 출제됐던 예보다 세 흐름을 모두 포함하는 '기출 문항'들을 소개하고자 한다. 또 별도로 R&D 부문에서의 '공차 설계' 관련 문항도 간단하게 점검하고 넘어간다.

우선 [표 Ⅲ-6]은 '불량률'과 '시그마 수준'을 얻기 위해 '개선 전'과 '개선 후'의 '전체 분포'가 필요하며, 이 과정은 '정규 분포 가법성'을 이용한다. 또, '불량률'을 얻는 과정은 '정규 분포 확률(넓이) 구하기'로, '시그마 수준'은 구한 넓이를 이용한 '역 누적 확률'로부터 얻어진다. '시그마 수준'은 '단기'를 요구하고 있어 수학적으로 얻어진 값에 '+1.5'가 요구된다. 그런데 이 문항의 난이도를 결정짓는 물음은 '개선 후' 항목들 중 '조정'의 '표준 편차'를 계산하는 일이다('③'으로 표기돼 있음). '정규 분포 가법성 → 확률(넓이) → 시그마 수준'의 과정이 거꾸로 일어나야 하며, 대다수 리더들이 이 부분에서 무릎을 꿇고 만다. 빈 공란의 각 값들을 얻어 보자. 지금까지 학습한 내용 모두를 검토하는 문제이니만큼 과정 중 부족한 부분은 해당 본문을 다시 한 번 복습하면서 완전히 이해할 수 있도록 노력해주기 바란다.

[표 Ⅲ-6] [문항] '가법성 → 확률(넓이) → 시그마 수준' 구하기 예(난이도 상)

문제	A 업체는 제품 생산 프로세스의 효율화와 생산성 향상을 위해 기존 '소요시간'을 줄이기 위한 과제를 수행하였다. 다음의 공란에 적합한 값을 입력하고, 추가 물음에 답하시오. (단, 전체 '소요 시간'이 12분을 넘어서면 생산 계획에 큰 차질이 빚어지는 것으로 알려져 있으며, 표의 파라미터들은 모두 장기간에 걸쳐 수집된 자료로부터 얻은 결과임)
하위 문제	1) 아래의 공란에 적합한 값을 계산하시오(단위: 분).

프로세스 활동	개선 전	개선 후
투입	$N(2.0,\ 0.05^2)$	$N(2.0,\ 0.2^2)$
조정	$N(3.2,\ 0.2^2)$	$N(2.0,\ ③_____)$
조립	$N(4.3,\ 0.4^2)$	$N(4.3,\ 0.45^2)$
검사	$N(2.0,\ 0.05^2)$	$N(3.0,\ 0.4^2)$
불량률	①_____	0.1593
시그마 수준(단기)	②_____	2.4975

2) 과제 수행 후 개선이 되었다고 볼 수 있는가?
3) 하위 문제 '2)'에 대해 왜 그렇게 판단했는지 이유와 향후 방향을 기술하시오.

하위 문제 1) 아래 공란에 적합한 값을 계산하시오(그림의 '원 번호' 참조).

① '불량률' 구하기
'정규 분포 가법성'을 이용해 '개선 전'의 '전체 분포도'를 작성한다. 이때 '전체 평균($\overline{x}_{total}$)'과 '전체 표준 편차(s_{total})'는 다음과 같다.

$$\overline{x}_{total} = 2.0+3.2+4.3+2.0 = 11.5분 \qquad (Ⅲ-12)$$
$$s_{total} = \sqrt{0.05^2+0.2^2+0.4^2+0.05^2} \cong 0.45277분$$

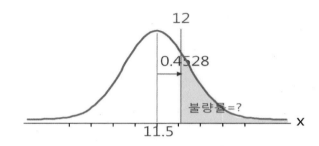

'불량률'은 '정규 분포의 확률(넓이) 구하기'로부터 [그림 Ⅲ-15]의 왼쪽 확률(넓이)을 구한 뒤 전체 확률인 '1'에서 빼주면 얻을 수 있다. 미니탭은 오직 왼쪽 넓이에 대해서만 적분을 해주기 때문이다. 계산은 다음과 같다.

$$\text{불량 확률} = 1 - \int_{-\infty}^{12} f(x)\,dx = 1 - 0.8653 \cong 0.1347 \qquad (\text{Ⅲ}-13)$$

$$\text{단, } f(x) = \frac{1}{\sqrt{2\pi}\,s}\,e^{-\frac{1}{2}\frac{(x-\overline{x}^2)}{s^2}}, \qquad \therefore \text{불량률} = 0.1347 \times 100 \cong 13.47\%$$

(정답)

불량률=13.47%, 기술 과정은 [그림 Ⅲ-15], 식(Ⅲ-12), 식(Ⅲ-13) 참조.
※ 식(Ⅲ-13)을 얻기 위한 미니탭 활용은 [그림 Ⅲ-5]를 참고하기 바람.

---

② '시그마 수준' 구하기

[그림 Ⅲ-14]로부터 '수율'을 구해 '표준 정규 분포'상에서 그 값의 '역 누적 확률'을 구하면 '시그마 수준'이다. 다음과 같이 기술한다.

$$Z_{st} = Z_{lt} + 1.5 \qquad\qquad (\text{III} - 14)$$
$$= \Phi_z^{-1}(1 - 0.1347) + 1.5$$
$$= \Phi_z^{-1}(0.8653) + 1.5$$
$$= 1.10445 + 1.5$$
$$\cong 2.60445 \qquad \therefore \text{시그마 수준}(\text{단기}) \cong 2.6045$$

(정답)

시그마 수준(단기)=2.6045, 기술 과정은 식(III −14) 참조.
※ 식(III −14)의 미니탭 '역 누적 확률' 산정 과정은 [그림 III −13]을 참고.

'Z_{lt}'는 '규격 USL'의 '표준화'를 통해서도 얻을 수 있음을 [그림 III − 12]에서 설명한 바 있다. 잘 알려져 있다시피 '장기 데이터'를 가정하고 있으므로 '1.5Shift'원칙을 적용해 '단기 능력'으로 표현하였다.

③ 파라미터 구하기

'정규 분포 가법성 → 확률(넓이) → 시그마 수준'의 순으로 답을 요하는 문항은 정해진 규칙만 철저히 소화하면 충분히 풀 수 있지만 역 과정으로 '정규 분포'의 파라미터(평균, 표준 편차)를 계산해내는 일은 난이도가 훨씬 더 높아진다. 정답을 얻기 위해 해야 할 첫 번째 임무는 항상 현 상황을 도해하는 것이다. [그림 III − 16]은 '개선 후'의 '전체 분포도'를 나타낸다.

[그림 III − 16]에서 '전체 평균'과 '전체 표준 편차'는 '정규 분포 가법성'을 통해 얻은 결과이고, '불량 확률'은 '문항'에서 이미 계산돼 제시된 값을 옮겨 놓았다. 특히 분포의 파라미터 중 '표준 편차'는 프로세스의 '조정' 값이 알려져 있지 않아 계산 식 내에 '$s_{조정}^2$'으로만 표기해놓았다. 현재 문제는 바로 '$s_{조정}$'를 얻는 것임을 상황 도해를 통해 바로 알 수 있다. 이 문제 풀이의 핵심은 식(III − 10)에서 설명한 바와 같이 '"시그마 수준'은 두 가지 방식으로

[그림 Ⅲ-16] '개선 후'의 '전체 분포도'

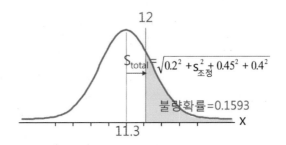

얻을 수 있다"를 활용하는 것이다. 이해를 돕기 위해 설명과 관련 개요도를
다음 [그림 Ⅲ-17]에 그려놓았다.

[그림 Ⅲ-17] '$s_{조정}$'을 얻기 위한 개요도

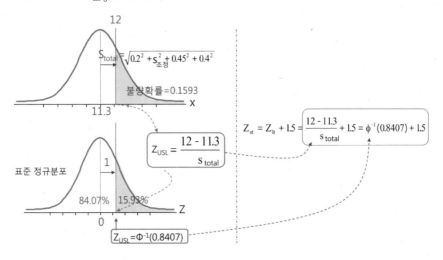

[그림 Ⅲ-17]을 통해 'USL=12'를 '표준화'하는 접근과, '표준 정규 분포'
상에서 '수율(또는 양품률)=84.07%'의 '역 누적 확률'을 구하는 접근은 동일

한 '시그마 수준(Z_{lt} or Z_{USL})' 값을 만든다. 따라서 두 식을 같게 놓을 수 있으며, 이때 '역 누적 확률' 경우, '표준 정규 분포'의 '평균(0)'과 '표준 편차 (1)'가 알려져 있어 온전한 계산이 가능하다. 식의 정리 과정은 다음과 같다.

$$Z_{st} = Z_{lt} + 1.5 = \frac{12 - 11.3}{s_{total}} + 1.5 = \phi^{-1}(0.8407) + 1.5 = 0.99734 + 1.5 \cong 2.497 \qquad (\text{III} - 15)$$

$$\therefore \frac{12 - 11.3}{s_{total}} = 0.99734 \implies s_{total} = \frac{0.7}{0.99734} \cong 0.7019$$

식(III − 15)의 결과 "$s_{total} = 0.7019$" 에서 's_{total}' 은 [그림 III − 17]에 표기한 바와 같이 "$\sqrt{0.2^2 + s_{조정}^2 + 0.45^2 + 0.4^2}$"이므로 최종 마무리 계산이 필요하다. 다음은 's_{total}' 을 얻는 과정과 결과이다.

$$s_{total} \cong 0.7019 \qquad\qquad\qquad\qquad (\text{III} - 16)$$

$$\sqrt{0.2^2 + s_{조정}^2 + 0.45^2 + 0.4^2} = 0.7019, \text{ 양변 제곱 후 } 's_{조정}'\text{에 대해 정리하면}$$

$$s_{조정} = \sqrt{0.7019^2 - (0.2^2 + 0.45^2 + 0.4^2)} = 0.3, \qquad \therefore s_{조정} = 0.3$$

(정답)

$s_{조정} = 0.3$, 기술 과정은 [그림 III − 17], 식(III − 15), 식(III − 16) 참조.

식(III − 16)으로부터 프로세스 '조정'의 '표준 편차' 정답은 '0.3'임을 알 수 있다. 평가 문항 중 '난이도=상'에 속한다. 과정을 봐서 알겠지만 정확한 통계적 원리를 모른다면 답을 얻기가 매우 어렵다. 다음 [표 III − 6]의 문항 중 두 번째 '하위 문제'인 '2)'의 정답에 대해 알아보자.

하위 문제 2) 과제 수행 후 개선이 되었다고 볼 수 있는가?

개선 여부는 '개선 전'과 '개선 후'의 '시그마 수준'끼리, 또는 '불량률'끼리
나 '수율(또는 양품률)'끼리 비교함으로써 확인할 수 있다. 단 '시그마 수준'
경우 '비율'의 미세한 차이는 감지하기 어려우므로 가능하면 '비율' 결과인
'불량률' 또는 '수율'을 이용한다. 다음 [표 Ⅲ - 7]은 '개선 전'과 '개선 후'의
변화를 비교한 것이다.

[표 Ⅲ-7] '개선 전'과 '개선 후'의 변화 비교

항목	개선 전	개선 후
전체 분포 파라미터	$N(11.5, 0.4528^2)$	$N(11.3, 0.7019^2)$
불량률	13.47%	15.93%
수율	86.53%	84.07%
시그마 수준(단기)	2.6045	2.4975

[표 Ⅲ - 7]을 통해 '개선 전'의 '불량률'이 '13.47%'에서 '개선 후'에 '15.93%'
로 오히려 '약 2.46%' 증가했다. 결국 "개선되지 않았다"로 결론짓는다. 동일
한 결론을 '수율' 또는 '시그마 수준'을 비교함으로써 얻을 수 있다.

(정답)

과제 수행 성과는 없는 것으로 확인됨. 오히려 나빠진 결과를 얻음. 기술 과정은 [표 Ⅲ-7] 참조.

평가는 통계나 수학적 처리를 통해 제대로 된 정답을 얻었는가 여부도 중요
하지만 학교가 아닌 기업에서 많은 실무를 감당해야 할 개개인의 역량을 키우
는 데에도 중점을 둬야 한다. 따라서 문항 풀이가 실무와 연계되는지 여부도
중요한 점검 사항이다. 이에 다양한 '하위 문제'를 포함시키는 일도 잊어서는

안 된다. [표 Ⅲ-6]의 예제 문항 경우도 '3)'에 이와 같은 실무 응용력을 점검하는 '하위 문제'가 들어 있다. '하위 문제 3)' 경우 '1) 및 2)'와 연계시켜 정답을 구한다. 이에 대해 알아보자.

하위 문제 3) '하위 문제 2)'에 대해 왜 그렇게 판단했는지 이유와 향후 방향을 기술하시오.

'개선 전'과 '개선 후'의 '평균'을 비교하면 분명 '약 0.2분' 줄어듦으로써 성과의 가능성을 엿볼 수 있으나 개선에 실패한 이유는 '표준 편차'가 '0.4528'에서 '0.7019'로 증가한 때문이다. 이 같은 평가는 지금도 멘토링을 위해 기업을 방문할 때면 자주 접하는 상황인데, 예를 들어 "OOO값이 2.0 상승했습니다"라든가, "전 달에 비해 0.6% 하락했습니다"와 같은 주로 '평균' 관점의 보고가 난무한다. '표준 편차'의 영향 정도에 따라 개선 여부가 결정되는 중요성을 감안할 때, 가능하면 '신뢰 구간'의 활용을 제안하는 바이다.

향후 개선 방향에 대해서는 어디를 더 개선해야 실패 원인이 제거되는지를 언급해야 하는데 이를 위해 각 프로세스 활동별로 층별해서 가장 시급한 영역을 지적하는 것이 좋다. 다음 [표 Ⅲ-8]을 보자.

[표 Ⅲ-8] '개선 전'과 '개선 후'의 프로세스 활동별 변화 비교

프로세스 활동	개선 전	개선 후
투입	$N(2.0, 0.05^2)$	$N(2.0, 0.2^2)$
조정	$N(3.2, 0.2^2)$	$N(2.0, 0.3^2)$
조립	$N(4.3, 0.4^2)$	$N(4.3, 0.45^2)$
검사	$N(2.0, 0.05^2)$	$N(3.0, 0.4^2)$

프로세스 활동별 변화를 파악해보면, '평균'이 가장 큰 '조립'은 줄어들지 않았음을 알 수 있다. 이 부분을 줄이는 데 초점을 맞췄다면 '표준 편차'가 좀

늘어나더라도 실질적 개선 효과가 있었을 것이다. 또 '검사' 경우는 오히려 '평균'이 늘어나는 역효과도 관찰된다. '표준 편차'는 특히 '검사'에서 매우 큰 폭의 상승(0.05 → 0.4)이 있었으며, '투입'도 적지 않은 역효과가 있었음을 알 수 있다. 결국 과제 수행의 전반적 문제점이 노출됐다고 판단된다. 따라서 향후는 '평균' 경우 '조립'을, '표준 편차' 경우 '검사' 및 '투입'을 타깃으로 추가 개선이 이루어져야 한다. 이에 정답은 다음과 같이 요약할 수 있다.

(정답)

'이유'로써 "'평균'을 비교하면 분명 '약 0.2분' 줄어듦으로써 성과의 가능성을 엿볼 수 있으나 개선에 실패한 이유는 '표준 편차'가 '0.4528'에서 '0.7019'로 증가한 때문"임. '향후 방향'은 '평균' 경우 '조립'에 대해, '표준 편차' 경우 '검사' 및 '투입'을 타깃으로 추가 개선이 이루어져야 함.

'정규 분포 가법성'과 결부된 또 하나의 난이도 '상'인 문항 중 하나가 R&D 부문의 '공차 설계'이다. 몇몇 낯선 용어들이 등장하지만 앞서 학습한 내용의 연장선상에 있으므로 한번 짚고 넘어가보도록 하자.

[표 Ⅲ-9] [문항] '가법성/확률(넓이)/시그마 수준/공차 설계' 관련 예(난이도 상)

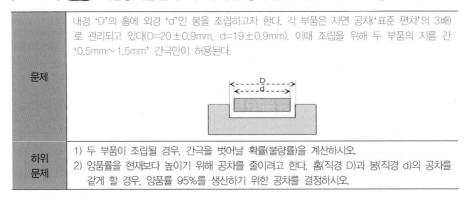

문제	내경 'D'의 홈에 외경 'd'인 봉을 조립하고자 한다. 각 부품은 자연 공차('표준 편차'의 3배)로 관리되고 있다(D=20±0.9mm, d=19±0.9mm). 이때 조립을 위해 두 부품의 지름 간 '0.5mm~1.5mm' 간극만이 허용된다.
하위 문제	1) 두 부품이 조립될 경우, 간극을 벗어날 확률(불량률)을 계산하시오. 2) 양품률을 현재보다 높이기 위해 공차를 줄이려고 한다. 홈(직경 D)과 봉(직경 d)의 공차를 같게 할 경우, 양품률 95%를 생산하기 위한 공차를 결정하시오.

[표 Ⅲ-9]의 문항은 부품 '홈'과 '봉'이 각각 '정규 분포'를 따른다고 가정할 때, 서로 조립되는 점을 감안해야 하므로 '정규 분포 가법성'이 요구되며, 또 '하위 문제 1)'과 같이 '불량률'을 구해야 하므로 '정규 분포의 확률(넓이) 구하기' 과정이 필요하다. 여기다가 '하위 문제 2)'로부터 '공차'가 추가된 양상이다. 이와 같이 주어진 문항에 [표 Ⅲ-1]의 항목들이 하나씩 덧붙여질수록 난이도도 그에 비례해서 증가한다. 우선 풀이로 들어가기에 앞서 새롭게 도입된 '자연 공차'의 정의가 무엇인지 알아야 한다.

· **자연 공차(自然公差, Natural Tolerance)** (아주대 기업물류연구센터 용어사전) 모집단의 특정 비율을 포함하는 구간. 예를 들어 품질 특성치가 정규 분포를 따를 경우 자연 공차를 'μ±3σ'로 정하면 모집단의 99.73%가 자연 공차 한계 내에 포함된다.

(저자) 생산 공정의 결과로 계산되는 산포 값(6s). Juran(1980)[13]은 『공정 능력이란 그 공정이 관리 상태에 있을 때 각각의 제품의 변동이 어느 정도인가를 나타내는 양으로 '자연 공차(Natural Tolerance)'와 동일하다』라 하였다. 통상 고객이 정해주는 '규격 공차(USL-LSL)'와 공정에서 관리를 통해 형성된 '자연 공차(6s)'를 비교함으로써 '공정 능력'을 가늠하는 척도로 이용된다.

[표 Ⅲ-9]의 문항 지문에서 "각 부품은 자연 공차(표준 편차의 3배)로 관리되고 있다"고 했으므로, 예를 들어 'D=20±0.9mm'에서 'D의 표준 편차'는 '0.3(=0.9÷3)'이다. 따라서 'D'의 분포는 'N(20, 0.3^2)'으로 표현된다. 'd' 분포 역시 동일하게 나타내면 'N(19, 0.3^2)'이다. 이들을 이용해 '하위 문제'들의 정답을 구해보자.

---

13) Juran, J. M. and Gryna, F. M.(1980), Quality Planning and Analysis, McGraw-Hill, New York, New York.

하위 문제 1) 두 부품이 조립될 경우, 간극을 벗어날 확률(불량률)을 계산하시오.

이 문제의 풀이 과정은 '정규 분포 가법성'에 근거한다. 우선 '간극의 분포'를 알아보고 그로부터 계산이 필요한 영역을 확인하기 위해 상황에 대한 도해를 실시한다. '간극의 분포'는 곧 그의 파라미터인 '평균'과 '표준 편차'를 계산하는 것이다.

$$\overline{x}_{Gap} = 20.0 - 19.0 = 1.0\,mm \qquad\qquad (\text{III} - 17)$$
$$s_{Gap} = \sqrt{0.3^2 + 0.3^2} = 0.4243\,mm$$

주의할 사항은 '간극(Gap)'이 '사이 공간'이므로 그의 '평균'은 '홈과 봉 평균의 차이 값'이지만, '표준 편차'는 상황에 관계없이 항상 '분산들 합의 제곱근'을 유지한다. 다음 [그림 III - 18]은 간극의 분포도와 풀이 과정이다.

[그림 III - 18] '간극의 분포도'와 '불량률' 풀이 과정

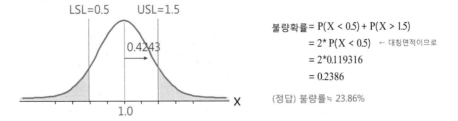

LSL=0.5   USL=1.5

0.4243

1.0

X

불량확률 = P(X < 0.5) + P(X > 1.5)
= 2* P(X < 0.5) ← 대칭면적이므로
= 2*0.119316
= 0.2386

(정답) 불량률 ≒ 23.86%

(정답)

───

불량률 ≒ 23.86%
※ 미니탭 활용은 [그림 III - 5] 참조.

───

하위 문제 2) 양품률을 높이기 위해 공차를 줄이려고 한다. 홈과 원형봉의 공차를 같게 할 경우, 양품률 95%를 위한 공차를 결정하시오.

현재의 공차를 유지할 경우 '불량률≒23.86%'이므로 '양품률≒76.14%'이다. 이 수준을 '95%'로 끌어올리기 위한 '공차 설계'를 요구하고 있다. 이 상황을 도해하면 다음 [그림 Ⅲ - 19]와 같다.

[그림 Ⅲ - 19] '양품률'의 향상에 따른 분포 변화 개요도

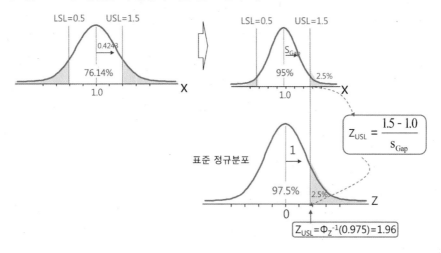

[그림 Ⅲ - 19]의 왼쪽 분포는 '양품률=76.14%'인 현재 상황이고, 오른쪽은 '95%'를 가정한 분포도이다. '규격'은 변화 없으므로 '76.14% → 95%'가 되기 위해서는 '표준 편차'가 쪼그라들어야 한다. 부품을 잘 만들어야 한다는 뜻이다. 이때 새로운 '표준 편차'는 'Z_{USL}'이 두 개의 방식으로 얻어지는 원리를 이용한다. 즉 그림에서 'USL=1.5'를 '표준화'시키는 방법과, '표준 정규 분포' 상에서 '확률(넓이)'의 '역 누적 확률'을 이용한 값이 같다. 주의할 점은 '표준 정규 분포'상에서 'Z_{USL}'이 가르는 왼쪽 넓이는 '97.5%(=2.5%+95%)'를 적용

해야 한다. 다음은 '간극의 표준 편차'를 구하는 과정과 결과이다.

$$Z_{USL} = \frac{1.5 - 1.0}{s_{Gap}} = \phi_Z^{-1}(0.975) = 1.96 \qquad (\text{III} - 18)$$

$$\therefore s_{Gap} = (1.5 - 1.0)/1.96 = 0.2551$$

식(III - 18)의 'S_{Gap}'은 '홈 직경'과 '봉 직경'의 '표준 편차'로부터 얻어진 것이고, 또 문제의 지문에서 두 부품의 공차는 같다고 가정하므로 각 부품의 '표준 편차'는 다음의 식으로 구해진다.

$$s_{Gap} = 0.2551 = \sqrt{s_{홈}^2 + s_{봉}^2} = \sqrt{2s^2} \qquad (\text{III} - 19)$$

$$\therefore s = \sqrt{\frac{0.2551^2}{2}} \cong 0.1804 mm$$

'홈 직경'과 '봉 직경'의 각 '표준 편차'가 동일한 '0.1804mm'이므로 '공차'는 이 값의 3배인 '자연 공차'를 적용해 '약 0.54mm'가 된다. 따라서 '양품률 =95%'가 되도록 개선하기 위해 각 부품은 다음과 같이 관리돼야 한다.

(정답)

$$D = 20 \pm 0.54 mm, \qquad\qquad (\text{III} - 20)$$
$$d = 19 \pm 0.54 mm$$

이제 예로 들을 하나의 문항만 남겨두고 있다. 이번엔 '기출 문항'들 중 '정규 분포 가법성'을 제외한 난이도 '상'인 경우이다. 원리는 [그림 III - 12]와

식(Ⅲ-10)에서 설명한 바와 같이 '시그마 수준'을 얻는 두 가지 방법을 이용한다.

[표 Ⅲ-10] [문항] '확률(넓이)/시그마 수준' 관련 예(난이도 상)

문제	A 업무 처리 시간을 단축하고자 한다. 리더가 장기데이터를 수집해 현 프로세스 능력을 평가한 결과 '평균'은 '80분'이며, '수용률'이 '90%'로 확인되었다(단, '성과 표준'을 100분으로 정했으며, 이를 넘기면 이후 프로세스 담당자의 불만이 고조되는 것으로 조사되었다).
하위 문제	1) 만일 '개선 목표'를 '수용률=98%'로 정할 경우, 프로세스 제약상 '산포'는 고정한 상태에서, '평균'의 목표를 얼마로 가져가야 하는가?
	2) 만일 '개선 목표'를 '수용률=98%'로 높일 경우, 프로세스 제약상 '평균'은 고정한 상태에서, '산포'의 목표를 얼마로 가져가야 하는가?
	3) '평균'과 '산포' 모두의 개선이 어려워 하나를 선택해야 한다면, 현실적으로 고려해야 할 사항은 무엇인가? 2가지 이상 기술하시오.

[표 Ⅲ-10]은 평가 대비반 운영 시 응시자들이 풀이에 골머리를 썩이는 유형들 중 하나다. 유사한 문항의 시작은 삼성그룹의 2004년도 BB시험에 출제된 것으로 기억되는데, 당시 느낌으로 "문제 참 잘 만들었다!"를 되뇌곤 했었다. 이 같은 문항을 개발한 사람이 누구인지 궁금하기도 하지만 분명한 것은 통계 관련 전공자이면서 업무 처리 능력도 매우 뛰어난 인력이 아닌가 싶다. 본 문항의 풀이 과정은 "시그마 수준을 얻는 두 가지 방법"에 있다. 이에 대한 설명은 [그림 Ⅲ-12]와 식(Ⅲ-10)이다. 본격적인 풀이로 들어가기에 앞서 항상 현 상황을 시각적으로 이해하고, 구하고자 하는 대상이 무엇인지 도해(圖解)의 중요성을 강조한 바 있다. 다음은 지문을 도해한 예이다.

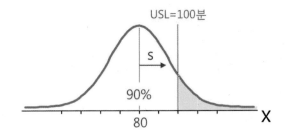

[그림 Ⅲ-20] 현 상황 도해

[그림 Ⅲ-20]을 보면 응시자가 무엇을 찾아야 할지가 잘 나타나 있다. 바로 '표준 편차, s'를 제일 먼저 구하라는 뜻이다. '정규 분포'는 파라미터로 '평균'과 '표준 편차' 둘을 갖고 있다. 그런데 이 둘 중 하나라도 그 값을 알지 못하면 우리는 아무것도 할 수 없다. 조금 더 부연하면 '일차 방정식'의 예를 보자.

$$y[\text{or } f(x)] = ax + b \qquad (\text{Ⅲ}-21)$$

식(Ⅲ-21)은 간단한 함수지만 'a', 'b' 둘 중 하나라도 모르면 그래프를 그리는 것도, '$x=2$'에 대한 'y'도 얻을 수 없다. 특히 'a'와 'b'는 분명 'x'나 'y'와 동일한 알파벳이긴 해도 역할엔 차이가 있다. 'x'는 모든 값이 올 수 있는 '독립 변수'이고, 'y'는 'x'가 결정되면 따라서 결정되는 '종속 변수'인 반면, 'a'와 'b'는 방정식 사용자가 미리 정해주지 않으면 더 이상의 전개는 불가한데, 이를 별도로 '파라미터(Parameter)'라 부른다. 우리말로는 '모수'이다. 개념을 좀 더 확장하면 '정규 분포 함수'도 예외는 아닌데, 다음 식을 보자.

$$f(x) = \frac{1}{\sqrt{2\pi}\,\sigma}e^{-\frac{1}{2}\left[\frac{x-\mu}{\sigma}\right]^2}$$ (Ⅲ-22)

식(Ⅲ-22)도 식(Ⅲ-21)과 마찬가지로 '독립 변수(x)'와 '종속 변수(y)'를 포함하며, 그 외에 '파라미터'로써 '평균(μ)'과 '표준 편차(σ)'를 갖고 있다. 따라서 'μ'와 'σ'가 사전에 알려져 있지 않으면 아무것도 할 수 없으며 평가받는 현 상황 경우, 당연히 둘 중 알려져 있지 않은 '파라미터'를 최우선으로 구하는 접근이 제일 먼저 시도돼야 한다.

[표 Ⅲ-10]의 지문과 [그림 Ⅲ-20]을 통해 파라미터 's'를 유추할 수 있는 정보가 들어 있는데, 바로 '넓이(수용률)=90%'다. 이 수치는 '표준 정규 분포'상에서도 그대로 '90%'이다. 특히 '표준 정규 분포'는 두 개의 파라미터인 '평균'과 '표준 편차'가 각각 '0'과 '1'이므로 "시그마 수준을 구하는 두 가지 방법"인 식(Ⅲ-10)을 이용하면 's'를 쉽게 구할 수 있다. 일단 's'가 결정되면 '하위 문제 1)'의 풀이가 가능하다.

하위 문제 1) 만일 '개선 목표'를 '수용률=98%'로 정할 경우, 프로세스 제약상 '산포'는 고정한 상태에서, '평균'의 목표를 얼마로 가져가야 하는가?

이 문제의 풀이는 먼저 's'를 구한 뒤, 개선 후 예상되는 분포에, 앞서 계산된 's'를 포함시켜 다시 '평균'을 얻는 과정으로 진행된다. 즉 "시그마 수준을 구하는 두 가지 방법"을 두 번 적용하면 정답을 얻을 수 있다. 먼저 's'를 구하기 위한 개요도는 다음 [그림 Ⅲ-21]과 같다.

[그림 Ⅲ-21] '표준 정규 분포'를 이용한 파라미터 구하기(현 상황 분포)

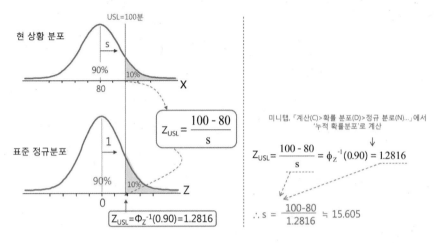

[그림 Ⅲ-21]이 좀 복잡해보이지만 왼쪽은 'USL=100'을 표준화시켰을 때의 '변환 식'과, '표준 정규 분포'상에서의 '역 누적 확률'을 이용한 'Z_{USL}' 산정 과정을, 오른쪽은 그 두 식이 같다고 놓고 나머지 알려져 있지 않은 's'를 얻는 과정으로 이루어져 있다. 결과로부터 현 상황인 [그림 Ⅲ-20]의 파라미터 's=15.605'임이 밝혀졌다. 이 값은 '수용률=98%'의 개선이 이루어진 분포에 고정 값으로 이용되므로(지문에서 "변하지 않는다"고 하였음) 남은 과정은 개선 후 알려져 있지 않은 '평균'을 구하는 문제로 귀착된다.

개선 후 '평균'은 [그림 Ⅲ-21]에서 '현 상황 분포'만 '개선 후 상황 분포'로 대치한 뒤 동일한 수순을 밟는다. 다음 [그림 Ⅲ-22]는 '현 상황 분포'를 '개선 후 상황 분포'로 대치한 후 다시 작성한 개요도이다.

[그림 Ⅲ-22] '표준 정규 분포'를 이용한 파라미터 구하기(개선 후 상황 분포)

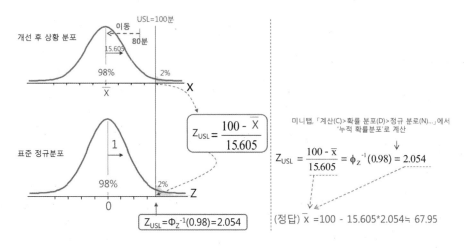

[그림 Ⅲ-22]의 위쪽 '정규 분포'는 '개선 후 상황 분포'를 도해한 것이며, '산포'가 개선 전과 동일하면서 '평균'만 움직여 '수용률=90% → 98%'로 변환시켜야 한다. 이때 '규격(USL=100분)'을 넘어선 불량률은 '2%'이다. 새로운 파라미터 '$\bar{x}$'를 알기 위해 다시 'USL=100'에 대한 '표준화'와, '확률(넓이)=98%'를 적용한 '역 누적 확률'을 계산해 두 결과를 같게 놓은 것이 [그림 Ⅲ-22]의 오른쪽 과정이다. 계산을 다시 옮기면 다음과 같다.

(정답)

$$Z_{USL} = \frac{100 - \bar{x}}{15.605} = \phi_Z^{-1}(0.98) = 2.054,\qquad\qquad (Ⅲ-23)$$

$$\therefore \bar{x} = 100 - 15.605 * 2.054 = 67.95분.$$

즉, 평균의 목표를 약 68분으로 가져가면 '수용률 = 98%'를 달성함.

하위 문제 2) 만일 '개선 목표'를 '수용률=98%'로 높일 경우, 프로세스 제약상 '평균'은 고정한 상태에서, '산포'의 목표를 얼마로 가져가야 하는가?

이번엔 '평균'은 개선 전 상태를 유지하되, '산포'를 개선해 '수용률=98%'를 달성하는 경우다. 역시 파라미터를 구하는 문제이므로 '하위 문제 1)'과 동일한 과정을 밟는다. 주어진 상황을 도해하면 다음 [그림 Ⅲ-23]과 같다.

[그림 Ⅲ-23] '표준 정규 분포'를 이용한 파라미터 구하기(개선 후 상황 분포)

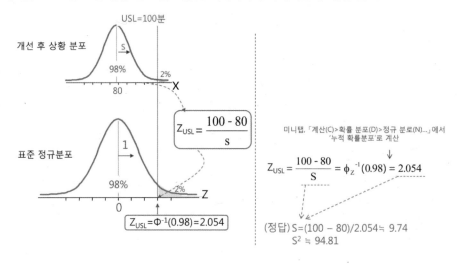

[그림 Ⅲ-23]의 위쪽 분포는 '평균=80'을 유지한 상태에서 '분산'의 축소를 통해 '수용률=90% → 98%'로 개선한 결과이며, 그 아래 분포는 '표준 정규 분포'를 각각 나타낸다. 역시 '규격(USL=100)'을 '표준화'시킨 것과, '확률(넓이)=98%'의 '역 누적 확률'을 구한 것 둘을 같게 놓음으로써 모르는 파라미터 's'를 얻는다. 풀이 과정을 다시 옮기면 다음과 같다.

(정답)

$$Z_{USL} = \frac{100-80}{S} = \phi_Z^{-1}(0.98) = 2.054, \qquad (\text{III}-24)$$

$$\therefore S = \frac{(100-80)}{2.054} \cong 9.74\text{분}, \ S^2 \cong 94.81,$$

즉, '산포' 목표를 '약 94.81'로 가져가면 '수용률 = 98%'를 달성함.

식(III-24)에서 최종 정답을 '산포'로 표현한 이유는 [표 III-10]의 문항 지문에 "산포의 목표"로 언급돼 있기 때문이다. '분'의 단위인 '표준 편차'로 해석하면 개선 전 'S$_{전}$=15.605'가 'S$_{후}$=9.74'로 큰 폭의 변경이 있어야 한다.

하위 문제 3) '평균'과 '산포' 모두의 개선이 어려워 하나를 선택해야 한다면, 현실적으로 고려해야 할 사항은 무엇인가? 2가지 이상 기술하시오.

[표 III-10]의 문항은 리더가 개선에 있어 '평균'과 '산포'를 분리해서 접근할 수 있다는 점과, 현 상황을 감안할 때 어느 쪽이 더 현실적이고 효율적인지 검토하는 데 실질적인 도움을 준다. 물론 '프로세스 개선'의 주요 개선 대상은 '산포'이다. 고객은 이랬다저랬다 하는 데 더 화를 내기 때문이다. 그러나 현업에서는 주로 '평균'의 변화에 민감하다. 얼마에서 얼마로 줄었다든가 또는 늘었다고 표현하는 일상은 '산포'는 무시한 채 '평균'의 절름발이 파라미터만을 중시하는 경향이 있다. 만일 과제 리더가 개선 전 문제 해결 전략을 세워야 한다면 본 '하위 문제 3)'을 참조해야 할 것이다.

(정답)

① 비용과 효과 측면에서 유리한 접근을 선택한다.
② 개선 후 어떤 측면이 '관리'에 적합한지를 고려해서 선택한다.

지금까지 [표 Ⅲ - 1]의 항목들 중 '1. 정규 분포 가법성'과 '2. 정규 분포의 확률(넓이) 구하기 → 시그마 수준'에 대해 알아보았다. 이어 세 번째인 "3. 중심 극한 정리 → 신뢰 구간"에 대해 알아보고 어떤 문항들이 출제됐는지 난이도가 높은 유형들을 중심으로 학습을 이어나가자.

3. 중심 극한 정리 → 신뢰 구간

'중심 극한 정리(Central Limit Theorem)'는 확률 통계를 이해하기 위한 가장 기본 원리 중 하나이다. 이 이론을 모르면 어떻게 될까? 물론 생활엔 큰 지장이 없다. 그러나 전문적으로 문제를 해결하려는 기업의 리더이면 다양한 통계 도구들의 진정한 이해는 물 건너갔다고 봐야 한다. 미니탭을 이용해 '가설 검정'이나 '기술 통계' 등을 이용할 순 있어도 응용력은 생기지 않는다. 그 정도로 이 정리의 이해는 필수적이다. '중심 극한 정리'를 조금 더 부연하면 학습받은 통계 도구들 중 '측정 시스템 분석', '추정', '가설 검정', '표본 크기', '관리도'와 직접 연관된다. 이에 대해서는 「Be the Solver_확증적 자료 분석(CDA)」편에서 '그룹 내 변동/그룹 간 변동'과 함께 통계 도구들의 기본 원리 중 하나로 상세히 소개하고 있다. 관심 있는 독자는 해당 서적을 참고하기 바란다.

'역량 평가' 관점에서의 '중심 극한 정리'는 원리나 이론을 직접적으로 묻기보다 그로부터 유도되는 '신뢰 구간'에 주로 맞춰져 있으며, 따라서 주어진 데이터를 이용해 '신뢰 구간'을 직접 계산하는 주관식 문항이나 미니탭으로 '95% 신뢰 구간'을 얻는 정도가 대부분이다. 그러나 객관식 사지선다형은 이론이 기초돼야 풀이가 가능하며, 그 출제 빈도도 꽤 높은 편이다. 이에 많은 응시자들이 객관식 문항 풀이에 어려움을 호소한다. 매 회 평가 중 객관식으로 한두 문항은 꼭 출제된다. 결국 원리를 정확하게 이해하지 못하면 난이도가 높은 이 한두 문제는 틀릴 각오를 해야 한다. 다음 [표 Ⅲ-11]과 [표 Ⅲ-12]는 '중심 극한 정리'를 기반으로 '신뢰 구간을 구하는 주관식 문항'과 '원리를 묻는 객관식 문항'을 각각 나타낸다.

[표 Ⅲ-11] '신뢰 구간'을 직접 구하는 주관식 문항 예

문제	현재 생산하고 있는 B 제품의 무게(g) 수준을 알아보기 위해 다음의 10개 표본을 수집하였다. '점 추정'과 '구간 추정'을 수행하시오.
표본	13.6, 13.1, 12.8, 12.9, 13.8, 13.0, 12.3, 14.0, 13.5, 12.4

[표 Ⅲ-12] '신뢰 구간'의 이론/원리를 묻는 객관식 문항 예

문제	다음 보기들 중 설명이 적합하지 <u>않은</u> 것은?
보기	1) 모수 추정 시 정확도는 '표본 크기'와 관계없다. 2) 표본 평균의 기대치는 표본 크기에 상관없이 항상 일정하다. 3) '모 표준 편차'가 클수록 '신뢰 구간 폭'도 증가한다. 4) 동일한 '신뢰 수준(or 신뢰도, 신뢰 계수)' 하에서 모수 추정의 정밀도가 높다는 것은 '신뢰 구간 폭'이 상대적으로 좁다는 뜻이다.

본인 수준을 간단히 평가해보자. [표 Ⅲ-11]을 미니탭 없이 수작업만으로 정답을 적을 수 있는 수준이면 '상당한 수준의 리더'다. 만일 수작업 계산은 잘 못하지만 미니탭으로라도 주저 없이 정답을 구하면 '그런대로 수준'이다. 그렇지 않고 머뭇거리거나 이것저것 돌려보거나 또는 머리가 하얀 백야(?) 상태라면 좋게 봐서 '그냥 수준'이고 나쁘게 봐서 '미달 수준'이다(^^)! [표 Ⅲ-12] 역시 문항을 접하자마자 머릿속에 '정규 분포'가 "착!" 하고 나타나며 상황 시뮬레이션이 가능하면 '상당한 수준'이다. 그 외에 4각 연필 굴리거나 아예 생각조차 하기 싫은 지경, 또는 짜증까지 촉발되는 상태면(^^) '그냥 수준' 이하로 보면 틀림없다. "아니 이런 통계 도구 하나 모른다고 미달이네! 부족하네! 할 수 있는 건가요?" 하고 반문할지 모른다. '통계'는 몰라도 실무적으로 문제 해결 역량이 뛰어날 수도 있기 때문이다. 그러나 적어도 문제 해결 교육을 받고 과제까지 여럿 수행한 리더라면 이 정도는 마스터하고 있어야 한다. 왜냐하면 문제 해결 교육에서 가르치는 전체 통계 도구들의 근간이 되는 이론이 두 개인데, 하나는 '그룹 내 변동/그룹 간 변동'이고 다른 하나는 지금 설

명하고 있는 '중심 극한 정리'이기 때문이다. '문제 해결 전문가(Solver)'의 주요 일원인 리더가 단 두 개뿐인 기본 원리를 전혀 모르고 있다면 어떻게 해석해야 할까? 이 질문의 답은 스스로가 판단하는 수밖에 없다. 만일 부족하다고 생각되면 확실히 자기 것으로 소화하면 그만이다. 두루뭉술하게 대응하거나 피할 사안은 아니라는 얘기다.

'중심 극한 정리'를 이용한 또 다른 유형들 중 하나는 한 다리 건너 응용돼 출제된 문항들이다. 응용의 단계를 많이 거칠수록 물론 난이도도 급격히 증가하므로 사전 대응을 충분히 하지 못한 응시자 경우 대번에 3, 4점을 잃기 십상이다. 철저한 사전 준비로 어느 정도 자신감까지 갖고 임했는데 건드려보지도 못하고 백지로 제출하면 밤잠 설칠 일은 아니더라도 확실히 유감스런 일임엔 틀림없다. 응용된 문항, 예를 들어 '관리도(Control Chart)'와 연결시킨 다음 [표 Ⅲ - 13]과 같은 문항이 좋은 예이다.

[표 Ⅲ - 13] '중심 극한 정리'를 응용한 '관리도' 주관식 문항 예(난이도 상)

문제	매일 '표본 크기=4'를 추출해서 'I−MR 관리도'로 관리하는 프로세스가 있다. 특정한 시점의 '관리 한계'가 다음과 같을 때, 만일 이 표본으로 '$\bar{x}$−R 관리도'를 작성한다면 '관리 상한(UCL)'과 '관리 하한(LCL)'은 각각 얼마로 예측할 수 있는지 과정과 결과를 기술하시오.
상황	I−관리도 → UCL=100, LCL=40 $\bar{x}$−관리도 → UCL=( ), LCL=( )

지문만 보면 그다지 어렵게 느껴지진 않지만 그 속에 '중심 극한 정리'라는 원리가 숨겨져 있고, 그를 이용해야 풀이가 가능하다는 점을 발견한 순간 "이건 뭐지?" 하는 생각이 들 수 있다. 보통 문제 해결 교육 중 배우는 '기초 통계' 학습 과정에서 '중심 극한 정리'가 거론되곤 있지만 그것이 어떤 경로를 거쳐 '신뢰 구간'이나 다른 도구들과 관계하는지 설명하는 일은 좀처럼 찾아보기 어렵다. 따라서 응시자들이 이런 유형의 문항들에 난색을 표하는 것은

어쩌면 당연한 일인지도 모른다. 그러나 교육 과정이 좀 미흡했다고 투정부리기보다 '역량 평가'를 준비하는 과정에 부족한 부분을 깨닫고 스스로를 한 단계 업그레이드시킬 수 있다면 그것만으로도 평가의 가치는 충분하다. 바로 이 점이 필자가 "문제 해결에 있어 평가는 반드시 필요하며, 평가 대비반의 1주일 운영을 단순한 시험 준비 목적이 아닌 중요한 역량 강화 프로그램으로 적극 권장"하는 가장 큰 이유이기도 하다. 서론이 길었는데 이제부터 '중심 극한 정리'를 소상히 알아본 뒤, 관련 '기출 문항'들의 풀이로 들어가 보자.

3.1. '중심 극한 정리'의 이해

'중심 극한 정리(Central Limit Theorem)'는 필자가 "통계를 지배하는 원리 두 개" 중 하나로 지정했듯이 매우 중요하게 생각하는 이론이며, 확률 통계에 거부감(?)을 느끼는 많은 직장인들이 가급적 쉽게 받아들이고 이해할 수 있도록 「Be the Solver_확증적 자료 분석(CDA)」편에서 그 설명에 매우 주의 깊은 노력을 기울인 바 있다. 따라서 원리 설명, 탄생 배경, 미니탭 기능을 이용한 이론 검증 및 '정규 분포 가법성'을 이용한 이론의 검증까지 차근차근 그 내용 전체를 탐구하고자 하는 독자는 해당 서적을 참고하기 바란다. 다만 여기서는 '평가 대비'라는 특별한 목적을 감안해 그 전체를 하나하나 밟아가기보다 문항 풀이에 꼭 필요한 내용 위주로 설명을 이어나갈 것이다. 필자가 '평가 대비반'에 강사로 참여할 시 '중심 극한 정리'의 설명에 보통 '약 1시간' 정도를 할애한다. 그러나 말이 아닌 글로 적을 경우 양이 많아 보이는 착시 현상도 생긴다. 이에 실제 장수가 늘어나는 부분에 대해 독자들의 양해를 구한다. 참고로 이하 본문의 내용을 「확증적 자료 분석(CDA)」편의 것을 그대로 인용함으로써 내용 연계가 쉽도록 배려했다는 점도 알아주기 바란다.

모집단을 생각해보자. 우리나라 성인 남자 신장의 '평균'과 '표준 편차'를 알 수 있는 가장 정확한 방법은 모든 사람을 대상으로 실제 키를 측정하는 것이다. 물론 현실적으로 매우 어려운 작업이라는 것쯤은 삼척동자도 다 아는 사실이다. 따라서 우리는 "표집을 하면 되지!"라고 바로 답할 수도 있다. 그런데 다음이 문제다. 어떻게 해야 그 추출된 표본들을 이용해 전체 성인 남자 집단의 '평균 신장'과 '표준 편차'를 얻을 수 있는가? 보통 모집단의 '평균'과 '표준 편차'를 '모수(Population Parameter)'라 총칭하고 각각 '모평균', '모 표준 편차(Population Standard Deviation)'라고 명명한다. 따라서 '모평균'과 '모 표준 편차'를 소위 '표본'으로부터 얻어내는 일이 주요 관심사이다. 이것을 가능하게 만든 기막힌 통계적 접근이 바로 '중심 극한 정리'라고 하는 것인데, 결론부터 말하면 이 정리는 [그림 Ⅲ-24]와 같은 순서로 설명될 수 있다. 그림의 원 번호에 대응해서 읽어 나가기 바란다.

[그림 Ⅲ-24] '중심 극한 정리' 개요도

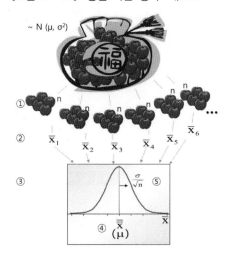

① 모집단에서 '표본 크기=n'인 표본을 계속해서 추출한다. 모집단은 편의상~$N(\mu, \sigma^2)$, 즉 '정규 분포'를 따른다고 가정하자.[14] 그림 예 경우 'n = 5'이다 – 사과가 다섯 개씩임. 설명을 쉽게 하기 위해 일반적 표기인 'n'을 사용함.

② 각 표본에 대해 '평균'을 계산한다 – 사과의 '무게'를 측정한 데이터로 가정할 때, '다섯 개에 대한 무게 값 평균', 즉 '표본 평균'을 얻는 것임. 그림에서 '$\overline{X}_1$, $\overline{X}_2$, $\overline{X}_3$…'에 해당.

③ '표본 평균'들을 이용해 '히스토그램'이나 '정규 곡선'을 그린다. 그때 십중팔구 '정규 분포'가 될 것이다.

④ 이 '정규 분포'의 중심을 '$\overline{\overline{X}}$'라 하면, 이는 "「표본 평균」들로 이루어진 분포의 「평균」"이 될 것이고, '중심 극한 정리'에 의하면 이 값은 바로 '모집단'의 평균 'μ'와 일치한다. 또,

⑤ 이 '정규 분포'의 '표준 편차'를 '$\sigma_{\overline{x}}$'라고 하면('$\overline{X}$'들로 이루어진 분포이므로 'σ' 아래 첨자에 '$\overline{x}$'가 붙음), 이것은 "「표본 평균」들로 이루어진 분포의 「표준 편차」"가 될 것이고, '중심 극한 정리'에 의하면 이 값은 바로 "'모표준 편차'를 '표본 크기'의 제곱근 '$\sqrt{n}$'으로 나눈 값과 일치한다"이다. 즉 '$\sigma_{\overline{x}} = \sigma/\sqrt{n}$'가 될 것이다. 그림의 '원 번호'와 설명의 '원 번호'를 대응시키며 참조하면 이해하는 데 도움 받을 수 있다. '표본 평균 분포의 표준 편차($\sigma_{\overline{x}}$)'를 '표준 오차(Standard Error)'라고 따로 부른다. 익히 알고 있는 '표준 편차' 등과 이름이 비슷해서 헷갈리거나 그들 사이에 복잡한 통계적 연관성이 있을 것이란 선입감으로 미리 겁먹는 경우가 많은데 그냥 이름일 뿐이다. 사람 이름이 '영희', '영이'처럼 발음이 비슷하지만 얼굴이 다르듯이 용어가 비

---

14) 모집단이 '정규 분포'를 따르지 않아도 '중심 극한 정리'는 성립한다.

숫해도 실제 쓰임이 다르므로 그렇구나! 하고 받아들이기 바란다.

3.2. '신뢰 구간' 유도하기

'기출 문항' 중에서 '중심 극한 정리' 그 자체를 묻는 문제는 적어도 지금까지 본 적은 없다. 평가 대비를 위해 중요한 것은 그로부터 '신뢰 구간'을 유도해내고, 또 그 과정과 결과가 어떻게 문항과 연결되는지를 이해하는 것이 훨씬 더 중요하다. 그렇지만 필자라면 유도 과정을 이해하는지 묻는 문항을 꼭 포함시키고 싶다. 현재 리더 개개인의 문제 해결 능력을 객관적으로 평가할 '역량 평가 시스템'을 개발해 정착시키고 있으며, 평가 대비를 위한 프로그램에 '중심 극한 정리'의 유도 과정도 문항으로 개발해놓고 있다. 참고로 '중심 극한 정리'를 이용해 '신뢰 구간'을 유도하는 과정 역시 「Be the Solver_확증적 자료 분석(CDA)」편에 소상히 기술하고 있으므로 체계적인 이해를 요하는 독자는 해당 서적을 참고하기 바란다. 본문은 평가 대비반 운영 시 꼭 필요한 핵심 내용 위주로 가볍게 다루고 있다.

앞서 언급된 '중심 극한 정리'는 '표본 평균'들을 이용해 분포를 그렸을 때, '모평균'과 '모 표준 편차'의 정보를 얻는다는 것이 핵심이었다. 이 내용은 "왜 우리가 표본을 필요로 하는가?"의 의문에 대한 답이다. 물건을 만드는 제조 라인의 담당자는 그들이 제대로 만들고 있는지 확인하기 위해 '표본'을 필요로 한다. 또 고객을 응대하는 보험사의 플라자 창구는 더 빠른 처리를 위해 그동안 운영했던 자료들의 '표본'을 추출해 '현 수준'을 평가한다. 이 같은 '표본'의 사용은 결국 오랜 기간 프로세스에서 발생된 모든 자료가 어떤 '평균'과 '표준 편차'를 갖는지 파악하는 데 필수 요소이다. 얼마인지를 알아야 유지를 하던 보정을 하던 다음 활동이 가능하다. 이때 오랜 기간 발생된 전체 데이터, 즉 '전수 데이터'를 가져다 진정한 '평균(모평균)'과 '표준 편차(모 표준 편차)'를 알아내면 참 좋으련만 현실적으로 불가능에 가깝다. 따라서 그나마 손쉬운 '표본'을 이용해 그들 전체 집단의 '모수(Parameter)'인 '모평균'과 '모 표준 편차'를 추정하는데, 이 과정의 일부를 '중심 극한 정리'가 지원한다. 일반적으로 '표본'을 이용해 '모집단'의 정보를 추론하는 도구들엔 다음과 같은 것들이 있다.

[그림 Ⅲ-25] '통계적 추론(추리)' 개요도

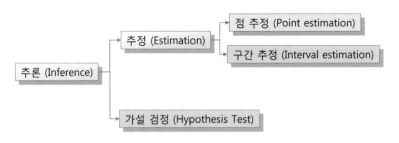

'점 추정(Point Estimation)'은 [그림 Ⅲ-24]에서 처음 사과 5개를 '표본 추출'했을 때 그들의 무게 '평균=650.5g'이었다면, 우리는 "음!, 사과 전체 집단의 평균이 650.5g이겠군!" 하고 추정하는 것을 말한다. 이 값은 '표집'할 때마다 달라지므로 그것으로 의사결정하기란 매우 어렵다. 그래서 "어느 값과 어느 값 사이에 있을 것"처럼 구간으로 추정하는 방식이 선호되는데 이를 '구간 추정'이라 하고, '구간 추정'으로부터 얻어진 수치를 '신뢰 구간(Confidence Interval)'이라고 한다. '가설 검정' 역시 변했는지 안 변했는지의 판단이 '구간 추정'에 의해 이루어지므로 둘은 같은 개념으로 인식되며, 이에 [그림 Ⅲ-25]의 두 사각형 영역(구간 추정, 가설 검정)을 동일한 색으로 표시하였다.

'신뢰 구간'을 설명하기 위해 [그림 Ⅲ-24]를 약간 단순화시켜보자. 다음 [그림 Ⅲ-26]은 '구간 추정'을 위한 개요도이다.

[그림 Ⅲ-26] '구간 추정'을 위한 개요도

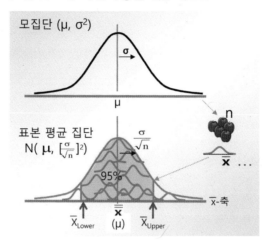

[그림 Ⅲ-26]은 모집단으로부터 한 회당 'n개(사과는 n=5개로 그려져 있음)'의 표본을 추출한 뒤, 그의 무게 데이터 '표본 평균'과 '표본 표준 편차'를 얻어 '정규 곡선(그림의 오른쪽 작은 분홍색 선)'으로 표시하고 있으며, 이것은 다시 여럿이 모여 '표본 평균 집단'을 형성한다(분포 내 분홍색 '정규 곡선'이 많이 들어 있음). 이때 '중심 극한 정리'에 의해 중심은 '모평균(μ)'과 같고, '표준 편차(별도로 '표준 오차'라 함)'는 '$\sigma/\sqrt{n}$'이다. 이어 '표본 평균 집단'의 가운데를 중심으로 '95% 넓이(확률은 0.95)'를 정해보자. 이때, 정해진 '95%' 넓이를 가르는 양쪽 두 점이 생기며(그림에서 위로 향한 빨간색 화살표) 이들을 '신뢰 한계(Confidence Limit)', 그 사이 직선 구간을 '신뢰 구간(Confidence Interval)'이라고 부른다. 만일 100개의 '표본 평균'으로 형성된

'표본 평균 집단'이면 이 영역 내에 '95개' 평균값들이 밀집돼 있다는 뜻이다. 다음은 리더들이 문항 풀이에 꼭 알아두어야 할 '신뢰 수준(Confidence Level)'과 '신뢰 구간(Confidence Interval)'에 대한 용어 정의이다.

· 신뢰 수준(信賴水準, Confidence Level) (네이버 지식백과) 통계적 추정에서 구간으로 추정된 추정치가 실제 모집단의 모수(母數)를 포함하고 있을 가능성의 범위를 말한다. 이때 추정된 구간을 '신뢰 구간'이라 한다.
(저자) 쉽게 얘기해서 '정규 분포'가 있을 때, 그 속에서 우리가 정한 '넓이'로 이해한다. 출처에 따라 '신뢰 계수(信賴係數, Confidence Coefficient)' 또는 '신뢰도(信賴度, Confidence Level)'로도 불린다.

· 신뢰 구간(信賴區間, Confidence Interval) (네이버 지식백과) 모집단 평균이 특정한 확률(일반적으로 95% 혹은 99%)로 존재할 것으로 기대되는 점수 구간.
(저자) 쉽게 얘기해서 '신뢰 수준(우리가 정한 넓이)'이 가르는 X-축 구간이며, 끝단 X값으로 표기한다. 이 끝단 X값을 '신뢰 한계(Confidence Limit)'라고 한다.

요약하면, '신뢰 수준'은 "우리가 정한 넓이(확률 또는 백분율)"을, '신뢰 구간'은 "그 정한 넓이가 가르는 구간이며, 끝단 X값인 '신뢰 한계'로 표기한다"이다.

이제 [그림 Ⅲ-26]에 정해진 '신뢰 구간'을 수치로 나타내보자. 이때 '평균'과 '표준 편차'를 알고 있는 '표준 정규 분포'를 이용한다. 파라미터의 정보가 '평균=0', '표준 편차=1'로 모두 알려져 있기 때문이다. 다음 [그림 Ⅲ-27]은 [그림 Ⅲ-26]에 '표준 정규 분포'를 추가한 예이다.

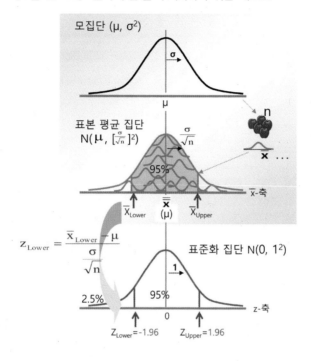

[그림 Ⅲ-27] '신뢰 구간'을 수치화하기 위한 개요도

[그림 Ⅲ-27]에서 '표준화 집단'은 '모집단', '표본 평균 집단'과 일관성을 같도록 '표준 정규 분포' 대신 필자가 '표준화 집단'으로 표기했다. '표본 평균 집단'의 '신뢰 한계'인 '$\bar{x}_{Lower}$'와 '$\bar{x}_{Upper}$'를, '표준 정규 분포'를 매개로 표기하기 위해 『2.3. '표준 정규 분포'를 이용한 '시그마 수준' 구하기』에서의 식 (Ⅲ-10)을 다시 적용한다. 이 식은 "시그마 수준을 구하는 두 가지 방법"으로 잘 알려져 있다. 기억을 되살리기 위해 다시 옮겨놓았다.

$$Z_{USL}(\text{or 시그마 수준}) = \frac{X_{USL} - \overline{X}}{S} \;=\; \Phi_z^{-1}(\text{수율}) \qquad (\text{Ⅲ}-25)$$

식(Ⅲ-25)를 [그림 Ⅲ-27]의 상황에 맞게 재표현하면 다음과 같다. 이해를 돕기 위해 두 개의 '신뢰 한계'들 중 '$\bar{x}_{Lower}$'의 예를 먼저 들었다.

$$Z_{Lower} = \frac{\bar{x}_{Lower} - \mu}{\frac{\sigma}{\sqrt{n}}} \;=\; \Phi_z^{-1}(0.025) = -1.96 \qquad (\text{Ⅲ}-26)$$

$$\therefore \; \bar{x}_{Lower} = \mu - 1.96\frac{\sigma}{\sqrt{n}}$$

식(Ⅲ-26)에서 'Z_{Lower}'로 전환시킬 값이 '$\bar{x}_{Lower}$'이며, '중심 극한 정리' 때문에 'μ'와 '$\sigma/\sqrt{n}$'가 도입되었다. 또 'Z_{Lower}'를 구하는 다른 방법이 '표준 정규 분포'상에서 '역 누적 확률'을 이용하는 것이며, 식에 '$\phi_Z^{-1}(0.025)$'로 표기돼 있다. 이 값은 미니탭으로부터 '-1.96'이므로 모두 정리하면 '$\bar{x}_{Lower}$'는 알려진 값들만으로 최종 표기된다. 다음은 동일한 과정으로 얻어진 '신뢰 한계= $\bar{x}_{Upper}$'를 나타낸다.

$$Z_{Upper} = \frac{\bar{x}_{Upper} - \mu}{\frac{\sigma}{\sqrt{n}}} \;=\; \Phi_z^{-1}(0.975) = 1.96 \qquad (\text{Ⅲ}-27)$$

$$\therefore \; \bar{x}_{Upper} = \mu + 1.96\frac{\sigma}{\sqrt{n}}$$

식(Ⅲ-27)은 '역 누적 확률'의 '확률=0.975'에 주의한다. 일반적으로 식(Ⅲ-26)과 식(Ⅲ-27)을 합해 '신뢰 구간'을 다음과 같이 표기한다.

$$95\% \ CI\left(\mu - 1.96\frac{\sigma}{\sqrt{n}}, \ \mu + 1.96\frac{\sigma}{\sqrt{n}}\right) \qquad (\text{III}-28)$$

$$\text{or}, \ \ \mu \pm 1.96\frac{\sigma}{\sqrt{n}}$$

식(III − 28)에서 'Z_{Lower}=−1.96'과 'Z_{Upper}=1.96'은 '신뢰 수준=95%'를 정할 때 그 나머지 넓이(2.5%)를 이용해 '역 누적 확률'로 구해진다. '2.5%'는 '95%'를 제외한 나머지 '5%'가 양쪽으로 갈리므로 '1/2'로 나뉜 양이다. 만약 '신뢰 수준'이 현재의 '95%'가 아닌 '99%'로 정해지면 '역 누적 확률'은 '99%'를 제외한 나머지 '1%의 반(0.5%)'을 이용한다. 따라서 식(III − 28)은 '신뢰 수준'이 얼마로 정해지든 다음과 같이 일반식으로 표현될 수 있다.

$$100(1-\alpha)\% \ CI\left(\mu - Z_{(1-\alpha/2)}\frac{\sigma}{\sqrt{n}}, \ \mu + Z_{(1-\alpha/2)}\frac{\sigma}{\sqrt{n}}\right) \qquad (\text{III}-29)$$

$$\text{or}, \ \ \mu \pm Z_{(1-\alpha/2)}\frac{\sigma}{\sqrt{n}}$$

식(III − 29)에서 만일 '신뢰 수준'을 '95%'로 정한다면 'α=0.05(5%)'이다. 이때, '$Z_{(1-\alpha/2)}$'는 '$Z_{(1-0.05/2)}$=$Z_{0.975}$'이므로 '0.975'를 '역 누적 확률'로 얻은 값(오른쪽 넓이 0.025를 가르는 z 값)이다. 이 값은 식(III − 28)의 '1.96'과 같다. 물론 '신뢰 수준=99%'로 정하면 'α=0.01(1%)'이며, 이때 '$Z_{(1-\alpha/2)}$'는 '$Z_{(1-0.01/2)}$=$Z_{0.995}$'가 된다. 이제 식(III − 29)에 약간의 대수 변환을 해보자. 수학식으로 재표현하면 다음과 같다.

$$1-\alpha = \Pr\left\{(\mu - Z_{(1-\alpha/2)}\frac{\sigma}{\sqrt{n}}) \leq \bar{x} \leq (\mu + Z_{(1-\alpha/2)}\frac{\sigma}{\sqrt{n}})\right\} \qquad (\text{III}-30)$$

식(Ⅲ-30)은 [그림 Ⅲ-27]의 '표본 평균 집단'에서 "새로운 '표본 평균, $\bar{x}$' 는 '$\mu - Z_{(1-\alpha/2)}\dfrac{\sigma}{\sqrt{n}}$'와 '$\mu + Z_{(1-\alpha/2)}\dfrac{\sigma}{\sqrt{n}}$' 사이에 있을 것으로 신뢰 수준 100×(1 -α)%로 확신한다"로 해석한다. 또는 "'표본 평균, $\bar{x}$'는 100×(1-α)%의 가능 성으로 '$\mu - Z_{(1-\alpha/2)}\dfrac{\sigma}{\sqrt{n}}$'와 '$\mu + Z_{(1-\alpha/2)}\dfrac{\sigma}{\sqrt{n}}$' 사이에 존재한다"이다. 이때 식(Ⅲ -30)의 부등호를 중심으로 '$\bar{x}$'를 이항해서 정리하면 다음과 같다.

$$1-\alpha = \Pr\left\{(\bar{x} - Z_{(1-\alpha/2)}\frac{\sigma}{\sqrt{n}}) \leq \mu \leq (\bar{x} + Z_{(1-\alpha/2)}\frac{\sigma}{\sqrt{n}})\right\} \tag{Ⅲ-31}$$

식(Ⅲ-31)은 간단한 대수 변환을 통해 얻어졌지만 그 파급 효과는 대단하 다. 예를 들어, 프로세스에서 단 한 번 표본을 추출해서 그 평균 '$\bar{x}$'를 안다면 "진정한 모집단의 평균 'μ'가 '$\bar{x} - Z_{(1-\alpha/2)}\dfrac{\sigma}{\sqrt{n}}$'와 '$\bar{x} + Z_{(1-\alpha/2)}\dfrac{\sigma}{\sqrt{n}}$' 사이에 존재 한다고 100×(1-α)% 확신한다"가 된다. 기업 교재 중 '구간 추정'이나 '가설 검정'에서 다루는 '신뢰 구간'은 식(Ⅲ-31)이며, 이를 식(Ⅲ-29)로 재표현하 면 다음과 같다.

$$100(1-\alpha)\% \ CI(\bar{x} - Z_{(1-\alpha/2)}\frac{\sigma}{\sqrt{n}}, \ \bar{x} + Z_{(1-\alpha/2)}\frac{\sigma}{\sqrt{n}}) \tag{Ⅲ-32}$$
$$\text{or, } \ \bar{x} \pm Z_{(1-\alpha/2)}\frac{\sigma}{\sqrt{n}}$$

식(Ⅲ-32)에서 양 '$Z_{(1-\alpha/2)}\dfrac{\sigma}{\sqrt{n}}$'를 '표본 오차(Sampling Error)'라 하고, 계 산의 편의를 위해 'z'가 항상 '양의 값'이 되도록 '아래 첨자'에 '$1-\alpha/2$'를 두 었다. '신뢰 수준=95%'일 경우 '$Z_{(1-\alpha/2)} = Z_{(1-0.05/2)} = Z_{0.975}$'에 해당한다. 그 외에

'$\sigma/\sqrt{n}$'를 '표준 오차'라 부른다. 이 양은 '모집단'에서 표본을 추출하기 때문에 생기는 통계량이다. '표본'이 아닌 '전수'인 경우 '표본 크기=n'이 굉장히 커지거나 '∞'가 되고, 이때 '표본 오차' 항은 매우 작아지거나 사라진다. 평가에서는 다음과 같은 질문들이 출제되므로 풀이를 위해서는 식(Ⅲ-32) 내 각 파라미터들과 '신뢰 구간'과의 관계를 알아둬야 한다. 문항 예는 다음과 같다.

1) '모 표준 편차'가 증가하거나 감소하면 '신뢰 구간'은?
'σ'가 증가하면 '표준 오차'가 증가하므로 '신뢰 구간'도 커진다.

2) '표본 크기'가 증가하거나 감소하면 '신뢰 구간'은?
'표본 크기'가 증가하면 '표준 오차'가 감소하므로 '신뢰 구간'은 좁아진다. 이때, '모평균'의 추정 정밀도는 증가한다. 왜냐하면 '신뢰 구간'이 넓어 '모평균'이 그 구간 어디에 존재하는지 확인하는 것보다 좁아진 구간 내에서 '모평균'을 확인할 가능성이 더 높기 때문이다. '신뢰 구간'이 극단적으로 좁아지면 결국 '모평균' 하나의 값에 수렴할 것이다. 이 경우는 '표본 크기'도 거의 무한에 가깝도록 커져야 하므로 이상적인 상황이 될 수 있다.

3) '신뢰 수준'이 증가하거나 감소하면 '신뢰 구간'은?
'$100 \times (1-\alpha)\%$'에서 '신뢰 수준'의 증가는 'α'의 감소를 의미한다. 'α'가 작아지면 그의 '역 누적 확률'로 얻어지는 'Z'의 절댓값이 커지므로 '표준 오차'도 증가해 '신뢰 구간' 역시 커지게 된다.

이들은 모두 평가 문항들 중 객관식으로 회당 한두 개는 꼭 포함되는 내용이다. 머릿속에서 [그림 Ⅲ-27]이 '팍!' 떠오르고, 이어 각 항들의 변화에 따라 식(Ⅲ-32)이 어떻게 연동돼 움직이는지 시뮬레이션이 가능해야 정답 찾기가 수월하다. 어렵지만 꼭 넘어야 할 산이며, 교육 중에는 다음과 같이 위로하곤 한다. "우리가 학교에 있다면 이 내용보다 높은 수준의 수많은 통계 이론을 추가로 배우겠지만, 기업에서는 여기까지입니다. 즉 더 이상 파고들 통계 이론은 없으며, 우리에게 배워야 할 끝이 있다는 것은 한 번만 제대로 이해하면 종친다는 겁니다. 결코 많은 양이 아니죠. 칠판에 쓰인 이게 다입니다!!" 하고 말이다. 단언컨대 업무에 활용하기 위해 이를 뛰어넘는 이론이 필요하다면 대학 교수를 찾아야 할 것이다. 그러나 기업 내에서 일어나는 거의 모든 일들은 이 수준에서 응용되고 활용된다는 점을 명심하자.

가끔 평가 문항에 '표본 크기'를 구하는 문제가 나오곤 하는데, 이것을 구하는 식은 식(Ⅲ – 32)를 조금 조정해서 유도해낼 수 있다. 참고하기 바란다.

$$\bar{x} \pm Z_{(1-\alpha/2)} \frac{\sigma}{\sqrt{n}} \text{ 에서} \qquad\qquad (\text{Ⅲ} - 33)$$

'표본 오차'를 'd'로 놓고 'n'에 대해 풀면,

$$d = Z_{(1-\alpha/2)} \frac{\sigma}{\sqrt{n}} \Rightarrow n = \frac{Z_{(1-\alpha/2)}^2 \sigma^2}{d^2}$$

'd'는 '오차 한계($Margin\ of\ Error$)'라고 함.

좀 어려운 과정이었다. 여기까지가 이론이었다면 한 가지 현실적인 문제가 남는다. 우리는 '모 표준 편차'인 'σ'를 모르며, 따라서 식(Ⅲ – 31) 또는 식(Ⅲ – 33)의 사용은 현실적으로 어렵다. 이에 'σ'를 '표본 표준 편차'인 's'로 대체한다. 이런 접근이 틀린 것만은 아닌데 '표본'이 '모집단' 출신이므로 's' 역시 '모집단'의 성향을 일부 반영하기 때문이다. 그러나 이 경우 [그림 Ⅲ – 27]에서 '표본 평균 집단'의 '신뢰 한계(Confidence Limit)'인 '$\bar{x}_{Lower}$'와 '$\bar{x}_{Upper}$'를 구할 때 이용한 '표준 정규 분포'의 변형이 불가피하며, 이때 봉우리는 좀 낮아지고

양쪽 꼬리는 약간 두꺼워지는 't - 축'으로 대변된 't 분포'의 탄생을 예고한다. 다음은 이해를 돕기 위해 「Be the Solver_확증적 자료 분석(CDA)」편에 실린 내용을 옮겨놓은 것이다.

't 분포'는 1937년 영국인 고셋(W. S. Gosset)이 기니스(GUINNESS) 양조 회사에 고용된 후, '모 표준 편차'를 모르는 상황에다 '표본 크기'도 작은 환경에서 검정/추정을 수행할 때 쓰도록 개발했다. 't 분포'는 '표준 정규 분포(z 분포)'가 '평균=0', '표준 편차=1'인 것에 반해, 주어진 환경에서의 '평균=0'으로 동일하지만, '표준 편차, $\sigma = \sqrt{\dfrac{df}{df-2}}$, $df > 3$' 에 따른다는 것을 발표한 것에 기인한다. 즉 이 분포의 '표준 편차'는 'df(자유도)'가 '30'에 근접할수록 '표준 정규 분포'의 '표준 편차=1'에 근접한다. 이런 이유로 '정규 분포'지만 '표본 크기'가 '30개'보다 작아질수록 '표준 정규 분포'에 비해 봉우리는 낮아지면서 꼬리는 두꺼워지는 특징을 보인다. [그림 Ⅲ - 28]은 '표본 크기(자유도=n-1)'에 따른 분포의 모양을 'z 분포'와 비교한 것이다.

[그림 Ⅲ - 28] 'z 분포'와 't 분포'의 비교

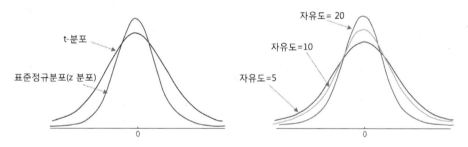

발표 당시 기니스 양조 회사에서 익명으로 해줄 것을 요구함에 따라 '스튜던트(Student)'로 하게 되었고, 이후 'Student t'로 불리고 있다. 참고로 '모 표준 편차'를 모르더라도 '표본 크기('자유도'로 이해해도 됨)'가 '30개'가 넘는 조건이면 't 분포'가 아닌 'z 분포'를 사용해도 큰 차이가 없다.

'모 표준 편차'를 모르면 [그림 Ⅲ-27]에 보였던 'z 분포'는 't 분포'로 대체된다. 이때 '신뢰 한계'인 '$\bar{x}_{Lower}$'와 '$\bar{x}_{Upper}$'는 다음과 같이 't 값'으로 각각 변환된다.

$$t_{Lower} = \frac{\bar{x}_{Lower} - \mu}{\frac{s}{\sqrt{n}}} \quad , \quad t_{Upper} = \frac{\bar{x}_{Upper} - \mu}{\frac{s}{\sqrt{n}}} \qquad (\text{Ⅲ}-34)$$

다음 [그림 Ⅲ-29]는 식(Ⅲ-34)의 과정을 보여주며, 맨 아래에 '신뢰 수준=95%'에 대한 't 분포'가 들어와 있다. [그림 Ⅲ-27]과 비교해보기 바란다.

[그림 Ⅲ-29] 't 분포'의 '신뢰 구간' 개요도

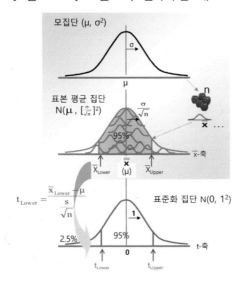

'z 분포' 경우 '신뢰 수준=95%'가 정해지면 '신뢰 한계'에 대응할 'z 값'이 미니탭 '역 누적 확률'로 얻어졌지만, 't 값'은 '신뢰 수준' 외에 '자유도(n-1)'도 요구되므로 그림에선 정확한 값을 기입하지 않았다([그림 Ⅲ-27] 경우 'z_{Lower}=-1.96', 'z_{Upper}=1.96'이 계산돼 있으나 [그림 Ⅲ-29]에서는 't_{Lower}' 와 't_{Upper}'가 계산돼 있지 않음). 만일 '표본 크기'가 '5(자유도=4)'라면, 이때 '신뢰 수준=95%'에 대응하는 't_{Lower}'와 't_{Upper}'는 미니탭으로부터 각각 '-2.7765'와 '2.7765'를 얻는다. '신뢰 구간'을 식(Ⅲ-32)와 같은 일반식 형태로 표현하면 다음과 같다.

$$100(1-\alpha)\% \ CI\,(\overline{x}-t_{(n-1,1-\alpha/2)}\frac{s}{\sqrt{n}},\ \overline{x}+t_{(n-1,1-\alpha/2)}\frac{s}{\sqrt{n}}) \qquad (Ⅲ-35)$$
$$or,\ \overline{x}\pm t_{(n-1,1-\alpha/2)}\frac{s}{\sqrt{n}}$$

식(Ⅲ-35)에서 't 분포'가 '자유도(n-1)'의 함수이므로 '아래 첨자'에 '1-α/2' 외에 'n-1'이 추가돼 있다.

지금까지 '중심 극한 정리'로부터 유도된 '신뢰 구간'의 원리가 문제 해결 교육 중 가장 어려운 내용임을 환기시켰으며, 여기까지가 기업에서 배우는 "통계 학습의 끝"임을 단언한다(이 수준을 약간 벗어나는 경우도 간혹 있긴 하다^^!). 기존 "문제 해결=통계 덩어리"의 인식보다 칠판에 적은 몇 줄만 마스터하면 통계 늪에서 완전히 벗어날 수 있음을 분명히 해두고 싶다. 지금부터 앞서 설명된 내용을 바탕으로 '기출 문항'과 그 풀이에 대해 알아보자.

[표 Ⅲ-14] [문항] '신뢰 구간' 구하기 예(난이도 하)

문제	프로세스로부터 '모평균'을 추정하기 위해 다음과 같은 10개의 데이터를 수집하였다. '유의 수준' 5%에서 '점 추정'과 '구간 추정'을 수행하시오(단, 수집된 자료는 '정규 분포'하는 것으로 알려져 있다).
상황	9.5, 9.1, 10.2, 9.3, 9.0, 8.9, 10.0, 9.8, 10.4, 7.8

[표 Ⅲ-14]의 지문엔 '모 표준 편차' 언급이 없다. 따라서 '구간 추정'에 't 분포'의 개입이 요구된다. [표 Ⅲ-1]의 8개 항목 중 오직 '신뢰 구간'만을 묻고 있으므로 난이도는 '하' 수준이다. '점 추정'은 '산술 평균'이며, '구간 추정'을 직접 계산하기 위해 식(Ⅲ-35)를 이용한다.

$$100 \times (1-0.05)\% \ CI\left(9.39 - t_{(9,\,0.975)}\frac{0.7622}{\sqrt{10}},\ 9.39 + t_{(9,\,0.975)}\frac{0.7622}{\sqrt{10}}\right) \quad (\text{Ⅲ}-36)$$
$$\Rightarrow 95\% \ CI(9.39 - 2.2622 \times 0.241,\ 9.39 + 2.2622 \times 0.241)$$
$$\Rightarrow 95\% \ CI(8.845,\ 9.935)$$

식(Ⅲ-36)을 미니탭으로 구해보자. 기업에 따라서는 '신뢰 구간'을 직접 계산하도록 요구하는 경우도 있고, 미니탭 사용을 허용하는 경우도 있다. 다음 [그림 Ⅲ-30]은 '신뢰 구간'을 얻기 위한 일반적인 과정과 결과이다.

[그림 Ⅲ - 30] '모 표준 편차'가 알려져 있지 않은 경우의 '신뢰 구간' 구하기

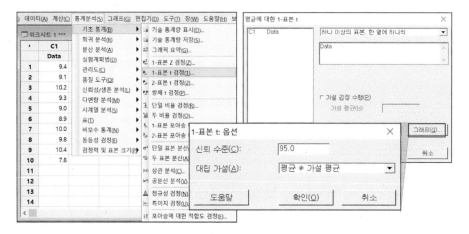

'세션 창' 결과를 보면 '신뢰 수준=95%'일 때의 '신뢰 구간'은 약 '(8.845, 9.935)'임을 알 수 있다.

[그림 Ⅲ - 31] '신뢰 구간' 구하는 두 경로(1 표본 t 검정, 그래픽 요약)

[1-표본 t-검정]   [그래픽 요약]

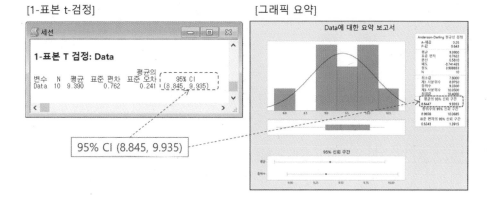

[그림 Ⅲ-31]은 [그림 Ⅲ-30]의 '세션 창' 결과와 동일한 답이 나오는 다른 경로 「통계 분석(S)>기초 통계(B)>그래픽 요약(G)…」의 결과를 각각 보여준다. 특히 '그래픽 요약'은 '모 표준 편차'를 모를 경우(t 분포)만 가능하다.

(정답)

95% CI (8.845, 9.935)
※ 기술 과정은 식(Ⅲ-36) 또는 [그림 Ⅲ-30] 및 [그림 Ⅲ-31] 참조.

다음은 '난이도 상'의 문항을 풀어보자. '역량 평가'의 난이도는 통계적으로 얼마나 복잡한가 보다 [표 Ⅲ-1]의 8개 항목들이 한 문항에 얼마나 뒤섞이느냐로 결정된다. 여러 도구나 원리를 응시자가 정확하게 이해해야만 풀이가 가능하기 때문이다.

[표 Ⅲ-15] [문항] '신뢰 구간' 구하기 예(난이도 상)

문제	한 프로세스로부터 수집된 M 특성 값들이 다음과 같을 때 물음에 답하시오. (Data) 120, 129, 118, 130, 124, 128, 118, 131, 126
하위 문제	1) 모평균에 대한 '90% 신뢰 구간'을 구하시오. 2) 만약 '1)'의 결과에 대해 그 폭을 반으로 줄이기 위해 필요한 '표본 크기'는 몇 개인가?

[표 Ⅲ-15]는 '신뢰 구간'만 보면 기본 문항이나 '하위 문제 2)'가 '신뢰 구간+표본 크기'로 복잡도가 증가해 '난이도 상' 수준에 이른다. '하위 문제' 각각의 풀이는 다음과 같다.

하위 문제 1) 모평균에 대한 '90% 신뢰 구간'을 구하시오.

'신뢰 수준'이 평상시 쓰이던 '95%'가 아니라 '90%'인 점에 주의한다. '신뢰 구간'은 미니탭을 이용한 [그림 Ⅲ-30] 또는 직접 계산일 경우 식(Ⅲ-35)를 이용한다. '모 표준 편차'가 알려져 있지 않기 때문이다.

$$100 \times (1-0.1)\% \ CI\left(124.89 - t_{(8,\ 0.95)}\frac{5.134}{\sqrt{9}},\ 124.89 + t_{(8,\ 0.95)}\frac{5.134}{\sqrt{9}}\right) \qquad (\text{Ⅲ}-37)$$
$$\Rightarrow 90\% \ CI(124.89 - 1.8596 \times 1.71,\ 124.89 + 1.8596 \times 1.71)$$
$$\Rightarrow 90\% \ CI(121.71,\ 128.07)$$

(정답)

90% CI (121.71, 128.07), ※ 기술 과정은 식(Ⅲ-37) 참조.

하위 문제 2) 만약 '1)'의 결과에 대해 그 폭을 반으로 줄이기 위해 필요한 '표본 크기'는 몇 개인가?

'표본 크기'를 구하는 식은 식(Ⅲ-33)에서 유도한 바 있다. 그러나 '신뢰 구간 폭'과의 연관성을 따져야 하므로 둘이 함께 포함된 산식이 필요하다. '신뢰 구간 폭'이란 다음 [그림 Ⅲ-32]와 같다.

[그림 Ⅲ-32] '신뢰 구간 폭'과 '표본 크기'와의 관계

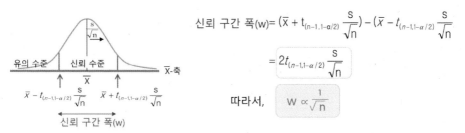

$$\text{신뢰 구간 폭}(w) = \left(\overline{x} + t_{(n-1,1-\alpha/2)}\frac{s}{\sqrt{n}}\right) - \left(\overline{x} - t_{(n-1,1-\alpha/2)}\frac{s}{\sqrt{n}}\right)$$

$$= 2t_{(n-1,1-\alpha/2)}\frac{s}{\sqrt{n}}$$

따라서, $\quad w \propto \dfrac{1}{\sqrt{n}}$

[그림 Ⅲ - 32]는 '신뢰 구간 폭'과 '표본 크기'와의 관계식을 나타낸다. '신뢰 구간 폭(w)'은 '신뢰 한계 상한'에서 '신뢰 한계 하한'을 빼서 얻어지며, 이때 '표본 크기'와의 관계는 '$w \propto (1/\sqrt{n})$'로 설명된다. 따라서 '신뢰 구간 폭'이 '1/2'로 줄어들면 '표본 크기'는 다음의 과정을 통해 '4배'로 증가해야 한다.

$$\frac{1}{2}w \propto \frac{1}{2}\frac{1}{\sqrt{n}} = \frac{1}{\sqrt{2^2}}\frac{1}{\sqrt{n}} = \frac{1}{\sqrt{4n}}$$ (Ⅲ - 38)

식(Ⅲ - 38)로부터 'n → 4n'임을 확인할 수 있다.

(정답)

'신뢰 구간 폭(w)'을 반으로 줄이려면, '표본 크기'는 기존의 4배가 돼야 하므로, n=4×9=36개. ※ 기술 과정은 [그림 Ⅲ - 32]와 식(Ⅲ - 38) 참조.

서비스 또는 간접 부문과 같이 '~율(률)'처럼 비율 자료가 많이 쓰이는 기업 경우 '이산 자료'에 대한 '신뢰 구간' 문항도 심심찮게 출제된다. '이산 자료'의 '신뢰 구간'은 국회의원이나 대통력 선거 방송에서 여론 조사 발표 시 자주 등장한다. 결론부터 말하면 식(Ⅲ - 35)의 '신뢰 구간' 일반식에서 파라미터를 다음과 같이 변경해 활용한다.

$$\bar{x} \rightarrow \hat{p} \,(\text{표본 비율})$$ (Ⅲ - 39)

$$s \rightarrow \frac{\sqrt{\hat{p}(1-\hat{p})}}{\sqrt{n}}$$

물론 식(Ⅲ - 39)의 사용은 '표본 비율($\hat{p}$)'을 얻을 때 해당 '표본 크기(n)'

가 '$n\hat{p} \geq 5, \ n(1-\hat{p}) \geq 5$'의 조건을 만족할 때에만 '정규 분포'로의 근사가 가능하다는 점 명심하자.[15] '표본 비율'에 대한 '신뢰 구간' 일반식은 다음과 같다.

$$100(1-\alpha)\% \ CI\left(\hat{p} - z_{(1-\alpha/2)}\frac{\sqrt{\hat{p}(1-\hat{p})}}{\sqrt{n}}, \ \hat{p} + z_{(1-\alpha/2)}\frac{\sqrt{\hat{p}(1-\hat{p})}}{\sqrt{n}}\right) \quad (\text{III} - 40)$$
$$\text{or}, \ \hat{p} \pm z_{(1-\alpha/2)}\frac{\sqrt{\hat{p}(1-\hat{p})}}{\sqrt{n}}$$

[표 III - 16] [문항] '표본 비율'의 '신뢰 구간' 구하기 예(난이도 하)

문제	국회의원 선거에서 유권자 3,000명을 대상으로 홍길동에 대한 지지율을 조사한 결과 1,400명이 긍정적인 답변을 주었다. 홍길동 지지율에 대한 '95% 신뢰 구간'을 구하시오.

[표 III - 16]에서의 국회의원 후보 홍길동을 지지하는 '표본 비율($\hat{p}$)'은 '약 46.7%(=1,400÷3,000%)'이며, '$n\hat{p}$=3,000×0.467=1,400, $n \times (1-\hat{p})$=3,000×(1-0.467)=1,600'으로 모두 '5'보다 큼에 따라 '중심 극한 정리'에 의거 'z 분포'로의 점근이 가능하다. 식(III - 40)을 이용해 '95% 신뢰 구간'을 구하면 다음 식(III - 41)과 같다.

$$95\% \ CI\left(0.467 - 1.96\frac{\sqrt{0.467(1-0.467)}}{\sqrt{3000}}, \ 0.467 + 1.96\frac{\sqrt{0.467(1-0.467)}}{\sqrt{3000}}\right) \quad (\text{III} - 41)$$

$\Rightarrow 95\% \ CI(0.449, \ 0.485)$, or
$\Rightarrow$ 지지율은 '$46.7 \pm 1.8\%$' 사이에 있을 것으로 95% 자신있게 말할 수 있음.

---

15) 다양한 접근이 있다. 이장택, "이항분포의 정규 근사", 한국수학교육회지 시리즈 A<수학 교육>, 1998, 11, 제 37권, 제 2호, 227~231 참조.

> 국회의원 후보 홍길동의 지지율에 대한 '95% 신뢰 구간'은 「95% CI(0.449, 0.485)」
> 이다. 또는 풀어서 "지지율은 46.7±1.8% 사이에 있을 것으로 95% 자신 있게 말할 수
> 있다." ※ 기술 과정은 식(Ⅲ-41) 참조.

'표본 비율'의 '신뢰 구간' 문항의 난이도를 조금 높이면, [표 Ⅲ-15]에서
와 같이 '표본 크기(n)'와 연계해 출제되기도 한다. 다음 [표 Ⅲ-17]은 그 한
예를 보여준다.

[표 Ⅲ-17] [문항] '표본 비율'의 '신뢰 구간' 응용 예(난이도 상)

문제	대통령 선거 여론 조사에서 '표본 오차'가 '최대 4%'를 초과하지 않도록 하려면 최소 몇 명을 조사 대상(표본 크기)으로 삼아야 하는가? (단, '신뢰 수준'은 '95%'로 판단한다)

[표 Ⅲ-17]을 풀기 위해서는 '표본 오차'와 같은 용어들이 무엇인지부터
명확히 알아야 한다. 이를 위해 식(Ⅲ-40)을 다음에 옮겨 설명을 달아놓았다.

[그림 Ⅲ-33] '표본 오차'와 '표준 오차'

$$\hat{p} \pm Z_{(1-\alpha/2)} \frac{\sqrt{\hat{p} \times (1-\hat{p})}}{\sqrt{n}}$$

표준 오차 (Standard Error)

표본 오차 (Sampling Error)

뉴스에서 "OO 후보 지지율이 40%이며, 95%에서 '표본 오차'는 플러스/마

이너스 3.3%입니다"에서의 '3.3%'가 바로 '표본 오차(Sampling Error)'이다. '표본 오차'는 실수할 가능성이 아니라 근사치의 범위를 일컫는다. 반면에 '표준 오차(Standard Error)'는 '중심 극한 정리'에 따라 '표본 평균 분포'에서의 '표준 편차'를 말한다.

[표 Ⅲ-17]의 문항으로 돌아와서 "'표본 오차'가 최대 4%를 초과하지 않도록~"의 조건이므로 이를 식으로 표현하면 다음과 같다.

$$1.96 \frac{\sqrt{\hat{p}(1-\hat{p})}}{\sqrt{n}} \leq 0.04, \ 'n' 을 얻기 위해 양변 제곱 후 한쪽으로 정리하면, \quad (Ⅲ-42)$$
$$\therefore \ n \geq \frac{1.96^2 \times \hat{p}(1-\hat{p})}{0.04^2}$$

식(Ⅲ-42)에서 '$\hat{p}$'를 알아야 하는데, '표본 크기'가 크면 '표본 비율'인 '$\hat{p}$'를 대입하나 지금과 같이 불분명하거나 모르면 '$\hat{p}(1-\hat{p})$'가 최대가 되는 값을 정한다. 두 개 비율의 곱이 최대가 되는 '$\hat{p}$'는 '0.5(또는 1/2)'이므로 이를 적용한 최소한의 'n'은 다음과 같이 얻어진다.

$$n \geq \frac{1.96^2 \times 0.5(1-0.5)}{0.04^2} = 600.25명 \quad (Ⅲ-43)$$

(정답)

'표본 오차'가 '4%'를 초과하지 않도록 하기 위한 최소한의 '표본 크기(설문 대상자 수)'는 '약 600명'임. ※ 기술 과정은 식(Ⅲ-42), 식(Ⅲ-43) 참조.

다음은 '신뢰 구간'의 이론을 배경으로 하면서 출제 빈도가 꽤 높은 사지선

다형 객관식 문항들에 대해 살펴보자. 객관식은 평가 체계가 있는 기업마다 차이가 있긴 하나 보통 15~20문항이 한 회에 출제되며, 개당 '2점'의 점수가 부여된다. 합격선이 '70점'이라고 할 때 '3~5점'이 모자라 불합격되는 경우 본 문항들을 알고 있는지 여부에 따라 당락이 결정되기도 한다.

[표 Ⅲ-18] [문항] '신뢰 구간' 관련 객관식 예(난이도 상)

문제	표본 조사를 통해 모평균의 '95% 신뢰 구간'을 얻었더니 범위가 너무 넓다는 생각이 들었다. 다음 중 '신뢰 구간'을 좁히기 위한 방안으로 가장 적절한 것을 고르시오.
보기	1) '신뢰 수준'을 99%로 증가시킨다. 2) '유의 수준'을 5%로 조정한다. 3) '표본 크기'를 증가시킨다. 4) '모 표준 편차'를 증가시킨다.

[표 Ⅲ-18]은 '지문'과 '보기'가 간단하고, 또 복잡해 보이는 수식도 없어 쉬워 보이지만 착시 현상이다. 사실은 매우 어려운 '난이도 상' 수준의 문제다. 우선 '중심 극한 정리'의 완전한 이해와 '신뢰 구간'의 원리, 또 그들과 '신뢰 수준' 및 '표본 크기' 간 관계를 머릿속에 그려낼 수 있어야 한다. 물론 앞으로는 매우 쉬운 문항 중 하나가 될 것이다!! 다음을 보자.

[그림 Ⅲ-34] '신뢰 구간'과 '신뢰 수준' 및 '표본 크기' 간 관계

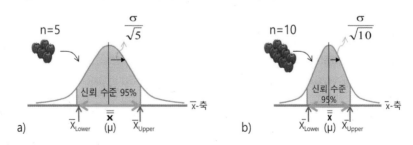

[그림 Ⅲ－34]에서 '그림 a)'는 '표본 크기'가 'n=5'의 경우로, '표준 편차(표준 오차)'는 '$\sigma/\sqrt{5}$'이다. 이에 반해, '그림 b)'는 '표본 크기, n=10'으로 증가시킨 분포이며, '표준 편차(표준 오차)'는 '$\sigma/\sqrt{10}$'가 되어 전체 분포는 'a)'와 비교해 산포가 줄어들었다. '중심 극한 정리'에 따른 결과이다. [표 Ⅲ－18]의 '보기'인 '1)'과 '3)'을 알기 쉽게 각각 해석하면 다음과 같다.

1) 'a)'만 볼 때, '신뢰 수준=95%'에서 '99%'로 증가하면 그 넓이를 가르는 양쪽 한계(신뢰 한계)는 벌어지며, 이에 따라 '신뢰 구간'도 늘어난다. '95%'라는 것은 두 '신뢰 한계' 내에 진정한 '모평균'이 존재할 확률이 '0.95', 또는 두 한계 내에 '모평균'이 들어 있다고 '95%' 자신 있게 말할 수 있는 상황이다. 만일 '100%' 자신 있게 '모평균'이 두 '신뢰 한계' 내에 존재하기를 원하면 '신뢰 수준=100%'로 할 수 있으나(이 경우 '신뢰 구간'은 '$-\infty \sim \infty$'가 됨), 이것은 범인 한 명을 완전하게 잡아넣을 목적으로 우리 5천만 국민을 전부 감옥에 넣는 상황에 비유되므로 '추정'의 의미가 전혀 없는 조치이다.

2) 만일 '표본 크기=5'에서 '10'으로 증가시키면 '중심 극한 정리'에 의해 '표본 평균의 분포'는 '표준 편차(표준 오차)'가 'n=5'일 때에 비해 작아지므로 ($\frac{\sigma}{\sqrt{5}} \rightarrow \frac{\sigma}{\sqrt{10}}$) 기존과 동일한 '신뢰 수준=95%'라 해도, '신뢰 구간 폭'은 상대적으로 줄어든다. '모평균'이 들어 있을 가능성이 두 분포 모두에서 95% 자신감을 갖고 확신할 수 있지만 '신뢰 구간'이 'n=10'인 경우가 더 좁아 '모평균'을 추정할 정밀도는 더 높아진다(즉, 폭이 넓은 영역에서 모평균의 존재를 추정하는 것보다 폭이 좁은 영역에서 모평균의 존재를 추정하는 편이 동일한 가능성(95%)에서 훨씬 유리하다).

(정답)

(3)번

1) '신뢰 수준'을 99%로 증가시킨다. → 신뢰 구간은 더 넓어진다.

2) '유의 수준'을 5%로 조정한다. → 신뢰 수준=100(1 − α)%=100(1 − 0.05)%=95%.

3) '표본 크기'를 증가시킨다. → '중심 극한 정리'에 의해 '표준 오차'가 작아져 '신뢰 구간'은 좁아짐.

4) '모 표준 편차'를 증가시킨다. → '표준 오차'가 커지면서 '신뢰 구간'은 늘어남.

[표 Ⅲ-19] [문항] '신뢰 구간' 관련 객관식 예(난이도 상)

문제	다음의 설명 중 맞는 것에 'O', 틀린 것에 'X' 하시오.
보기	1) '신뢰 수준'이 증가할수록 '신뢰 구간'도 커지며, 이때 통계적 의미(추정 정밀도)는 더욱 강해진다. ( ) 2) '최소 표본'은 '신뢰 수준'이 클수록, '오차 한계'가 좁을수록 커진다. ( ) 3) '최소 표본'은 '모 표준 편차'가 작을수록, '유의 수준'이 클수록 커진다. ( ) 4) '표본 크기=10'인 경우가, '5'에 비해 '신뢰 수준'이 줄어든다. ( )

[표 Ⅲ-19]는 [그림 Ⅲ-34]의 충분한 이해를 바탕으로 한다.

(정답)

1) (X) → '신뢰 구간'이 커지는 것은 맞지만 통계적 의미는 퇴색한다.

2) (O) → '최소 표본'의 산식인 식(Ⅲ-33)을 참조해서 평가.

3) (X) → '최소 표본'의 산식인 식(Ⅲ-33)을 참조해서 평가.

4) (X) → '신뢰 수준(또는 유의 수준)'은 평가자가 정함. 관습적으로 95%를 사용.

4. 분포(이항, 포아송)

　　　　　　　지금까지 출제 빈도가 가장 높은 '정규 분포'에 대해 이모저모를 알아보았으나 그 외에 '이항 분포'나 '포아송 분포'에 대해서도 충분한 사전 학습이 필요하다. 수학이나 확률, 통계학적 관점보다 실무에서 다루는 많은 데이터들이 실제 이 분포들과 직접적으로 연관되기 때문에 평가 문항으로 자주 등장한다.

　'정규 분포'나 '와이블 분포'처럼 'X 변수'가 연속인 값을 갖는 분포 함수를 '확률 밀도 함수(Probability Density Function)'라 하고, '이항 분포'나 '포아송 분포'처럼 'X 변수'가 이산적인 값을 갖는 분포 함수를 '확률 질량 함수 (Probability Mass Function)'라고 한다. 이때 평가에서 이들 분포를 이용해야 할 경우 가장 먼저 확인해야 할 사항이 바로 '파라미터(Parameter, 모수)'다. 평가에서 '파라미터'의 의미와 용도에 대해서는 이미 식(Ⅲ-21), 식(Ⅲ-22)에서 언급한 바 있다. 본 단원에서는 '이항 분포', '포아송 분포'의 '확률 질량 함수'와 그를 이용한 '기출 문항' 풀이에 대해 알아볼 것이다.

4.1. '이항 분포'와 관련된 '기출 문항' 풀이

　'이항 분포(Binomial Distribution)'의 형성 과정과 기본 해석에 대해서는 「Be the Solver_확증적 자료 분석(CDA)」편에 자세히 소개돼 있으니 필요한 독자는 그를 참고하고, 본문은 평가에 바로 적용할 '확률 질량 함수'부터 다루도록 하겠다. 다음은 '이항 분포'의 '확률 질량 함수'에 대한 사전적 설명이다.

- ·'이항 분포'의 '확률 질량 함수(Probability Mass Function)' → (WIKIPEDIA) 확률 변수(Random Variable) X가 파라미터 n과 p를 갖는 이항 분포를 따를 때, X~B(n, p)로 표기한다. n회 시행에서 x번 성공할 확률은 다음의 '확률 질량 함수'로 주어진다.

$$f(x;n,p) = \Pr(X=x) = \frac{n!}{x!(n-x)!} p^x (1-p)^{n-x}$$

여기서, $\frac{n!}{x!(n-x)!}$ 를 *Binomial Coefficient* 라고 함.

정의에 따라 '이항 분포'는 파라미터 'n'과 'p'가 있어야 풀이가 가능하므로 만일 문항에서 "n개 중 x개를 뽑음"과 같은 언급이 있으면 '이항 분포'의 활용을 머릿속에 떠올려야 한다. 이때 문항에서 바로 찾아야 할 파라미터는 비율인 'p'이다. '평가'의 취지는 응시자가 산식을 알고 있는지를 묻기보다 그의 활용 능력이 있는지를 확인하는 데 있다. 따라서 주어진 지문 속에서 우선 '파라미터(주로 'p')'를 찾아낸 뒤 정답을 얻는다.

'확률 질량 함수'에서의 파라미터(또는 모수) 'p'는, 예를 들어 M 제품 생산 프로세스에서 '양품률'을 관리한다고 할 때, 과거 오랜 기간 동안의 양품률이 '98%'라면, 이때 'p=0.98'이다. 만일 이와 같은 환경에서 'n=200개'를 추출했을 때 양품 개수가 'x=194'개 나올 확률을 구하려면 '이항 분포의 확률 질량 함수'에 각 값들을 대입한다. 다음은 산정 예이다(이하 상황 파악이 쉽도록 'Pr' 밑에 파라미터인 'n'과 'p'를 '아래 첨자'로 기입함).

$$\Pr_{200,\,0.98}(X=194) = \frac{200!}{194!(200-194)!} 0.98^{194}(1-0.98)^{200-194} = 0.104716 \qquad (\text{III}-44)$$

확률을 직접 계산할 때 주의할 점은 만일 지문에서 'p'는 양품률을 알려주고 정답은 '불량률'에 대해 물으면 식(Ⅲ-44)에서의 'p=0.98' 대신에 'p=0.02'를 대입한다. 물론 지문에서 'x=194개'였으므로 여기서의 'x=6'을 입력한다. '불량률'의 개념으로 수정하면 다음과 같다.

$$\text{Pr}_{200,\,0.02}(X=6) = \frac{200!}{6!(200-6)!} 0.02^6 (1-0.02)^{200-6} = 0.104716 \qquad (\text{Ⅲ}-45)$$

이것은 "200개 표본에서 불량 개수가 6개 나올 확률"이며 결과는 동일하다. 사실 식(Ⅲ-44)에서의 '계승(Factorial)'은 그 수가 너무 커서 엑셀로도 작업하기 어렵다. 이에 평가는 미니탭 등 통계 패키지를 주로 이용한다.

[그림 Ⅲ-35] '이항 분포'의 '확률 질량 함수'를 이용한 확률 계산 예

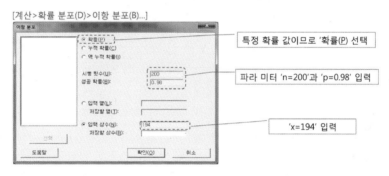

식(Ⅲ-44), 식(Ⅲ-45) 및 [그림 Ⅲ-35]는 주어진 조건에서의 '확률'을 구하는 과정이었다. 이 외에 '~이하(또는 이상)'이나 '~미만(또는 초과)'를 구할 때도 필요한데, 이 접근은 「2.1. 성규 분포의 확률(넓이) 구하기」 내용과 개념이 동일하며, 단지 '정규 분포'와 '이항 분포'의 차이만 있을 뿐이다. [표 Ⅲ-20]은 여러 상황의 '누적 확률('넓이'에 대응)'을 구하는 산식과 표기법

및 미니탭 '대화 상자' 입력 방법을 모아놓은 것이다.

[표 Ⅲ-20] '이항 분포'의 '누적 확률' 계산

구분	미만	이하	이상	초과	사이
표기	P(X<3)	P(X≤3)	P(X≥3)	P(X>3)	P(2<X≤4)
분포	◄─ 2 3 4 (○3)	◄─ 2 3 4 (●3)	2 3 4 ─► (●3)	2 3 4 ─► (○3)	2 3 4 (○2 ●4)
산식	$P(X \le 2)$	$P(X \le 3)$	$P(X \ge 3) = 1 - P(X \le 2)$	$P(X \ge 4) = 1 - P(X \le 3)$	$P(X \le 4) - P(X \le 2)$
미니탭 대화상자	'누적 확률(C)' 선택				

[표 Ⅲ-20]에서 '표기'는 문항에서 주어진 조건이며, 미니탭 경우 '왼쪽 확률(넓이)'만 구할 수 있으므로 그에 맞게 조정한 결과가 '산식'이다. 이산형이므로 각 값의 포함여부(○ 또는 ●)를 명확하게 반영하는 것이 중요하다. 출제되었던 '기출 문항'과 그 풀이에 대해 알아보자.

[표 Ⅲ-21] [문항] '이항 분포' 관련 주관식 예(난이도 하)

문제	N사는 다년간 경영 혁신을 추진해오고 있으며, 전체 대상자 중 86%가 문제 해결 교육을 이수하였다. 이때 역량 평가 합격률은 입문 초보자가 92%, Solver가 71%로 알려져 있다. 만일 금번 Solver 평가에 35명이 응시할 경우 불합격자가 9명을 초과할 확률은 얼마인가?

[표 Ⅲ-21]의 문항은 '확률 질량 함수'에 주어진 조건을 대입해 계산하거나 미니탭을 이용하면 쉽게 답을 얻을 수 있다. 그러나 무엇보다 중요한 것은 '과정의 기술'인데, 이때 정확한 수학 기호를 사용한다. 우선 파라미터는

'n=35', 'p=0.29'이다. '합격률=71%'인 상황에서 '불합격률'의 확률을 구해야 하므로 'p=0.71'이 아닌 '0.29'가 돼야 한다. 또 '초과'이므로 '9명'은 포함되지 않으며, 미니탭이 '~이상'은 구하지 못하니 '1−P(X≤9)'로 변경한다.

$$\Pr_{35,\,0.29}(X > 9) = 1 - \Pr_{35,\,0.29}(X \leq 9) \qquad (\text{III} - 46)$$
$$= 1 - 0.414324 \cong 0.5857 \, (58.57\%)$$

(정답)

Pr(X>9)=0.5857(58.57%),
즉 35명이 응시해서 불합격자가 10명 이상(즉 9명 초과)이 나올 가능성은 약 '58.57%' 정도 된다는 것을 알 수 있다. ※ 기술 과정은 식((III − 46) 참조.

만일 미니탭이 아닌 수작업으로 답을 얻는다면 어떻게 산식을 적고 동일한 정답에 이를 수 있을까? 사실 수작업으로 식(III − 46)과 같은 결과를 얻으려면 상당히 많은 노력을 기울여야 한다. 확률 계산이 복잡해서라기보다 계산 양이 엄청나게 많아지기 때문이다. 예를 들어, 'n=35', 'p=0.29'인 상황에서 '9를 초과'할 확률은 'x=10, 11, 12, … 35'를 각각 '확률 질량 함수'에 입력해 따로 확률을 구한 후 다시 모두 합하는 과정을 거쳐야 한다. 이를 알아보기 위해 '이항 분포'의 '확률 질량 함수'에 [표 III − 21]의 조건을 입력해보자.

$$\Pr_{35,\,0.29}(X > 9) = \Pr_{35,\,0.29}(X \geq 10) \qquad (\text{III} - 47)$$
$$= \Pr_{35,\,0.29}(X = 10) + \Pr_{35,\,0.29}(X = 11) + ... + \Pr_{35,\,0.29}(X = 35)$$
$$= \frac{35!}{10!(35-10)!}0.29^{10}(1-0.29)^{35-10} + \frac{35!}{11!(35-11)!}0.29^{11}(1-0.29)^{35-11} +$$
$$... + \frac{35!}{35!(35-35)!}0.29^{35}(1-0.29)^{35-35} = 0.5857$$

지금이야 엑셀도 있고 미니탭도 이용할 수 있지만 '35!' 같은 무지한 곱을 17세기처럼 컴퓨터가 없는 세상에서 계산하기란 어려운 게 현실이다. 이런 어려움은 곧바로 '이항 분포'를 '정규 분포'처럼 연속형 함수로 근사시키는 배경이 되었다. 상황적으로 확률 계산 문항 경우 응시자가 개념을 명확하게 이해한다는 전제하에 수작업보다 통계 패키지의 활용이 불가피하다. 다음은 '난이도 상' 문항의 예이다.

[표 Ⅲ-22] [문항] '이항 분포' 관련 주관식 예(난이도 상)

문제	N사는 고객 클레임 처리에 건당 '평균' 20시간, '표준 편차' 3시간이 소요되는 것으로 알려져 있다('정규 분포' 가정). 이때, 물음에 답하시오.
하위 문제	1) 이 회사의 고객 클레임 처리가 24시간 이내에 처리될 확률은 얼마인가? 2) 주어진 상황에서 고객 클레임 15건 중 13건 이상이 24시간 이내 처리될 확률은 얼마인가? 3) 담당 부서장이 '2)'의 결과에 대해 최소한 95% 이상을 목표로 제시했다면 어떤 활동을 수행해야 하는가?

[표 Ⅲ-22]의 난이도가 높은 이유는 '정규 분포'로부터 '이항 분포'의 파라미터를 구해내야 한다는 점이다. 그렇지 않고는 '하위 문제 2)'의 정답을 얻을 수 없다. 각각의 풀이에 대해 알아보자.

하위 문제 1) 이 회사의 고객 클레임 처리가 24시간 이내에 처리될 확률은 얼마인가?

이 '하위 문제'는 '하위 문제 2)'에 파라미터 'p'를 제시하기 위해 도입되었다. 풀이 난이도는 '하' 수준이다. 우선 가장 먼저 답안지에 입력할 내용은 상황을 도해하는 것이며, 적합한 수학 기호를 이용해 과정을 기술해나간다. 계산은 식(Ⅲ-4)와 [그림 Ⅲ-5]를 참고하기 바란다.

[그림 Ⅲ-36] '정규 분포'의 '확률(넓이) 구하기'

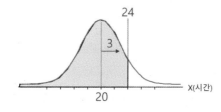

미니탭「계산(C) > 확률 분포(D) > 정규 분포(N)...」에서,

- '누적 확률' 선택
- 평균 =20 입력
- 표준 편차=3 입력
- 입력 상수=24 입력

∴ P(X ≤ 24) = 0.908789

(정답)

$P_{20,3}(X \leq 24) = 0.908789$

※ 기술 과정은 [그림 Ⅲ-36] 참조.

하위 문제 2) 주어진 상황에서 고객 클레임 15건 중 13건 이상이 24시간 이내 처리될 확률은 얼마인가?

'n 건' 중에서 'x 건'을 추출하는 상황이므로 '이항 분포'를 염두에 둬야 한다. 이때 '이항 분포'의 파라미터는 'n'과 'p'이므로 결국 풀이의 핵심은 'p'를 찾는 데 맞춰져 있다. '하위 문제' 지문에 "주어진 상황" 및 "24시간 이내에 처리"의 표현 등에서 연상되듯 '하위 문제 1)'의 "24시간 이내 처리될 확률 =0.908789"가 'p'에 해당한다. 계산 과정과 결과는 다음과 같다.

$$\Pr_{15,\,0.908789}(X \geq 13) = 1 - \Pr_{15,\,0.908789}(X \leq 12) \qquad (\text{Ⅲ}-48)$$
$$= 1 - 0.151245$$
$$\cong 0.8488\,(약\,84.88\%)$$

계산 과정 중 미니탭으로부터 얻어지는 소수점 이하 값들은 나오는 그대로 인용하고, 맨 나중 결과 값만 소수점 3째 자리에서 반올림해 마무리했다.

0.849 (약 84.88%)
※ 기술 과정은 식(Ⅲ - 48) 참조.

___

문제 지문에서 '확률'을 물었으므로 정답엔 '1보다 작은 값'이 먼저 들어온다. '% 값'은 괄호로 묶어 추가 정보로 표시한다.

하위 문제 3) 담당 부서장이 '2)'의 결과에 대해 최소한 95% 이상을 목표로 제시했다면 어떤 활동을 수행해야 하는가?

'이항 분포'에서 계산된 '확률'이 커지도록 조정할 수 있는 요인은 '확률 질량 함수'를 통해 파악할 수 있다. 특히 'n'과 'x'는 각각 '15'와 '13'으로 정해져 있어 확률이 커지려면 'p'의 변화가 불가피하다. 이해를 돕기 위해 식(Ⅲ - 48)을 다시 옮겨놓으면 다음과 같다.

$$\Pr_{15,\,p}(X \geq 13) = 1 - \Pr_{15,\,p}(X \leq 12) \qquad (\text{Ⅲ} - 49)$$

미니탭 「계산(C)>확률 분포(D)>이항 분포(B)…」로 들어가 "성공 확률(B):"에 'p'를 여러 값으로 조정하면 '$\Pr_{15,\,p}(X \leq 12)$'와 '$1 - \Pr_{15,\,p}(X \leq 12)$'는 다음과 같이 변화한다(노란색 표시 셀은 '하위 문제 2)'의 정답).

[표 Ⅲ - 23] 주어진 조건에서 'p'의 변화에 따른 확률 값 변화

p	0.50	0.70	0.90	0.90879	0.95	0.99
$\Pr_{15,\,p}(X \leq 12)$	0.99631	0.87317	0.18406	0.15125	0.03620	0.00042
$1 - \Pr_{15,\,p}(X \leq 12)$	0.00369	0.12683	0.81594	0.84876	0.9638	0.99958

[표 Ⅲ - 23]으로부터 'p'가 증가할수록 'n=15' 중에서 'x=13 이상 확률(세 번째 행)'도 증가함을 알 수 있다. 따라서 부서장의 요구를 만족시키기 위해서는 'p'를 증가시켜야 하며, 이 값은 '하위 문제 1)'의 '24 이하의 확률(넓이)'을 키우는 문제와 직결된다. [그림 Ⅲ - 36]에서 규격 'USL=24'가 불변이므로 그 이하 확률(넓이)을 키우는 일은 "'평균=20'을 왼쪽으로 이동시키는 개선 활동" 또는 "'표준 편차(산포)=3(9)'을 줄이는 개선 활동" 또는 "둘 다를 개선하는 활동"이 선행돼야 한다.

(정답)

---

① '평균=20'을 왼쪽으로 이동시키는 개선 활동, 또는
② '표준 편차(산포)=3'을 줄이는 개선 활동, 또는
③ 둘 다를 개선하는 활동
※ 기술 과정은 [그림 Ⅲ - 36], 식(Ⅲ - 49), [표 Ⅲ - 23] 참조.

4.2. '포아송 분포'와 관련된 '기출 문항' 풀이

'포아송 분포(Poisson Distribution)'의 '확률 질량 함수'에 대한 사전적 설명은 다음과 같다.

· '포아송 분포'의 '확률 질량 함수(Probability Mass Function)' (WIKIPEDIA) 확률 변수(Random Variable) X가 파라미터 λ를 갖는 포아송 분포를 따를 때, X의 '확률 질량 함수'는 다음의 식으로 주어진다.

$$f(x;\lambda) = \Pr(X=x) = \frac{\lambda^x e^{-\lambda}}{x!}, \quad \text{여기서, } \lambda > 0, \ x = 0, 1, 2, \dots.$$

> (참고) 동 출처에 따르면 이 분포는 Siméon Denis Poisson(1781~1840)에 의해
> 처음 도입되었고, 1837년 "Research on the Probability of Judgments in
> Criminal and Civil Matters" 연구로 공론화됨. 1898년 Ldislaus Bortkiewicz가 말
> 발길질로 사망한 프러시아 군인들 조사에 포아송 분포를 응용했으며, 이를 계기로 신
> 뢰성 공학에 도입되는 계기가 됨.

'이산형 자료'로 '시그마 수준'을 얻기 위해 '포아송 분포'를 응용한 예는
식($\text{III}-11$)의 'DPU 방법'에서 설명한 바 있다. '정규 분포'나 '이항 분포'와
마찬가지로 '포아송 분포' 역시 파라미터 'λ'가 포함돼 있으며 "아이템(Item,
Unit)당 평균 건수"를 지칭하고, 문항 지문에서 이 값을 찾아내야 정답 풀이가
가능하다. 강의를 하다보면 '이항 분포'와 '포아송 분포' 모두가 '이산 자료'에
쓰이는 건 알지만 어떻게 그 쓰임을 구별하는지 질문하곤 한다. 다음은 둘을
구별하는 데 이용되는 주요 특징이다. 참고하기 바란다.

[표 $\text{III}-24$] '이항 분포'와 '포아송 분포'의 특징

분포	특징
이항 분포	'이항(二項)'은 '항이 두 개'란 뜻이다. 다시 '항'은 '불량품, 양품', 또는 'O, X'와 같이 모든 데이터를 이쪽, 저쪽 두 개로만 구분해 관리할 때 적용된다.
포아송 분포	'단위당 OO건'으로 관리되는 데이터에 적용된다. 예를 들어 다음과 같은 경우가 포함된다. ▷ 은행 창구에 시간당 도착하는 고객 수 ▷ 전표당 잘못 기입된 오류 건수 ▷ 자동차 대리점에서 하루당 매매되는 자동차 건수 ▷ 자동 커팅기가 주(週)당 고장 나는 건수 ▷ 직물 1제곱미터당 발견되는 흠집 수 ▷ 회로판당 발견되는 납땜 불량 건수 ▷ 시간당 걸려오는 전화 건수 ▷ 경부 고속도로에서 하루당 발생하는 교통사고 건수 ▷ 시간당 활주로에 착륙하는 비행기 수

둘 다 '이산 자료'지만 [표 Ⅲ - 24]와 같이 관리 형태가 분명히 다르므로 조금만 익숙해지면 평가 중 지문을 통해 쉽게 구분해낼 수 있다. 이제 '기출 문항'들에 대해 알아보자.

[표 Ⅲ - 25] [문항] '포아송 분포' 관련된 주관식 예(난이도 하)

문제	ERP 자재 구매 화면에 매 구매 시 입력해야 할 필드가 15개 있으며, 장기간에 걸쳐 기록된 자료 조사 결과 평균 0.6건의 입력 오류가 있는 것을 확인하였다. 다음 물음에 답하시오.
하위 문제	1) 구매 담당자가 최근 발생한 구매 건을 입력할 때 필드 입력 오류가 2건 이상 발생할 확률은? 2) 신입 사원 김 완전이 입력 오류를 전혀 하지 않을 확률은? 3) 현 상황에서의 프로세스 능력을 시그마 수준으로 나타내시오.

'ERP 자재 구매 화면당 OO 건의 오류 발생'이므로 '포아송 분포'의 '확률 질량 함수'가 필요하다. 이때 해석을 위해 파라미터를 반드시 찾아야 하며, 지문으로부터 '$\lambda=0.6$건'임을 알 수 있다. 각 하위 문제 풀이는 다음과 같다.

하위 문제 1) 구매 담당자가 최근 발생한 구매 건을 입력할 때 필드 입력 오류가 2건 이상 발생할 확률은?

이해를 돕기 위해 '포아송 분포'의 '확률 질량 함수'에 상황을 그대로 반영하면 다음과 같다.

$$
\begin{aligned}
\Pr_{0.6}(X \geq 2) &= 1 - \Pr_{0.6}(X \leq 1) \\
&= 1 - \left(\Pr_{0.6}(X=0) + \Pr_{0.6}(X=1) \right) \\
&= 1 - \left(\frac{0.6^0 e^{-0.6}}{0!} + \frac{0.6^1 e^{-0.6}}{1!} \right) \\
&= 1 - 0.8781 \cong 0.1219
\end{aligned}
\tag{Ⅲ - 50}
$$

문제에서 '2 이상'을 계산하려면 '2'를 포함해 '3개 오류 발생', '4개 오류 발생', '5개 오류 발생' 식으로 필드가 총 '15개' 있으므로 '15개 오류 발생'까지 '확률 질량 함수'에 대입해 계산해야 한다. 그러나 계산 양이 많고 번거로우므로 식(Ⅲ-50)과 같이 '1-$Pr_{0.6}(X \leq 1)$'로 변경하면 수작업으로도 쉽게 계산된다. 만일 미니탭을 이용할 경우 「계산(C)>확률 분포(D)>포아송(P)…」에서 다음 [그림 Ⅲ-37]과 같이 동일한 결과를 얻을 수 있다.

[그림 Ⅲ-37] 미니탭 '대화 상자' 입력 및 결과 값

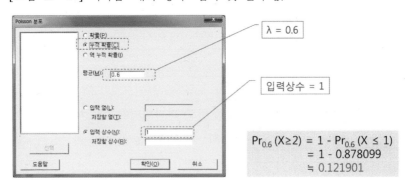

'대화 상자'에는 '1 이하의 확률'을 구하기 위해 '누적 확률(C)'이, '평균(M):'은 지문에서 주어진 '0.6 건'을, '입력 상수(N):'에는 '1'이 각각 입력된다. '세션 창' 결과는 '0.878099'이며, 확률 전체인 '1'에서 뺀 값이 식(Ⅲ-50)과 일치된 정답이다.

(정답)

P(X≥2)=0.1219

※ 기술 과정은 식(Ⅲ-50) 또는 [그림 Ⅲ-37] 참조.

하위 문제 2) 신입사원 김 완전이 입력 오류를 전혀 하지 않을 확률은?

'포아송 분포'에서 '오류(결점)'가 전혀 발생하지 않을 확률은 이미 식(III-11)로부터 해당 프로세스의 '수율'임을 설명한 바 있다. 본 예의 정답은 다음과 같다.

$$\Pr_{0.6}(X=0) = \left(\frac{0.6^0 e^{-0.6}}{0!} \right) = e^{-0.6} \cong 0.548812 \ (\text{III}-51)$$

(정답)

0.54881

※ 기술 과정은 식(III-51) 참조.

하위 문제 3) 현 상황에서의 프로세스 능력을 시그마 수준으로 나타내시오.

'시그마 수준'은 [그림 III-14]의 개요도에서 충분히 설명하였다. 어떤 분포든, 또 어떤 '데이터 유형'이든지에 관계없이 '시그마 수준'의 계산은 '수율'을 얻는 문제와 직결된다. '하위 문제 2)'를 이용한 정답은 다음과 같다.

$$Z_{st} = Z_{lt} + 1.5 = \phi_z^{-1}(0.548812) + 1.5 = 0.12266 + 1.5 \cong 1.623 \qquad (\text{III}-52)$$

(정답)

1.623

※ 기술 과정은 식(III-52) 참조.

[표 III - 26] [문항] '포아송 분포' 관련 주관식 예(난이도 중)

문제	특정 거리의 교통 체증을 해소하기 위해 10일에 걸쳐 시간당 통과하는 차량 수를 조사하였다. 조사된 자료로부터 현황 파악이 용이토록 다음과 같이 'c 관리도'를 작성하였다. 물음에 답하시오. 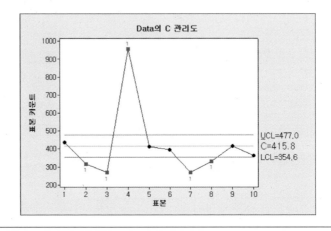
하위 문제	1) 이 거리에 시간당 450대 이상이 몰리면 신호기로 제어할 수 없는 관리 불능 상태가 된다. 만일 450대 이상의 빈도가 얼마나 되는지 조사원들이 그 가능성을 확인하고자 할 때 적합한 방법과 해당 값 및 판단은? 2) '1)'의 판단을 조사 결과로 최종 확정했을 때 예상되는 문제점과 개선 방향은?

[표 III - 26]은 '관리도'의 이해가 전제돼야 하지만 이미 알고 있다고 가정하고 진행할 것이다. "일정한 시간 간격으로 단위당 ○○건" 방식의 데이터 수집은 'c 관리도'를 통해 시간 순서별로 시각화가 가능하다. 'c 관리도'를 간단히 해석하면 2일차, 3일차, 4일차, 7일차, 8일차가 '관리 한계'를 벗어났으므로 "프로세스는 관리 이탈 상태"로 간주한다. 특히 '2, 3일차'와 '7, 8일차' 데이터가 '관리 하한'을 벗어난 것과 달리 '4일차'는 '관리 상한'을 벗어난 차이점이 있다.

하위 문제 1) 이 거리에 시간당 450대 이상이 몰리면 신호기로 제어할 수 없는 관리 불능 상태가 된다. 만일 450대 이상의 빈도가 얼마나 되는지 조사원들이 그 가능성을 확인하고자 할 때 적합한 방법과 해당 값 및 판단은?

우선 '단위당 OO대'의 관리 형태이므로 해석을 위해서는 '포아송 분포'의 '확률 질량 함수'가 필요하다. 이때 함수 이용에 필수인 파라미터 'λ'를 주어진 상황에서 얻어야 한다. 'λ'는 "단위당 평균 건수"이며 이 값은 'c 관리도'의 '중심선(Center Line)'에 해당하고, [표 Ⅲ-26]의 'c 관리도'로부터 '중심선=415.8대'임을 알 수 있다. 수학 기호로의 표기, 미니탭 '대화 상자' 입력 및 결과는 다음 [그림 Ⅲ-38]과 같다.

[그림 Ⅲ-38] 수학 기호로의 표기, '대화 상자' 입력 및 결과 값

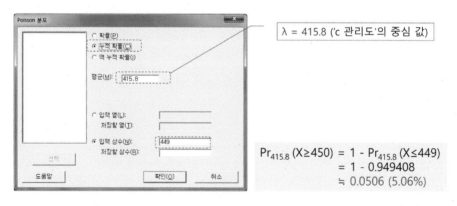

$\lambda = 415.8$ ('c 관리도'의 중심 값)

$$\mathrm{Pr}_{415.8}\,(X \geq 450) = 1 - \mathrm{Pr}_{415.8}\,(X \leq 449)$$
$$= 1 - 0.949408$$
$$\approx 0.0506\ (5.06\%)$$

계산 과정은 '이항 분포'에서 설명했던 [표 Ⅲ-20]의 원리와 동일하다. "시간당 450대 이상"의 발생 확률은 '약 0.0506(5.06%)'로 별로 발생 가능한 사건은 아님을 알 수 있다.

---

① 적합한 방법: '단위당 OO대'의 관리 형태이므로 해석을 위해서는 '포아송 분포'의 '확률 질량 함수'가 필요.
② 결과 확률 값: 0.0506(5.06%).
③ 판단: 시간당 450대 이상이 통과할 가능성은 희박함.
※ 기술 과정은 [그림 Ⅲ-38] 참조.

하위 문제 2) '1)'의 판단을 조사 결과로 최종 확정했을 때 예상되는 문제점과 개선 방향은?

시간당 '450대 이상'이 정해진 거리를 통과할 가능성은 매우 낮지만 '4일차' 경우 '958대'가 관측됐음을 상기해야 한다. 교통 체증은 '평균적으로 이상 없음'이 문제가 아니라 어떤 이유로 통과 대수가 급격히 증가하는 것이 문제이며, 개선도 급격한 증가가 왜 발생하는지 그 원인을 규명하고 미연에 방지하는 정책에 초점을 맞춰야 한다. 특히 교통 체증이 특정 요일(예를 들어 주말) 등 주기성이 있는지도 개선을 위해 주의 깊게 관찰해야 할 사항이다.

(정답)

시간당 '450대 이상'이 통과할 확률이 매우 낮다는 것은 평균(통계)적인 사항이며, 4일차와 같이 교통 체증이 급격히 증가하는 상황을 고려해야 함. 대책으로 주기성을 갖는 것인지, 아니면 이상적 요인인지 등을 추가 분석하여 이를 개선하기 위한 활동을 추진해야 함.

---

5. '가설 검정' 용어

'가설 검정'이면 '가설 검정'이지 웬 "가설 검정 용어?" 보통 문제 해결 학습에 들어가면 'Analyze Phase'에서 피교육자들을 가장 괴롭히는 통계 도구 중 하나가 '가설 검정'이다. "유의 수준 5%에서 p−값이 0.001이므로 대립가설 채택!"과 같이 상황 판단을 목적으로 수행하되, '데이터 유형' 또는 주어진 조건에 따라 도구 선정부터 데이터 편집, 미니탭 활용 등 거쳐야 할 부비트랩이 한두 개가 아니다. 때론 교재 내용만 참조해 결과는 얻지만 왜 그런 과정을 거쳐야 하는지부터 결과의 의미가 무엇인지까지 확실히 규명되지 않은 상태에서 슬그머니 다음 챕터로 넘어가기 일쑤다. 그러다 제대로 폭탄 맞는 계기가 바로 역량 평가이다. 사실 '가설 검정'은 용어를 정확히 이해하는 데서부터 시작된다. 반대로 용어 정의가 모호한 상태에서 평가에 임하면 오답 쓰기 십상이며, 심지어 문항에 쓰인 용어조차 이해 못해 찍거나 공백으로 남겨두는 사례도 비일비재하다.

'가설 검정 용어'의 이해는 궁극적으로 '가설 검정'이라는 통계 도구를 활용하고 응용하기 위한 바로 전 단계 학습 과정이지만 '역량 평가' 자체만 놓고 보면 주로 객관식 문항 중 난이도가 매우 높은 위치를 차지한다. 매 회마다 꼭 한두 문항씩 늘 출제되고 있음에도 분위기를 가만히 살펴보면 대다수가 연필 굴리는 길을 선택한다. TV의 바둑 두는 프로그램에서 승자와 패자의 갈림은 몇 집 차이임에도 그 갭을 줄이는 것은 매우 힘든 일인 것처럼 평가에서 합격선에 불과 몇 점차로 미달되는 사람과 넘어서는 사람과의 차이는 별거 아닌 것 같아도 실질적 수준 차이는 매우 크다. 그 요인 중 하나가 바로 '가설 검정 용어' 같은 별것 아닌 듯하면서도 내용을 정확하게 알고 있는지 아니면 마냥 안개처럼 흐릿한 이미지로만 떠올리는지의 차이가 당락을 결정짓곤 한다. 이하 내용은 「Be the Solver_확증적 자료 분석(CDA)」편의 본문을 일부 편집해 옮겨놓은 것이다. 더 자세한 내용이 필요한 독자는 해당 서적을 참고하기 바란다.

5.1. '가설 검정' 용어의 이해

문제 해결 학습에 입문하는 직원들 중 과연 '가설 검정 용어'를 정확히 이해하는 사람은 몇이나 될까? 피교육자들이 모르는 게 문제라기보다 알려주는 방법이 잘못된 경우도 참 많다. 강의 중 용어들의 사전적 정의만 마냥 늘어놓거나, 아니면 원래 서로 잘 알아왔던 용어처럼 정의는 고사하고 설명도 없이 넘어가는 경우도 비일비재하다. 피교육자는 마치 다 알고 있는 듯, 또는 공연히 질문해 학습 분위기 망칠까봐 몰라도 그냥 슬쩍 넘어간다. 묘하게도 이런 분위기는 오랜 기간 지속되곤 한다. '가설 검정 용어'의 실체를 파악하기가 무척이나 어려운 환경이다.

필자는 이런 점을 극복하기 위해 두 가지 처방을 내려 이용하고 있다. 하나는 관련 용어 모두를 한꺼번에 설명하는 일과, 또 하나는 기억하기 쉽도록 이야기를 넣는 방식이다. 그래서 탄생한 것이 바로 '식인종 씨어리(식인종 Theory)'이다. '평가 대비반'을 운영할 때면 이 단계에서 약 40분 정도 용어에 대해 집중 강의를 하는데, 이 정도면 응시자들이 '가설 검정' 전체를 이해하는 데 매우 큰 영향을 미친다. 유익하단 뜻이다. 이제 들어가 보자.

아프리카에 '푸카푸카'란 식인종 부족이 살고 있다. 이 부족의 평균 키는 '140cm'로 매우 작은 편에 속하며, 그 분포는 정규성을 띠는 것으로 알려져 있다. 그런데 '푸카푸카' 부족의 추장에겐 고민이 있다. 바로 옆 동네에 얼굴 외모부터 체형까지 모두 '푸카푸카' 부족과 동일하고 단지 키만 평균 '180cm'

인 '피크피크' 부족이 살고 있어 순수 혈통의 유지에 위협이 되고 있기 때문이다. 이와 같은 상황 설정은 우리 주변에서 쉽게 목격된다. R&D 연구원이 기존 제품 외형을 그대로 둔 채 수명만 길게 늘이는 과제를 수행하거나(이때, 기존 제품 수명과 늘어난 제품 수명 분포가 존재), 프로세스 관리자 경우 현재 특성 값 평균이 이상 원인에 의해 줄어들었는지 등에 대응된다(이때는 기존 특성 값 분포와 평균이 작아진 분포가 존재). 그림으로 표현하면 [그림 Ⅲ-39]와 같다.

[그림 Ⅲ-39] 두 부족 간 키 분포 개요도

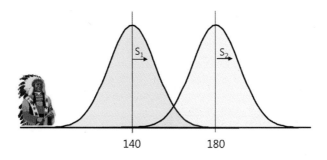

이제 추장의 고민을 해결할 때다. [그림 Ⅲ-39]에서처럼 두 부족의 키 분포는 약간 겹친다. '푸카푸카' 부족의 평균 키는 작지만 그래도 큰 키의 부족원이 탄생할 가능성은 적게나마 존재하고 반대로 '피크피크' 부족 입장에서도 상황은 동일하다. 이때 '푸카푸카' 부족장은 순수 혈통을 유지하기 위해 두 부족 간 접촉이 절대로 있어선 안 된다는 결론에 이르렀지만 어떤 기준으로 두 집단을 구분할 수 있는지 그 방법에 대해서는 답이 없었다. 만일 특정 값, 예를 들어 '170cm'를 기준으로 정해 그 이상을 넘어서면 '피크피크' 부족으로 간주하고 걸리면 식사 대상(?)으로 간주하건만 요즘 어린 식인종들이 잘 먹어서 키 산포도 커지는 게 문제였다. 매년 말 실시하는 새 분포 작성 때 '170cm'의 기준이 매번 다른 값으로 바뀔지도 모른다. 그런데 절대 불변의 척도가 존재한다. 바로 '확률(넓이)'이다. [그림 Ⅲ-39] 내 각 분포의 전체 넓이는 적분을 통해 항상 '1'임을 알고 있다. 따라서 향후 평균 또는 산포가 어찌 변하든 상관없이 '넓이'를 하나의 잣대로 정하는 것은 나름 합리적이다. 해서 추장은 오른쪽 맨 끝 '0.05(5%) 넓이'를 기준으로 정한 뒤 매년 새 분포 작성 시 그 넓이를 가르는 값을 넘어서면 '피크피크' 부족으로, 안쪽으로 들어오는 키는 '푸카푸카' 부족으로 판단하는 것으로 결정한다. 우리 부족인지 아닌지를 판단해야 할 입장에 있으므로 좀 꺼림칙하긴 해도 혈통을 지키려는 절박감에 있어선 그리 나쁜 방법은 아니다. 다음 [그림 Ⅲ-40]은 앞서 설정된 상황을 근거로 관련된 용어 모두를 한곳에 모아놓은 개요도이다(설명 순서대로 '원번호' 표시).

[그림 Ⅲ-40] '가설 검정' 용어 개요도

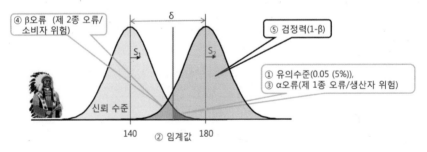

① 유의 수준(Significance Level) → 추장이 "의미 있는 수준"으로 정했듯이 이 영역에 해당하는 키 소유자들은 모두 '피크피크' 부족으로 판단한다. 항상 의사 결정권자가 정하며, 관습적으로 5% 외에 10%, 1% 등이 쓰인다. '유의 수준'을 제외한 영역이 '신뢰 수준'이다.

② 임계값(Critical Value) → '유의 수준'을 가르는 위치의 'X 값'이다. 분포를 그릴 때마다 '평균', '표준 편차'도 변하므로 동일한 5%에 해당할 '임계값'도 달라진다. 이 값을 넘어선 키 소유자는 '피크피크' 부족으로 간주한다. 이 영역의 값은 R&D 경우 개발을 통해 기존과 달라진 특성 값을 얻은 것이고, 생산 프로세스 경우 관리 중인 값이 변한 것이므로 즉각 원인 규명 후 원상 복귀시킬 활동이 이루어져야 한다.

③ α 오류/제 1종 오류/생산자 위험 → 추장이 '유의 수준=5%'라고 정한 순간 이 영역에 속한 키 소유자는 추장과 같은 부족임에도 불구하고 그렇지 않다고 판단해야 한다. 즉 잘못하면 최대 5%까지 자기 부족을 잡아먹는(?) 오류에 빠질 수밖에 없다(교육생 한 명이 '동족상잔의 비극'이라 표현한 적이 있다^^!). 또는 '제 1종 오류'로도 불린다. 만일 제품을 만드는 생산자 입장에서 '유의 수준' 영역의 키 값들은 우리 부족임에도(양품임에도) 우리 부족이 아니라고(불량품이라고) 판단해야 하므로 결국 생산자 손해이다. 이를 두고 '생산자 위험(Producer's Risk)'이라고 한다.

④ β 오류/제 2종 오류/소비자 위험 → '피카피카' 부족의 평균 키가 크더라도 확률상 '푸카푸카' 부족의 키만 한 작은 식인종이 탄생할 가능성은 늘 존재한다('푸카푸카' 영역으로 스며들어온 넓이의 키 값 소유자들). 이 영역의 키 소유자들은 진실은 '피카피카' 부족임에도 '임계값' 안에 존재하는 이유만으로 '푸카푸카' 부족으로 오판해야 한다. 이를 'β 오류' 또는 '제 2종 오류'라고 한다. 만일 제품을 만드는 생산자 입장에서 이 '스며들어온' 영역의 키 값들은 우리 부족이 아님에도(불량품임에도) 우리 부족이라고(양품이라고) 판단해야 하므로 결국 소비자 손해이다. 이를 두고 '소비자 위험(Consumer's Risk)'이라고 한다.

⑤ 검정력(Power of Test) → 두 집단이 얼마나 구별되는지를 결정하는 척도이다. [그림 Ⅲ-40]에서 '1-β'의 영역이다. 정황상 두 집단을 구분하는

여건이 좋으면 좋을수록 우리가 올바로 판단할 가능성도 항상 높아진다. 따라서 '가설 검정', 즉 집단 간 차이가 있는지 여부를 따지는 해석은 '검정력'이 클수록 유리하다.

집단들끼리 서로 차이가 나는지 그렇지 않은지를 판단하기 위해 '검정력'을 키우는 것이 바람직한데, '검정력'을 키우는 방법엔 다음 다섯 가지가 있다. 객관식 문항에 출제 빈도가 매우 높은 내용이니 정확하게 알아둬야 한다.

첫째, [그림 Ⅲ - 40]에서 두 집단의 평균을 최대로 벌린다. 즉 'δ'를 최대화한다. 예를 들어 '피크피크' 부족의 평균 키가 지금의 '180cm'가 아닌 '400cm'이면 둘이 겹치는 구간도 없으므로 어느 한 식인종을 선택했을 때 그가 어느 부족에 속하는지 판단하는 데는 오류 가능성이 거의 '0'에 가깝다. 연구 개발에서는 기존과 매우 큰 값의 특성치를 만들어낸 경우, 공정 관리에서는 매우 큰 변동이 일어난 예 등이다.

둘째, 분포를 형성시키는 데 필요한 '표본 크기(Sample Size)'를 증가시킨다. 예를 들어, '피크피크' 부족의 분포가 기존 '표본 크기=5명'에서 '표본 크기=10'의 키를 기반으로 형성된 '표본 평균의 분포'라면 '중심 극한 정리'에 따라 그의 '표준 편차(표준 오차)'는 '$\sigma/\sqrt{5} \rightarrow \sigma/\sqrt{10}$'만큼 줄어든다. 이에 그만큼 분포도 쪼그라들어 두 집단 간 구분이 쉬워진다. 즉 프로세스에서 5개씩 추출해 분포를 형성시킨 데서 '10개'로 늘리면 분포 비교 시 훨씬 유리하다.

셋째, '모 표준 편차'를 줄인다. 물론 현실적으로 가능하지 않은 경우가 대부분이다. 그러나 '둘째'의 경우와 같이 '표본 평균의 분포'라면 '중심 극한 정리'에 의해 분포는 쪼그라들고, 따라서 그만큼 두 집단 간 차이를 구별해내기는 쉬워진다.

넷째, '유의 수준'을 크게 가져간다. [그림 Ⅲ - 40]에서 추장이 정한 '5%'를 새롭게 '10%'로 늘려 잡으면, 'β 오류'가 줄어들면서 '검정력'은 증가한다('검정력=1 - β'). 그러나 이때는 오히려 우리 부족(양품)임에도 우리 부족이 아니라고(불량품이라고) 판단할 'α 오류'가 증가하는 역효과가 생긴다. 관습적으로 'α=5%, β=10%'를 선호한다.

다섯째, '가설 검정' 시 '양측 검정(Two - sided Test)'보다 '단측 검정(One - sided

Test)'을 실시한다.16) 이것은 '유의 수준=5%' 경우, '양측 검정'을 하면 분포의 왼편으로 '2.5%', 오른편으로 '2.5%'로 갈려, 'β'가 증가하는 효과가 생긴다. 'β'가 커지면 '검정력'은 줄어들므로 집단 간 분리할 수 있는 능력은 그에 따라 떨어진다.

내용적으로 상당한 양이지만 최대한 압축해 요약하였다. 이해를 돕기 위한 추가 설명보다 '기출 문항' 풀이를 통해 응용력을 높여보도록 하자.

5.2. '가설 검정 용어'와 관련된 '기출 문항' 풀이

용어에 대한 '기출 문항' 중 가장 대표적이고 일반적인 예는 선다형 객관식에 잘 나타나 있다. 다음은 그 예이다.

[표 Ⅲ-27] [문항] '가설 검정 용어'에 대한 선다형 객관식 예(난이도 중)

문제	다음 용어에 대한 설명 중 적절하지 않은 것을 고르시오.
보기	1) '유의 수준'이란 '제 1종 오류'를 범할 확률이다. 2) 'p-value'는 '귀무가설'이 거짓이란 결론을 내릴 때, 우리의 판단이 잘못되었을 위험이다. 3) '대립가설'이란 표본으로부터 확실한 근거에 의하여 입증하고자 하는 가설이다. 4) '제 2종 오류'란 '귀무가설'이 맞는데도 잘못하여 이를 기각하고 대립가설을 채택하는 오류이다. 5) 실제로 차이가 존재할 때 진정한 차이를 탐지해내거나, 귀무가설을 기각하는 데 있어 올바로 판정해낼 수 있는 능력을 '검정력'이라고 한다.

용어에 대한 사전 이해가 충분치 않거나 늘 헷갈려하는 응시자에겐 [표 Ⅲ-27]과 같은 문항은 매우 어렵게 느껴질 수밖에 없다. 그러나 '가설 검정 용어'

---

16) 한국통계학회 용어집은 '양쪽 꼬리 검정(Two-tailed Test)', '한쪽 꼬리 검정(One-tailed Test)'으로 표현하고 있음.

에 대한 정의는 매 평가 때마다 한두 개씩 꼭 포함된다는 사실을 떠올리면 분명 가볍게 넘길 사항은 아니다. [표 Ⅲ-27]의 정답을 알기 전에 각 보기에 대한 해석은 다음과 같다.

1) '유의 수준'이란 '제 1종 오류'를 범할 확률이다.

[그림 Ⅲ-40]에서 '유의 수준'은 '푸카푸카' 부족 추장이 정한다고 하였다. 즉 검정을 수행하는 주체가 '10%', '5%' 또는 '1%' 수준에서 선택하는 것이 관례이며, 일반적으로는 '5%'를 적용한다. 만일 '5%'를 정할 경우 해석은 "5% 영역에 드는 키의 소유자는 누구를 막론하고 타 부족으로 여기는 것(즉 변한 것)이므로 이는 거꾸로 잘못 판단할 경우 최대 5%나 되는 부족 구성원을 적으로 간주할 최악의 오류(제 1종 오류)를 범할 수도 있다"가 된다. 따라서 '보기 1)'은 문맥상 "'유의 수준'은 '제 1종 오류'를 범할 <u>최대</u> 확률"이 돼야 옳다.

2) 'p-value'는 '귀무가설'이 거짓이란 결론을 내릴 때, 우리의 판단이 잘못되었을 위험이다.

'p-value'는 '유의 수준(또는 임계값)'이 존재하는 상황에서 표본으로부터 측정된 '관측 값(또는 표본 평균)'이 가르는 오른쪽(또는 왼쪽) 확률(넓이)을 나타낸다. 만일 '푸카푸카' 부족 추장이 새벽에 살금살금 낮은 포복으로 기고 있는 낯선 이를 붙잡아 키를 재었을 때 [그림 Ⅲ-40] 내 '유의 수준' 영역에 포함된다는 것을 알았다면, 그래서 미리 정한 대로 적으로 결론 내리면 이 추장의 오판 가능성은 애초 5% 수준에서 현재 그 '관측 값'이 만드는 오른쪽 확률(넓이)만큼으로 조정된다. 즉 "'p-value'는 '귀무가설'이 거짓이란 결론(타 부족 또는 변했다는 판단)을 내릴 때, 우리의 판단이 잘못되었을 위험"에 해당한다. 다음 [그림 Ⅲ-41]은 [그림 Ⅲ-40]에 '관측 값'과 'p-value'를 포함시킨 개요도이다.

[그림 Ⅲ-41] '관측 값'과 'p-value'를 포함시킨 개요도(유의한 경우)

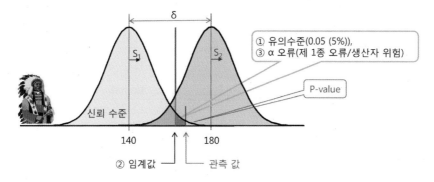

[그림 Ⅲ-41]은 '유의 수준=5%'가 존재하는 상황에서 '관측 값'이 그 영역에 속한 예이며, 따라서 "어, 이 친구는 우리 부족이 아니네!" 하고 판단할 수밖에 없다. 이때 '관측 값'이 가르는 오른쪽 넓이인 'p-value'만큼의 오판 가능성이 존재한다.

3) '대립가설'이란 표본으로부터 확실한 근거에 의하여 입증하고자 하는 가설이다.

우리가 어떤 결론을 내릴 때 선택 사항은 "그대로야!"와 "기존과 달라졌어!"의 두 경우뿐이다. 전자는 '귀무가설'이고, 후자는 '대립가설'이다. 둘 중에 어떤 것이 옳은지는 '표본 추출'을 통해 얻어진 '표본 평균'이 우리가 기대하는 값(규격의 중심 등)에 근접한 것인지 아니면 크게 벗어났는지를 보고 판단한다. 이 같은 확인 과정을 '검정'이라고 한다. 그런데 왜 '가설'을 세워서 '검정'을 하는 것인지 그 배경의 이해가 필요하다. 프로세스를 관리하는 담당자 입장에선 고객이 요구하는 특정 값을 만들어줘야 하므로 어떤 시점에 "어, 우리가 만드는 특정 값에서 벗어났나?" 하는 의구심이 들 때 확인차 '검정'이 필요하다. 또는 연구를 주업으로 삼는 연구원이나 개발자 경우 "내가 열심히 노력해서 드디어 기존 특성 값보다 더 좋아지게 만들었어!"라고 생각이 든 순간 '검정'이 필요하다. 즉 값이 유지되길 원하든, 변하기를 원하든 "변했어!"와 같이 "표본으로부터 확실한 근거에 의하여 입증하고자 하는 활동"이 필요한데, 이때 해당하는 '가설'이 바로 '대립가설'이다. 따라서 '보기 3)'은 올바른 표현이다.

4) '제 2종 오류'란 '귀무가설'이 맞는데도 잘못하여 이를 기각하고 대립가설을 채택하는 오류이다.

'제 2종 오류(β 오류)'는 [그림 Ⅲ-40]에서 '푸카푸카' 부족 영역으로 들어온, 즉 작은 키를 소유한 '피카피카' 부족의 구성원들을 대변하는 확률(넓이)이다. 만일 새벽녘 낮은 포복으로 기고 있는 낯선 이를 붙잡아 키를 측정했더니 이번엔 '유의 수준' 영역에 들지 않았다면, 추장은 "어, 우리 부족의 중심인 140cm에 근접하니 넌 우리 부족임에 틀림없어, 얼른 들어가 자렴" 하고 판단한다. 그러나 실상은 '피카피카' 족이었다면 오판한 것이며, 이 가능성은 최대 'β 오류' 확률(넓이)만큼 존재한다. 풀어쓰면 "'제 2종 오류'란 '귀무가설'이 틀렸음에도 잘못하여 맞는다고 판단하는 오류"이므로 '보기 4)'는 잘못 기술한 예이다. '제 2종 오류'가 아니라 이 경우 <u>제 1종 오류</u>'인 셈이다. 상황을 개요도로 표현하면 다음 [그림 Ⅲ-42]와 같다.

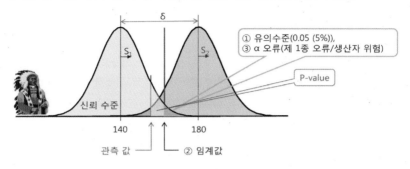

[그림 Ⅲ-42]를 보면 '관측 값'이 [그림 Ⅲ-41]에서와 다르게 '유의 수준'에 들지 않고 '푸카푸카' 부족의 '평균 키(140cm)'에 근접해 있음을 알 수 있다. 즉 "변하지 않았다", 또는 "우리가 알고 있는 기존 값에서 크게 벗어나지 않았다"로 판단한다. 이때 '관측 값'이 진정한 의미에 있어 '피카피카' 부족의 구성원으로부터 얻어진 값이면 "우리 부족이야!"라고 결론을 내린 추장은 '제2종 오류'를 범한 것이다.

5) 실제로 차이가 존재할 때 진정한 차이를 탐지해내거나, 귀무가설을 기각하는 데 있어 올바로 판정해낼 수 있는 능력을 '검정력'이라고 한다.
'검정력'은 예로써, 두 집단 간 차이가 존재하면 "차이가 남" 또는 차이가 존재하지 않으면 "차이가 나지 않음"과 같이 현재의 판단이 얼마나 올바로 내린 결론인지를 나타내는 척도이다.

지금까지의 내용을 토대로 [표 Ⅲ-27]의 정답을 정리하면 다음과 같다.

---

1) '유의 수준'이란 '제 1종 오류'를 범할 확률이다. → '유의 수준'이란 '제 1종 오류'를 범할 <u>최대</u> 확률이다.
4) '제 2종 오류'란 '귀무가설'이 맞는데도 잘못하여 이를 기각하고 대립가설을 채택하는 오류이다. → '<u>제 1종 오류</u>'란 '귀무가설'이 맞는데도 잘못하여 이를 기각하고 대립가설을 채택하는 오류이다.

'용어 정의'가 '통계 도구'들과 결부되면 문항 풀이의 난이도는 조금씩 증가한다. 다음은 '용어 정의'가 '통계적 가설 검정'과 연계된 문항 예이다.

[표 Ⅲ-28] [문항] '가설 검정 용어'에 대한 주관식 예(난이도 상)

문제	구매 결제 프로세스를 개선하는 김 대리는 기존 건당 결제 시 평균 4.8시간 걸리던 것을 3.9시간으로 크게 개선하는 성과를 올렸다. 현재 로드맵상 '결과 검증'을 목적으로 개선 여부를 확실히 검증하기 위해 표본 15건을 무작위 추출하여 과연 '소요 시간'이 단축되었는지 확인할 시점에 있다. 이때 현재 상황에 맞는 가설 수립과 김 대리가 검정을 통해 접하게 될 '제 1종 오류' 및 '제 2종 오류'에 대해 기술하시오.

주어진 상황에 맞는 '현실적 질문'은 "구매 결제 프로세스 개선을 통해 기존 건당 평균 결재 소요 시간이 빨라졌는가?"이다. 단답형이므로 문항에 대한 풀이를 하고 그에 준해 정답을 요약하는 것보다 답을 먼저 적고 그를 부연하는 것이 설명에 유리하다. [표 Ⅲ-28] 문항에 대한 정답은 다음과 같다.

(정답)

1) 가설 수립:
   - 귀무가설: $\mu_{기존} - \mu_{개선} = 0$
   - 대립가설: $\mu_{기존} - \mu_{개선} > 0$
2) 제 1종 오류: 평균 결재 소요 시간이 기존과 별반 차이가 없음에도 빨라졌다고(단축됐다고) 판단할 오류. (통계적 해석) 귀무가설이 참임에도 대립가설을 채택하는 오류.
3) 제 2종 오류: 평균 결재 소요 시간이 기존보다 빨라졌음(단축됐음)에도 별반 차이가 없다고 판단할 오류. (통계적 해석) 대립가설이 참임에도 귀무가설을 기각하지 못하는 오류.

'정답 1)'의 '가설 수립'은 다음과 같이 여러 방식의 표현이 가능하다.

- 귀무가설;건 당 평균 결재 소요 시간은 기존과 동일하다.   (Ⅲ - 53)
- 대립가설;건 당 평균 결재 소요 시간은 기존보다 빨라졌다(단축됐다).

또는 다음과 같다.

$$- \text{귀무가설}: \mu_{기존} = \mu_{개선}$$
$$- \text{대립가설}: \mu_{기존} > \mu_{개선}$$

(Ⅲ - 54)

식(Ⅲ - 53)과 식(Ⅲ - 54) 대신 '(정답)'의 표현을 선호하는 이유는 미니탭 이용 시 '(정답)'의 '대립가설'에 적힌 순서대로 '대화 상자'에 입력하기 때문이다. 미니탭에 정확한 정보를 줘야 정확한 답이 나온다. 이에 대해 좀 더 상세 설명이 필요한 독자는 「Be the Solver_프로세스 개선 방법론」편을 참고하기 바란다.

강의를 하다보면 '제 1종 오류'와 '제 2종 오류'를 머릿속에서 구분해내는

데 상당히 어려움을 호소하는 리더들이 있다. 헷갈리는 것인데 필자는 다음과 같이 '식인종 씨어리'를 빗대어 해석하곤 한다.

  '제 1종 오류'는 [그림 Ⅲ–42]에서 '푸카푸카' 족의 분포가 '임계값'을 넘어선 영역입니다. 이 영역에 속한 키 값(또는 표본 평균) 소유자들은 모두 '피카피카' 족으로 여겨져야 함에도, '푸카푸카' 족 경우 가능성은 낮지만 평균(140cm)보다 큰 키의 소유자가 탄생할 수 있는 영역이기도 합니다. 따라서 특정 식인종의 키(또는 표본 평균)가 이 영역에 속할 경우 추장은 '피카피카' 족인지 '푸카푸카' 족인지 판단의 딜레마에 빠지나 일단 미리 정해놓은 대로 '피카피카(즉 우리 부족이 아님)' 족으로 결론을 내립니다. 그러나 만일 그 특정인이 본인 부족으로 판명되면 오판을 한 것이므로 이때 '제 1종 오류'를 범하게 됩니다. 판단에 따른 오판의 가능성은 그 특정인 키 값이 가르는 오른쪽 확률(넓이)인 'p–value'가 됩니다. 이를 기억하기 위해 응시자는 [그림 Ⅲ–42]의 '제 1종 오류' 영역을 머릿속에 그리며 "우리 부족임에도 우리 부족이 아니라고 잘못 판단하는 오류"로 기억합니다.
  반대로 '제 2종 오류'는 [그림 Ⅲ–42]에서 '피카피카' 족 분포의 일부가 '임계값'을 거쳐 '푸카푸카' 족 분포로 넘어온 영역입니다. 이 영역에 속한 키 값(또는 표본 평균) 소유자들은 모두 '푸카푸카' 족으로 여겨져야 함에도, '피카피카' 족 경우 가능성은 낮지만 평균(200cm)보다 작은 키의 소유자가 탄생할 수 있는 영역이기도 합니다. 따라서 특정 식인종의 키(또는 표본 평균)가 이 영역에 속할 경우 추장은 '푸카푸카' 족인지 '피카피카' 족인지 판단의 딜레마에 빠지나 일단 미리 정해놓은 대로 '푸카푸카' 족으로 결론을 내립니다. 그러나 만일 그 특정인이 타 부족으로 판명되면 오판을 한 것이므로 이때 '제 2종 오류'를 범하게 됩니다. 이를 기억하기 위해 응시자는 [그림 Ⅲ–42]의 '제 2종 오류' 영역을 머릿속에 그리며 "우리 부족이 아님에도 우리 부족으로 잘못 판단하는 오류"로 기억합니다.

  강의 내용을 토대로 [표 Ⅲ–28] 문항의 '제 1종 오류'와 '제 2종 오류'를 해석하면 다음과 같다.

(제 1종 오류) [그림 Ⅲ-42]의 '제 1종 오류' 영역을 머릿속에 그리며, "우리 부족임에
도(즉 기존과 동일함에도) 우리 부족이 아니라고(즉 변했다고) 판단하는
오류"이다.

(제 2종 오류) [그림 Ⅲ-42]의 '제 2종 오류' 영역을 머릿속에 그리며, "우리 부족이
아님에도(즉 변했음에도) 우리 부족이라고(즉 기존과 동일하다고) 판단하
는 오류"이다.

통계적 결론과 현실과의 관계를 용어 정의로 이해시키는 것 역시 문항 출제
의도에 있어 매우 중요하다. 다음은 교과서적 내용을 리더들이 현실에서 겪는
활동과 잘 연계시킨 매우 수준 높은 문항 예이다.

[표 Ⅲ-29] [문항] '가설 검정 용어'에 대한 주관식 예(난이도 상)

문제	'통계적 결론'을 '현실적 결론'으로 적용하는 과정에 '통계적 위험(오류)'과 '현실적 위험(오류)'도 고려돼야 한다. '통계적 결론' 시 수반되는 '제 1종 오류'와 '제 2종 오류'에 대해 '통계적 의미'와 '현실적 의미'로 구분하여 기술하고, 주변에서 발생할 수 있는 구체적 예를 각각 들어 설명하시오.
	
	 1) 제 1종 오류
	   - 통계적 의미:
	   - 현실적 의미:
	   - 주변의 구체적 사례:
	 2) 제 2종 오류
	   - 통계적 의미:
	   - 현실적 의미:
	   - 주변의 구체적 사례:

'통계적 결론'에 따른 현실적 위험은 용어 '생산자 위험(Producer's Risk)'과
'소비자 위험(Consumer's Risk)'으로 대변된다. [표 Ⅲ-29] 문항 역시 단답형
에 속하므로 부연 없이 바로 정답을 적었다. 다음과 같다.

(정답)

1) 제 1종 오류:
   - 통계적 의미: 귀무가설이 참임에도 대립가설을 채택하는 오류.
   - 현실적 의미: 양품임에도 불량품으로 판단하는 오류(생산자 위험).
   - 주변의 구체적 사례: 중소기업에서 직원을 면접할 때 대기업 출신의 응시자가 적
     응을 못할 것이란 판단하에 뽑지 않았으나 나중에 동급 경쟁사에 들어가 큰 성과
     를 낸 핵심 인재로 판명 난 경우.

2) 제 2종 오류:
   - 통계적 의미: 귀무가설이 거짓임에도 귀무가설을 기각하지 못하는 오류.
   - 현실적 의미: 불량품임에도 양품으로 판단하는 오류(소비자 위험).
   - 주변의 구체적 사례: 직원 면접에서 뛰어난 스펙만 믿고 입사시켰으나 업무 중 금
     전적 부정을 일으켜 회사에 큰 손해를 끼친 뒤 재확인 결과 이전 회사에서 부정한
     사유로 퇴사 당했음을 알게 된 경우.

[표 Ⅲ - 28], [표 Ⅲ - 29]와 연결되는 유사 문항들에 다음의 것들이 있다.

[표 Ⅲ - 30] '제 1종 오류', '제 2종 오류'와 연계된 기출 문항 예

문제	A, B 두 사업부의 평가 합격률 비교를 위해 200명, 180명의 응시자를 각각 표집하여 합격 여부를 조사한 후 이 '표본 비율 검정'을 통해 'p - value=0.087'을 얻었다. 본 결과를 놓고 A 사업부는 '유의 수준=5%'에서 "차이가 없다"고 결론지은 반면, B 사업부는 '유의 수준 =10%'에서 합격률에 차이가 있다고 주장한다. 이 같은 상황에서 각 사업부에 존재하는 실질 적 위험(Risk)에 대해 기술하시오.
문제	Analyze Phase에서 M 인자에 대한 '가설 검정' 결과 'p - value=0.055'로 나와 '유의 수 준=5%'에서 "귀무가설을 기각하지 못함"이 되었다. 이때 M 인자를 정황상 '핵심 인자'에 포 함시킬 경우 예상되는 위험(Risk)을 '제 1종 오류'와 '제 2종 오류'로 구분하여 기술하시오.

[표 Ⅲ - 30]은 '용어 정의'와 '가설 검정'을 연결시킨 응용 문항으로 난이도
역시 '중' 이상을 유지한다.

[그림 Ⅲ-40]에서 소개했던 용어들의 최정점은 역시 '검정력'에 있다. 집단 간 차이 여부가 '가설 검정'을 통해 확인될 때 '검정력'을 알면 다른 용어들의 상황도 유추가 가능하다. 결국 '검정력'도 용어 정의뿐 아니라 '가설 검정', '표본 크기' 등과 연계돼 출제 응용 범위를 넓힐 수 있다. 다음 '기출 문항'은 '가설 검정'과 관련된 기본 사례이다.

[표 Ⅲ-31] [문항] '검정력'에 '가설 검정'이 관계된 예(난이도 중)

문제	다음은 '1-표본 t-검정' 중 '검정력'에 대한 설명이다. 맞는 것을 모두 고르시오.
보기	1) '제 1종 오류'가 커지고 '제 2종 오류'가 작아지면 '검정력'은 커진다. 2) '표준 편차'가 커지면 '검정력'도 증가한다. 3) '표본 평균'과 '목표 평균'과의 차가 줄어들면 '검정력'은 커진다. 4) '표본 크기'가 증가하면 '검정력'도 증가한다.

[그림 Ⅲ-40]의 '용어 정의' 설명 중 '검정력'을 키우는 다섯 가지 방법에 대해 언급한 바 있다. 그 내용을 참고하면 정답은 쉽게 찾아진다.

(정답)

1), 4)

다음 '기출 문항'은 '검정력'이 '표본 크기'와 연계돼 출제된 예이다.

[표 Ⅲ-32] [문항] '검정력'에 '표본 크기'가 관계된 예(난이도 중)

문제	최근 품질 관리 담당자의 조사에 따르면 1라인의 코팅 두께가 2라인의 코팅 두께보다 평균 12μm 두껍다는 주장이 제기되었다. 이 내용을 '검정력=90%'로 검정한다고 할 때 요구되는 최소한의 '표본 크기'는 몇 개인가? (단, 유의 수준=5%, 프로세스 '모 표준 편차 추정차=9 μm'로 알려져 있다)

'가설 검정'과 관련된 '표본 크기'는 계산 전에 주어진 상황에 대한 '가설'이 먼저 설정돼 있어야 한다. '가설'은 미니탭 입력 '대화 상자'에 '작음', '같지 않음', '큼'의 선택 때 이용된다(미니탭도 상황을 알아야 그에 맞는 답을 리턴해준다^^!). 가설이 설정되면 미니탭「통계 분석(S)>검정력 및 표본 크기(P)>2 - 표본 t 검정(2)…」에 들어가 주어진 조건을 입력한다. 다음은 '가설' 설정과 '대화 상자'에 입력된 예 및 그 결과이다.

[그림 Ⅲ-43] '2-표본 t-검정'의 '표본 크기' 구하기

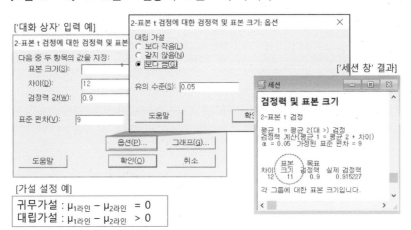

[그림 Ⅲ-43]으로부터 '검정력=90%'일 때의 필요한 최소 '표본 크기'는 '11개'임을 알 수 있다.

(정답)

최소 표본 크기=11개
※ 기술 과정은 [그림 Ⅲ-43] 참조.

6. 가설 검정 7단계

'가설 검정'으로 들어가기에 앞서 현재 하고 있는 작업을 상기할 목적으로 [표 Ⅲ-1]을 다시 옮겨보았다. 본 단원에서 진행할 내용이 빨간색으로 강조돼 있다.

[표 Ⅲ-33] 자기 학습을 위해 본문에서 설명할 항목

학습 항목	주요 내용
'방법론' 사전 학습	1. '프로세스 개선 방법론 로드맵' 관련 문항 풀이 2. '세부 로드맵' 관련 문항 풀이 3. '방법론' 관련 문항 풀이
'확률 통계' 사전 학습	1. 정규 분포 가법성 2. 정규 분포 확률(넓이) 구하기 → 시그마 수준 3. 중심 극한 정리 → 신뢰 구간 4. 분포(이항, 포아송) 5. 가설 검정 용어 6. 가설 검정 7단계 7. 회귀 분석/DOE, 필요 시 '정의 대비' 포함 8. 관리도 9. (추가) MSA
'정성적 도구' 사전 학습	'개선 체계도'를 중심으로 한 용법 소개 및 문항 풀이 예

'가설 검정 7단계'는 리더들이 '가설 검정'에 쉽게 접할 수 있도록 필자가 나누어놓은 세부 단계이다. 평가 중 '가설 검정'을 행해야 할 상황이면 바로 '7단계'에서 요구하는 내용들을 하나씩 채워나감으로써 최종 결론에 쉽게 이를 수 있다. 그에 반해 '가설 검정' 문항은 대부분의 응시자들이 가장 껄끄럽게 생각하는 유형 중 하나이기도 하다. 통계 도구들 중에서도 가장 통계적이며, 또 여러 상황에 맞는 정확한 검정 도구를 빨리 찾아 출제자가 의도한 정답을 이끌어내야 하기 때문이다. 그러나 다행히도 이 부분에 대해서는 일반

기업인들 눈높이에 잘 맞춰진 해법이 제시돼 있다. 바로 '분석 4−블록'과 '분석 세부 로드맵'이 그것이다. 전자는 'X'와 'Y'가 각각 '연속 자료'나 '이산 자료(또는 범주 자료)'로 한 쌍을 이룰 때 그에 적합한 '분석 도구'를 찾는 데 유용하며 주로 단답형이나 객관식 문항 풀이에 이용된다. 후자는 '가설 검정 절차'의 이해, 또는 주어진 상황에 맞는 '검정 도구'를 정확히 찾아 유의성 여부를 판독하도록 요구하는 문항에 쓰인다. 또 '분석 4−블록'과 '분석 세부 로드맵'이 동시에 필요한 경우는 '분석 방향' 설정과 '가설 검정'을 함께 수행하는 문항이거나, 그 외에 다양한 응용 문항 등이 출제되었을 때 등이다.

6.1. '가설 검정 7단계'의 이해

다음 [그림 Ⅲ−44], [그림 Ⅲ−45]는 문제 해결 학습 중 자주 접하는 '분석 4−블록'과 '분석 세부 로드맵'을 각각 나타낸다.

[그림 Ⅲ−44] 분석 4−블록

Y

X		연속 자료	이산 자료
	연속 자료	✓ 그래프: 산점도 ✓ 통　계: 상관 분석 　　　　회귀 분석 ① ②	✓ 그래프: 파레토 차트, 기타 ✓ 통　계: 로지스틱 회귀 분석
	이산 자료 (범주 자료)	③ ④ ✓ 그래프: 상자 그림, 히스토그램, 다변량 차트 ✓ 통　계: 등 분산 검정, t−검정, 분산 분석, 비모수 검정	✓ 그래프: 막대 그래프, 기타 ✓ 통　계: 1−표본 비율 검정, 2−표본 비율 검정, 카이 제곱 검정

[그림 Ⅲ−44]를 간단히 소개하면, '블록 ①'은 'X, Y'가 모두 '연속 자료'

이므로 시각화 도구론 '산점도', 수치 해석에는 '상관 분석', 예측이 필요한 경우 '회귀 분석'이 쓰인다. '블록 ②'는 'X－연속, Y－이산'의 쌍이며 분석을 위해 '로지스틱 회귀 분석'이 활용된다. 문제 해결 과정에는 '로지스틱 회귀 분석' 학습이 포함된 기업과 그렇지 않은 기업으로 나뉘며, 평가에서는 학습 여부와 관계없이 문항으로는 출제되지 않고 있다. 사실 제조, 간접, 서비스 등 모든 부문에서 매우 유용하게 활용되는 도구이나 다소 까다롭다는 이유로 등한시되는 것이 현실이다. 필자가 운영하는 평가 체계 경우 '로지스틱 회귀 분석'도 출제 문항으로 다루고 있다. 가장 활용 빈도가 높은 '이항 로지스틱 회귀 분석'에 대해서는 「Be the Solver_탐색적 자료 분석(EDA)」편에 그 원리와 해석을 상세히 기술해놓았으니 관심 있는 독자는 참고하기 바란다. '블록 ③'은 'X－이산 자료(또는 범주 자료), Y－연속 자료'의 쌍이며 '가설 검정' 시 가장 많이 이용되는 도구들이 이 블록에 속해 있다. 시각화 도구로는 '상자 그림(Box Plot)'이 선호된다. 특히 'X'의 경우 대부분이 '범주 자료'이며, 문항의 지문을 통해 쉽게 확인된다. '블록 ④'는 'X－이산 자료(또는 범주 자료), Y－이산 자료'의 쌍이며, 출제 빈도가 가장 높은 도구는 단연 '카이 제곱 검정(Chi-square Test)'이다. 원리를 묻는 문항이나 결과에 대한 해석, 통계적 결론과 실제적 결론 간 괴리를 이해하고 있는지 등 다양한 문항들이 개발돼 있다. 평가를 대비하면서 '가설 검정'의 기본 기능을 충분히 섭렵한 응시자가 '카이 제곱 검정'을 접하면서 도구의 높은 활용성에 놀라곤 한다.

[그림 Ⅲ－44]에 소개된 4개의 블록들 중 '블록 ③'과 '블록 ④'에 속한 쌍은 [그림 Ⅲ－45]로 넘어가 검정을 위한 절차를 확인한다. '분석 세부 로드맵'은 검정 도구가 무엇인지 찾는 용도로도 유용하나, 'X, Y'의 각 '데이터 유형'이 결정되면 '분석 4－블록'에서 이미 도구도 정해지는 것이 일반적이므로 '분석 세부 로드맵'을 통해서는 '절차의 확인'이 주효하다. 이때 '절차'에 따라 구성해놓은 것이 필자가 언급한 '가설 검정 7단계'이다.

[그림 Ⅲ-45] 분석 세부 로드맵

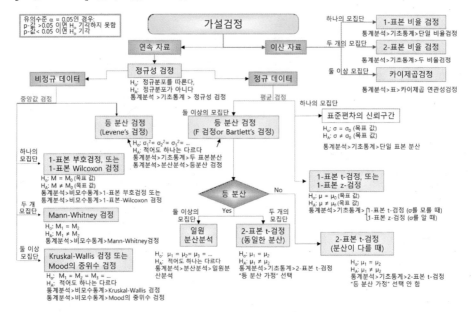

유의수준 α = 0.05인 경우:
p-값 >0.05 이면 H₀ 기각하지 못함
p-값 < 0.05 이면 H₀ 기각

가설검정

연속 자료 ← → 이산 자료

하나의 모집단 → 1-표본 비율 검정
통계분석>기초통계>단일 비율검정

두 개의 모집단 → 2-표본 비율 검정
통계분석>기초통계>두 비율검정

둘 이상 모집단 → 카이제곱검정
통계분석>표>카이제곱 연관성검정

정규성 검정
H_0: 정규분포를 따른다.
H_A: 정규분포가 아니다
통계분석 >기초통계 > 정규성 검정

비정규 데이터 ← 정규 데이터

중앙값 검정

평균 검정

등 분산 검정
(Levene's 검정)
H_0: $\sigma_1^2 = \sigma_2^2 = \sigma_3^2 = ...$
H_A: 적어도 하나는 다르다
통계분석>기초통계>두 표본분산
통계분석>분산분석>등분산 검정

둘 이상의 모집단
등 분산 검정
(F 검정or Bartlett's 검정)
H_0: $\sigma_1^2 = \sigma_2^2 = \sigma_3^2 = ...$
H_A: 적어도 하나는 다르다
통계분석>기초통계>두 표본분산
통계분석>분산분석>등분산 검정

하나의 모집단 → 표준편차의 신뢰구간
H_0: $\sigma = \sigma_0$ (목표 값)
H_A: $\sigma \neq \sigma_0$ (목표 값)
통계분석>기초통계>단일 표본 분산

하나의 모집단
1-표본 부호검정, 또는
1-표본 Wilcoxon 검정
H_0: M = M₀ (목표 값)
H_A: M ≠ M₀ (목표 값)
통계분석>비모수통계>1-표본 부호검정 또는
통계분석>비모수통계>1-표본-Wilcoxon 검정

두 개 모집단
Mann-Whitney 검정
H_0: M₁ = M₂
H_A: M₁ ≠ M₂
통계분석>비모수통계>Mann-Whitney검정

둘 이상 모집단
Kruskal-Wallis 검정 또는
Mood의 중위수 검정
H_0: M₁ = M₂ = M₃ = ...
H_A: 적어도 하나는 다르다
통계분석>비모수통계>Kruskal-Wallis 검정
통계분석>비모수통계>Mood의 중위수 검정

등 분산

No

Yes

둘 이상의 모집단
일원 분산분석
H_0: μ₁ = μ₂ = μ₃ = ...
H_A: 적어도 하나는 다르다
통계분석>분산분석>일원분산분석

두 개의 모집단
2-표본 t-검정
(동일한 분산)
H_0: μ₁ = μ₂
H_A: μ₁ ≠ μ₂
통계분석>기초통계>2-표본 t-검정
'등 분산 가정' 선택

1-표본 t-검정, 또는
1-표본 z-검정
H_0: μ = μ₀ (목표 값)
H_A: μ ≠ μ₀ (목표 값)
통계분석>기초통계> {1-표본 t-검정 (σ를 모를 때)
1-표본 z-검정 (σ를 알 때)

2-표본 t-검정
(분산이 다를 때)
H_0: μ₁ = μ₂
H_A: μ₁ ≠ μ₂
통계분석>기초통계>2-표본 t-검정
'등 분산 가정' 선택 안 함

[그림 Ⅲ-45]를 보는 방법은 'Y'가 '이산 자료'이면 맨 위 상단에서 오른쪽으로 바로 들어가 "하나의 비율을 특정 비율과 비교하는 경우"면 '1-표본 비율 검정(1-Proportion Test)'을, "두 개의 비율을 비교하는 경우"면 '2-표본 비율 검정(2-Proportion Test)', "두개 비율 이상(두 비율은 '2-표본 비율 검정'이 있으므로 주로 3개 비율 이상)인 경우"는 '카이 제곱 검정'이 쓰인다.

만일 'Y'가 '연속 자료'이면 제일 먼저 비교 대상 모두가 동일한 모양(분포)인지 확인할 '정규성 검정'을 수행하되, 한 개 표본이라도 '정규성'을 보이지 않으면 '중앙값'끼리 비교할 왼쪽 '비모수 검정'으로 들어간다. 이들에 속한 통계 도구들은 평가에 주를 이루는 '모수 검정'과 '일대일' 대응 관계에 있으므로 도구 명칭과 해석만 간단히 학습하면 이용에 무리가 없다. 문항에 포함된 표본들이 모두 '정규성'을 보이면 다음으로 비교할 대상이 '흩어짐의 정도'

인 '분산(또는 표준 편차)'이며, '1 - 표본 z(또는 t) - 검정'은 1개 표본이므로 분산을 비교할 대상이 없어 '등 분산 검정'에선 제외된다([그림 Ⅲ - 45]에서 경로 확인). '분산'이 통계적으로 차이가 없다는 것이 확인되면 비로소 '산술 평균'을 비교할 위치에 이른다. 문항에서 주어진 상황이 "두 개 표본 평균을 비교하는 경우"이면, '2 - 표본 t - 검정'을 수행하되, 이에 대해서는 분산이 서로 다르더라도 평균 분석이 가능하다. 만일 비교 대상이 '2개 이상(2개는 '2 - 표본 t - 검정'이 있으므로 주로 3개 이상) 그룹'이면 '분산 분석(ANOVA, Analysis of Variance)'을 선택한다. '분산 분석'은 응시자들이 "분산을 분석하는 도구"로 오인하는 경우가 많은데 "분산을 이용해 평균을 분석하는 도구"가 올바른 해석이다. 또 하나 '2 - 표본 t - 검정'과 데이터가 매우 유사하고 출제 빈도도 상당히 높은 '쌍체 t - 검정(Paired t - Test)'이 있다. 이 검정 경우 데이터 외형은 2개의 열로 돼 있지만 실제는 '각 쌍의 차이 값'에 의미가 있으므로 도구적으론 '1 - 표본 t - 검정'과 동일하다. 이런 이유로 [그림 Ⅲ - 45]에 별도 언급돼 있지 않으므로 이점 참고하기 바란다.

현재 평가 대비 사전 학습이 이루어지고 있는 상황이면, 각 검정 도구별로 하나씩 사례 분석을 해야 하나, 이에 대해서는 기업 교재 또는 「Be the Solver_프로세스 개선 방법론」편의 'Analyze Phase' 등을 참고하고 여기서의 설명은 생략한다. 다음은 [그림 Ⅲ - 44]와 [그림 Ⅲ - 45]를 포함하는 평가 중 꼭 필요한 '가설 검정 7단계'를 보여준다.

[표 Ⅲ - 34] 가설 검정 7단계

가설 검정 7단계	입력 내용
1) 가설 　-귀무가설: 　-대립가설:	미니탭에 입력할 내용은 '대립가설'임. 따라서 문항 지문으로부터 '대립가설'을 수립할 수 있어야 함. '귀무가설'은 '대립가설'이 포함되지 않은 영역임
2) 유의 수준	가끔 5% 외에 10% 또는 1%도 제기되므로 주의

3) 정규성 검정	'비율 검정' 경우는 생략
4) 등분산 검정	'비율 검정', '비모수 검정'은 생략
5) 검정 방법	검정 도구들은 주어진 지문을 토대로 '분석 4-블록'을 통해 제일 먼저 확인되나 p-value와의 연계성을 고려해 이곳에 위치시킴. 가장 먼저 기입하게 됨
6) p-value	미니탭 결과로부터 얻은 값을 기입

7) 결론:
  -통계적 결론:
  -실제적 결론:
	(통계적 결론) 유의 수준 OO%에서 p-value가 OO이므로 대립가설 채택(또는 귀무 가설 기각하지 못함)
	(실제적 결론) 프로세스 용어로 풀어서 결과를 기술

문항 풀이에 [표 III-34]의 활용 예를 간단히 들어보자.

[표 III-35] [문항] '가설 검정 7단계' 활용 예(난이도 하)

문제	A사는 약관 변경 고지를 위해 매번 고객에게 안내문을 발송한다. 그러나 다양한 사유로 반송 되는 우편 비율이 3%에 달한다. 최근 조사에 따르면 고객에게 도달하지 못하고 반송되는 우 편물이 급증하고 있다는 보고에 따라 각 지역별로 층별한 총 350건의 발송 우편을 추적한 결과 28건이 반송되었음이 확인되었다. 반송률이 최근 증가한 것인지 통계적 검정을 수행하 시오(유의 수준 5% 가정).

[표 III-35]는 순수 검정에 대해서만 묻고 있으므로 난이도는 높지 않은 편이다. 우선 '350건 중 28건'의 비율 하나가 기존 관리 수준인 '3%'보다 큰지여부를 밝혀야 하므로 검정 방법은 '1-표본 비율 검정'에 해당한다. 또는 '분석 4-블록'의 해당 위치를 알려면 'X'는 '반송 여부'라고 하는 하나의 '범주'와 'Y'는 전체 350건 중 관심 있는 사건(우편물이 반송된 사건을 지칭) 하나하나를 세야 하므로 '이산 자료'에 해당되고, 따라서 '블록 ④'에 속하는 상황이다. 이제 [표 III-34]의 '가설 검정 7단계'를 하나씩 완성해보자.

가설 검정 7단계	결과
1) 가설 　-귀무가설: 　-대립가설:	(귀무가설) $P_{반송}$=0.03 (대립가설) $P_{반송}$>0.03
2) 유의 수준	0.05
3) 정규성 검정	해당 사항 없음
4) 등분산 검정	해당 사항 없음
5) 검정 방법	'1-표본 비율 검정'
6) p-value	(경로) 통계분석(S)>기초통계(B)>단일 비율 검정(R)… (p-value) 0.000
7) 결론: 　-통계적 결론: 　-실제적 결론:	(통계적 결론) 유의 수준 5%에서 p-value가 '0.000'이므로 대립가설 채택 (실제적 결론) 즉 최근의 반송률은 기존 3%보다 높다고 볼 수 있음. 비율로는 약 5% 높은 수준을 보임

　'(정답)'의 '1) 가설' 중 '$P_{반송}$'은 '비율'이란 뜻의 '**Proportion**' 첫 알파벳을 의미하고, '28÷350'이 속한 '모 비율'을 대변한다. 그러나 '모 비율'은 알 수 없으므로 그냥 편하게 지문에서 제시된 비율 '0.08(=28÷350)'로 인식하면 해석에 편리하다. 예를 들어 '대립가설'에 대해 "비율 8%는 기존의 관리 수준인 3%보다 큰가?"에 대한 검정 과정으로 이해한다. 또 '귀무가설'은 '대립가설'에 포함되지 않는 영역인 '$P_{반송}$≤0.03'가 돼야 옳다. 그러나 "'반송률'이 '0.03'이 되어도 여전히 '귀무가설'에 속하는데 하물며 그보다 작은 비율들은 말해서 무엇하랴!"로 기억하면 '귀무가설'은 항상 '='만으로도 충분하다는 것을 알 수 있다.

　'6) p-value'에서는 미니탭 이용으로 풀이 과정을 기술할 수 없으므로 미니탭 어느 위치에서 결과가 얻어졌는지 정도만 언급해놓았다. 실제 대부분 기업에서의 평가에서도 예와 같은 표현을 정답으로 인정한다. 좀 더 정확한 표현은 '대화 상자'의 각 필드 입력 상황을 요약하는 것도 한 방법이나 입력이 잘못되면 결과도 잘못 나오므로 너무 상세한 기술은 지양한다. 그러나 이 부분은 회사의 평가 체계에 따라 대응하는 것이 좋을 듯하다.

　'7) 결론'은 반드시 '통계적 결론'과 '실제적 결론'으로 구분하여 적는다. '통계적 결론'만으론 제 3자 경우 무슨 내용에 대한 결과인지 확인하기 어렵기 때문이다. 또 차이가 나면 얼마만큼의 차이로 유의한 결과가 얻어졌는지 명시하는 것도 보고를 받는 사람 입장에선 유익하므로 항상 포함시키도록 한다.

　'가설 검정 7단계'의 기본 활용에 대해 익숙해졌으면 이제부터 '기출 문항' 풀이에 대해 알아보자.

6.2. '가설 검정 7단계'와 관련된 '기출 문항' 풀이

　평가에서 'Analyze Phase' 문항들은 대개 '가설 검정' 영역에 치우쳐 있다. '가설 검정' 수행은 "평균이 변했다, 또는 그렇지 않다" 중 하나를 선택하는 판사 역할에 해당한다. 그런 이유로 '확증적 자료 분석'이라고도 부른다. 물론 "변했다"고 했을 때 왜 변했는지에 대해 추가 분석이 이어지면 실질적 '근본 원인'에 접근할 수 있다. 그러나 여전히 '판사 역할'로서의 한계는 존재한다. 반면에 수집된 '원 자료' 전체를 대상으로 문제의 근원을 파헤쳐가는 방법도 있는데 이를 '탐색적 자료 분석'이라고 한다. 주로 시각화한 이미지 관찰로부터 통찰력을 발휘해 원인에 대한 심증을 굳혀가고, 최종 '사실 분석'을 통해 물증을 확보한다. 접근 자체가 '가설 검정'과 차이가 있으며, '가설 검정'의 '판사 역할'에 견주어 '탐정 역할'을 수행한다. 결국 현업에서 필요한 학습은 '확증적 자료 분석'과 '탐색적 자료 분석' 모두가 필요하므로 현재 기업 내 평가 체계에서 거의 대부분을 점유한 '가설 검정'만으론 절름발이 환경에 머물 수밖에 없다. 이하 본문에서는 '기출 문항' 풀이에 초점을 맞추고 있어 '가설 검정' 해석에 치중할 것이나 간혹 출제된 '탐색적 자료 분석'의 유형도 소개할 것이다. 필자는 둘의 비율이 균등하게 출제될 수 있도록 평가 체계를 마련하고 있다.

다음 [표 Ⅲ-36]은 '2-표본 t-검정(Two-Sample t-Test)'과 '2-표본 비율 검정(Two-Proportion Test)'을 동시에 비교할 목적으로 출제된 난이도 높은 문항 예이다. 현실을 잘 반영하면서 응시자들에게 양질의 학습 효과를 주는 문항은 개발 영역에 속할 만큼 만들어내기가 어렵다. 그런 관점에서 본 문항은 여러 배워야 할 유익한 사항들을 한데 모아 융합해놓았다는 데 큰 의의가 있다.

[표 Ⅲ-36] [문항] '2-표본 t-검정'과 '2-표본 비율 검정' 예(난이도 상)

문제	다음은 프로세스에서 관리 규격이 존재하는 '전장 길이(mm)'에 대해 개선 전후 '연속 자료'와 '이산 자료' 두 가지 방식으로 기록한 표본이다(USL=30mm). 물음에 답하시오(유의 수준 =10%). (단위 mm)								
	전	측정 값	28	31	29	26	29	26	33	32
		불량 여부		X					X	X
	후	측정 값	23	23	31	24	22	25	22	26
		불량 여부			X					
하위 문제	1) '연속 자료' 관점에서 Y 명칭을 정하고, 개선되었는지 검정하시오. 2) '이산 자료' 관점에서 Y 명칭을 정하고, 개선되었는지 검정하시오. 3) '1)'과 '2)'를 비교하고, 차이점이 있으면 어떤 이유에 근거하는지 정량적으로 설명하시오.								

[표 Ⅲ-36]의 데이터를 보면 특성 값의 '연속 자료'는 측정 값 그대로를 기록하고 있는 반면, '이산 자료'는 '규격'인 '30mm'를 넘어선 경우만 'X'로 표기하고 있다. 실제 여러 기업들에서 유사한 특성임에도 어느 기업은 '연속 자료' 관리로, 또 어느 기업은 '이산 자료'로 관리한다. '이산 자료' 관리는 모두 '~율(률)'의 성격을 띠는 '비율'로 관리되는 경우를 일컫는다. 특히 '하위

문제 3)'은 두 관리 형태에 대한 차이가 무엇인지 정량적으로 비교토록 요구하고 있어 좀 더 유리한 쪽으로 관리가 이루어질 수 있도록 응시자들에게 현실적인 학습 효과를 주고 있다. 출제된 문항이 "평가를 위한 평가"에 국한되지 않는다는 점을 높이 사야 할 것이다. 다음은 '가설 검정 7단계'를 포함해 풀이 과정과 정답을 정리한 결과이다.

하위 문제 1) '연속 자료' 관점에서 Y 명칭을 정하고, 개선되었는지 검정하시오.
지문에서 특성치가 '전장 길이(mm)'로 제시돼 있어 '명칭'과 '단위(mm)'는 그대로 사용한다. 또 개선 여부는 전후 데이터가 '연속 자료'인 점을 감안할 때 검정 도구는 '2 – 표본 t – 검정'이 적합하다('X'는 개선 전후 두 개인 '범주 자료', 'Y'는 '전장 길이'인 '연속 자료'이며 '분석 4 – 블록'에서 '블록 ③'에 해당).

(정답)

- '연속 자료' 관점에서 Y 명칭: 전장 길이(mm)
- 개선 여부 확인:

가설 검정 7단계	결과
1) 가설 　–귀무가설: 　–대립가설:	(귀무가설) $\mu_{전} - \mu_{후}=0$ (대립가설) $\mu_{전} - \mu_{후})0$
2) 유의 수준	0.10
3) 정규성 검정	p–value(전)=0.635(정규), p–value(후)=0.071(정규)
4) 등분산 검정	F 검정: p–value=0.734(등분산)
5) 검정 방법	이 – 표본 t – 검정
6) p-value	(경로) 통계분석(S)>기초통계(B)>2 – 표본 t 검정(2)… (p–value) 0.002
7) 결론: 　–통계적 결론: 　–실제적 결론:	(통계적 결론) 유의 수준 10%에서 p–value가 '0.002'이므로 대립가설 채택 (실제적 결론) 즉 개선 후의 '전장 길이'는 개선 전보다 평균이 줄었다고 볼 수 있음(약 4.75mm 줄어듦)

'정답' 중 '정규성 검정'이나 '등분산성 검정' 경우 'p−value'를 적는 것만으로는 부족하다. 전후 각 데이터가 '정규성' 또는 '등분산성'을 보이는가가 핵심이므로 반드시 'p−value'를 기록한 옆에 간단하게나마 '정규성'과 '등분산성'을 입력해놓는다.

하위 문제 2) '이산 자료' 관점에서 Y 명칭을 정하고, 개선되었는지 검정하시오.

규격인 '30mm'를 넘어선 값은 '불량', 그렇지 않으면 '양품'이므로 전체 8개 데이터 중 몇 개가 규격을 벗어났는지 세어보면 '비율'로의 명칭이 적절하다는 것을 쉽게 알 수 있다. 여기서는 '규격 이탈률'로 정해보았다. 또 개선 전후의 비율을 비교하므로 검정 도군는 '2−표본 비율 검정'이 적합하다('X'는 개선 전후인 '범주 자료', 'Y'는 '이탈 여부'인 '이산 자료'로써 '분석 4−블록' 중 '블록 ④'에 해당).

(정답)

- 이산 자료 관점에서 Y 명칭: 규격 이탈률(%)
- 개선 여부 확인:

가설 검정 7단계	결과
1) 가설 −귀무가설: −대립가설:	(귀무가설) $P_전 - P_후 = 0$ (대립가설) $P_전 - P_후 > 0$
2) 유의 수준	0.10
3) 정규성 검정	해당 사항 없음
4) 등분산 검정	해당 사항 없음
5) 검정 방법	2−표본 비율 검정
6) p−value	(경로) 통계 분석(S)〉기초 통계(B)〉두 비율 검정(O)… (p−value) 0.114 (합동 추정치 사용 경우) 0.124
7) 결론: −통계적 결론: −실제적 결론:	(통계적 결론) 유의 수준 10%에서 p−value가 '0.114'이므로 귀무가설을 기각하지 못함 (실제적 결론) 즉 개선 후의 '규격 이탈률'은 개선 전보다 줄었다고 보기 어려움($p_전 = 0.375$, $p_후 = 0.125$)

하위 문제 3) '1)'과 '2)'를 비교하고, 차이점이 있다면 어떤 이유에 근거하는지 정량적으로 설명하시오.

동일한 데이터임에도 어떻게 관리하느냐에 따라 결과가 전혀 상반됨을 알 수 있다. 즉 '연속 자료 관리'는 '유의함'인 반면, '이산 자료 관리'는 '유의하지 않음'으로 나타났다. 어떻게 해석해야 할까? 추정이나 검정을 할 때 결과의 품질을 좌우하는 데 가장 크게 기여할 수 있는 항목이 '표본 크기의 조정'이다. 따라서 주어진 각 경우의 필요한 '최소 표본 크기'를 구해 둘의 차이점을 정량적으로 비교하는 것이 가장 현실적인 접근이다.

(정답)

구분	평균 검정 '최소 표본 크기'	비율 검정 '최소 표본 크기'
미니탭 경로	통계분석(S)>검정력 및 표본 크기(P)>2-표본 t 검정(2)…	통계분석(S)>검정력 및 표본 크기(P)>두 비율 검정(R)…
'대화 상자' 입력	(차이)4.75, (검정력 값)0.9, (표준 편차)2.7967, (대립 가설)보다 큼, (유의 수준)0.10	(비교 비율 p1)0.375, (검정력 값)0.9, (기준 비율 p2)0.125, (대립 가설)보다 큼, (유의 수준)0.10
최소 표본 크기	6개	38개
해석	'연속 자료'는 적은 '표본 크기'로도 의미 있는 결론에 이를 수 있는 반면 '이산 자료'는 훨씬 더 많은 크기의 표본이 요구됨. 본 예 경우 '연속 자료'는 최소 '6개', '이산 자료'는 최소 '38개'가 필요하므로 평균 검정엔 충분한 '표본 크기'이나 '비율 검정'에 있어선 약 30개의 데이터가 추가돼야 의미 있는 결과를 낼 수 있음	

'(정답)'에서 적용된 '검정력=0.9'는 일반적으로 'β 오류'를 '10%'로 보는 데서 온 값이다. 만일 문항에서 별도의 '검정력'이 주어지면 그 값을 사용하되, 주어지지 않으면 '0.8' 또는 '0.9'를 임의 적용한 후 해석한다.

[표 Ⅲ－36]과 같은 '표본 크기'와 검정 신뢰성과의 관련성을 묻는 '기출

문항'의 빈도가 꽤 높은 편이다. 이것은 '비율 검정'이 '평균 검정'보다 더 많은 '표본 크기'가 필요함을 상기시키기 위한 출제자 의도로 풀이된다.

여러 '검정 도구'들이 들어 있으면서 '표본 크기'와의 관련성을 묻는 다음 [표 Ⅲ-37]과 같은 또 다른 '기출 문항' 예를 보자('쌍체 t-검정', '1-표본 t-검정', '1-표본 비율 검정' 혼합형 문항 예).

[표 Ⅲ-37] [문항] '쌍체 t', '1-표본 t', '1-표본 비율' 검정 예(난이도 상)

문제	20xx년 한 해 프로농구 팀 슈슈와 바운드는 총 8차례 경기를 치렀으며, 슈슈가 6승 2패로 다승을 차지하였다. 각 경기의 득점 상황이 아래와 같을 때 득점력과 승률 관점에서 슈슈팀이 바운드팀보다 전력이 한 수 위라고 할 수 있는지 검정하시오(유의 수준=5%).

	1	2	3	4	5	6	7	8
슈슈	92	120	106	119	126	86	121	106
바운드	109	98	79	84	99	97	111	84
슈슈 승패	패	승	승	승	승	패	승	승

하위 문제	1) 득점력 관점 2) 승률 관점 3) 하위 문제 '1)'과 '2)'의 결과로부터 문제점을 지적하고, 보완할 점이 있으면 기술하시오.

[표 Ⅲ-37]에 주어진 데이터만 보면 '슈슈팀'의 압도적인 우위를 점칠 수 있다. 물론 '검정'을 수행하지 않은 상태에서의 판단은 '가설'에 불과하므로 정말 그런지는 '가설 검정'을 통해 확인될 사항이다.

하위 문제 1) 득점력 관점

제시된 문제에서 'X'는 '팀'이고 '수준'은 '슈슈와 바운드' 2개인 '범주 자료'에 속한다. 반면 'Y'는 '득점'인 '연속 자료'이므로 [그림 Ⅲ-44]의 '분석

4 - 블록' 중 '블록 ③'에 속한다. 이때 '블록 ③, ④'일 경우 [그림 Ⅲ - 45]의 '분석 세부 로드맵'으로 옮겨 '검정 절차'를 확인할 수 있다고 한 바 있다. '검정 도구'는 주어진 [표 Ⅲ - 37]의 데이터로부터 두 범주 간 연속 자료의 비교 이므로 외관상 '2 - 표본 t - 검정'으로 보인다. 그러나 한 가지 중요하게 짚고 넘어갈 사안이 있다. 바로 데이터 간 '위치'이다.

[표 Ⅲ - 36]의 '전장 길이(mm)'에 대해 과제 수행 전후 개선 여부를 묻는 문항으로 돌아가 보자. [그림 Ⅲ - 46]은 개선 전과 후의 각 범주 내 값들 위치를 서로 바꾸는 개요도이며 바꿔도 결과에는 전혀 영향을 미치지 않는다.

[그림 Ⅲ - 46] '2 - 표본 t - 검정' → 동일 범주 내 위치 변경 가능

전	28	31	29	26	29	26	33	32
후	23	23	31	24	22	25	22	26

그 이유는 각 측정값들이 서로 독립적으로 얻어졌기 때문이다. 즉 두 번째 값을 얻을 때는 첫 번째 값과의 관련성이 전혀 없는 상태에서 이루어진다. 개념을 조금 더 확장해서 '전'의 '표본 크기'와 '후'의 '표본 크기'가 서로 달라도 '2 - 표본 t - 검정'은 여전히 유효하다. 그러나 [표 Ⅲ - 37]의 농구 경기의 예로 돌아가보자.

농구 경기는 매 회마다 장소도 달라지며, 관중 수나 조명 상태, 각 선수들의 컨디션도 경기마다 다르다. 따라서 다음 [그림 Ⅲ - 47]과 같이 각 범주 내 데이터 위치를 서로 바꿀 경우 회마다 얻어진 점수의 성향(크기, 상대 팀과의

점수 차이 등)이 뒤죽박죽될 뿐더러 심한 경우 '승패'가 뒤바뀌는 이상한 결과
도 나타난다.

[그림 Ⅲ-47] '쌍체 t 검정' → 동일 범주 내 위치 변경 불가

승패가 바뀜

	1	2	3	4	5	6	7	8
슈슈	92	120	106	119	126	86	121	106
바운드	109	98	79	84	99	97	111	84
슈슈 승패	패	승	승	승	승	패	승	승

[그림 Ⅲ-47]에서 '슈슈'팀의 1회 점수 '92'와 4회 점수 '119'가 위치를 서
로 바꿀 경우 1회에서의 '슈슈'팀 '패'는 '승'으로 뒤바뀌어 이상한 결과로 이
어진다. 즉 두 팀의 각 '회'에서의 점수는 '쌍'으로 의미가 있으며, 다른 '회'
의 점수와 위치를 바꾸는 경우는 해석에 의미가 없다. 결국 [그림 Ⅲ-47]과
같은 구조는 각 '회'에서의 두 값의 차이가 '0'에 근접하면 두 범주 간 값의
차이가 없을 것이란 '귀무가설'의 선택이, 그렇지 않으면 차이가 있다는 '대립
가설'의 선택이 가능하다. 이와 같이 '각 쌍의 차이 값'에 의미를 두는 검정을
'쌍체 t 검정(Paired t Test)'이라 하고, 그 '차이 값'에 대해 검정 절차가 이
루어지므로 구조상 '1-표본 t-검정'에 속한다. 따라서 '정규성 검정'도 '차
이 값'을 갖고 진행한다. 다음 [표 Ⅲ-38]은 '쌍체 t 검정'을 묻는 '기출 문
항'을 모아놓은 예이다.

[표 Ⅲ-38] '쌍체 t 검정'의 '기출 문항' 예

문제	다이어트 식품 판매 업체인 B사는 최근 개발된 'Fat Zero' 제품 효능을 평가하기 위해 15명의 실험 참가자를 대상으로 'Fat Zero' 사용 전과 후의 몸무게 변화를 측정하였다.
문제	딸기의 수확량을 늘리기 위한 A, B 두 개의 성장 촉진제를 평가하기 위해 각기 다른 지역의 9개 비닐하우스에서 실험을 실시하였다.
문제	정품 경유와 유사 경유의 효능을 알아보기 위해 동일 차종 12대에 각각을 투입 후 동일 조건에서 연비를 측정하였다.
문제	대형 유리 상단과 하단의 수축률을 알아보기 위해 20장을 가져다 소성로 통과 후 각 유리의 상단과 하단 길이를 측정하였다.

'쌍체 t 검정'에 대한 기본 이해가 섰으면 [표 Ⅲ-37]의 '농구 경기'의 '득점력 관점'의 검정을 수행해보자.

(정답)

가설 검정 7단계	득점력 관점의 결과
1) 가설 　–귀무가설: 　–대립가설:	(귀무가설) $\mu_{슈슈} - \mu_{바운드} = 0$ (대립가설) $\mu_{슈슈} - \mu_{바운드} > 0$
2) 유의 수준	0.05
3) 정규성 검정	두 범주 차이 값에 대해 실시, $p_{diff} = 0.097$(정규성 가정)
4) 등분산 검정	해당 사항 없음
5) 검정 방법	쌍체 t 검정
6) p-value	(경로) 통계분석(S)>기초통계(B)>쌍체 t 검정(P)… (p-value) 0.034
7) 결론: 　–통계적 결론: 　–실제적 결론:	(통계적 결론) 유의 수준 5%에서 p-value가 '0.034'이므로 대립가설 채택 (실제적 결론) 즉 슈슈팀이 바운드팀보다 득점력이 우수하다고 판단됨(차이 평균은 약 14.38점)

하위 문제 2) 승률 관점

[표 Ⅲ-37]에 제시된 데이터로부터 '슈슈'팀이 전체 8경기 중 총 6회의 경기를 승리로 이끌었다. 따라서 '슈슈'팀은 '6/8'의 승률을, 반대로 '바운드'팀은 '2/8'의 승률을 보인다. 이때 주의할 점은 두 팀의 승률을 비교하기 위해 현재 비율이 두 개 있다고 해서 '2-표본 비율 검정'을 수행하는 일이다. 이것은 마치 '100개' 중에 양품 수가 '98개', 불량품 수가 '2개'인 경우 '양품률=98/100'과 '불량품률=2/100'를 검정하는 것과 동일한 오류에 속한다. 양품률이 정해지면 당연히 불량품률도 정해지므로 서로는 종속 관계이며, 따라서 둘 중 하나만 이용해야 한다. 농구 경기에 있어서도 둘 중 한 개 팀이 승리하면 다른 팀은 당연히 패하므로 본 예에 있어 '2-표본 비율 검정'이 아닌 '1-표본 비율 검정'이 돼야 한다. 이때 비교 대상인 '검정 비율'은 '0.5'이다. 두 팀 중 한 팀의 승률이 '0.5(50%)'가 넘는 것이 확인되면 우위에 있다고 판단할 수 있기 때문이다.

(정답)

가설 검정 7단계	승률 관점의 결과
1) 가설 　-귀무가설: 　-대립가설:	(귀무가설) $P_{슈슈}=0.5$ (대립가설) $P_{슈슈}>0.5$
2) 유의 수준	0.05
3) 정규성 검정	해당 사항 없음
4) 등분산 검정	해당 사항 없음
5) 검정 방법	'1-표본 비율 검정'
6) p-value	(경로) 통계분석(S)〉기초통계(B)〉단일 비율 검정(R)⋯ (p-value) 0.145, 정규분포를 바탕으로 할 경우 p=0.079
7) 결론: 　-통계적 결론: 　-실제적 결론:	(통계적 결론) 유의 수준 5%에서 p-value가 '0.145'이므로 귀무가설을 기각하지 못함 (실제적 결론) 즉 슈슈팀의 승률이 바운드팀에 비해 높다고 볼 수 없음(표본 비율=0.75)

상당히 의아스러운 결과이다. 총 8회 경기 중 자그마치 6회나 이겼는데 여전히 승률이 우위에 있지 않다니! 이 의문에 대한 해답은 '하위 문제 3)'에서 다루고 있다.

하위 문제 3) 하위 문제 '1)'과 '2)'의 결과로부터 문제점을 지적하고, 보완할 점이 있으면 기술하시오.

'득점'이 우위에 있어야 승리하는 것이므로 '승률' 역시 우위에 있는 것이 당연하다(물론 2번 패한 경기 중 점수 차가 너무 크고, 나머지 6회 경기의 득점이 미소한 차이로 승리한 경우이면 '득점'과 '승률' 사이에 반드시 정의 관계가 있는 것만은 아니다). 그러나 총 8회 경기 중 6회를 승리했음에도 '승률'이 높지 않다고 나온 결과에 대해서는 당장 수긍하기 어렵다. 어떻게 해석해야 할까? 앞서 [표 Ⅲ - 36]의 문항 풀이에서 확인했듯이 '표본 크기'의 적절성으로 몰고 가는 것이 가장 현실적이다.

(정답)

- 문제점: 슈슈팀의 득점력이 우위에 있고, 총 8회 경기 중 6회나 승리했음에도 '승률'의 통계적 결론은 바운드팀과 비교해 우위에 있지 않다고 판단해야 함
- 보완할 점: '표본 크기'를 늘리기 위해 두 팀 간 더 많은 경기 이력을 분석에 포함시켜야 함. 미니탭 평가 결과 현 '최소 표본 크기'는 '31개' 이상 돼야 함
  <참고>
  (미니탭 경로) 통계분석(S)>검정력 및 표본 크기(P)>단일 비율 검정(P)…
  (대화 상자 입력) -차이: 비교 비율(C)=0.75, -검정력 값(W)=0.9, -귀무가설에서의 비율(H)=0.5, -대립가설=보다 큼, -유의 수준=0.05

지금까지 '1 - 표본 z(또는 t) - 검정', '2 - 표본 t - 검정', '쌍체 t 검정' 및

'1 - 표본 비율 검정', '2 - 표본 비율 검정' 등의 혼합 형태 문항들 위주로 알아보았다. 다음은 '2 - 표본' 이상, 특히 '2 - 표본'은 '2 - 표본 t - 검정'이나 '2 - 표본 비율 검정'이 있으므로 '세 개 이상 표본'들의 검정에 쓰이는 '분산 분석(ANOVA, Analysis of Variance)'과 '카이 제곱 검정(Chi square Test)'에 대해 알아보자.

먼저 '분산 분석'은 '분산을 이용한 평균 분석'의 줄임말로 해석한다. "분산을 분석하는 것이 아니라 평균 차이를 분석하는 통계 도구"이다. '분산(Variance)'을 활용하여 어떻게 그룹들 간 '평균의 차이'를 감지할 수 있는지에 대해선 「Be the Solver_확증적 자료 분석(CDA)」편에 자세히 나와 있으므로 그를 참고하기 바란다. 우선 '분산 분석'을 살펴보는 데 가장 핵심에 위치한 것이 '분산 분석 표(ANOVA Table)'이며, 그 구조를 정확히 이해하는 것이 중요하다.

[표 Ⅲ-39] [문항] '분산 분석 표' 작성 예(난이도 중)

문제	다음은 온도(A) 2수준, 압력(B) 3수준과 반복 2회로 실험을 수행하여 얻은 '분산 분석 표' 결과이다. 유의성 여부를 판단하고, 필요 시 병합(Pooling)하시오(유의 수준=5%).					
	출처	DF	SS	MS	F	P
	A	1	120.0	120.0	25.623	0.00231
	B	2	145.2	72.6	15.502	0.00426
	상호작용(A*B)	2	15.3	7.65	1.6335	0.27143
	오차	6	28.1	4.683		
	총계	11	308.6			

일반적으로 '평균의 차이를 검정'하는 '분산 분석'이 동일 인자 하나에 수준이 여럿인 경우를 나타내는 반면, [표 Ⅲ-39]는 그보다 다소 복잡한 인자 2

개에 수준도 각각 2와 3인 '실험 계획(Design of Experiment)'의 결과를 보여준다. 구조적으로 조금 복잡한 '분산 분석'을 이해하면 단일 인자는 비교적 쉽게 접근할 수 있어 도입하였다. 사실 풀이와 해석은 동일하므로 '인자 수'나 '수준 수'의 많고 적음은 별개의 문제다.

각 영역을 설명하면, '분산 분석 표'에서 'DF'는 '자유도(Degree of Freedom)'이다. 2개 인자의 각 수준이 '2'와 '3'이므로 실험 조합 수는 '6(=2×3)'이며, 반복 2회이므로 '총 12회(=6×2)'의 실험이 이루어진다. 즉 'Y'의 측정값이 '12개' 나온다는 뜻이다. '자유도' 개념은 'n−1'이므로 '분산 분석 표'에서 'DF의 총계=11(12−1)'로 돼 있다. 또 인자의 'DF'는 각 수준 수에서 하나가 줄어든 '자유도'를 보인다. 각 항들의 '자유도'를 모두 합하면 '총계'가 되는 것은 당연하다. 다음 열인 'SS'는 '변동(Variation)'이며, 'Sum of Square'의 첫 자를 딴 약어다. 의미는 "각 인자의 수준들이 바뀔 때 Y 값을 얼마나 흔들어주는지에 대한 표현"이다. 따라서 클수록 Y에 대한 영향력이 크다는 것을 의미한다. 각 항의 'SS'들을 모두 합하면 '총 변동(Total Sum of Square)'이다. 다음 'MS'는 'Mean Sum of Square', 즉 '평균 변동'이다. "변동의 평균이므로 'SS'를 'DF'로 나누어 얻는다." 익히 알려진 '분산'이다. 'F'는 '분산 분석 표'를 창안한 '피셔(Fisher)'의 첫 자를 딴 것으로 평균의 차이 검정을 하는데 쓰일 'F 분포'의 'x 축'을 나타낸다. 즉 '분산 분석 표'에서 얻어진 'F 축'의 'F 값'들이 '25.623', '15.502', '1.6335'이다. 이들은 모두 '각 항의 MS'를 '오차의 MS'로 나누어 얻는다. 끝으로 'p−value'는 'F 분포'에서 직전에 얻어진 각 항들의 'F 값'이 자르는 오른쪽 넓이(확률)이다. 이 값은 미니탭 「계산(C)>확률 분포(D)>F 분포(F)…」를 통해 왼쪽 넓이로 구한 뒤 '1'에서 뺌으로써 얻는다. 각 항목들의 계산식과 과정을 그림으로 요약하면 [그림 III−48]과 같다.

[그림 Ⅲ-48] '분산 분석 표' 및 항목별 계산 과정

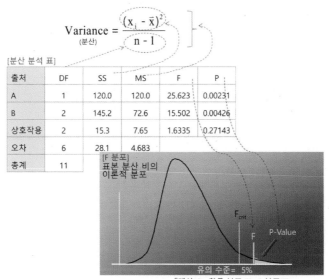

$$\text{Variance} = \frac{(x_i - \bar{x})^2}{n - 1}$$

(분산)

[분산 분석 표]

출처	DF	SS	MS	F	P
A	1	120.0	120.0	25.623	0.00231
B	2	145.2	72.6	15.502	0.00426
상호작용	2	15.3	7.65	1.6335	0.27143
오차	6	28.1	4.683		
총계	11				

[F 분포]
표본 분산 비의
이론적 분포

F_crit

F   P-Value

유의 수준= 5%

「계산(C)>확률 분포(D)>F 분포(F)...」

'분산(Variance)'을 얻는 식을 상기해보자. '분모'인 'n - 1'은 자유도인 'DF'이고, '분자'인 '$(x_i - \bar{x})^2$'는 변동 'SS'이다. 'MS'는 'SS÷DF'이므로 곧 '분산'에 해당한다. 또 '각 항의 MS'를 '오차의 MS'로 나눈 값이 'F'이며, 이 값은 'F 분포'의 'F-축(x-축에 해당)'의 한 값을 나타낸다([그림 Ⅲ-48] 내 분포 참조). 이 값이 가르는 오른쪽 넓이가 'p-value'이다.

'분산 분석 표'에 있는 항목들과 'F 분포'와의 관련성이 머릿속에 그려졌으면 다음은 [표 Ⅲ-39]의 문항으로 돌아가 '유의 수준=5%'에서 유의하지 않은 항인 '상호 작용(A*B)'을 '병합(Pooling)'한다. '병합'은 "합친다"는 뜻이다. 즉 '이요인 상호 작용(Two-factor Interaction)'인 'A*B'도 하나의 '항(Term)'이며, 이 값이 변동할 때 'Y'가 얼마나 흔들리는지를 'p-value=0.27143'으로

판단할 때, 그다지 큰 영향력이 없어 이 항이 흔들어주는 미미한 양(SS=15.3)은 '떨거지(오차의 SS)'로 처리한다. '병합' 후의 결과는 다음과 같다.

(정답)

- 유의성 판단: 유의 수준 5%에서 항 'A' 및 'B'의 'p=0.00231'과 'p=0.00426'으로 유의. 단 항 'A*B'의 'p=0.27143'으로 유의하지 않아 '병합'시킴

- 병합(Pooling):

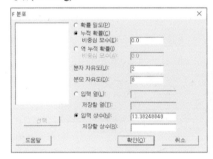

출처	DF	SS	MS	F	P
A	1	120.0	120.0	22.1198	0.00154
B	2	145.2	72.6	13.3825	0.00280
오차	8	43.4	5.425		
총계	11	308.6			

<참고> p-value 계산: 미니탭 「계산(C)>확률 분포(D)>F 분포(F)…」에서 항 'B' 경우 상기 '대화 상자'와 같이 입력 후 '1'에서 빼줌

'(정답)'의 '대화 상자'에서 입력해야 할 '분자 자유도(U:)'와 '분모 자유도(D:)'는 'F 값'을 계산할 때 관여한 '분자'와 '분모'의 'DF'이다.

이제 3개 이상의 수준들 간 평균 비교를 위한 '분산 분석' 문항 풀이를 수행해보자. 다음은 '기출 문항'의 한 예이다.

[표 Ⅲ-40] [문항] '분산 분석'을 이용한 평균 검정 예(난이도 하)

문제	다음은 첨가물 양(wr%)을 달리해가며 얻은 생산량(g) 자료이다. 가장 선호되는 첨가물 양은 얼마인지 '가설'을 수립하고 '검정' 결과로부터 결정하시오(유의 수준=10%).			
	0.1wt%	0.2wt%	0.3wt%	0.4wt%
	340	362	287	303
	321	358	274	311
	319	349	242	319
	351	356	257	309
	330	344	281	299

[표 Ⅲ-40]은 '분산 분석'의 가장 대표적인 자료 형태이다. 'X'는 '첨가물 양'이고 그 수준이 '4개' 존재한다. 'Y'는 '생산량'이므로 "X-범주 자료, Y-연속 자료" 구조로 '분석 4-블록' 중 '블록 ③'에 속한다. 또 각 수준별 '표본 크기'는 모두 동일할 필요는 없으며, 현재 4개인 '수준 수' 역시 더 적거나 많아도 해석엔 차이가 없다. 그러나 '표본 크기'가 '2~4개'처럼 너무 적으면 '중심 극한 정리'에 따라 '신뢰 구간 폭'이 늘어나 유의성 검정 시 오판의 소지가 생긴다. 따라서 '최소 5개 이상'이 포함될 수 있도록 주의한다. 풀이를 위해 '가설 검정 7단계'로 바로 들어간다. 그 전에 '3개 이상' 범주를 갖는 경우 대부분의 응시자들이 '가설 수립'에 어려움을 호소하곤 하는데, 늘 다음과 같이 기술할 것을 권장한다.

$$- \text{귀무가설}(H_0) : \text{모든 } OOO\text{의 평균은 동일하다(또는 차이가 없다).} \quad (\text{Ⅲ}-55)$$
$$- \text{대립가설}(H_A) : H_0\text{가 아니다.}$$

[표 Ⅲ-40] 경우 '귀무가설'은 무조건 "기존과 동일하다" 또는 "모두 같다"의 개념이므로 다시 새겨 쓰면 "모든 첨가물 조건들의 생산량 평균은 동일하다"이다(또는 기호로 '$\mu_{0.1}=\mu_{0.2}=\mu_{0.3}=\mu_{0.4}$'). 이에 '대립가설'로 "$H_0$가 아니다"이면 "적어도 하나 이상의 첨가물 조건들에 대한 생산량 평균이 다른 집단의 평균과 차이가 난다"이므로 일단 기억하거나 기술하기에 편리하다. 다음은 문항 [표 Ⅲ-40]의 풀이 과정과 '정답'이다.

(정답)

가설 검정 7단계	결과
1) 가설 –귀무가설: –대립가설:	(귀무가설) 모든 첨가물 조건들의 생산량 평균은 동일함 (대립가설) H_0가 아님
2) 유의 수준	0.10
3) 정규성 검정	$p_{0.1}=0.588$, $p_{0.2}=0.704$, $p_{0.3}=0.574$, $p_{0.4}=0.851$ ⇒ 모두 정규
4) 등분산 검정	(Bartlett 검정) $p=0.230$(등분산성 가정)
5) 검정 방법	'일원 분산 분석'
6) p-value	(경로) 통계분석(<u>S</u>)〉분산 분석(<u>A</u>)〉일원 분산 분석(<u>O</u>)… (p-value) 0.000
7) 결론: –통계적 결론: –실제적 결론:	(통계적 결론) 유의 수준 10%에서 p-value가 '0.000'이므로 대립가설 채택 (실제적 결론) 즉 첨가물 양에 따른 생산량이 모두 동일한 것은 아님(첨가물 양 0.2wt%가 평균 353.8g으로 가장 높음)

'분산 분석'의 미니탭 처리는 입력부터 해석까지 매우 단순하다. 그러나 이론적 배경을 따져들면 다소 복잡해지며 이 부분을 알고 있는지 확인하기 위한 문항이 출제될 경우 응시자들은 난감해지기 일쑤다. 그 대표적인 사례를 다음 [표 Ⅲ-41]에 실었다.

문제	현상 분석을 위해 2수준 2인자 실험 자료를 '개별 값 그림'으로 표현한 결과 다음의 그래프를 얻었다. 물음에 답하시오. 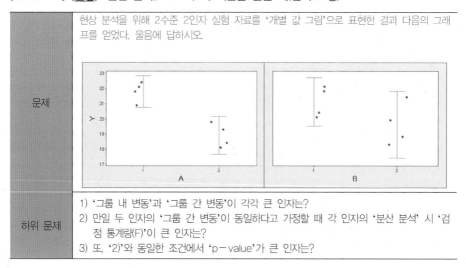
하위 문제	1) '그룹 내 변동'과 '그룹 간 변동'이 각각 큰 인자는? 2) 만일 두 인자의 '그룹 간 변동'이 동일하다고 가정할 때 각 인자의 '분산 분석' 시 '검정 통계량(F)'이 큰 인자는? 3) 또, '2)'와 동일한 조건에서 'p-value'가 큰 인자는?

[표 Ⅲ-41]의 '하위 문제 1)'은 '분산 분석'의 이론적 배경을 뒷받침한다. 풀이를 위해서는 [표 Ⅲ-39]에서 설명했던 '분산 분석 표'가 머릿속에 그려져야 한다. 연결이 어려운 독자는 [표 Ⅲ-39]의 '문항'과 '정답'을 복습한 후 다시 돌아오기 바란다.

하위 문제 1) '그룹 내 변동'과 '그룹 간 변동'이 각각 큰 인자는?

'그룹 내 변동'과 '그룹 간 변동'의 의미를 알아보기 위해 '인자 A'만 따로 떼서 관찰한다. 즉 '인자 A'의 각 수준별 '개별 값 그림'은 '1수준'의 '4개 타점'과 '2수준'의 '4개 타점'이 수준 내(그룹 내)에서 산포하며, 이들이 곧 '그룹 내 산포'에 해당한다. 또 '각 수준의 평균'은 '1수준'이 '2수준'보다 다소 높아 보이며, 이와 같이 '수준(그룹) 간 평균 차이'를 '그룹 간 변동'으로 간주한다. 따라서 '하위 문제'에서 묻는 '인자 A'와 '인자 B' 간 '그룹 내 변동'의 비교는 각 인자의 수준 내 산포가 큰 쪽이 '그룹 내 변동'이 크므로 'B가 A 보다 큼'이, '그룹 간 변동'은 '각 인자 수준의 평균 간 차이'가 큰 쪽이 '그룹 간 변동'도 크므로 'A가 B보다 큼'이 정답이다.

(정답)

- 그룹 내 변동: B가 큼('인자 B'의 각 수준 내 산포가 '인자 A'의 각 수준 내 산포보 다 커 보임)
- 그룹 간 변동: A가 큼('인자 A'의 두 수준 간 평균 차이가 '인자 B'의 두 수준 간 평 균 차이보다 커 보임)

하위 문제 2) 만일 두 인자의 '그룹 간 변동'이 동일하다고 가정할 때 각 인자의 '분산 분석' 시 '검정 통계량(F)'이 큰 인자는?

우선 [표 III-41] 내 '개별 값 그림'과 '분산 분석 표'를 연결하기 위해 '인 자 A'를 염두에 둔 임의의 '분산 분석 표'를 다음에 예로 들었다.

[표 III-42] '그룹 내 변동/그룹 간 변동'과 '분산 분석 표'와의 관계

출처	DF	SS	MS	F	P
A(그룹 간 변동)	1	16,820	16,820	32,35	0,001
오차(그룹 내 변동)	6	3.120	0.520		
총계	7	19.940			

[표 III-42]에서 열 '출처'에 쓰인 빨간색 글자는 설명을 위해 필자가 추가 하였다(미니탭 '세션 창'에는 포함돼 있지 않다). 'DF' 중 'A'가 '1'이므로 '수 준(그룹) 수=2개', '총계=7'이므로 데이터 타점이 '총 8개'라는 것을 알 수 있

다. 즉 각 수준별 '4개의 타점'을 갖는 [표 III-41]에 주어진 '인자 A'에 대한 '개별 값 그림'을 나타내는 '분산 분석 표' 예이다. 이 예에서 '검정 통계량(F)'은 '분산 비'인 'MS$_A$/MS$_{오차}$' 또는 'MS$_{그룹 간 변동}$/MS$_{그룹 내 변동}$'이므로 '그룹 간 변동'이 동일한 상태에서의 'F'는 분모인 '그룹 내 변동'이 작을수록 커진다. 따라서 [표 III-41]의 '인자 A'가 '인자 B'보다 '검정 통계량(F)'이 클 것으로 기대된다.

(정답)

- 인자 A
- (이유) '그룹 간 변동'이 동일한 상태에서 'F 값'을 얻는 데 필요한 '분산 비' 중 분모인 '그룹 내 변동'이 작은 쪽이 'F 값'도 커짐

하위 문제 3) 또, '2)'와 동일한 조건에서 'p-value'가 큰 인자는?

'분산 분석 표'에서의 'p-value'는 'F 분포'에서 'F 값'이 가르는 오른쪽 확률(넓이)이다([그림 III-48] 참조). 따라서 'p-value'가 상대적으로 커지려면 'F 값'이 작아야 한다. 다시 동일한 '그룹 간 변동'에서 작은 'F 값'은 분모인 '그룹 내 변동'이 커야 하므로 이 경우 정답은 '인자 B'이다.

(정답)

- 인자 B
- (이유) '그룹 간 변동'이 동일한 상태에서 'F 값'을 얻는 데 필요한 '분산 비' 중 분모인 '그룹 내 변동'이 큰 쪽이 'F 값'이 상대적으로 작아지며, 이것은 다시 큰 'p-value'로 이어진다.

지금까지 [그림 Ⅲ-44]의 「분석 4-블록」 중 '블록 ③'과 '블록 ④'의 검정 도구들에 대한 '기출 문항'과 그 풀이를 소개하였다. 이제 끝으로 출제 빈도도 높고 해석도 다양한 '카이 제곱 검정(Chi-square Test)'에 대해 알아보자.

'카이 제곱 검정'은 [그림 Ⅲ-45]로부터 'Y'가 '이산 자료'이면서 '둘 이상의 모집단 비율'을 비교할 때 활용된다. 이때 '두 집단의 비율 검정'은 '2-표본 비율 검정'이 있어 주로 '세 개 이상의 비율 검정'에 이용된다. 우선 자료가 다음 [표 Ⅲ-43]과 같이 '표(Table)'로 주어져야 분석이 가능하다(분할 표).

[표 Ⅲ-43] '카이 제곱 검정'을 위한 '분할 표'

		조립 설비			합계
		가	나	다	
불량 유형	A	92	76	57	225
	B	15	64	38	117
	C	78	22	58	158
합계		185	162	153	500

'카이 제곱 검정'을 수행하기 위한 미니탭 위치도 「통계 분석(S)>표(T)>카이-제곱 연관성 검정(S)…」처럼 '표' 속에서 이루어진다. '카이 제곱 검정'이 직접적으로 쓰이는 대표적 방식엔 세 가지 유형이 있다. 하나는 동일한 모집단에서 일정 표본을 추출해 두 집단 간 관계 여부를 따지는 '독립성 검정', 다른 하나는 서로 다른 모집단으로부터 추출된 표본 집단 간 동질성 여부를 확인하는 '동질성 분석'이 그것이다. 그 외에 분포가 맞는지 검정하는 '적합도 검정'이 있으나 문제 해결 과정엔 앞 두 유형이 대세다. 세 가지 검정 유형을 요약하면 다음과 같다.

[표 Ⅲ-44] '카이 제곱 검정'의 대표적 세 가지 검정 유형

독립성 검정	동일한 모집단에서 추출된 두 범주(인자)가 서로 독립적인지 여부를 검정하는 접근법. 동일 모집단에서의 표본 추출이므로 예를 들어, [표 Ⅲ-43]과 같이 '불량 유형(A, B, C)'과 '조립 설비(가, 나, 다)' 간 관련성을 알아보기 위해 500개 제품을 수집했을 때 각 셀의 빈도는 분류에 따라 형성된 숫자이며, 따라서 각 '행과 열의 합'은 연구자가 조정한 것이 아닌 우연히 형성된 결과임. 가설은 다음과 같이 설정. 　- H_0: 조립 설비와 불량 유형은 서로 독립이다. 　- H_a: H_0가 아니다.
동질성 검정	여러 모집단으로부터 한 범주(인자)에 대해 독립적으로 표본을 추출하고 다른 범주(인자)의 빈도는 확률적으로 할당되도록 한 뒤 두 범주(인자) 간 동질성 여부를 확인하는 검정법. 예를 들어, [표 Ⅲ-43]에서 '불량 유형(A, B, C)'별로 A=90, B=75, C=86을 각각 추출한 뒤 A, B, C 각 '불량 유형' 내에서 '조립 설비(가, 나, 다)'별로 빈도를 분류. 즉 '조립 설비 빈도'는 우연히 할당된 결과임. 가설은 다음과 같음. 　- H_0: 3개 모집단(A, B, C)은 '조립 설비'별 분포가 동일하다. 　- H_a: H_0가 아니다.
적합도 검정	현재 확보된 '이산 자료(관측 도수)'가 '정규 분포 모집단' 또는 '이항 분포 모집단'이나 '포아송 분포 모집단' 등 어느 하나의 모집단에서 왔다고 가정할 때(가설) 정말 그런지 확인하는 검정법. 문제 해결 과정에서는 자세히 다루고 있지 않음.

　비록 활용도 측면에서 '카이 제곱 검정'이 '독립성 검정'과 '동질성 검정'으로 나뉘지만 빈도가 표로 구성된 상태('분할 표, Contingency Table'이라고 함)에서의 검정은 미니탭 내 동일한 위치에서 동일한 과정으로 분석되고 해석된다. 상황에 맞는 '가설 수립'에만 약간의 차이가 있을 뿐이다. 평가를 준비 중인 응시자 경우 가설 수립에 어려움을 호소하는 경우가 많은데 쉽게 접근하는 방법이 있다. '카이 제곱 검정'을 묻는 문항 경우 지문을 보면 "두 유형(범주, 인자, 요인, 변인) 간 OOO인지를 확인하려고 한다"와 같이 무엇을 검정하려고 하는지 명확하게 제시돼 있으므로 그 글을 그대로 인용해 '귀무가설'이면 "두 유형(범주, 인자, 요인, 변인) 간 OOO은 동일하다"로, '대립가설'은 "H_0가 아니다"로 일관되게 기술한다. 문항에 검정 상황이 항상 제시되므로 이를 최대한 이용한다.

'카이 제곱 검정'이 여러 '가설 검정 도구'들 중에서 출제 빈도가 매우 높은 이유는 결과 해석의 다양성에 있다. 단순히 '세션 창'에 나타난 'p-value'를 읽고 "대립가설 채택, 또는 유의하다"나 "귀무가설을 기각하지 못함, 또는 유의하지 않다"의 결론을 내리는 대신 '관측 도수'와 '기대 도수'의 관계를 통해 현업에서의 상황을 진단하고 앞으로 나아갈 방향이나 개선점을 도출하는 2차 해석이 가능하기 때문이다. 따라서 검정에 들어가기 전 '가설'을 제대로 수립하는 일 외에 문항 풀이에 적절히 대응하기 위해서는 '카이 제곱 검정'에서 알아야 할 또 하나의 기본 지식으로써 '세션 창' 결과 내 각 값들이 어떻게 형성되는지를 아는 일이다. 여기에는 '기대 도수', '카이 제곱 기여도', '카이 제곱 통계량', '자유도', 'p-value' 등이 있으며, 이들을 통해 개선점 여부 등과 같은 부가적 정보를 얻을 수 있다. 다음 [그림 Ⅲ-49]는 「Be the Solver_

[그림 Ⅲ-49] '카이 제곱 검정' 결과 기본 해석

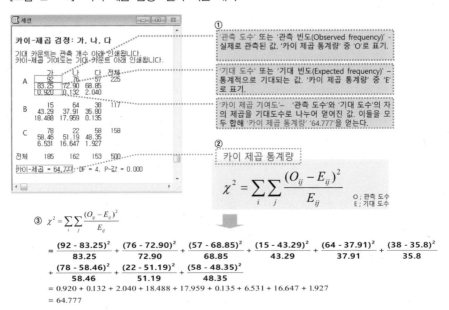

프로세스 개선 방법론」편에 실린 내용을 본문에 맞춰 편집해 옮겨놓은 설명도 이다. 보충이 필요한 독자는 해당 서적을 참고하기 바란다.

[그림 Ⅲ-49]를 간단히 정리하면, 우선 전체 '500개' 중 '조립 설비=가'의 총 합 '185개'가 점유하는 비율만큼 '불량 유형=A', '불량 유형=B', '불량 유형=C' 각각도 동일 비율만큼 나타나야 하는 조건이 '기대 도수'다. 따라서 '(관측 도수－기대 도수)^2'은 연속 자료에서의 '변동(Variation)'에 대응하며, 이 값이 크면 클수록 "기댓값에서 벗어난 이상(?) 상황이 프로세스에서 발생되었음"을 암시한다. 이렇게 얻어진 '카이 제곱 기여도' 각각이 모두 합해져 '카이 제곱 통계량'인 "64.777"이 얻어지고, 이는 '카이 제곱 분포'의 'x 값'이 된다. 과거와 같이 이 값이 가르는 오른쪽 '확률(넓이)'이 곧 'p－value'이다. '기대 도수' 계산과 추가 해석 등에 대해서는 「Be the Solver_프로세스 개선 방법론」편에 상세히 소개하고 있으니 기본 이해가 부족한 독자는 문항 풀이 전 해당 본문을 참고하기 바란다. 이제 '기출 문항' 풀이로 들어가 보자.

[표 Ⅲ-45] [문항] '카이 제곱 검정' 예(난이도 중)

문제	한 제조 라인의 '불량 유형(A, B, C)'과 '조립 설비(가, 나, 다)'와의 관련성을 알아보기 위해 500개의 제품을 수집한 후 [표 Ⅲ-43]과 같은 분류표를 얻었다. 다음 물음에 답하시오.
하위 문제	1) 검정 수행을 위한 가설을 수립하시오. 2) '동질성 검정'과 '독립성 검정' 중 어느 것에 해당되는지 답을 쓰고 이유를 설명하시오. 3) 검정을 수행하고, 결론을 기술하시오(유의 수준=5%). 4) 결과를 이용해 가장 먼저 개선해야 할 항목을 추출하고 왜 그렇게 판단하는지 기술하시오.

하위 문제 1) 검정 수행을 위한 가설을 수립하시오.

'가설 수립'에 대해 본문에서 설명했던 바와 같이 문항의 지문을 최대로 활용한다. 지문 중 "한 제조 라인의 '불량 유형(A, B, C)'과 '조립 설비(가, 나, 다)'와의 관련성을 알아보기 위해"를 통해 다음과 같이 수립한다.

(정답)

- (귀무가설): '불량 유형(A, B, C)'과 '조립 설비(가, 나, 다)' 간 관련성이 없다.
- (대립가설): H_0가 아니다.

하위 문제 2) '동질성 검정'과 '독립성 검정' 중 어느 것에 해당되는지 답을 쓰고 이유를 설명하시오.

[표 Ⅲ-44]에 기술된 내용을 토대로 문항을 관찰할 때, 동일 모집단에서 총 500개를 추출하여 '불량 유형'과 '조립 설비' 두 범주(인자, 요인, 변인)로 그 빈도를 구분한 예이므로 '독립성 검정'에 해당한다.

(정답)

독립성 검정
(이유) 동일 모집단에서 총 500개를 추출하여 '불량 유형'과 '조립 설비' 두 범주(인자, 요인, 변인)로 그 빈도를 구분함. 즉 각 셀의 빈도는 조정된 것이 아닌 확률적으로 할당됨

하위 문제 3) 검정을 수행하고, 결론을 기술하시오(유의 수준=5%).

'가설 검정 7단계'를 통해 검정을 수행한다. '가설 수립'은 이미 '하위 문제 1)'에서 언급했으므로 그 이후부터 적어나간다. 주의할 사항은 연속 자료의 검정이 아니므로 '정규성 검정'과 '등분산 검정'은 생략한다.

가설 검정 7단계	결과
1) 가설 　－귀무가설: 　－대립가설:	(귀무가설) '하위 문제 1)' 정답 참조 (대립가설)
2) 유의 수준	0.05
3) 정규성 검정	해당 사항 없음
4) 등분산 검정	해당 사항 없음
5) 검정 방법	'카이 제곱 검정'
6) p-value	(경로) 통계분석(S)〉표(T)〉카이－제곱 연관성 검정(S)… (p-value) 0.000
7) 결론: 　－통계적 결론: 　－실제적 결론:	(통계적 결론) 유의 수준 5%에서 p-value가 '0.000'이므로 대립가설 채택 (실제적 결론) 즉 적어도 하나 이상의 비율에서 '불량 유형'은 '조립 설비'별로 차이가 있음

하위 문제 4) 결과를 이용해 가장 먼저 개선해야 할 항목을 추출하고 왜 그렇게 판단하는지 기술하시오.

'카이 제곱 검정'의 실용적 측면을 따지라면 아마 이 대목이 될 듯싶다. '개선 방향'을 찾는 일은 '프로세스 개선 방법론 로드맵' 중 'Analyze Phase'의 최종 산출물임을 누누이 강조한 바 있다. 여타 검정 도구들은 'p-value'를 통해 '유의성 여부'를 판독하는 데 그치지만 '카이 제곱 검정'은 '세션 창'에 나타난 '관측 빈도와 기대 빈도의 차이'를 이용해 약간의 '사실 분석' 효과를 누릴 수 있다. 이를 알아보기 위해 [표 Ⅲ－45] 문항의 미니탭 결과인 [그림 Ⅲ－49]의 일부를 다음에 편집해 옮겨놓았다.

[그림 Ⅲ - 50] '카이 제곱 검정' 결과 추가 해석(개선 방향 설정)

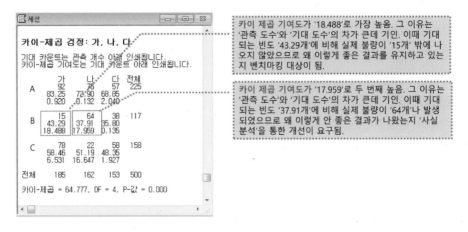

[그림 Ⅲ - 50]은 '카이 제곱 기여도'가 가장 큰 값과 두 번째로 큰 값을 나타내고 있다. 이 값이 커진 이유는 '관측 도수'와 '기대 도수' 간 차이가 큰 데 기인한다. 그런데 두 값의 차이는 양상이 서로 다른데, '카이 제곱 기여도=18.488'은 '기대 도수'가 '관측 도수'에 비해 훨씬 큰 데 반해, '카이 제곱 기여도=17.959' 경우 반대로 '관측 도수'가 훨씬 크다. 즉 기대되는 빈도에 대해 어떤 경우는 실제 '관측 빈도'가 크거나 또는 반대로 작게 관찰된다. 만일 '기대 빈도'보다 '관측 빈도'가 크다면 프로세스에 이상 상태가 존재하는지에 대한 '개선 대상'으로, 그 반대면 왜 이런 좋은 상태가 유지되는지에 대한 '벤치마킹 대상'으로 간주된다. 정답을 요약하면 다음과 같다.

(정답)

(최우선 개선 대상) '조립 설비=나'의 '불량 유형=B'
(이유) '카이 제곱 기여도'가 큰 값들 중 '기대 빈도'보다 '관측 빈도'가 큰 값으로 관찰됨

'하위 문제 4)'는 '통계적 결론'과 '실제적 결론' 간 오판 가능성을 지적하는 문항으로 대체되기도 한다. 예를 들어 '정답'인 "'조립 설비=나'의 '불량 유형=B'" 경우 불량품의 절대치는 '64개'로 다른 셀 내 '관측 빈도'에 비해 그리 큰 값이 아니다. 결과에서 "'조립 설비=가'의 '불량 유형=A'"는 불량품의 절대치가 '92개'로 정답의 '64개'보다 '28개'나 더 많다. '불량품'은 많을수록 불리하므로 '개선 대상'은 "기대 빈도와 관측 빈도 차가 큰 경우"보다 "절대치가 큰 경우"가 오히려 더 선호돼야 한다. '정답'은 문항의 지문이 어땠느냐에 따라 결정되지만, 실무적 관점에서 어떤 판단이 더 올바른지 문항 사례를 통해 깊이 있게 인식하는 계기가 된다. 이것이 '평가의 사전 학습'을 단순히 '시험 준비' 그 자체로 보기보다 응시자들이 실 업무에 중요한 노하우를 얻는 장으로 인식해야 할 주요 이유 중 하나이다.

'카이 제곱 검정'은 다양한 상황을 가정해 출제되고 있는 만큼 여러 문항들을 직접 접함으로써 대응력을 키울 수 있다. 그러나 앞서 설명된 문항들을 충분히 이해한다면 모두 유사한 양상을 띠므로 풀이에 큰 어려움은 없다.

7. 회귀 분석/DOE

'회귀 분석/DOE'와 같이 '회귀 분석'과 'DOE'를 함께 언급한 이유는 비록 결과를 얻는 과정과 요구 데이터 등에 차이가 있긴 하나 '회귀 분석(Analysis of Regression)'과 '실험 계획(DOE, Design of Experiment)'의 결과 해석이 서로 동일한 데 근거한다. 본론에 들어가기 전 현 위치를 상기시키기 위해 [표 Ⅲ-1]을 다시 옮겨놓았다.

[표 Ⅲ-46] 자기 학습을 위해 본문에서 설명할 항목

학습 항목	주요 내용
'방법론' 사전 학습	1. '프로세스 개선 방법론 로드맵' 관련 문항 풀이 2. '세부 로드맵' 관련 문항 풀이 3. '방법론' 관련 문항 풀이
'확률 통계' 사전 학습	1. 정규 분포 가법성 2. 정규 분포 확률(넓이) 구하기 → 시그마 수준 3. 중심 극한 정리 → 신뢰 구간 4. 분포(이항, 포아송) 5. 가설 검정 용어 6. 가설 검정 7단계 7. 회귀 분석/DOE, 필요 시 '정의 대비' 포함 8. 관리도 9. (추가) MSA
'정성적 도구' 사전 학습	'개선 체계도'를 중심으로 한 용법 소개 및 문항 풀이 예

'로드맵' 측면에서 '회귀 분석'이 'DOE'에 앞서므로 먼저 '회귀 분석'을 논한 뒤, 해석의 유사성을 발판으로 'DOE'에 대해 알아보자. 두 도구에 대한 기본 설명이 완료되면 이어 '7.3. 회귀 분석/DOE와 관련된 기출 문항 풀이'로 들어간다.

7.1. '회귀 분석(Analysis of Regression)' 사전 학습

'기출 문항' 중 '회귀 분석'은 크게 '단순 회귀 분석'과 '다중 회귀 분석'으로 나뉜다. 전자는 'x'가 하나, 후자는 'x'가 두 개 이상인 경우다. 물론 출제 빈도는 전자가 훨씬 높다. 실무에서도 그 활용 빈도가 높은 만큼 평가의 매 회마다 한두 문항은 꼭 출제된다. '회귀 분석'과 'DOE' 중 어느 통계 도구를 선택하느냐는 다음 [그림 Ⅲ - 51]의 '개선 체계도'를 통해 결정된다.

[그림 Ⅲ - 51] 개선 체계도

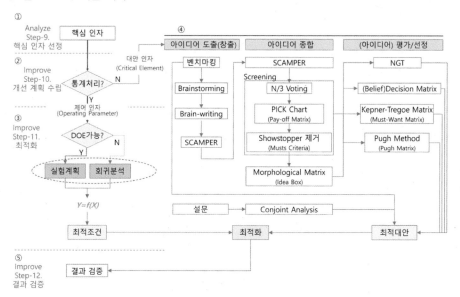

'Improve Phase'로 들어가기에 앞서 '개선 전략'을 구사하는 시점에 [그림 Ⅲ - 51]의 흐름도를 참고한다. 'Analyze Phase'에서 결정된 '핵심 인자(Vital

Few X's)'(영역 ①)는 최적화에 있어 '통계 처리'가 가능한지 여부에 따라 '제어 인자(Operating Parameter)'와 '대안 인자(Critical Element)'로 나뉘며(영역 ②), 특히 '제어 인자' 경우 통계 도구를 선택하는 데 있어 의도적인 실험을 통해 'Y'와 'X' 간 관련성을 따져볼 수 있으면 '실험 계획(DOE)'을, 불가하거나 제약이 많으면 '회귀 분석'을 이용한다(영역 ③). '회귀 분석'은 프로세스에서 축적된 기존 데이터를 이용하여 'y=f(x)'를 얻는 접근이다. '개선 체계도'의 좀 더 자세한 설명은 「Be the Solver_프로세스 개선 방법론」편을 참고하기 바란다. '기출 문항' 풀이에 앞서 '회귀 분석'의 데이터 구조와 미니탭 내 위치를 알아보면 다음 [그림 Ⅲ - 52]와 같다.

[그림 Ⅲ - 52] '회귀 분석'을 위한 데이터와 미니탭 내 분석 위치

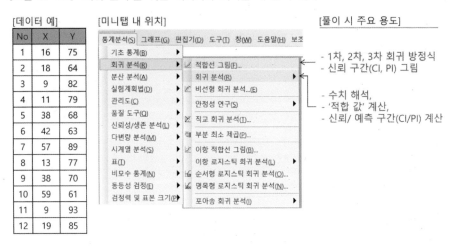

'회귀 분석'을 위한 문항 풀이 시 [그림 Ⅲ - 52]에서 보인 바와 같이 두 개의 경로를 이용할 수 있다. 먼저 「통계분석(S)>회귀 분석(R)>회귀 분석(R)…」은 '비정상적 관측치'와 '개별 X의 유의성 정보' 같은 수치 해석에 유용한 정

보를 제공한다. 또, 얻어진 '회귀 방정식'에 임의의 'x'를 입력했을 때 그에 적합한 'y'나 "평균에 대한 신뢰 구간(CI, Confidence Interval)" 및 "개별 x 값에 대한 예측 구간(PI, Prediction Interval)" 모두를 구하며, 이들의 출제 빈도는 꽤 높은 편이다. 다음 [그림 Ⅲ - 53]은 과정과 결과를 나타낸 그림이다.

[그림 Ⅲ - 53] '회귀 분석' 미니탭 위치와 '대화 상자' 입력 및 결과 예

「통계 분석(S) > 회귀 분석(R) > 회귀 분석(R) > 적합 회귀 모형(F)...」

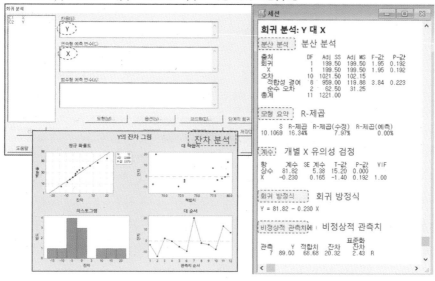

이에 반해, 「통계 분석(S)>회귀 분석(R)>적합선 그림(F)…」은 '1차 회귀 방정식' 외에 '2차와 3차 회귀 방정식'까지 얻어주며, 회귀 직선 주변으로 '신뢰 구간'과 '예측 구간'을 함께 나타내준다. 다음 [그림 Ⅲ - 54]는 앞서 설명된 특징들을 나타낸 그림이다.

[그림 Ⅲ-54] '적합선 그림'의 미니탭 위치와 '대화 상자' 입력 및 결과 예

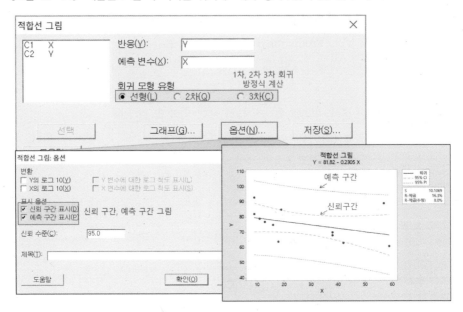

미니탭의 '회귀 분석(R)'과 '적합선 그림(F)'의 특징을 잘 알아두면 '회귀 분석' 문항 풀이 시 매우 유용하다. 이제부터 '기출 문항' 풀이에 앞서 꼭 숙지해야 할 기본 해석에 대해 알아보자. [그림 Ⅲ-55]는 미니탭의 「통계 분석(S)>회귀 분석(R)>회귀 분석(R)>적합 회귀 모형(F)…」을 통해 얻은 '세션 창' 결과와 '잔차 그림(Residual Plot)'이다. 참고로 '잔차(Residual)'는 "실제 '관측 값(y)'과 이론적으로 얻어진 직선상 '적합 값($\hat{y}$, Fitted Value)'과의 차"이다. 그림의 '원 번호'는 결과에 대한 해석 순서를 나타낸다. 다섯 가지 모두가 만족돼야 주어진 '회귀 방정식'의 사용이 가능하며, 평가 문항은 주로 이들과 관련돼 출제된다.

[그림 Ⅲ - 55] '단순 회귀 모형'의 해석 항목과 순서

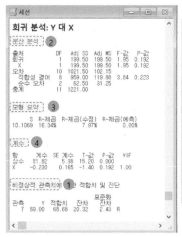
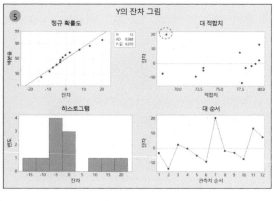

[그림 Ⅲ - 55]는 '회귀 분석' 때 일반적으로 접하는 결과이다. 해석 순서는 '원 번호'를 따른다. 통상 '회귀 방정식'인 '$y = 81.82 - 0.23x$'가 활용에 적합한지 판단하기 위해 그 전제 조건으로 다섯 가지를 꼽는다([그림 Ⅲ - 55]의 '원 번호'와 다음 [표 Ⅲ - 47]의 '원 번호'는 일치).

[표 Ⅲ - 47] '세션 창' 내 '회귀 방정식'의 '적합성' 평가

원 번호	항목	내용	적합성 판단 기준
①	비정상적 관측치	이상점, 지렛대점, 영향점 확인	없어야 함
②	분산 분석 '출처' 중 '회귀'의 'p - 값'	'회귀' 항에 대한 유의성 검정	5% 이하
③	R - 제곱(또는 R - 제곱(수정))	'회귀 방정식'이 '원 관측 값'을 설명하는 정도	100%에 근접한 정도
④	'예측 변수(x)'의 'p - 값'	각 '계수'들의 유의성 검정. 단, '단순 회귀 모형'은 '②'와 'p - 값'이 동일	5% 이하
⑤	'잔차 그림' 분석	정규성, 등분산성, 독립성의 가정 확인	모두 성립

'회귀 방정식'은 이론식이다. 이 식이 '원 관측 값'을 잘 설명하려면, 즉 쓰임새가 있으려면 [표 Ⅲ-47]의 다섯 가지 모두를 통과해야 한다. 이때 평가에 출제 빈도가 높은 '③ R-제곱(또는 R-제곱(수정))'과 '⑤ 잔차 그림'에 대해 좀 더 알아보자.

'③ **R-제곱(또는 R-제곱(수정))**'은 전자는 '결정 계수(Coefficient of Determination)', 후자는 '수정된 결정 계수'로 불린다. 의미는 "회귀 방정식이 실제 관측 값을 설명하는 정도"이다. 수치가 높아져 '100%'에 이르면 주어진 'x'에 대해 'y'는 '회귀 방정식'에 의해 '100%' 예측될 수 있다. [그림 Ⅲ-52]의 데이터처럼 'x'가 1개인 경우 'R-제곱'을, 2개 이상인 경우 'R-제곱(수정)'을 사용한다. '다중 회귀 방정식'이나 이후에 설명될 '실험 계획(DOE)' 등은 '상호 작용'까지 포함해 대부분 'x(항)'가 2개 이상이므로 'R-제곱(수정)'을 이용한다. 평가는 이들이 의미하는 바가 무엇인지와 값이 나오는 계산 과정, 또 둘 간의 사용상 차이점을 묻는 문항이 주를 이룬다. 'R-제곱' 의미는 설명했으므로 값이 나오기까지의 계산 과정부터 알아보자. 다음은 '분산 분석 표'로부터 'R-제곱(또는 R-제곱(수정))'이 얻어지는 과정이다.

[그림 Ⅲ-56] 'R-제곱(또는 R-제곱(수정))'이 얻어지는 과정

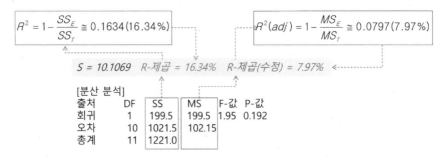

[그림 Ⅲ - 56]에서 'R - 제곱'은 '분산 분석 표'의 'SS(Sum of Square)'를 이용한다. 'SS'는 "x가 변할 때 y가 얼마나 흔들리는지에 대한 척도"이므로 "전체 흔들리는 정도(SS_T) 대비 '회귀'에 의해 흔들리는 정도(SS_R)의 비율"로 설명된다. 계산 과정과 결과는 다음과 같다.

$$R^2 = \left(1 - \frac{SS_E}{SS_T}\right) \times 100 = \left(1 - \frac{1021.5}{1221.0}\right) \times 100 \cong 16.34\% \qquad (\text{Ⅲ} - 56)$$

식(Ⅲ - 56)에서 '결정 계수'가 '16.34%'로 낮은 이유는 [그림 Ⅲ - 55]의 '세션 창' 결과에 나타난 '비정상적 관측치' 등의 영향이 작용한다. 이에 반해 'R - 제곱(수정)'의 산출 과정은 다음과 같다.

$$R^2(adj) = \left(1 - \frac{MS_E}{MS_T}\right) \times 100 = \left(1 - \frac{\left(\dfrac{1021.5}{10}\right)}{\left(\dfrac{1221.0}{11}\right)}\right) \times 100 \qquad (\text{Ⅲ} - 57)$$

$$= \left(1 - \frac{102.15}{111.0}\right) \times 100 \cong 7.973\%$$

계산 과정과 결과는 그렇다 치고 왜 'x'[17]가 2개 이상인 경우 '수정된 결정 계수'를 쓰는 것일까? 답을 얻기 위해서는 [표 Ⅲ - 39]와 [그림 Ⅲ - 48]에서 설명한 '분산 분석 표'에서의 '병합(Pooling)'과 관계한다. 예를 들어, 유의하지 않는 항을 '병합'할 경우, 식(Ⅲ - 56)에서 분모인 'SS_T'는 고정인 반면 분자인 'SS_E'는 '병합'되는 양에 따라 출렁이기 마련이다. 'x'가 하나면 '병합'에 의미가 없으므로 '유의하지 않은 변수들의 병합' 영향은 항이 2개 이상인 경

---

17) 'x'라고 썼지만 '상호 작용' 등을 고려해 일반적으로 '항(Term)'으로 명명한다.

우부터 나타나기 시작한다. 또 식(Ⅲ-57)에서는 '병합'이 일어날 경우 역시 '분모'인 'MS$_T$'는 고정이지만 분자의 변화 정도는 'R²'과는 사뭇 차이가 있는데, 분자 '$\frac{1021.5}{10}$'는 'SS=1021.5'가 '병합'에 의해 커지거나 작아지면 'DF=10' 역시 같은 비율은 아니더라도 커지거나 작아지므로 '수정 결정 계수'의 변동은 '결정 계수'의 그것과 비교해 안정된 상태를 유지한다. 별로 중요하지 않은 변수를 '오차'로 처리했는데 '회귀 방정식'의 실제 데이터 설명 정도가 크게 출렁이는 모습은 적절치 않다. 만일 평가에 '결정 계수'와 '수정된 결정 계수'의 차이에 대해 기술하라고 하면 지금까지의 설명 내용을 요약한다.

또 한 가지 'R-제곱(수정)'을 이용한 판단에 꼭 알아두어야 할 사항이 있다. 바로 '세션 창' 내 '분산 분석 표'의 '회귀 p-value'가 유의하지 않음에도 'R-제곱(수정)'이 크거나 또는 그 반대의 상황에 처했을 때다. 정상은 "'회귀 p-value'가 유의하면(또는 낮을수록) 'R-제곱(수정)'은 높다"이다. 만일 두 값이 불일치하면 다음 [표 Ⅲ-48]과 같이 해석하고 조치한다.

[표 Ⅲ-48] 'p-value'와 'R-제곱(수정)'을 통한 '회귀 방정식' 적합성 해석

	p-value〈0.05	p-value〉0.05
R-제곱 (수정) 大	정상	변동은 설명되나, 통계적으로 유의하지 않음 ⇒ 더 많은 자료가 필요
R-제곱 (수정) 小	변동은 부분적으로 설명되고, 통계적으로 유의 ⇒ 누락된 X가 있는지 확인	정상

다음으로 알아둬야 할 항목이 '잔차 그림 분석'이다.

'⑤ 잔차 그림(Residual Plot) 분석'을 위해 [그림 Ⅲ-52]의 '원 자료'로부터 '잔차'를 구하면 [표 Ⅲ-49]와 같다. '잔차(Residual)'란 '$Y - \hat{Y}$'이다.

X	16	18	9	11	38	42	57	13	38	59	9	19
Y	75	64	82	79	68	63	89	77	70	61	93	85
$\hat{Y}$	78.13	77.67	79.75	79.28	73.06	72.14	68.68	78.82	73.06	68.22	79.75	77.44
잔차	-3.13	-13.7	2.26	-0.28	-5.06	-9.14	20.32	-1.82	-3.06	-7.22	13.26	7.56

[표 Ⅲ-49]의 '잔차' 중 '20.32'는 다른 값들에 비해 유독 커 보인다. '회귀 방정식'이 잘 안 맞거나 '이상점'일 가능성이 높다. '잔차 분석'은 '잔차'의 '정규성(Normality)', '등분산성(Homoscedasticity)', '독립성(Independence)'을 확인하는 과정이다. 이들이 가정돼야 '회귀 방정식'이 적합하단 최종 판단을 내릴 수 있다. [그림 Ⅲ-55]의 '잔차 그림'만 떼어내 다음에 옮겨놓았다.

[그림 Ⅲ-57] '잔차 그림' 예

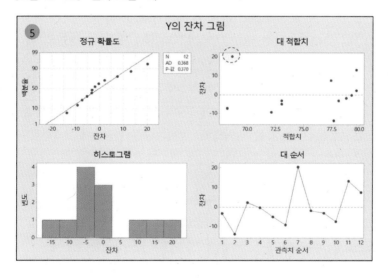

만일 [표 Ⅲ-49]의 자료로부터 얻은 '회귀 방정식'이 100% 완벽하게 실제

데이터를 설명하면 '잔차'는 이론적으로 모두 '0'이다. 그러나 '적합 값(Fitted Value)'인 '$\hat{Y}$'가 설명력이 높다고 해도 현실은 '관측 값'보다 조금 크거나 조금 작은 분포를 보일 것이고, 따라서 '잔차'는 '0'을 중심으로 좌우대칭 종 모양의 '정규 분포'를 띠게 된다. [그림 Ⅲ - 57] 내 '잔차 그림'에서 왼쪽 '**정규 확률도**'와 '**히스토그램**'이 '잔차의 정규성 여부'를 판단할 그래프이다. 통상 '관측 값' 수가 많지 않으면 '히스토그램'은 이가 빠져 판단에 어려움이 있기 때문에 '정규 확률도'를 이용하는 편이 좋다. 특히 미니탭 「도구(T)>옵션(O)…」으로 들어가 '개별 그래프>시계열에 대한 잔차 그림'에서 "정규 확률도에 Anderson - Darling 검정 포함(A)"을 선택하면 '잔차 그림'에 항상 'p - 값'이 포함돼 해석이 용이하다. [그림 Ⅲ - 57] 경우 'p - 값=0.370'으로 '정규 분포하고 있음'을 알 수 있다.

　[그림 Ⅲ - 57]의 '**대 적합지**' 그래프는 '잔차'의 '등분산성'을 판독하는 용도로 쓰되, 'Y - 축'을 '표준화 잔차'로 설정하면('회귀 분석' 시 '대화 상자'에서 설정) '±2'를 넘는 타점 경우 '이상점(Outlier) 여부'의 판독도 가능하다. 그림 예에서 작은 원으로 강조된 타점이 '이상점', 즉 'Y'와 '$\hat{Y}$'가 상대적으로 크게 차이나는 점이며 [그림 Ⅲ - 55]의 '세션 창' 결과에 '비정상적 관측치'로 표기돼 있다. 본 예 경우 '잔차'들이 '임의성'을 띠고, 산포도 일정 영역에서 등락하므로 '등분산 가정'을 만족한다. 만일 다음 [그림 Ⅲ - 58]과 같이 관찰되면 '등분산성'에 의심을 갖는다.

[그림 Ⅲ - 58] '등분산성'을 만족하지 못하는 패턴 예(단, (a)는 정상 예)

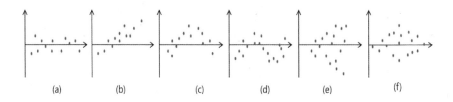

[그림 Ⅲ-58] 중 '(a)'는 정상적인 흐름을, '(b)'는 '적합 값($\hat{Y}$)'이 증가할 수록 '잔차'도 함께 증가하는 경우이며, 기본적으로 '관측 값'과 '적합 값'의 차이가 점점 더 벌어지는 특이한 예이다. '(c)'와 '(d)'는 '등분산성'의 문제라 기보다 '2차 방정식'이나 '3차 방정식'으로 적합을 시켜야 하는 데이터임에도 '1차 방정식'으로 적합해서 나타나는 현상이다. 미니탭은 「통계분석(S)>회귀 분석(R)>적합선 그림(F)…」에서 '2차'와 '3차'로의 적합을 제공한다. 평가에서 '잔차'가 곡률로 관찰되면 그에 맞는 '회귀 방정식'을 구해야 한다. '비정상적 관측치' 또는 적합을 시킨 '방정식'의 문제가 아니면 '(e)'와 '(f)'의 유형이 일 반적으로 '등분산성'이 결여된 예에 해당한다. 만일 프로세스에 문제가 있어 나타난 현상이 아니라 순수 데이터 간 관계에 기반을 둔 결과라면 변수 변환 등을 통해 '선형 모형'으로 전환하는 것도 가능하다.

[그림 Ⅲ-57]의 '잔차 그림'에서 **대 순서** 그래프는 '독립성'을 관찰하는 데 유용하다. '독립성'이란 '잔차'의 앞뒤 데이터 간 '상관성'이 없는 경우이 다. '종속 변수(Y)'가 시간이나 위치에 영향을 받는 '시계열 자료'일 경우 순 서대로 나열했을 때 앞뒤 간 '상관 관계'가 존재할 수 있다. 특히 '잔차'가 독 립적이지 않은 경우를 '자기 상관(Autocorrelation)'이라고 한다. '회귀 분석'에 서 '잔차'가 '자기 상관'이 있을 경우 "예로써 오차 항 사이에 양의 상관 관계 가 있으면 실제 오차의 분산보다 최소 제곱법으로 구한 오차 분산이 작게 나 오게 돼 계수에 대한 t-값이 팽창되어 예측 변수가 유의하지 않은데도 유의 한 것으로 나타나기 쉽다('p-값'이 작아짐)." 다음 [그림 Ⅲ-59]는 '대 순서' 그래프를 통해 관찰되는 '자기 상관'의 패턴을 보여준다.

[그림 Ⅲ-59] '잔차'의 '자기 상관' 진단 및 'DW 통계량' 예

[자기상관 없음]	[양의 자기상관]	[음의 자기상관]
Durbin-Watson 통계량 = 2.27549	Durbin-Watson 통계량 = 0.856825	Durbin-Watson 통계량 = 3.25813

　[그림 Ⅲ-59]의 맨 왼쪽 그래프는 정상이며 '잔차의 독립성 가정'을 확인시킨다. 수치적으론 'DW 통계량=2.27549'로 통상 '2'에 근접하면 '자기 상관이 없는 경우'로 해석한다. 가운데 그래프는 최초 7개 타점은 '음의 값'을, 다음 5개 타점은 '양의 값', 나머지 4개 타점은 다시 '음의 값'과 같이 동일 부호의 타점들이 모여 관찰되는 경우 '양의 상관 관계'를 의심할 수 있다. 물론 'DW 통계량=0.856825'를 통해서도 '0'에 근접하면 '양의 상관 관계'임을 확인할 수 있다. 끝으로 세 번째 그래프는 연속된 '잔차'의 부호 사이에 변화가 급하게 관찰되며, 이와 같은 추이는 '음의 상관 관계'를 의심할 수 있고, 'DW 통계량=3.25813'과 같이 '4'에 근접한 값으로 나타난다.

　평가 문항에서의 '잔차 분석'은 '잔차 그림'을 내보이고 상황을 진단토록 묻거나 '회귀 방정식'을 적는 과정에 반드시 해석이 언급됐는지 확인하는 형태로 출제된다. 경향이야 어떻든 내용을 정확하게 알아둘 필요가 있다. '기출 문항' 예와 풀이는 이어지는 '실험 계획(DOE) 사전 학습' 설명 후 '7.3. 회귀 분석/DOE와 관련된 기출 문항 풀이'에서 전개된다.

7.2. '실험 계획(DOE, Design of Experiment)' 사전 학습

　문제 해결 과정에서 학습되는 '실험 계획' 유형엔 크게 '부분 요인 설계 (Fractional Factorial Design)', '완전 요인 설계(Full Factorial Design)', '반응 표면 설계(Response Surface Design)', '혼합물 실험(Mixture Experiment)', '다 구치 방법(Taguchi Method)', '진화적 조업(EVOP, Evolutionary Operation)' 등이 있다. 그러나 실제 기업에서 치러지고 있는 대부분의 평가 문항은 '완전 요인 설계(Full Factorial Design)'가 약 95% 수준에 임박한다. 분야에 관계없 이 통용되는 보편적 '실험 계획'이기 때문이다. 그 외에 '연구 개발(R&D)' 부 문의 응시자를 따로 구분하기 위해 '완전 요인 설계'를 제외한 다른 도구들 관련 문항이 출제된다. 따라서 본문에서도 '완전 요인 설계'에 대해 설명을 이 어나가고 다른 도구들은 관련 서적을 참고하기 바란다.

　이제부터 설명될 '실험 계획(DOE)' 내용은 기본 중의 기본에 속하므로 반 드시 사전 학습을 철저히 한 뒤 평가에 임하도록 한다. 본 내용은 「Be the Solver_확증적 자료 분석(CDA)」편 중 관련 본문을 편집해놓은 것이다. 좀 더 자세한 내용을 원하는 독자는 해당 서적을 참고하기 바란다.

　통상 실험은 수준이 '2개'인 것을 기본으로 하며, 이때 '총 실험 수'는 '(수준 수)$^{\text{인자수}}=2^{\text{인자수}}$'로 알 수 있다(대부분의 표준 실험은 '수준 수=2'가 대 세다). 만일 '제어 인자'가 '5개'면 '$2^5=32$회'의 실험이 필요하다. 이와 같은 실험을 '완전 요인 설계'라고 한다. 물론 인자 수가 6, 7개 등으로 늘어나면 실험 수도 '64회', '128회' 등으로 급증한다. 따라서 인자 수를 줄일 필요가 있는데 이때 필요한 '실험 계획'이 '부분 요인 설계'다. 또 동일하지만 'Y'를 최적화시킬 목적보다 영향이 적은 인자를 인위적인 실험을 거쳐 걸러내겠다는 의도로 실험하면 '부분 요인 설계'라 하지 않고 따로 '선별 설계(Screening

Design)'로 불린다. 보통 'Analyze Phase'에서 '핵심 인자(Vital Few Xa)'가 너무 많이 선정돼 정상적인 실험이 어렵거나 과연 그렇게 많아야 하는지 의심될 경우 수행된다. [그림 Ⅲ - 60]은 '완전 요인 설계' 및 '부분 요인 설계(또는 선별 설계)'에 어떤 것들이 있는지를 확인할 수 있는 화면이다. 위치는 미니탭 「통계 분석(S)>실험 계획법(D)>요인(F)>요인 설계 생성(C)…」으로 들어가 ' 사용 가능한 설계 표시(Y)… '를 누른다. 그림에서 '완전'이라고 쓰여 있는 경우가 바로 이후 설명될 '완전 요인 설계'의 '실험 수'를 나타내고, 그 외 것들이 '부분 요인 설계'다. 빨강, 노랑, 녹색은 '부분 요인 설계'할 때 정보를 잃어버리는 정도를 구분해놓은 표식이다. 예를 들어, '녹색'은 '실험 수'가 줄더라도 대부분의 유용한 정보를 얻어낼 수 있는 반면, '빨강'으로 갈수록 중요 정보를 놓칠 수 있다는 점을 암시한다. '노랑'은 그 중간 정도이다. 경제적인 측면에선 '실험 수'가 줄어 효율적이지만, 정보 수집 측면에선 결과에 손실이 가해짐을 감수해야 한다.

[그림 Ⅲ - 60] '요인 설계' 유형

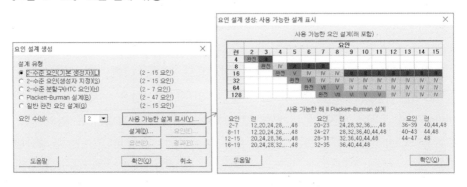

　　[그림 Ⅲ - 60] 내 오른쪽 표 아래에 '사용 가능한 해 Ⅲ Plackett - Burman 설계'는 '인자 수'가 최대 '47개'일 경우 '실험 수'는 '48회'까지 줄일 수 있는

실험법으로 역시 '선별 설계'의 일종이다. 만일 인자들 간 '상호 작용'에 대한 사전 정보가 있거나(논문, 과거 실험 결과, 전문가 의견 등), 실험 수를 줄여도 최적 조건을 충분히 달성할 수 있는 상황이면 굳이 실험을 전부 다 해야 하는 '완전 요인 설계'보다 '부분 요인 설계'를 통해서도 목적을 달성할 수 있다.

'완전 요인 설계(Full Factorial Design)'는 말 그대로 정해진 실험을 모두 행하는 방법이다. 물론 경제적인 측면에서 돈과 시간, 노력이 많이 드는 편이나 '실험 계획'에서 얻을 수 있는 모든 정보를 확보하는 측면에선 큰 이점이 있다. '실험 계획'의 기본 원리에 익숙지 않은 응시자들을 위해 '정해진 실험 수'와 '얻을 수 있는 정보'가 무엇인지에 대해 좀 더 알아보자.

'정해진 실험 수'는 앞서 설명했던 바와 같이 인자별 2개의 수준을 기본으로 하므로, 3인자 경우의 '실험 수=$2^3=8$회'가 되며, 따라서 이 횟수를 전부 완수하면 '완전 요인 설계'이다. 이때 '얻을 수 있는 정보'는 3개의 인자를 '온도(20℃, 40℃)', '압력(1atm, 3atm)', '농도(10%, 30%)'로 가정할 때, 「통계 분석(S)>실험 계획법(D)>요인(F)>요인 설계 생성(C)…」으로 들어가 '설계 표(Data Matrix)'를 다음 [그림 Ⅲ-61]과 같이 생성한다.

[그림 Ⅲ-61] 2수준 3인자 요인 설계에 대한 '설계 표' 생성 예

	C1 StdOrder	C2 RunOrder	C3 중앙점	C4 블럭	C5 온도	C6 압력	C7 농도	C8 Y
1	1	1	1	1	-1	-1	-1	1
2	2	2	1	1	1	-1	-1	5
3	3	3	1	1	-1	1	-1	10
4	4	4	1	1	1	1	-1	3
5	5	5	1	1	-1	-1	1	8
6	6	6	1	1	1	-1	1	11
7	7	7	1	1	-1	1	1	14
8	8	8	1	1	1	1	1	5

	C1 StdOrder	C2 RunOrder	C3 중앙점	C4 블럭	C5 온도	C6 압력	C7 농도	C8 Y
1	1	1	1	1	20	1	10	1
2	2	2	1	1	40	1	10	5
3	3	3	1	1	20	3	10	10
4	4	4	1	1	40	3	10	3
5	5	5	1	1	20	1	30	8
6	6	6	1	1	40	1	30	11
7	7	7	1	1	20	3	30	14
8	8	8	1	1	40	3	30	5

[그림 Ⅲ-61]의 왼쪽은 '코드(부호)(Coded)'로, 오른쪽은 '실제 값(Un-coded)'으로 표현되었을 뿐 결과 해석은 동일하다. '정보의 수준'을 알아보기 위해서

는 '코드(부호)'화가 용이하므로 이를 활용해보자. '설계 표(Data Matrix)'의 빨간 사각으로 강조된 부분이 해당 '처리(Treatment)'로부터 얻은 'Y'값들로 편의상 소수점 없이 양의 정수만으로 표현하였다. '실험 계획'을 수행하는 가장 기본적인 목적은 각 인자들의 'Y'에 미치는 '효과(Effects)'를 파악하기 위함이다. 데이터 정렬상 세 번째 열에 배치된 '농도'의 '효과'를 확인하는 것이 편리해 먼저 산정하면 다음 [그림 Ⅲ-62]와 같다.

[그림 Ⅲ-62] '농도'의 '효과' 계산

	온도	압력	농도	Y
	-1	-1	-1	1
A	1	-1	-1	5
	-1	1	-1	10
	1	1	-1	3
	-1	-1	1	8
B	1	-1	1	11
	-1	1	1	14
	1	1	1	5

$$\text{'농도' 효과(Effect)} = \frac{8+11+14+5}{4} - \frac{1+5+10+3}{4} = 4.75$$

'농도'의 '1'은 실제 값 '30%', '-1'은 '10%'를 각각 나타내며, 'Y'에 미치는 '효과(Effects)'는 '1'의 'Y'값 '8, 11, 14, 5'의 평균에서 '-1'의 '1, 5, 10, 3'의 평균을 뺀 값이다. 즉 '4.75'로 이 값은 '농도'가 낮은 수준인 '10%'에서 높은 수준인 '30%'로 증가할 때 'Y'는 양의 방향으로 '4.75'만큼 증가한다는 의미다. 그런데 의문이 생긴다. 'Y'란 '온도', '압력', '농도' 수준들의 조합을 통해 얻어진 값인데, 어째서 '농도'만을 떼어서 그 효과를 산출한단 말인가? 그 이유는 그림 왼편의 'A' 영역과 'B' 영역을 관찰해보면 쉽게 알 수 있다. 'A' 영역의 첫 줄은 '온도'와 '압력'의 수준 조합이 '-1, -1'이며, 이것은 'B' 영역의 첫 줄인 '-1, -1'과 일치한다. 동일하게 'A' 영역의 두 번째 줄인 '1, −1'이, 'B' 영역의 두 번째 줄과 또 일치한다. 즉 'A' 영역에서 'B' 영역으로 이동할 때, 실제적으로 변화하는 것은 '농도'가 '−1 수준(10%) 4개'에서 '1 수준(30%) 4개'로 바뀔 뿐 나머지 조합은 위아래가 동일하다는 것을 알 수 있다. 이것은 순수하게 '농도'의 'Y'에 미치는 '효과'만 추출해낼 수 있음을 암시한다. 이러한 인자별 '효과'의 추출은 '설계 표(Data Matrix)'가 '균형(Balance)'과 '직교성(Orthogonality)'으로 구성된 데 기인하는 것으로 각각에 대한 용어 정의는 다음과 같다. 아래는 '균형'에 대한 정의다.

· 균형(Balance) (ww.isixsigma.com) All factor levels(or treatment groups) have the same number of experimental units(or items receiving a treatment). 모든 인자의 수준들이 동일한 수의 실험 단위를 갖는 경우.

(필자 부연) '실험 단위'는 '높은 수준(1)'이나 '낮은 수준(−1)'을 각각 의미하며, '균형'은 한 인자 관점에서 파악한다. 즉 한 인자 내에 '높은 수준(1)'과 '낮은 수준(−1)'이 동일한 수만큼 존재하면 '균형 잡혀 있다'라고 한다. 이것은 '효과'에 대한 수학적 계산을 용이하게 해준다.

다음은 '직교성'에 대한 정의를 옮겨놓은 것이다.

· 직교성(Orthogonality) (알기 쉬운 다구찌기법, 이상복 저, 상조사, pp.125~128). '직교'라는 용어의 기본 개념은 하나이나 분야별로 해석에 약간의 차이를 두고 있다. 예를 들면 '수학'에서는 '직각(두 선분이 90도로 만나는 경우)'으로, '대수'에서는 '내적이 0인 경우'로, '실험 계획'에서는 '어느 수준에 다른 요인의 수준이 똑같은 횟수로 만나는 경우'로 설명된다[그림 Ⅲ−63] 참조.

(필자 부연) '실험 계획'에서의 '직교'는 두 인자 관점에서 파악된다.

다른 '설계 표' 예(X의 범주 자료)를 통해 '직교성'에 대해 좀 더 알아보자.

다음 [그림 Ⅲ – 63]은 '직교성' 개요를 설명하기 위해 각 인자의 수준을 '실제 값(Un-coded)'으로 나타낸 '설계 표'이다.

[그림 Ⅲ – 63] '직교성' 개요

A	B	C	Y
20	← 5	주몽	2.2
40	← 5	주몽	0.85
20	←10	주몽	3.21
40	←10	주몽	1.7
20	5	홍길동	5.12
40	5	홍길동	1.35
20	10	홍길동	7.8
40	10	홍길동	4.03

['B'로부터의 기여 Zero]

A	B	C	Y
20 →	5	주몽	2.2
40 →	5	주몽	0.85
20 →	10	주몽	3.21
40 →	10	주몽	1.7
20	5	홍길동	5.12
40	5	홍길동	1.35
20	10	홍길동	7.8
40	10	홍길동	4.03

['A'로부터의 기여 Zero]

'A'와 'B' 인자가 '직교한다'는 의미는 왼편의 '설계 표'에서 'B 인자'의 각 수준 '5', '10'이 'A 인자'의 각 수준 '20', '40'과 동일한 횟수만큼 만나고(이를 'B'로부터의 기여가 'Zero'라 함), 또 거꾸로 오른편 설계 표에서 'A 인자'의 각 수준 '20', '40'이 'B 인자'의 각 수준 '5', '10'과 동일한 횟수만큼 만나는 경우(이를 'A'로부터의 기여가 'Zero'라 함)를 '실험 계획'에서는 '직교한다'고 한다. 이 기본 원리는 실험의 처리 배열을 코드(부호)화(Coded)했을 때, 대수에서의 '직교' 정의처럼 각 수준들의 곱을 모두 합하면 '0'이 되는 특징이 있다. 또, 인자끼리의 '상호 작용'을 쉽게 표현할 수 있도록 돕는데, 이것은 각 코드(부호)화된 인자의 수준을 서로 곱하면 얻을 수 있다. 미니탭으로 '설계 표(Data Matrix)'를 만들면 워크시트상에 'A*B', 'A*C' 등 '상호 작용'들이 나타나진 않지만 미니탭 분석을 하면 '세션 창'에 계산돼 나타나는 것을 볼 수 있다. 다음 [그림 Ⅲ-64]는 '상호 작용'을 인위적으로 표현한 예이다. 각 '상호 작용'들의 수준 배치는 '높은 수준(1)'과 '낮은 수준(-1)'이 역시 동일한 수만큼 있어 '균형(Balance)'을 이루며, 덧붙여 각 '상호 작용'별 수준들의 합 (대수의 '내적'에 대응)도 '0'임을 확인할 수 있다(예로 A*B 경우 $1+(-1)+(-1)+1+1+(-1)+(-1)+1=0$).

[그림 Ⅲ-64] '상호 작용'의 수준 배치 예

A	B	C	Y	A*B	A*C	B*C	A*B*C
-1	-1	-1	2.2	1	1	1	-1
1	-1	-1	0.85	-1	-1	1	1
-1	1	-1	3.21	-1	1	-1	1
1	1	-1	1.7	1	-1	-1	-1
-1	-1	1	5.12	1	-1	-1	1
1	-1	1	1.35	-1	1	-1	-1
-1	1	1	7.8	-1	-1	1	-1
1	1	1	4.03	1	1	1	1

다시 [그림 Ⅲ-61]로 돌아가 '농도 효과' 외에 다른 인자인 '온도'와 '압력'에 대해서도 동일한 방법으로 그 '효과'를 산출해보자. 결과는 다음과 같다.

$$'온도'\,효과(Effect) = \frac{5+3+11+5}{4} - \frac{1+10+8+14}{4} = -2.25 \qquad (\text{Ⅲ}-58)$$
$$'압력'\,효과(Effect) = \frac{10+3+14+5}{4} - \frac{1+5+8+11}{4} = 1.75$$

참고로 '온도'의 효과인 '-2.25'는 '음수'인데 '온도'가 '20℃'에서 '40℃'

로 변하면, 이에 따른 'Y'의 변화량은 '8.25[=(1+10+8+14)÷4]'에서 '6.0[=(5+3+11+5)÷4]'으로 '2.25'만큼 감소함을 의미한다. 즉 적어도 '20~40℃' 구간에서 '온도'가 증가하면 'Y'는 점점 감소한다. 다음 [그림 Ⅲ-65]는 미니탭 「통계 분석(S)>실험 계획법(D)>요인(F)>요인 설계 분석(A)…」에 들어가 지금까지 수행된 내용을 분석한 결과이며, '세션 창'에 표시된 '효과' 난에 앞서 수작업으로 계산한 값들이 정확히 일치함을 확인할 수 있다. 물론 각 인자별 '효과'들 중 그 절댓값이 가장 큰 '농도'의 경우가 'Y'에 미치는 영향 정도가 가장 크다는 것도 예견된다.

[그림 Ⅲ-65] '주 효과' 계산 결과

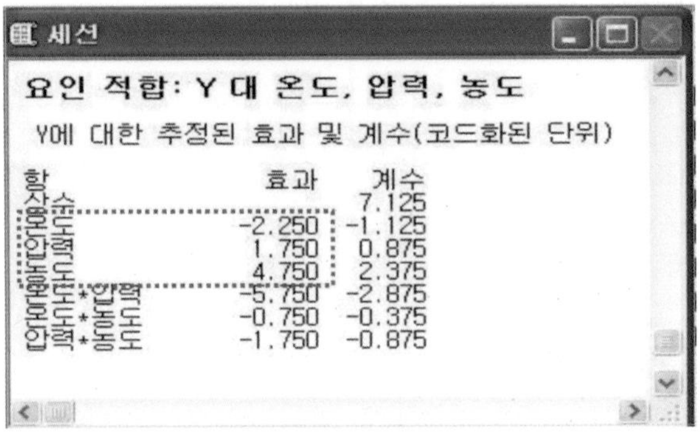
세션

요인 적합: Y 대 온도, 압력, 농도

Y에 대한 추정된 효과 및 계수(코드화된 단위)

항	효과	계수
상수		7.125
온도	-2.250	-1.125
압력	1.750	0.875
농도	4.750	2.375
온도*압력	-5.750	-2.875
온도*농도	-0.750	-0.375
압력*농도	-1.750	-0.875

그런데 '세션 창'의 '주 효과(Main Effects: 온도, 압력, 농도)' 아래에 있는 '상호 작용 효과(온도*압력, 온도*농도, 압력*농도)'들은 어떻게 얻어질까? [그림 Ⅲ-64]에서 '상호 작용'들의 '설계 표(Data Matrix)'를 보면 '온도', '압력', '농도'들과 마찬가지로 '높은 수준(1)'과 '낮은 수준(-1)'이 '균형'을 이루며 공존하고 있으므로 '효과' 계산도 동일하게 진행된다. 'A*B', 'A*C', 'B*C', 'A*B*C'들의 '설계 표'는 [그림 Ⅲ-64]를 참조하고, 계산 과정은 다

음 [그림 Ⅲ-66]에 예를 들었다([그림 Ⅲ-61]의 '상호 작용 효과' 중 'A*B'에 대한 예임).

[그림 Ⅲ-66] '상호 작용'의 수준 배치

온도(A)	압력(B)	농도(C)	Y	A*B	A*C	B*C	A*B*C
-1	-1	-1	1	(-1) * (-1) = 1	1	1	-1
1	-1	-1	5	(1) * (-1) = -1	-1	1	1
-1	1	-1	10	(-1) * (1) = -1	1	-1	1
1	1	-1	3	(1) * (1) = 1	-1	-1	-1
-1	-1	1	8	(-1) * (-1) = 1	-1	-1	1
1	-1	1	11	(1) * (-1) = -1	1	-1	-1
-1	1	1	14	(-1) * (1) = -1	-1	1	-1
1	1	1	5	(1) * (1) = 1	1	1	1

이 결과를 토대로 '상호 작용'의 '효과(Effect)'를 각각 계산하면, 다음과 같다.

$$'온도*압력' 효과(Effect) = \frac{1+3+8+5}{4} - \frac{5+10+11+14}{4} = -5.75 \quad\quad (Ⅲ-59)$$

$$'온도*농도' 효과(Effect) = \frac{1+10+11+5}{4} - \frac{5+3+8+14}{4} = -0.75$$

$$'압력*농도' 효과(Effect) = \frac{1+5+14+5}{4} - \frac{10+3+8+11}{4} = -1.75$$

'삼요인 상호 작용'인 '온도(A)*압력(B)*농도(C)'도 동일하게 구할 수 있으나 계산은 생략한다. [그림 Ⅲ-67]은 미니탭 결과이며, 빨간 점선 사각형 내의 결과가 수작업으로 계산한 값과 정확히 일치한다.

[그림 Ⅲ-67] '삼요인 상호 작용 효과' 계산 결과

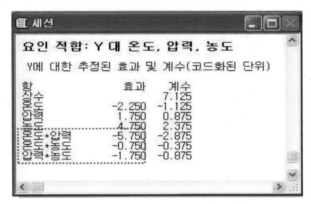

　'세션 창'의 결과 해석은 '회귀 분석'의 경우와 대동소이하므로 별도의 설명은 생략한다. 다만 '주 효과도'나 '상호(교호) 작용 효과도' 등에 대해서는 '기출 문항' 풀이 과정에서 언급하고, 그 외의 추가적인 학습이 필요한 독자는 「Be the Solver_프로세스 개선 방법론」편을 참고하기 바란다.

　'완전 요인 설계'의 기본 사항과 함께 또 한 가지 짚고 넘어갈 내용이 '곡률(Curvature)의 탐지'다. '완전 요인 설계'의 모형은 'Y'와 'X'의 관계를 '직선'으로 묘사한다. 반면 'X'가 증가할수록 'Y'의 증감이 곡률일 경우 우리가 얻은 '다중 회귀 방정식'은 무용지물이다. 따라서 혹 있을 수 있는 '곡률'을 탐지하기 위해 실험 설계 시 '중심점(Center Point)'을 추가해 '곡률 존재 여부'를 확인하며, 곡률의 관계가 확인될 경우 '반응 표면 설계'를 수행한다. 본문은 '곡률 탐지'를 위한 '중심점(Center Point) 추가'까지만 설명한다.

　다음 [그림 Ⅲ-68]은 '완전 요인 설계'에 곡률 여부를 탐지하기 위한 '중심점' 추가 방법 및 결과로 얻은 '설계 표(Data Matrix)' 예이다.

[그림 Ⅲ-68] '중심점' 추가 방법 및 '설계 표' 결과

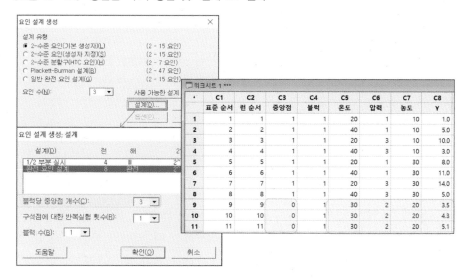

[그림 Ⅲ-68]의 왼쪽 '대화 상자'에서 '중심점' 3개가 지정되었으며, 그 결과로 워크시트의 '중앙점' 열에 '0'이 표기되고, 각 인자의 수준은 '높은 수준'과 '낮은 수준'의 가운데 값인 '온도=30', '압력=2', '농도=20'으로 설정되었다. 설계에서 '중심점'을 3개 넣었으므로 실험은 '중심점'에서 3번 반복된다. 「통계 분석(S)>실험 계획법(D)>요인(F)>요인 설계 분석(A)…」과 「통계 분석(S)>실험 계획법(D)>요인(F)>요인 그림(F)…」에서 분석 결과와 '주 효과도(Main Effect Plot)'를 얻으면 곡률 관계 여부를 판단할 수 있다. 다음 [그림 Ⅲ-69]는 '세션 창'과 '주 효과도'에서 수치와 그림으로 각각 탐지된 '곡률(Curvature)'의 예를 보여준다.

[그림 Ⅲ-69] '세션 창' 결과와 '주 효과도'에서의 '곡률' 탐지 예

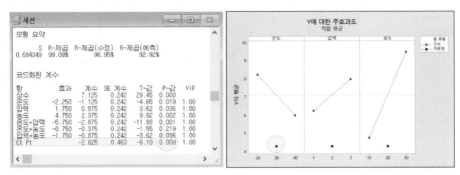

[그림 Ⅲ-69]의 왼쪽 결과에서 'Ct Pt(Center Point의 약어)'의 'p-값'이 '0.009'로 유의함을 알 수 있고, 오른쪽 그래프에선 각 인자의 중심에 놓인 'Y 값(원형 점선)'이 직선으로부터 멀어져 있음이 관찰된다. 즉 '온도'의 경우 '20℃'에서 '40℃'로 서서히 상승하면 'Y'는 선형적으로 감소하는 것이 아니라 '중심점'에서 급격히 떨어졌다가 '40℃' 부근에서 다시 상승한다. 이 같은 결과로부터 현재의 '선형 방정식'을 이용할 경우 'Y'를 최적화시킬 'X'들의 '최적 조건'은 존재해도 신뢰성은 매우 떨어질 것으로 예견된다. 따라서 'X'와 'Y'의 관계를 곡률로써 연결해줄 '반응 표면 설계'가 요구된다. 실제 평가에서는 '반응 표면 설계'로 직접 답을 요구하는 대신 현 상황을 어떻게 대처해야 하는지에 초점을 맞춘다.

지금까지 '회귀 분석'과 '실험 계획(DOE)'에 대한 기본 사항들에 대해 알아보았다. '평가 대비반'을 운영할 때도 이 정도 수준에서 사전 학습을 마치고 나머지 부족한 부분들은 '기출 문항' 풀이를 통해 메워나간다. 그렇지 않으면 많은 시간이 소요될 뿐더러 효율도 매우 떨어지기 때문이다. 이어 '기출 문항' 풀이로 들어가 보자.

먼저 '회귀 분석'의 '기출 문항'에 대해 알아보자. 다음은 '단순 회귀 분석'의 가장 기본적인 사항들을 담은 문항 예이다.

[표 Ⅲ-50] [문항] '단순 회귀 분석' 예(난이도 중)

문제	다음 자료는 한 벤처 기업이 창업 3년차부터 거둔 '매출액(X)'과 '경상 이익(Y)' 실적을 요약한 표이다(백만). 물음에 답하시오.								
	연차	1	2	3	4	5	6	7	8
	매출액(X)	60	30	37	66	88	55	98	88
	경상 이익(Y)	14	9	15	19	24	15	24	21
하위 문제	1) 두 변수의 관계를 파악하기 위한 단계별 분석 접근법을 설명하시오. 2) '하위 문제 1)'로부터 현재 특정 '매출액'에 대한 '경상 이익'을 '예측'하고자 할 때 가장 적합한 방법과 과정 및 결과를 기술하시오. 3) 만일 차년도 추정 손익에 대한 매출을 1억으로 예정했다면 '경상 이익'은 어느 정도 범위에 들 것인지 예측하시오(유의 수준=5%). 4) 만일 이 벤처 회사가 크게 성장하여 향후 20년간 장수하는 기업이 된다면 장기 계획에 따른 '계획 매출액' 대비 '경상 이익'을 추정하는 것이 타당한지 설명하시오.								

하위 문제 1) 두 변수의 관계를 파악하기 위한 단계별 분석 접근법을 설명하시오.

[표 Ⅲ-50]의 '매출액'과 '경상 이익' 자료는 둘 다 '연속 자료'이므로 [그림 Ⅲ-44]의 '분석 4-블록' 내 '블록 ①'에 따라 시각화 도구로 '산점도', 수치 해석은 '상관 분석'을 수행한다.

(정답)

- 시각화 도구: 산점도
- 수치 해석: 상관 분석
  (이유) '매출액(X)'과 '경상 이익(Y)' 모두 '연속 자료'이므로 [그림 Ⅲ-44]의 '분석 4 -블록'에 따라 해당 도구 선정

하위 문제 2) '하위 문제 1)'로부터 현재 특정 '매출액'에 대한 '경상 이익'을 '예측'하고자 할 때 가장 적합한 방법과 과정 및 결과를 기술하시오.

우선 '하위 문제 1)'의 풀이에 적합한 도구인 '산점도'와 '상관 분석' 결과는 다음 [그림 Ⅲ-70]과 같다.

[그림 Ⅲ-70] 'X-연속, Y-연속 자료'의 '산점도'와 '상관 분석' 예

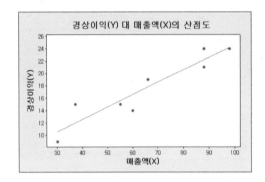

상관 분석: 경상 이익(Y), 매출액(X)

경상이익(Y)와(과) 매출액(X)의
Pearson 상관 계수 = 0.934, P-값 = 0.001

[그림 Ⅲ-70]으로부터 이 벤처 회사의 '매출액(X)'이 증가할수록 '경상 이익(Y)' 역시 증가하고 있으며, 두 변수 간 '강한 양의 상관 관계'가 있음도 '상관 분석'의 'Pearson 상관 관계=0.934'로부터 알 수 있다. 따라서 이 결과를 토대로 임의의 '매출액(X)'에 대한 '경상 이익(Y)'이 얼마가 될지 예측할

수 있다. '예측(Prediction)'을 위해서는 현재 '독립 변수(x)'가 한 개이므로 '단순 회귀 분석'이 적합하다. 분석 과정은 [그림 Ⅲ-55]의 미니탭 '세션 창' 내용 중 5개 항목을 확인한 후 문제가 없으면 제시된 '회귀 방정식'을 답으로 적는다. 다음 [그림 Ⅲ-71]은 '세션 창'의 분석 결과이다(「통계 분석(S)>회귀 분석(R)>회귀 분석(R)>적합 회귀 모형(F)…」).

[그림 Ⅲ-71] '회귀 분석' 관련 '하위 문제 2)'에 대한 미니탭 결과

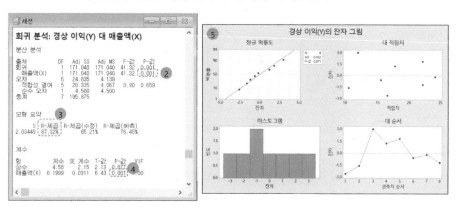

[그림 Ⅲ-71]의 '세션 창'에는 '비정상적 관측치'가 없어 원 번호 '②'부터 표시돼 있다. 우선 '② 회귀의 p=0.001로 유의함'이다. 또 'x'가 한 개이므로 'R-제곱'을 보며 이때 값은 '87.32%'로 높은 수준이다. '잔차 분석'은 '정규 확률도'에서 타점이 직선을 따라 잘 분포하고 있어 '정규성 가정'을, '대 적합 치'에서 '0'을 중심으로 일정 영역에 무작위로 분포하고 있어 '등분산성 가정' 을, 끝으로 '대 순서'에서 타점이 [그림 Ⅲ-59]의 움직임을 따르지 않아(또는 더빈-왓슨 통계량=1.317)[18] '독립성 가정'을 이룬다. 설명된 내용을 '정답'으

---

18) 더빈-왓슨 통계량(Durbin-Watson Statistic)은 '2'에 가까울 경우 '자기 상관'이 없고, '0'에 가까울수

로 요약하면 다음과 같다.

(정답)

- 예측에 적합한 방법: 단순 회귀 분석('x'가 1개이므로)
- 분석 과정: (비정상적 관측치) 해당 사항 없음. (회귀의 p−value) 0.001로 유의, (R−제곱) 87.32%'로 높은 수준, (잔차 분석) '정규 확률도'에서 타점이 직선을 따라 잘 분포하고 있어 '정규성 가정', '대 적합치'에서 '0'을 중심으로 일정 영역에 무작위로 분포하고 있어 '등분산성 가정', 끝으로 '대 순서'에서 타점이 특이 패턴을 보이지 않아(또는 더빈−왓슨 통계량=1.317) '독립성 가정'을 이룸
- 분석 결과: 경상 이익(Y)=4.58+0.1999×매출액(x)
(참고) '분석 과정' 중, '매출액(x)' 변수 자체의 유의성은 단순 회귀 경우 '분산 분석 표' 내 '회귀 p−value'와 동일함에 따라 생략

하위 문제 3) 만일 차년도 추정 손익에 대한 매출을 1억으로 예정했다면 '경상 이익'은 어느 정도 범위에 들 것인지 예측하시오(유의 수준=5%).

'유의 수준=5%'이므로 '신뢰 수준=95%'에서의 '예측 구간(Prediction Interval)'을 구한다. 'x=100백만(1억)'으로 정해진 상황에서 '신뢰 구간(Confidence Interval)'은 이론적으로 얻어진 직선상 'y 값(평균)'의 95% 구간을, '예측 구간'은 실제 타점의 95% 구간을 각각 나타낸다. 실제 타점에 대한 구간이란 'x'가 주어졌을 때 이론이 아닌 현실에서 실제 'y 값'이 존재하리라 기대되는 구간이다. 따라서 '하위 문제 3)'에 대한 '정답'은 이론적 구간보다 현실적 상황을 반영한 '예측 구간'이 더 적절하다. 평가 문항에 '신뢰 구간' 또는 '예측 구간'이 정확하게 명기되면 문제될 것이 없지만 그렇지 않으면 기업에 따라 채점 기준을 '신뢰 구간'과 '예측 구간' 모두를 적도록 요구하기도

록 '양의 자기 상관'이, '4'에 근접할수록 '음의 자기 상관'이 있다고 판단한다. 통상 '자기 상관이 없는 상태'의 경우 '더빈−왓슨 통계량'은 대개 '1.28~2.35' 정도를 기준삼고 있다.

한다. 둘 다 기입하지 않으면 틀리거나 감점 처리할 수 있다는 뜻이다. 문항의 지문을 잘 판독해서 대응하기 바란다(각 구간 그림은 [그림 Ⅲ - 54] 참조).

(정답)

- 예측 구간: 95% PI(18.6654, 30.4756)
(참고) 미니탭 위치: 「통계 분석(S)>회귀 분석(R)>회귀 분석(R)>예측(P)…」에 '100' 입력함

하위 문제 4) 만일 이 벤처회사가 크게 성장하여 향후 20년간 장수하는 기업이 된다면 장기 계획에 따른 '계획 매출액' 대비 '경상 이익'을 추정하는 것이 타당한지 설명하시오.

'회귀 방정식' 활용에 대한 문항이다. 즉 '예측'을 위한 'x'의 한계를 어디까지 보는 것이 적절한지 묻고 있다. 통상 '회귀 방정식'은 분석에 쓰인 'x'의 최소와 최댓값 사이에서 임의 'x'에 대한 'y'를 예측하는 데 이용되거나(내삽, Interpolation), 또는 주어진 'x' 영역을 조금 더 벗어나 예측하는 것이 적절하다(외삽, Extrapolation). 그러나 문항과 같이 20년 이후까지 직선을 연장해 추정하는 것은 수학적으로 가능하다 해도 현실성이 너무 떨어지므로 바람직한 접근은 아니다.

(정답)

- 현재로부터 20년 후의 예측은 현실성이 떨어져 무리다. 20년 후의 '경상 이익'을 수학적으로 예측하려면 유사 업종 또는 분야의 실 데이터가 있는 경우 일부 해석이 가능할지도 모르나 여전히 위험은 존재한다.

[표 Ⅲ-50]의 문항을 통해 평가에서 자주 마주치는 기본적인 '회귀 분석' 유형에 대해 알아보았다. 다음 [표 Ⅲ-51]은 현재의 미니탭 활용 수준을 약간 뛰어넘는 문항으로 응시자가 '회귀 분석' 개념을 명확히 이해하고 있는지와 응용력까지를 묻는 '난이도 상'의 '기출 문항' 예이다.

[표 Ⅲ-51] [문항] '회귀 분석' 관련 '2차 방정식' 예(난이도 상)

문제	다음 자료는 기존의 다양한 상황에서 수행된 '온도(X)'와 '초당 수분의 흡수량(Y)'을 측정한 결과이다. 물음에 답하시오.										
	온도(℃)	10.5	30.3	60.1	70.3	110.3	30.1	20.3	100.2	20.1	80.5	40.5
	흡수력(g/s)	12.3	9.8	5.3	5.1	6.1	8.5	10.2	6.4	9.1	4.6	6.0
하위 문제	1) 제시된 변수들 간 최적의 '회귀 모형'을 구하시오. 2) '하위 문제 1)'에서 구한 '회귀 모형'을 이용하여 '50℃'에서의 '예측 값(적합 값, Fitted Value)'과 '예측 구간'을 구하시오(유의 수준=5%).										

하위 문제 1) 제시된 변수들 간 최적의 '회귀 모형'을 구하시오.

바로 앞 문항인 [표 Ⅲ-50]의 풀이 과정 그대로 진행한다.

(정답)

- 분석 과정: (비정상적 관측치) 해당 사항 없음. (회귀의 p-value) 0.005로 유의, (R-제곱) '59.98%'로 낮음, (잔차 분석) '정규 확률도'에서 타점이 직선을 따라 잘 분포하고 있어 '정규성 가정', '대 적합치'에서 곡률 관찰됨 → 2차 방정식 적합 필요함에 따라 「통계 분석(S)>회귀 분석(R)>적합선 그림(F)…」에서 '2차 방정식' 적합 수행
- 분석 결과: 흡수력(Y)=14.48-0.2495×온도+0.001613×온도^2, (회귀의 p-value) 0.000으로 유의, (R-제곱(수정)) '90.2%'로 높음, (잔차 분석) '잔차 그림'으로부터 정규성, 등분산성, 독립성 가정됨

'(정답)'에서 구해진 '1차 회귀 방정식'은 'p-value=0.005'로 '유의'하나 'R-제곱=59.98%'로 낮은 경우이다. 본 결과를 [표 Ⅲ-48]과 비교할 때 "누락된 X가 있는지 확인"에 해당하며, 다시 이것은 '잔차 그림'에서의 타점 관찰을 통해 '2차 항'이 필요하다는 결론에 이른다. 따라서 미니탭 「통계 분석(<u>S</u>)>회귀 분석(<u>R</u>)>적합선 그림(<u>F</u>)…」 내 '회귀 모형의 유형' 중 '2차'를 선택함으로써 최적의 '회귀 방정식'을 얻는다.

하위 문제 2) '하위 문제 1)'에서 구한 '회귀 모형'을 이용하여 '50℃'에서의 '예측 값(적합 값, Fitted Value)'과 '예측 구간'을 구하시오(유의 수준=5%).

풀이에 어려움은 여기서 생긴다. '하위 문제 1)'에서 구한 '회귀 방정식'은 미니탭 기능 중 「적합선 그림(<u>F</u>)…」에서 이루어졌다. 그러나 해당 '대화 상자'에는 'x 값' 입력을 통해 '신뢰 구간' 또는 '예측 구간'을 구하는 옵션이 없다. 따라서 요구된 '정답'을 얻기 위해서는 「통계 분석(<u>S</u>)>회귀 분석(<u>R</u>)>회귀 분석(<u>R</u>)>예측(<u>P</u>)…」의 활용이 불가피하다. 이를 위해 다음의 과정을 수행한다.

1) 미니탭 워크시트에 'X^2' 열을 만든다(예로, 열 이름 "온도*온도" 생성).
2) 미니탭 「계산(<u>C</u>)>계산기(<u>L</u>)…」에서 "온도×온도" 계산 후 열 "온도*온도"에 저장한다.
3) 미니탭 「통계 분석(<u>S</u>)>회귀 분석(<u>R</u>)>회귀 분석(<u>R</u>)>적합 회귀 모형(F)…」에서 '반응(<u>E</u>):=흡수력(Y)'을, '연속형 예측 변수(<u>C</u>):'에는 '온도'와 '온도*온도' 열을 입력한다. 입력이 완료되면 분석을 수행한다.
4) 미니탭 「통계 분석(<u>S</u>)>회귀 분석(<u>R</u>)>회귀 분석(<u>R</u>)>예측(<u>P</u>)…」에서 '반응 변수(<u>R</u>):=흡수력(Y)'과, '개별 값 입력'에는 '온도(X)=50 및 온도*온도=2500'을 입력한다. 즉 'X^2 항'의 추가에 주의한다. '2500'은 '2차 방정식'의 항 '온도*온도'에 들어갈 '50×50'으로부터 얻은 값이다.

5) '세션 창' 결과에서 '적합치'와 '95% PI'를 읽는다.

주어진 순서대로 진행했다면 다음 [그림 Ⅲ-72]의 결과를 얻는다.

[그림 Ⅲ-72] '회귀 분석' 관련 '하위 문제 2)'에 대한 미니탭 결과

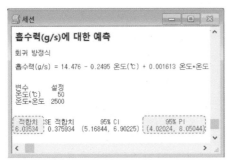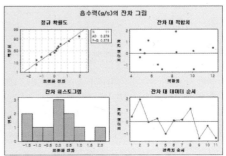

[그림 Ⅲ-72]에는 '2차 방정식'에 대한 분석 내역은 빠져 있다. 미니탭의 '예측(P)' 기능 결과만 나타냈기 때문이다. 그러나 학습 차원에서 '회귀 분석' 결과를 [그림 Ⅲ-55]와 [표 Ⅲ-47]의 원 번호 '①~⑤'와 비교하며 '2차 회귀 방정식'의 적합성 여부를 판단하기 바란다. [그림 Ⅲ-72]의 '세션 창' 맨 아래 강조 영역은 문항에서 제시된 '온도(x)=50℃'에서 'Y의 예측 값'과 '예측 구간'을 각각 나타낸다. 얻어진 '2차 회귀 방정식'은 '하위 문제 1)'에서의 그것과 동일하다. 다음은 '하위 문제 2)'에 대해 기술된 '정답'이다.

(정답)

- 예측 값(적합 값): 6.03534
- 예측 구간(PI): 95% PI(4.02024, 8.05044)

‘X’의 1차 항들이 여럿인 ‘다중 회귀 분석’은 문항 [표 Ⅲ – 50]과 [표 Ⅲ – 51]의 연장선상에 있으므로 별도 사례는 생략한다. 이어 ‘실험 계획(DOE)’에 대한 ‘기출 문항’ 풀이로 들어가 보자.

[표 Ⅲ – 52] [문항] ‘실험 계획(DOE)’ 예(난이도 중)

<table>
<tr><td rowspan="2">문제</td><td colspan="6">다음 실험 결과는 ‘각도(°)’, ‘탄성(N/㎟)’, ‘벨트 수(개)’에 따른 기구체의 ‘추진 거리(㎜)’를 나타낸 자료이다. 다음 물음에 답하시오(유의 수준=5%).</td></tr>
<tr><td colspan="3"></td><td></td><td colspan="2">벨트 수(X₃)</td></tr>
</table>

					벨트 수(X₃)	
					1	2
	각도(X₁)	30	탄성(X₂)	150	12.5	9.5
				170	5.8	9.7
		70	탄성(X₂)	150	12.4	11.4
				170	16.1	20.2

하위 문제

1) 아래와 같은 형태로 제시된 ‘실험 계획’의 명칭을 기술하시오.
(O회 반복의 O수준 O인자 OO설계)
2) 유의하지 않은 항은 ‘병합(Pooling)’한 후 최적의 축소 모형을 구하시오. 단, ‘코드(부호)화되지 않은 단위(Un–coded Unit)’를 적용.
3) 프로세스 안정을 위해 ‘탄성(X₂)=158N/㎟’이 필요한 것으로 알려져 있으며, 비용을 고려할 때 ‘Y=12㎜’를 얻기 위한 다른 요인들의 ‘최적 조건’을 구하시오.

[표 Ⅲ – 52]는 ‘실험 계획(DOE)’의 전반적 내용을 이해하고 있는지 묻는 문항 예이다. 특히, ‘DOE’의 실험 배치와 데이터 간 구조를 알고 있는지 묻기 위해 실험 결과 자료를 표로 구성해 제시하고 있다.

하위 문제 1) 아래와 같은 형태로 제시된 ‘실험 계획’의 명칭을 기술하시오.
(O회 반복의 O수준 O인자 OO설계)

반복 없는 2수준 3인자 완전 요인 설계

하위 문제 2) 유의하지 않은 항은 '병합(Pooling)'한 후 최적의 축소 모형을 구하시오. 단, '코드(부호)화되지 않은 단위(Un-coded Unit)'를 적용.

우선 '설계 표'를 만들기 위해 미니탭 「통계 분석(S)>실험 계획법(D)>요인(F)>요인 설계 생성(C)…」에 들어가 주어진 조건들을 입력한다. 이때 '대화 상자' 내 ' 요인(F)… '에는 항상 "코드(부호)화되지 않은 단위(Un-coded Unit)"를 입력하는데, '세션 창' 결과에 "코드(부호)화된 단위(Coded)"와 "코드(부호)화되지 않은 단위(Un-coded Unit)" 모두가 출력되므로 문제 풀이에 매우 이롭다.

'설계 표'가 출력되면 대응하는 '처리(Treatment)'에 '추진 거리(Y)'를 옮겨 적는다. 이때 각 '처리'별로 정확한 'Y'가 배치되도록 주의를 기울인다. 통계 분석은 「통계 분석(S)>실험 계획법(D)>요인(F)>요인 설계 분석(A)…」에서 수행한다. 이때 '대화 상자'의 ' 항(T)… '으로 들어가 '삼요인 상호 작용'인 'ABC'는 식에서 기본적으로 제외한다. '삼요인 상호 작용' 이상이 'Y'에 미치는 영향은 미미하다는 것이 경험적으로 알려져 있기 때문이다. '세션 창' 출력과 이어진 '병합(Pooling)' 결과는 다음 [그림 Ⅲ - 73]과 같다.

[그림 Ⅲ - 73]의 왼쪽 '초기 분석 결과'에서 원 번호 '②~④'는 '회귀 분석'에서 '해석'할 항목들이다. 참고로 현 결과에 포함되지 않은 '①'은 '비정상적 관측치'를, '⑤'는 '잔차 그림'을 나타냈었다. 또 맨 아래 "부호화되지 않은 단위(Un-coded Unit)의 회귀 방정식"이 출력돼 있다.

[그림 Ⅲ-73] '회귀 분석' 관련 '하위 문제 2)'에 대한 미니탭 결과

[초기 분석 결과]　　　　　　　　　　　　　[병합(Pooling) 후 분석 결과]

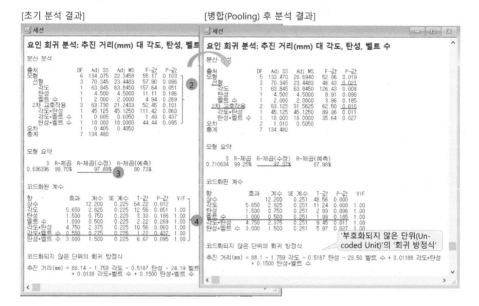

　'초기 분석 결과'에서의 '병합(Pooling)'은 '④'의 "개별 X의 유의성 검정'을 통해 이루어진다. 이때, '상호 작용'들 중 'p-value'가 가장 큰 것부터 하나씩 오차에 병합시킨다. '병합'할 때마다 다른 'p-value'들은 값이 변하므로 여러 개를 동시에 '병합'하지 않는다. [그림 Ⅲ-73]의 오른쪽은 '병합(Pooling)' 후 결과이다. 또 하나 주의할 점은 '벨트 수(p-value=0.185)'와 같이 '주 효과'가 "유의하지 않음"이더라도 '병합(Pooling)'해서는 안 된다. 특히 '벨트 수'가 포함된 '이요인 상호 작용'이 '유의'한 현 상황에서는 더더욱 주의할 필요가 있다. '주 효과' 자체를 '병합'하기 위해서는 'Analyze Phase'로 돌아가 수행된 '가설 검정'의 충분한 재검토가 선행돼야 한다.

(정답)

- 분석 과정: ('분산 분석 표'의 p−value) '주 효과' 0.021로 유의, '이요인 상호 작용' 0.016으로 유의 (R−제곱 수정) '97.37%'로 높음. (개별 항들의 p−value) '벨트 수'와 '탄성'을 제외하고 '유의 수준=5%'에서 모두 유의. 단, '주 효과'이므로 그대로 유지. (잔차 분석) '잔차 그림'으로부터 정규성, 등분산성, 독립성 가정됨
- 분석 결과: (Un-coded Unit) 추진 거리(Y)=88.1−1.759*각도−0.5187*탄성−23.50*벨트 수+0.01188*각도*탄성+0.1500*탄성*벨트 수

하위 문제 3) 프로세스 안정을 위해 '탄성(X_2)=158N/㎟'가 필요한 것으로 알려져 있으며, 비용을 고려할 때, 'Y=12mm'를 얻기 위한 다른 요인들의 '최적 조건'을 구하시오.

정답을 얻기 위해서는 미니탭 「통계 분석(S)>실험 계획법(D)>요인(F)>반응 최적화 도구(R)…」를 이용한다. 입력 내용과 결과는 다음 [그림 Ⅲ−74]와 같다.

[그림 Ⅲ−74] '반응 최적화 도구'의 입력과 '최적 조건' 결과

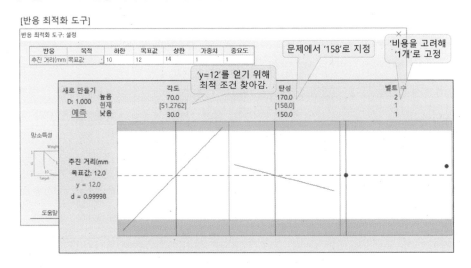

[그림 Ⅲ－74]를 통해 요인 '탄성'은 문항에서 '158N/㎟'로 고정시켰고, '벨트 수'는 "비용을 고려"해야 하므로 적은 수인 '1개'로 설정하였다. 이 같은 조건에서 'y=12mm'를 얻기 위해 '각도'를 조정함으로써 최종 '51.2762°'를 얻었다.

(정답)

- 최적 조건: 각도(X_1)=51.2762°, 탄성(X_2)=158N/㎟, 벨트 수(X_3)=1개

다음 [표 Ⅲ－53]에 소개된 문항은 '실험 계획'의 직접 풀이가 아닌 한 단계 더 고민이 필요한 '난이도 상'의 응용된 형태이다. 어떻게 이런 문항을 개발했을까 할 정도의 매우 수준 높은 유형들 중 하나로 평가된다.

[표 Ⅲ－53] [문항] '실험 계획(DOE)' 예(난이도 상)

문제	이온 음료수 '나이스'를 생산하기 위해 제품 용량별 2개의 포장재가 쓰이고 있으며, 용량이 큰 제품은 대형 혼합기를, 작은 제품은 소형 혼합기를 사용한다. 단, 현재 생산 방식으로는 하루 1회의 혼합기 교체 시간이 필요하며, 하루 8시간 생산 중 2시간이 교체에 소요된다. 이때 김 대리는 생산량을 늘리기 위해 소형 혼합기만을 이용한 방식으로 개선하고자 한다.

현재 생산 방식				개선 후 생산 방식		
포장재	L-형	혼합기	S-형	포장재	L-형	S-형
혼합기	대형	변경	소형	혼합기	소형	소형
생산시간	3	2	3	생산시간	4	4

개선 후 생산량에 효과가 있는지 확인하기 위해 아래와 같은 조건에서 '2회 반복의 2수준 2인자 완전 요인 설계'를 수행하였다. 물음에 답하시오.

포장재	혼합기	생산량(Run 1), kg	생산량(Run 2), kg
S-형	소형	19	21
L-형	소형	17	16
S-형	대형	27	26
L-형	대형	18	14

하위 문제	1) 포장재와 혼합기에 대해 시간당 생산량을 예측할 모형을 제시하시오(유의 수준=5%). 2) 얻어진 예측 모형을 이용하여 개선 후 생산량 증대가 있었는지 검증하시오.

하위 문제 1) 포장재와 혼합기에 대해 시간당 생산량을 예측할 모형을 제시하시오(유의 수준=5%).

개선 전후 생산량 증대 여부를 평가하기 위해 상황을 묘사할 '회귀 방정식'이 필요하다. 미니탭에서 '2회 반복 2수준 2인자 완전 요인 설계'에 대한 '설계 표'를 만들고 문항에 주어진 '생산량(Run 1, Run 2)' 데이터를 입력해 분석을 수행한다. 미니탭 과정은 생략한다. '요인'의 '수준'이 모두 '텍스트'이므로 '코드(부호)화'와 '코드(부호)화되지 않음'의 차이는 없다. 다음은 '이요인 교호 작용 효과'까지 포함한 '요인'과 '생산량'과의 최종 모형식이다.

$$\text{생산량}(Y) = 19.75 - 3.5 \times \text{포장재} + 1.5 \times \text{혼합기} - 1.75 \times \text{포장재} * \text{혼합기} \quad (\text{III} - 60)$$

(정답)

- 분석 과정: ('분산 분석 표'의 p−value) '주 효과' 0.008로 유의, '이원 상호 작용' 0.041로 유의 (R−제곱) '87.29%'로 높음. (개별 항들의 p−value) '혼합기(0.063)'를 제외하고 모두 유의. 단, '주 효과'는 그대로 유지. (잔차 분석) '잔차 그림'으로부터 정규성, 등분산성, 독립성 가정됨
- 분석 결과: 생산량(Y)=19.75 − 3.5*포장재+1.5*혼합기 − 1.75*포장재*혼합기

하위 문제 2) 얻어진 예측 모형을 이용하여 개선 후 생산량 증대가 있었는지 검증하시오.

'현재 생산 방식'과 '개선 후 생산 방식'의 상황을 식(III − 60)에 적용 후 얻어진 각 '생산량'을 비교한다. 이를 위해 [표 III − 53] 문항에 주어진 '현재 생산 방식'과 '개선 후 생산 방식' 상황을 식으로 표현하면 다음과 같다.

$$\text{현재 생산량} = 3hrs \times (L-\text{형, 대형}) + 3hrs \times (S-\text{형, 소형}) \qquad (\text{Ⅲ}-61)$$
$$\text{개선 후 생산량} = 4hrs \times (L-\text{형, 소형}) + 4hrs \times (S-\text{형, 소형})$$

식(Ⅲ-61)은 다시 식(Ⅲ-60)에 입력할 수 있도록 다음과 같이 코드(부호)화한다.

$$\text{현재 생산량} = 3hrs \times (1,\, 1) + 3hrs \times (-1,\, -1) \qquad (\text{Ⅲ}-62)$$
$$\text{개선 후 생산량} = 4hrs \times (1,\, -1) + 4hrs \times (-1,\, -1)$$

식(Ⅲ-62)를 바탕으로 '현재 방식의 생산량'과 '개선 후 방식의 생산량'을 각각 계산하면 다음과 같다.

$$
\begin{aligned}
\text{현재 생산량} &= 3hrs \times (1,\, 1) + 3hrs \times (-1,\, -1) \qquad (\text{Ⅲ}-63)\\
&= 3 \times [19.75 - 3.5 \times 1 + 1.5 \times 1 - 1.75 \times 1 \times 1]\\
&\quad + 3 \times [19.75 - 3.5 \times (-1) + 1.5 \times (-1) - 1.75 \times (-1) \times (-1)]\\
&= 108.0 \; kg/hr
\end{aligned}
$$

$$
\begin{aligned}
\text{개선 후 생산량} &= 4hrs \times (1,\, -1) + 4hrs \times (-1,\, -1) \qquad (\text{Ⅲ}-64)\\
&= 4 \times [19.75 - 3.5 \times 1 + 1.5 \times (-1) - 1.75 \times 1 \times (-1)]\\
&\quad + 4 \times [19.75 - 3.5 \times (-1) + 1.5 \times (-1) - 1.75 \times (-1) \times (-1)]\\
&= 146.0 \; kg/hr
\end{aligned}
$$

식(Ⅲ-63)과 식(Ⅲ-64)를 통해 '개선 후 생산량'이 '개선 전 생산량'에 비해 '약 38.0kg/hr' 증대되었음을 알 수 있다.

(정답)

- 계산 과정: 식(Ⅲ-62) ~ 식(Ⅲ-64) 참조
- 검증 결과: 개선 전에 비해 생산량이 약 38.0kg/hr 증대됨

'실험 계획(DOE)'에는 결과를 시각화시켜주는 '주효과도'나 '상호 작용 효과도'[19]가 있다. 평가 경우 후자의 출제 빈도가 다소 높은 편인데, 그 이유는 문제 해결 과정을 이수한 응시자더라도 '상호 작용'에 대한 이해가 다소 부족하기 때문에 출제자들이 선호하는 것으로 보인다. 다음 문항의 예를 보자.

[표 Ⅲ-54] [문항] '실험 계획(DOE)'의 '상호 작용 효과도' 관련 예(난이도 중)

문제	아래 그림은 '남녀 연예인(X)' 광고 출연에 따른 '매출액(Y, 억)' 효과를 알아보기 위해 평가를 수행한 '상호 작용 효과도' 결과이다. 참고로 (남) → 현빈, 비이, (여) → 김여나, 이호리 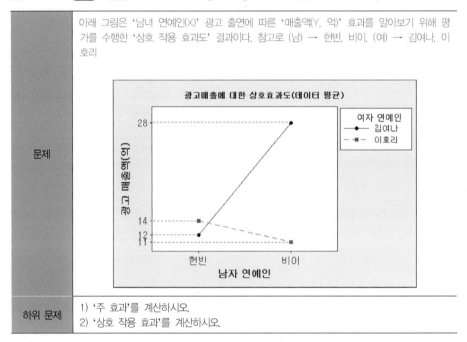
하위 문제	1) '주 효과'를 계산하시오. 2) '상호 작용 효과'를 계산하시오.

풀이에 들어가기 전 '상호 작용 효과도'를 보는 방법에 대해 잠시 복습해보자. [표 Ⅲ-54]의 문항에서 '빨간 점선'은 '여자 연예인=이호리'의 것이다.

---

19) 미니탭은 '교호 작용도'로 표기한다.

상황을 글로 적으면 "이호리가 헌빈과 광고에 출현하면 매출액은 14억이지만, 만일 비이와 짝을 이루면 11억으로 3억이 감소한다"이다. 반대로 '검은 실선'인 '김여나' 경우로 "김여나가 헌빈과 짝을 이뤄 광고에 출연하면 매출은 12억이고 이전 이호리의 학습 효과를 통해 비이와 짝을 이루면 약 3억 감소한 9억이 될 것으로 기대되나 예상을 뒤엎고 28억으로 껑충 뛰어 올랐다"이다. 이와 같이 수준들의 조합이 바뀔 경우 예상치 못한 'Y'의 효과로 이어지면 이때 "상호 작용이 있다"고 판단하고, 그림상 두 선분이 평행 관계에 놓이지 않게 된다.

문항으로 돌아가서 제시된 '상호 작용 효과도'로 풀이를 하기 위해서는 '설계 표' 작성이 제일 우선이다. '설계 표'는 지금의 상황이 "반복 없는 2수준 2인자 완전 요인 설계"이므로 수작업으로 적되, 문항의 '상호 작용 효과도'에서 관련 '매출액'을 찾아 'Y' 란에 기입한다. 다음 [그림 Ⅲ-75]는 그 예이다.

[그림 Ⅲ-75] '설계 표' 작성과 '상호 작용 효가도'로부터 얻은 매출액

여자 연예인	남자 연예인	광고매출액
김여나	헌빈	
이호리	헌빈	
김여나	비이	
이호리	비이	

여자 연예인	남자 연예인	광고매출액
김여나	헌빈	12
이호리	헌빈	14
김여나	비이	28
이호리	비이	11

[그림 Ⅲ-75]를 이용한 '하위 문제' 풀이 과정 및 정답은 다음과 같다.

하위 문제 1) '주 효과'를 계산하시오.
식(Ⅲ-58)과 동일한 방법으로 두 개 인자의 '주 효과'를 계산한다.

(정답)

$$'남자 연예인' 효과 = \frac{28+11}{2} - \frac{12+14}{2} = 6.5 \qquad 답)\ 6.5억$$

$$'여자 연예인' 효과 = \frac{14+11}{2} - \frac{12+28}{2} = -7.5 \qquad 답)\ -7.5억$$

하위 문제 2) '교호 작용 효과'를 계산하시오.

식(Ⅲ - 59)와 동일한 방법으로 '상호 작용 효과'를 계산한다. 이때 '상호 작용(A*B)'의 부호 배치가 [그림 Ⅲ - 75]를 통해 다음과 같이 먼저 작성돼야 한다.

[그림 Ⅲ - 76] 'A*B' 부호 배치

여자 연예인	남자 연예인	A*B	광고매출액
김여나(-1)	헌빈(-1)	1	12
이호리(1)	헌빈(-1)	-1	14
김여나(-1)	비이(1)	-1	28
이호리(1)	비이(1)	1	11

(정답)

$$'A*B' 효과 = \frac{12+11}{2} - \frac{14+28}{2} = -9.5 \qquad 답)\ -9.5억$$

'실험 계획(DOE)' 관련 문항은 실험 유형의 선택과 내용의 깊이에 따라 무궁무진하게 다양화시킬 수 있다. 그들 중 출제 빈도가 다소 높은 '곡률(Curvature) 탐지 및 처리'와 '블록(Block)의 처리' 관련 문항에 대해 간단히 알아보자.

[표 Ⅲ-55] [문항] '실험 계획(DOE)'의 '곡률 탐지' 관련 예(난이도 중)

문제	최근의 잦은 기후 변화로 작업 환경에 대한 관심이 고조되고 있는 가운데 생산관리팀은 최적의 업무 분위기 조성을 위한 개선 작업에 착수하였다. 과제 수행 리더인 송 대리는 온도, 습도, 통풍량과 작업자들의 생산성을 '완전 요인 설계'를 통해 분석한 결과 다음과 같은 결과를 얻었다(유의 수준=5%). ▷ 온도: p-value=0.02, 습도: p-value=0.00, 통풍량: p-value=0.12 ▷ 온도*통풍량: p-value=0.041 ▷ 곡률(Curvature)이 있는 것으로 확인됨
하위 문제	1) 본 실험 중 '곡률'을 탐지할 수 있는 방법을 기술하시오. 2) 현 시점에서 곡률을 고려한 모형 방정식 구현 방안을 기술하시오.

'곡률 탐지'와 관련된 내용은 [그림 Ⅲ-68], [그림 Ⅲ-69]를 복습하기 바란다. 정답을 정리하면 다음과 같다.

하위 문제 1) 본 실험 중 '곡률'을 탐지할 수 있는 방법을 기술하시오.

(정답)

1) 실험 설계 시 '중심점(Center Point)'을 추가한 후, 분석 중 '세션 창' 결과에서 'Ct Pt'의 'p-value'를 확인
2) '잔차 그림'에서 곡률이 존재하는지 관찰

하위 문제 2) 현 시점에서 곡률을 고려한 모형 방정식 구현 방안을 기술하시오.

(정답)

실험의 효율을 높이기 위해 '축차 실험(Swquential Experiment)' 등을 수행. 즉 현재의 요인 점에 '축점(Axial Point)'과 '중심점'을 추가한 뒤 '반응 표면 설계(RSM)' 수행

평가에서 '곡률' 관련 문항 외에 '블록(Block)'도 자주 마주치는 항목이다. '블록'은 '실험 계획 5대 원리'인 '랜덤의 원리', '직교의 원리', '블록의 원리', '반복의 원리', '교락의 원리' 중 하나다. '블록'은 수행해야 할 '실험 수'를 몇 몇의 '묶음'으로 나누는 접근이다. 나눠야 할 이유는 1) 실험을 며칠로 나눠 해야 하는 경우, 2) 몇 사람이 나눠서 해야 하는 경우, 3) 서로 다른 장소에서 해야 하는 경우 등 다양하다. 먼저 '기출 문항'을 예로 든 후 풀이 과정에서 내용 설명을 이어가자.

[표 Ⅲ-56] [문항] '실험 계획(DOE)'의 '블록(Block)' 관련 예(난이도 상)

문제	주어진 실험을 철수와 영희 두 연구원이 진행해야 하나 각 연구원의 실험 활동이 결과에 영향을 미치는 것으로 의심돼 확인 방법을 고민하고 있다. 요인은 X1, X2, X3이고 '반복 없는 2수준 3인자 완전 요인 설계'를 수행할 예정이다. 단, 과거 실험 자료로부터 'X1'과 'X2' 간 '상호 작용'은 없는 것으로 알려져 있다. 만일 '블록의 원리'를 적용하고자 할 때, 연구원 각각이 수행해야 할 최적의 실험을 배분하시오. 실험의 '설계 표'는 아래와 같다.

X1	−1	1	−1	1	−1	1	−1	1
X2	−1	−1	1	1	−1	−1	1	1
X3	−1	−1	−1	−1	1	1	1	1
Y								

'반복 없는 2수준 3인자 완전 요인 설계'는 총 8회의 실험을 수행하며, 이때 두 사람이 나누어 진행할 경우 각 4회씩 균등하게 배분돼야 한다. 다음 [그림 Ⅲ-77]을 보자.

[그림 Ⅲ-77] '실험 계획(DOE)' 관련 '블록(Block)의 원리' 개요

↓	C1	C2	C3	C4	C5	C6	C7	C8
	StdOrder	RunOrder	중앙점	블럭	X1	X2	X3	Y
1	1	1	1	블록 1	-1	-1	-1	12
2	2	2	1	1	1	-1	-1	8
3	3	3	1	1	-1	1	-1	13
4	4	4	1	1	1	1	-1	21
5	5	5	1	블록 2	-1	-1	1	16
6	6	6	1	1	1	-1	1	10
7	7	7	1	1	-1	1	1	26
8	8	8	1	1	1	1	1	9

[그림 Ⅲ-77]처럼 '블록 1'과 '블록 2'로 임의 구분할 경우 각 '블록'은 4 회씩 동일한 수만큼 실험을 배분받지만 최상이라고 보긴 어렵다. 왜냐하면 극 단적인 예지만 'X3' 경우 '철수(블록 1)'가 실험하는 동안 폭우가 쏟아졌고, '영희(블록 2)' 때는 해가 쨍쨍했다면(이렇게 급변하진 않겠지만^^!), 또 'Y'가 수분에 의한 영향을 크게 받는 특성이 있다면 '철수' 때의 'Y' 값 속엔 '+α' 만큼의 추가 영향이 포함되어 향후 '요인 X3'의 '효과' 계산 시 왜곡된 결과 를 얻는다. 이것은 '영희' 때는 수분의 영향이 포함돼 있지 않으므로 각 블록 의 평균을 빼는 과정에 이미 정보의 왜곡은 불가피하다. 따라서 각 '블록' 내 인자들의 '-1'과 '1' 수준이 동일한 수만큼씩 포함돼야 지적된 문제가 발생 하지 않는다. 단, 만일 '블록'이 없다면 '랜덤한 실험 배치'를 통해 이 같은 문 제는 일부 해소시킬 수 있다. 미니탭에서는 '설계 창'에서 '블록=2'로 지정하 면 블록별 실험 배치를 자동으로 정해진 규칙에 의해 균등 배분한다.

[그림 III−78] '실험 계획(DOE)' 관련 '블록(Block)의 원리' 개요(미니탭 자동 배분)

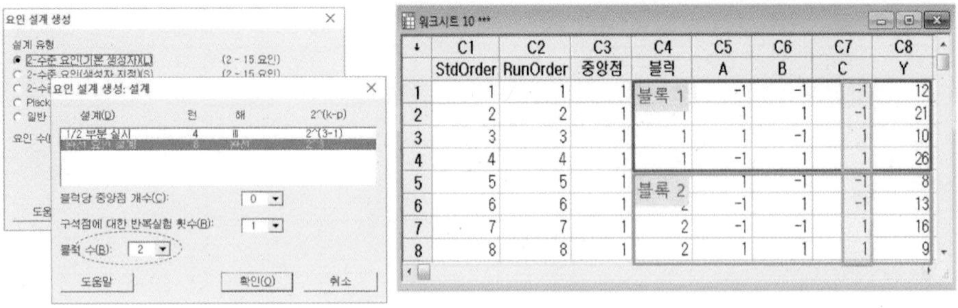

[그림 III−78]은 [그림 III−77]과 달리 '블록' 내 각 요인별 '수준 수'가 동일한 개수만큼 할당돼 있음을 알 수 있다. 현업에서는 미니탭 설계 단계에서 '랜덤화 실험'을 선택함으로써 각 '블록' 내에서의 순서도 뒤섞이게 배치한다.

또 하나 고려할 사항이 있다. [표 III−56]의 문항에서 언급된 'X1'과 'X2'의 '상호 작용 없음'이다. 간단히 정리해서 'X1*X2'의 '효과(Effect)'는 'Y'에 미치는 영향이 거의 없다는 뜻이므로 해석이 불필요한 경우이다. 이 정보를 이용하면 의외로 실험을 단순화시킬 수 있다. 즉 'X1*X2'의 수준 중 '−1 → 철수'가, '1 → 영희'가 실험을 수행하는 식이다. 미니탭의 자동 지정이 아닌 실험자 스스로 현재 주어진 정보를 이용하여 '블록'을 직접 지정하는 것이 차이점이다. 이 접근은 미니탭 「통계 분석(S)>실험 계획법(D)>요인(F)>요인 설계 생성(C)…」에서 「설계 유형」을 "2−수준 요인(생성자 지정(S))"을 선택해서 지정한다. 그러나 책의 범위를 많이 벗어나므로 이 정도 수준에서 정리한다. 다음 [그림 III−79]는 [표 III−56]의 문항에 맞는 풀이 결과이다.

[그림 Ⅲ－79] '블록(Block)' 설정

X1	X2	X3	X1*X2	블록
-1	-1	-1	1	영희
1	-1	-1	-1	철수
-1	1	-1	-1	철수
1	1	-1	1	영희
-1	-1	1	1	영희
1	-1	1	-1	철수
-1	1	1	-1	철수
1	1	1	1	영희

[그림 Ⅲ－79]에서 '상호 작용 효과'가 없는 'X1*X2'의 수준 중 '－1 → 철수'가, '1 → 영희'를 지정해 '블록화'했으며, 만일 실험 완료 후 미니탭 분석 결과, '블록' 항의 'p－value'가 '유의함'으로 나오면 이것은 'X1*X2'의 영향이 아니라 '연구원' 간 'Y'에 미치는 영향에 차이가 있음을 암시한다. 만일 '블록'이 유의하지 않으면 오차에 '병합(Pooling)' 처리한다.

(정답)

유의하지 않은 'X1*X2'의 배치 중 '-1'은 '철수'가, '1'은 '영희'가 실험 수행. 완료 후 '블록'의 유의성 여부 확인. 각 연구원별 실험 배분은 아래와 같음

X1*X2	블록	X1	X2	X3	Y
1	영희	-1	-1	-1	
-1	철수	1	-1	-1	
-1	철수	-1	1	-1	
1	영희	1	1	-1	
1	영희	-1	-1	1	
-1	철수	1	-1	1	
-1	철수	-1	1	1	
1	영희	1	1	1	

지금까지 '완전 요인 설계'에 한정해 '기출 문항'과 그 풀이에 대해 알아보았다. 그러나 생산 공정의 엔지니어나 R&D 분야에서 활동 중인 연구원 대상의 평가엔 반드시 '부분 요인 설계', '다구치 방법', '반응 표면 설계', 'EVOP' 등도 실용적 측면에서 다양하게 개발돼 문항으로 포함시켜야 한다. 필자에 의한 '평가 제도' 운영 에서는 이와 같은 취약점을 보완하고 있다. 평가에 누구나 알 수 있는 도구 관련 문항만 출제되면 학습도 그에 맞춰 이뤄지므로 기업에 종사하는 개개인의 역량 강화를 통한 '경쟁력 향상'은 기대하기 어렵다. 이때 시험은 그야말로 '자격 인증'의 목적으로만 존재할 가능성이 높다. 국내 기업에 소속된 분야별 인력들의 역량을 전반적으로 향상시키기 위해서는 제대로 된 학습뿐 아니라 상향 평준화를 위한 올바른 '역량 평가법'도 뒷받침돼야 한다.

8. 관리도

　　　　　　　'관리도(Control Chart)'는 문제 해결 학습을 통해 잘 알려졌듯이 'Control Phase'뿐만 아니라 'Measure Phase'에서도 자주 출몰하는 범용 도구들 중 하나이다. 주로 '측정 시스템 분석(MSA)'의 결과 그래프 해석과, '프로세스 능력 평가' 시 프로세스 '안정성 여부'를 판독하는 데 쓰인다. 'Control Phase'는 개선 내용을 실제 프로세스에 적용했을 때 예상한 성과로 이어지는지 확인하는 활동으로, 또는 향후 프로세스가 지속적으로 잘 안정돼 갈 것인지에 대한 사전 판단 활동에 이용된다. 본론에 들어가기 전 현 위치를 상기시키기 위해 [표 Ⅲ-1]을 다시 옮겨놓았다.

[표 Ⅲ-57] 자기 학습을 위해 본문에서 설명할 항목

학습 항목	주요 내용
'방법론' 사전 학습	1. '프로세스 개선 방법론 로드맵' 관련 문항 풀이 2. '세부 로드맵' 관련 문항 풀이 3. '방법론' 관련 문항 풀이
'확률 통계' 사전 학습	1. 정규 분포 가법성 2. 정규 분포 확률(넓이) 구하기 → 시그마 수준 3. 중심 극한 정리 → 신뢰 구간 4. 분포(이항, 포아송) 5. 가설 검정 용어 6. 가설 검정 7단계 7. 회귀 분석/DOE, 필요 시 '정의 대비' 포함 8. 관리도 9. (추가) MSA
'정성적 도구' 사전 학습	'개선 체계도'를 중심으로 한 용법 소개 및 문항 풀이 예

　　'관리도'는 그 자체만으로도 충분히 문항 구성이 가능하지만 쓰임이 주로 'Measure Phase'와 'Control Phase'에 집중돼 있는 만큼 평가에서도 두 Phase

의 내용들이 융합돼 출제되는 경우가 많다. 따라서 이후 문항 사례와 풀이는 '관리도'에 우선 집중한 뒤 융합형 문항으로 확대해나간다.

8.1. '관리도(Control Chart)' 사전 학습

'관리도' 자체에 대한 평가 문항은 비교적 난이도가 높지 않은 특징이 있다. 탄생 배경이 현상을 시각화하는 데 두고 있어 수치 해석의 부담이 상대적으로 적기 때문이다. 따라서 난이도를 높이는 방편으로 '기초 통계'나 '가설 검정' 등과 연계하는 방식이 자주 이용된다. 관리도 전체를 이해하는 데 가장 대표적인 내용이 '관리도 선정 로드맵'이다.

[그림 Ⅲ-80] '관리도 선정 로드맵'

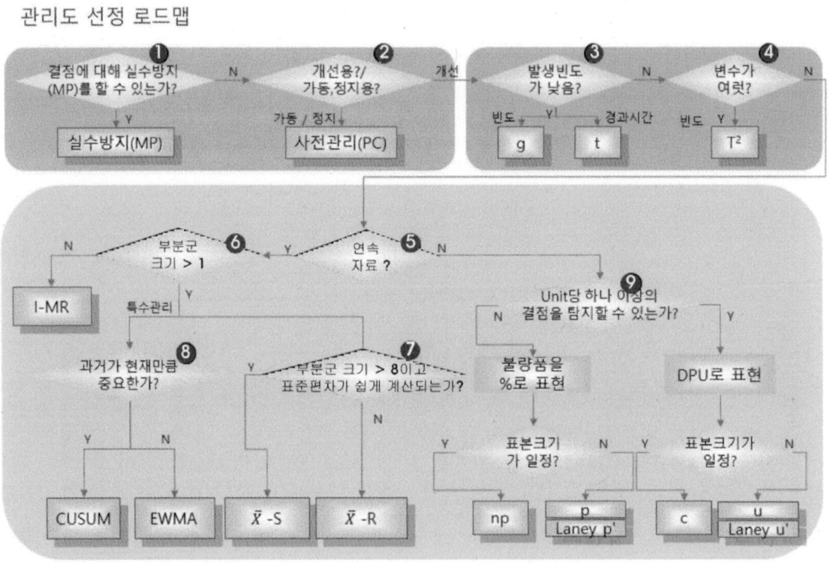

'관리도' 문항 풀이를 위해서는 우선 [그림 Ⅲ - 80]의 '관리도 선정 로드맵'의 명확한 이해가 필요하다. 주어진 데이터가 어떤 성격을 갖느냐에 따라 그에 맞는 관리도가 선택된다. 맨 처음 판단 단계인 「① 결점에 대해 '실수 방지(MP)'를 할 수 있는가?」는 '실수 방지(MP, Mistake Proofing)'가 관리의 필요 없이 시스템적으로 문제의 근원, 즉 결점 발생을 원천적으로 차단하는 접근이므로 만일 '실수 방지'가 가능하면 굳이 '관리도'를 사용할 필요가 없다. '실수 방지'는 'SPC(통계적 공정 관리)' 차원은 아니나 관리 도구 측면에서 묶어 고려하는 것이 효과적이다. 다음 두 번째 판단 단계인 「② 개선용/가동 · 정지용?」은 제조 프로세스 상황에서 문제가 큰지 작은지만 판단하여 생산을 지속하거나 멈춰야 하는 활동이 중요할 경우, '사전 관리(Pre - Control)'[20]를 적용한다. 세 번째 단계인 「③ 발생 빈도가 낮음?」은 사건 발생 빈도가 몇 달에 한 번씩 등 매우 적은 경우 'g(또는 t) - 관리도'를, 「④ 변수가 여럿?」은 프로세스의 여러 관리도를 하나로 묶어 관리할 때의 'T^2 - 관리도'를 각각 선택한다. 후자는 매우 유용한 관리도이나 원리가 복잡해 사용을 꺼리는 아쉬움이 있다.

'관리도'는 '연속 자료'와 '이산 자료'용으로 구분되기 때문에 「⑤ 연속 자료?」의 절차가 필요하다. 이때 '연속 자료'는 다시 「⑥ 부분군 크기가 > 1?」를 판단해야 하는데 만일 '1개('0'개는 의미 없음)'면 'I - MR 관리도'를 선택한다. 참고로 '부분군(Subgroup)'은 1회 표집할 때의 '표본 크기'다. '1개'를 초과한 경우는 데이터 수(부분군 크기 > 8?)에 따라 '$\overline{X} - S$ 관리도'와 '$\overline{X} - R$ 관리도'가 선택되고, 특수한 목적의 관리도가 필요하면 'EWMA 관리도'나 'CuSum 관리도' 등을 활용한다. 만일 '이산 자료'면 '불량 특성'과 '결점 특성'에 따라 'p - 관리도'나 'np - 관리도', 또는 'c - 관리도'나 'u - 관리도'를

---

20) '사전 관리'에 대한 설명이 있어야 하나 여기서는 생략한다. 필요한 독자는 「Be the Solver_프로세스 개선 방법론」편을 참고하기 바란다.

각각 선택한다. 기업에서 치러지는 평가 경우 'EWMA 관리도'나 'CuSum 관리도' 출제 사례는 거의 없다.

'연속 자료 관리도' 중 'I-MR 관리도'나 $\overline{X}-S$ 관리도, '$\overline{X}-R$ 관리도' 등은 데이터가 '1개' 또는 많고 적은 경우의 차이만 있을 뿐 본질적으로 표현법이나 해석이 같으므로 가장 일반적인 '$\overline{X}-R$ 관리도'를 학습하는 것이 유리하다. 또 '이산 자료 관리도' 역시 'p-관리도(Proportion의 첫 자를 의미)'는 '비율', 'NP 관리도'는 '개수(N×$\frac{n}{N}$ 형태이므로, 결국 단위는 '개수'가 됨)'의 차이만 있을 뿐 표현이나 해석이 동일하다. 또 결점 특성인 'c-관리도'와 'u-관리도'도 단순히 '결점 수'만 입력하는 'c-관리도'와 '결점률(DPU)'을 관리하는 'u-관리도'의 차이만 있을 뿐 해석은 거의 유사하므로 각 유형별 하나만 명확하게 학습해둘 것을 권장한다. 관리도의 공통된 구조는 다음 [그림 Ⅲ-81]과 같다.

[그림 Ⅲ-81] '관리도' 기본 구조

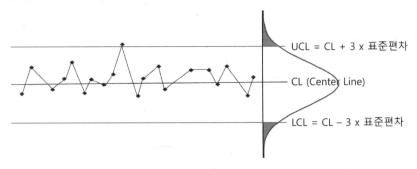

[그림 Ⅲ-81]에서 타점은 '시계열(Time Series)'이며, '연속 자료 관리도'의 'I-MR 관리도'면 매 '1개'의 값이, '$\overline{X}-R$ 관리도'면 매 추출된 표본의 '(산

술) 평균'이 찍힌다. 유사하게 '이산 자료 관리도'의 '$p-$관리도'는 매 회 '비율'이, '$np-$관리도'면 '불량품(또는 양품) 개수'가 찍힌다. 'c 또는 $u-$관리도'면 '결점 수 또는 DPU'가 각각 기록된다. 또 '관리 상한(Upper Control Limit)'과 '관리 하한(Lower Control Limit)'은 '중심선(Center Line, 전체 평균)'으로부터 '±3×표준 편차'에 자동 설정된다.

'연속 자료' 경우 '중심 극한 정리'에 의해 '중심선(CL)=μ'와 '표준 편차=$\sigma/\sqrt{n}$'를 따르며,[21] 통상 'σ'는 알려져 있지 않아 '$\overline{R}/d_2$'로 '모 표준 편차(σ)'를 추정한다. 'd_2'는 '표본 크기'에 따라 결정되는 상수이다.[22]

[표 Ⅲ-58] '관리도'별 '관리 상/하한' 산정식

관리도		관리 상/하한 산정식
연속 자료	$\overline{X}-R$ 관리도	'$\overline{X}-$관리도'에 대해, $\overline{\overline{x}}\pm 3\dfrac{\sigma}{\sqrt{n}}$ (or, $3\dfrac{1}{\sqrt{n}}\dfrac{\overline{R}}{d_2}$)
이산 자료	$p-$관리도	$\overline{p}\pm 3\dfrac{\sqrt{\overline{p}(1-\overline{p})}}{\sqrt{n}}$
	$np-$관리도	$n\overline{p}\pm 3\sqrt{n\overline{p}(1-\overline{p})}$
	$c-$관리도	$\overline{c}\pm 3\sqrt{\overline{c}}$
	$u-$관리도	$\overline{u}\pm 3\sqrt{\overline{u}/n}$

문항 난이도가 높아지는 이유 중 하나가 '중심 극한 정리'와의 관계 때문이며, 이 원리는 '관리 상/하한'에 직접적 영향을 주므로 [표 Ⅲ-58]의 이해는 필수이다. '관리도' 관련 문항은 타 도구들과 엮여 출제되는 경향이 강하므로 이들을 유형별로 나눠 사전 학습과 풀이를 진행해보자.

---

21) 자세한 원리는 「Be the Solver_프로세스 개선 방법론」편 참조.
22) 'www.minitab.com'에서 'UnbiasingConstantsc4d2d3d4.pdf'로 검색.

'관리도' 자체만의 내용으로 출제되는 유형이다. 객관식은 기본 사항들을 숙지하고 있는지, 또 주관식은 데이터를 제시한 뒤 그에 적합한 '관리도 선택', '결과 값 읽기', '관리 상태 여부' 등을 묻는 형식이 주를 이룬다.

[표 Ⅲ-59] [문항] '관리도' 기본 사항 관련 예(난이도 중)

문제	다음 관리도를 설명한 해당 문제에 O, X 하시오.
하위 문제	1) 'Shewhart 관리도'의 '관리 한계'는 '±3σ'에 기초한다. ( ) 2) '관리도'로부터 '공정 능력'을 파악할 수 있다. ( ) 3) 프로세스 개선이나 변화가 발생된 경우 또는 표준이 정한 기간이 경과할 경우 '관리 한계'를 개정한다. ( ) 4) '관리 상태'는 '관리 한계'와 '규격 한계'를 고려해서 평가한다. ( ) 5) 'R 관리도'에서 '관리 이탈 상태'는 타점이 '관리 한계'를 벗어났는지 여부에 달렸다. ( ) 6) '표본 평균'이 '관리 한계'를 벗어날 확률은 0.00135이다. ( ) 7) 관리도는 프로세스에 내재된 '이상 원인'을 제거해준다. ( ) 8) '관리 항목'을 줄이기 위해 '관리도'를 이용한다. ( ) 9) 'P 관리도'를 불량률 관리용으로 사용 시 '관리 하한'은 음수가 나올 수 있다. ( ) 10) 'Y'는 '모니터링', 'X'는 '관리' 대상이므로 '관리도'는 'X'에 대해 작성한다. ( ) 11) '$\overline{X}-R$관리도'에서 '$\overline{X}-$관리도'는 표본의 '그룹 간 변동(평균)'을, '$R-$ 관리도'는 '전체 변동(산포)'을 관리한다. ( ) 12) '공정 능력' 산정은 '관리도'가 '관리 상태'일 때 의미가 있다. ( ) 13) '$np-$관리도'의 관리 한계는 요철 모양을 띤다. ( )

[표 Ⅲ-59]는 '관리도'와 관계된 전반적 사항들을 이해하는 데 큰 도움을 준다. 각각에 대한 간단한 해석을 달아놓았으나 부족한 부분은 기업 교재 또는 「Be the Solver_프로세스 개선 방법론, 확증적 자료 분석(CDA)」편을 참고하기 바란다.

(정답)

1) 'Shewhart 관리도'의 '관리 한계'는 '±3×표준 편차'에 기초한다. (○)

2) '관리도'로부터 '공정 능력'을 파악할 수 있다. (×) → 둘은 관계가 없다. '공정 능력'은 '규격'과의 관계이다.

3) 프로세스 개선이나 변화가 발생된 경우 또는 표준이 정한 기간에 이른 경우 '관리한계'를 개정한다. (○) → 개정 사유가 발생되지 않으면 '관리 한계'는 유지한다.

4) '관리 상태'는 '관리 한계'와 '규격 한계'를 고려해서 평가한다. (×) → '2)' 참조.

5) 'R-관리도'에서 '관리 이탈 상태'는 타점이 '관리 한계'를 벗어났는지 여부에 달렸다. (×) → '연속 자료'는 '관리 한계' 이탈을 포함 총 8개, '이산 자료'는 총 4개의 검정 항목들이 있다.

6) '표본 평균'이 '관리 한계'를 벗어날 확률은 0.00135이다. (×) → 상/하한이 있으므로 '0.00135'의 2배인 약 '0.0027(0.27%)'이다.

7) 관리도는 프로세스에 내재된 '이상 원인'을 제거해준다. (×) → 진단 정보를 준다.

8) '관리 항목'을 줄이기 위해 '관리도'를 이용한다. (×) → '관리 항목'을 줄이는 데는 주로 '실수 방지'를 통해 가능하다. '7)' 추가 해설 참조

9) 'p-관리도'를 불량률 관리용으로 사용 시 '관리 하한'은 음수가 나올 수 있다. (○) → 계산상 '음수'가 나올 수 있다. 단 '음수 불량률'은 의미가 없으므로 미니탭 등에서는 '0'으로 자동 처리된다.

10) 'Y'는 '모니터링', 'X'는 '관리' 대상이므로 '관리도'는 'X'에 대해 작성한다. (×) → 숫자로 된 시계열 자료는 모두 가능하다. 그러나 우선순위는 'X'가 먼저다.

11) '$\overline{X}-R$관리도'에서 '$\overline{X}$-관리도'는 표본의 '그룹 간 변동(평균)'을, 'R-관리도'는 '전체 변동(산포)'을 관리한다. (×) → 'R 관리도'는 '그룹 내 변동'을 나타낸다.

12) '공정 능력' 산정은 '관리도'가 '관리 상태'일 때 의미가 있다. (○) → '관리 이탈 상태'에서 얻어진 '공정 능력'은 예측이 어려우므로 신뢰하기 어렵다. 따라서 '공정 능력'을 산정할 때는 반드시 '관리도'를 통해 '관리 상태'가 전제돼야 한다.

13) 'np-관리도'의 '관리 한계'는 요철 모양이다. (×) → '표본 크기'가 일정하면 관리 상/하한은 직선이다. 'p-관리도'는 '표본 크기'가 변하므로 요철로 그려진다.

[표 Ⅲ-59]의 문항과 풀이 내용에 익숙해졌으면 객관식에 어느 정도 대응력이 생겼다는 뜻이며, 주관식 문항으로 들어가도 좋다는 신호다. 다음은 '관

리도'와 관련된 일반적인 주관식 문항 예이다.

[표 Ⅲ-60] [문항] '관리도' 기본 사항 관련 예(난이도 하)

문제	다음 표는 A 공정의 일일 LNG 사용 '원 단위(원/kg)'를 20일간 조사해 정리한 자료이다. 물음에 답하시오.

일차	1일	2일	3일	4일	5일	6일	7일	8일	9일	10일
원단위	1,230	806	1,317	1,236	1,310	1,099	1,715	1,248	1,207	1,187
일차	11일	12일	13일	14일	15일	16일	17일	18일	19일	20일
원단위	1,420	1,317	1,278	1,172	1,194	1,201	1,234	1,319	1,408	1,436

하위 문제	1) 주어진 자료에 가장 적합한 관리도와 선택 이유를 기술하시오. 2) '1)'의 결과로부터 CL, UCL, LCL을 기술하시오. 3) '1)'의 결과로부터 현재의 프로세스 상태를 해석하시오. 4) '내부 프로세스 벤치마킹'이 가능한 타점을 찾고, 활용 방안이 있으면 기술하시오. 5) '1)'에서 '이상점'이 관찰되었다면 처리 방안에 대해 논하시오. 6) 만일 '관리 상한 이탈'이 매달 동일한 날짜에 동일 사유로 발생한다면 처리 방안에 대해 기술하시오.

[표 Ⅲ-60]의 '하위 문제'들은 단답형이며 자료에 맞는 '관리도'의 선택만으로도 대부분의 정답을 이끌어낼 수 있다. 우선 'LNG 원 단위'는 '연속 자료'이며 매일 '단 1개의 데이터'가 생성되므로 이에 적합한 '관리도'는 'I-MR 관리도'이다. 'I'는 '각각의, 개개의' 뜻을 갖는 'Individual'의 첫 자이고, 데이터가 매 회 1개씩 수집된다는 의미를 내포한다. 'MR'은 'Moving Range'의 첫 자이다. 데이터 '1개'에 대한 산포의 표현이 불가함에 따라 직후 데이터와의 차이(절댓값)를 타점하기 위해 도입되었다. 일종의 '산포' 대용이다. 미니탭 「통계 분석(S)>관리도(C)>계별값 계량형 관리도(I)>I-MR(R)…」로 들어가 'I-MR 관리도'를 작성한다. 주의할 점은 '대화 상자'에서 ' I-MR 옵션(P)… ' 내 '검정' 탭 내용 중 '8개 항목' 전체가 선택되었는지 확인하는 일이다. 다음 [그림 Ⅲ-82]는 'I-MR 관리도'의 결과이다.

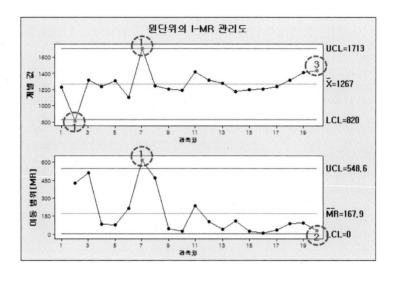

[그림 Ⅲ-82]의 '*I*-관리도'는 '관리 상/하한'을 벗어난 2개의 타점(검정 1)과 맨 뒤의 1점(검정 3)이 관찰되며, '*MR*-관리도'에서도 '6일차와 7일차의 차이'가 '관리 상한'을 벗어났고(검정 1), 맨 끝 점 역시 '관리 이탈'임을 표시하고 있다(검정 2). '검정 1'은 "1개의 점이 중심선으로부터 3표준 편차 범위 밖에 있음"을, '검정 2'는 "9개의 연속된 점이 중심선으로부터 같은 쪽에 있음", 또 '검정 3'은 "6개의 연속된 점이 모두 상승 또는 하락" 패턴임을 각각 나타낸다. 'LNG 원 단위'가 '망소 특성'이므로 '2일차'의 '검정 1'은 매우 긍정적 신호가 될 수 있어 당시 이력 추적 등을 통해 이유를 밝힌다면 개선에 도움이 될 수 있다. 또 '검정 3'과 같이 '14일차' 이후 'LNG 원 단위'가 증가 추세로 바뀐 점은 프로세스에서 연료 낭비가 확산되고 있음을 암시한다. 역시 찾아내 규명해야 할 대상이다. 지금까지의 관찰을 통해 '정답'을 기입하면 다음과 같다.

1) 주어진 자료에 가장 적합한 관리도와 선택 이유를 기술하시오. → (관리도) I-MR 관리도. (선택 이유) 연속 자료이며, 매 1개의 데이터만 생성됨
2) '1)'의 결과로부터 CL, UCL, LCL을 기술하시오. → (I 관리도) CL=1,267, UCL=1,713, LCL=820 (MR 관리도) CL=167.9, UCL=548.6, LCL=0
3) '1)'의 결과로부터 현재의 프로세스 상태를 해석하시오. → 관리 이탈 상태. 'I-관리도' 경우 2, 7일차 관리 하한/상한 각 이탈, 20일차 연속 6타점 이상 상승. 'M-관리도' 경우 7일차 관리 상한 이탈, 20일차 연속 9개 타점 중심선 아래 위치
4) '내부 프로세스 벤치마킹'이 가능한 타점을 찾고, 활용 방안이 있으면 기술하시오. → 2일차 원 단위. 에너지 낭비 없이 가장 효율적으로 운영되었을 가능성 있으므로 이력을 조사하여 내부 프로세스 벤치마킹 사례로 활용 가능한지 검토
5) '1)'에서 '이상점'이 관찰되었다면 처리 방안에 대해 논하시오. → 'I-관리도'에서 7일차와 20일차 타점. 관리 상한 이탈과 상승 추세에 대한 ① 원인 규명, ② 개선, ③ 재발 방지책 마련 후 관리도에서 제거 후 다시 작성
6) 만일 '관리 상한 이탈'이 매달 동일한 날짜에 동일 사유로 발생한다면 처리 방안에 대해 기술하시오. → 해당 타점만 따로 증별해서 'I-MR 관리도'로 관리

프로세스 상태를 눈으로 볼 수 있게 만들어놓은 특징 때문에 '관리도'를 보고 해석하는 일은 그다지 어렵지 않다. 이에 반해 관리도 속에 숨겨져 있어 겉으로 드러나 있지 않은 원리를 물을 경우, 문항의 난이도는 훨씬 높아진다. 다음은 틀리기 쉬운 객관식 문항 예들 중 하나이다.

[표 Ⅲ-61] [문항] '관리도' 원리 관련 예(난이도 중)

문제	다음은 M 특성에 대해 운영 중인 프로세스로부터 매회 5개씩 표집하여 작성된 '$\bar{X}-R$관리도' 중 'R-관리도'만 떼어놓은 그래프이다. 그래프에 '개선 전'과 '개선 후'는 과제 수행 전후의 변화 상태를 나타낸다. 다음 설명 중 옳은 보기를 모두 고르시오. ( )

'보기 1)'은 관리도 상 '8개 검정 항목'들 중 한 개도 관찰되지 않으므로 '우연 요인'에 의한 변동만 존재한다. '보기 2)'의 '고객 요구'에 맞춰 설정되는 것은 '규격'이며, '보기 3)'의 '부분군의 평균'은 '부분군의 범위'로 바뀌어야 한다. 문항의 보기들 중 '보기 4)'가 원리를 묻는 내용이다. 그래프를 보면 '개선 후'의 'UCL/LCL 폭'이 줄었으며, 이것은 각 표본에 대한 '범위(Range)의 등락'이 잦아들었음을 의미한다. 훨씬 안정화되었다는 뜻이다.

또 '개선 전'에 비해 작아진 '$\bar{R}$'를 보자. [표 Ⅲ − 58]의 '$\bar{X}-$ 관리도'를 보면 '관리 상/하한'이 '$\bar{\bar{x}} \pm 3 \dfrac{1}{\sqrt{n}} \dfrac{\bar{R}}{d_2}$'임을 알 수 있다. 즉 '$\bar{R}$'가 작아지면 '$\bar{X}-$ 관리도'에서 '관리 상/하한 폭'이 줄어드는 효과가 생긴다. '그룹 간 변동'이 감소한 것이다. '보기 5)'의 '시그마 수준'은 '규격'과의 관계이므로 '관리도'로부터는 변화 정도를 알 수 없다.

(정답)

'1)'과 '4)'
이유는 본문 참조

앞서 '우연 원인'과 '이상 원인'들에 대해 언급한 바 있다. 사실 '관리도'를 특징짓는 핵심은 '그룹 간 변동(평균의 등락)'과 '그룹 내 변동(범위의 등락)'을 시각적으로 표현하는 데 있다. 이들이 '연속 자료' 경우 '8개 항목', '이산 자료' 경우 '4개 항목'들 중 1개 이상이 관찰되면 '이상 원인'에 의한 변동 발

생으로, 1개도 관찰되지 않으면 '우연 원인'에 의한 변동이 존재하는 것으로 간주한다. 일반적으로 다음의 관계가 있다.

[표 Ⅲ-62] '우연 원인'과 '이상 원인' 비교

'우연 원인'에 의한 변동	정상	변동 폭 작음	복합적	기술적 문제	항상 존재	안정	예측 가능
'이상 원인'에 의한 변동	비정상	변동 폭 큼	특정 요소	관리적 문제	항상 존재하지 않음	불안정	예측 불가

'관리도' 관찰을 통해 '우연 원인'에 의한 '변동'만이 존재하면 이후 '표본 평균'이 어느 영역 안에 존재하리란 '예측'이 가능해지므로 비로소 '공정 능력'의 산정에 의미가 생긴다. 이 때문에 관리도를 통해 어떤 '변동'이 존재하는지 파악하는 일은 매우 중요하다. 다음 문항은 이와 관련된 내용을 묻는 예이다. 출제 빈도도 매우 높다.

[표 Ⅲ-63] [문항] '관리도' 변동 관련 예(난이도 중)

문제	다음의 설명이 어떤 원인('우연 원인' 또는 '이상 원인')에 의한 변동 또는 내용인지 해당 공란을 채우시오.		
		우연원인	이상 원인
	1) 줄이려면 많은 비용이 든다.		
	2) 관리도 상에서 '관리 한계' 내측에 무작위로 나타난다.		
	3) 독특하고 단정질 수 있는 원인에 의해 발생한다.		
	4) 다수의 사소한 원인에 의하며, 만성적으로 발생한다.		
	5) '관리 상태'에 있으므로 발생의 예측이 가능하다.		
	6) 돌발적으로 발생한다.		

강의 중에는 '이상 원인'을 '프로세스에 떨어진 벼락'에 비유하곤 한다. 문항의 각 '보기'에 '벼락'을 직접 대입하면 이해가 갈 것이다.

(정답)

		우연원인	이상 원인
1)	줄이려면 많은 비용이 든다.	○	
2)	관리도 상에서 '관리 한계' 내측에 무작위로 나타난다.	○	
3)	독특하고 단정질 수 있는 원인에 의해 발생한다.		○
4)	다수의 사소한 원인에 의하며, 만성적으로 발생한다.	○	
5)	관리 상태에 있으므로 발생의 예측이 가능하다.	○	
6)	돌발적으로 발생한다.		○

8.3. '관리도'가 '기초 통계'와 관련된 '기출 문항' 풀이

가끔 평가 중 '규격 상/하한'과 '관리 상/하한'의 차이점이 무엇인지 묻는 문항이 출제되곤 한다. '규격 상/하한(Upper/Lower Specification Limit)'은 "고객이 정해주는 한계 값"인 반면, '관리 상/하한(Upper/Lower Control Limit)'은 "관리도 작성 시 데이터로부터 '±3×표준 편차' 위치에 자동으로 설정되는 한계 값"이다. '규격 상/하한'은 고객이 정해주므로 "절대적"이며, '관리 상/하한'은 데이터 유입에 따라 결정되므로 "유동적"이다. 이와 관련된 가장 대표적인 문항은 '관리 상/하한'과 '규격 상/하한'을 동시에 비교한 다음의 예이다.

[표 Ⅲ-64] [문항] '관리도'가 '규격'과 관련된 예(난이도 하)

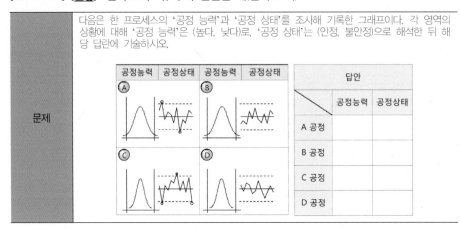

| 문제 | 다음은 한 프로세스의 '공정 능력'과 '공정 상태'를 조사해 기록한 그래프이다. 각 영역의 상황에 대해 '공정 능력'은 (높다, 낮다)로, '공정 상태'는 (안정, 불안정)으로 해석한 뒤 해당 답란에 기술하시오. |

[표 Ⅲ-64]는 응시자가 '공정 능력'과 '공정 상태'를 구별할 수 있는지에 대해 정확한 정보를 제시한다. 매우 잘 구성된 문항이다. 프로세스가 '안정, 불안정' 또는 '관리 상태, 관리 이탈 상태'를 구분 짓는 기준은 오직 '관리도'로만 판가름할 수 있다. '공정 능력'과 '공정 관리 상태'는 서로 관련짓기 어렵다는 뜻이다. 다음은 정답을 정리한 결과이다.

(정답)

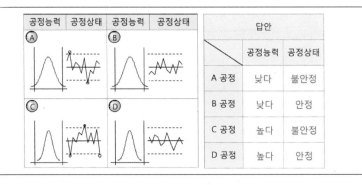

	공정능력	공정상태
A 공정	낮다	불안정
B 공정	낮다	안정
C 공정	높다	불안정
D 공정	높다	안정

'규격 한계'인 'USL, LSL'과 '관리 한계'인 'UCL, LCL'을 비교하는 일은 프로세스를 바라보는 시각에 매우 중요한 요소로 작용한다. 일반적으로 '공정 능력 수준'이 높으면 '공정 관리 수준'도 높다고 인식돼 있기 때문이다. 이에 [표 Ⅲ - 64]의 문항은 관리자들로 하여금 프로세스를 두 관점으로 분리해 바라보고 개선하도록 안내 역할을 하며, 응시자에게는 그를 구분할 수 있는지를 평가하는 데 이용된다.

'관리도'와 '규격'과의 관계를 좀 더 발전시켜 보자. '관리도'에 '규격'이 도입되는 순간 '확률(넓이)'이나 '시그마 수준', '불량률', '수율' 등의 계산이 가능해지므로 자연스럽게 분포의 파라미터(평균, 표준 편차)를 '관리도'로부터 얻어내는 문제와 연결 지을 수 있다. 앞서 사전 학습에서 언급했듯이 이들은 '관리 상/하한'의 설정과 관계한다. 다음 [표 Ⅲ - 65]는 이를 뒷받침할 대표적 문항 예이다.

[표 Ⅲ - 65] [문항] '관리도'가 '기초 통계'와 관련된 예(난이도 중)

문제	최근 박 과장은 납기에 따른 손실 비용을 최소화시키라는 특명을 받고 다음과 같은 A 고객에게 제품 납품 시 각 납기(일)를 기록한 관리도를 작성하였다. 제품 특성상 고객에게 30일을 넘겨 인도될 경우 심각한 재고 부족 사태가 발생해 클레임을 피할 수 없으며, 사전 계약 조건에 따르면 납품가의 10% 비용을 할인하도록 명시돼 있다. A 고객사에 대한 월 매출은 8천만 원임을 감안할 때 박 과장의 과제 추진을 통해 50% 손실 회피를 목표로 한다면 실제 회피 가능한 총액은 얼마인가? 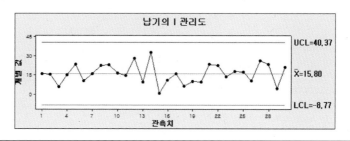

[표 Ⅲ - 65] 문항을 풀기 위해서는 [그림 Ⅲ - 81]에 보인 '정규 분포'의 도입이 필수이다. 제시된 관리도를 설명할 '정규 분포'는 [그림 Ⅲ - 83]과 같다.

[그림 Ⅲ - 83] '관리도'로부터 유도된 '정규 분포' 파라미터

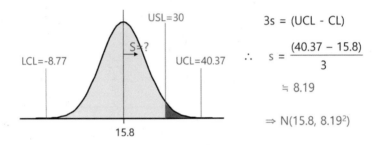

[그림 Ⅲ - 83]으로부터 임의의 '표준 편차'는 '8.19일'이며, 이때 '정규 분포'는 '~N(15.8, 8.19²)'를 따르는 것으로 파악된다. 현재의 '규격(USL)=30일'이므로 이를 적용해 벗어난 확률(넓이)을 구하고, 이 값에 연 매출 '9억 6천만 원(=8천만 원×12개월)'과 계약 위반 비용 '10%'를 곱하면 전체 '기회 손실 비용'을 얻는다. 이 금액의 50%를 과제 목표로 하고 있으므로 기대되는 효과 총액은 다음과 같이 계산된다.

$$
\begin{aligned}
\text{기대되는 효과 총액} &= \text{규격을 벗어나 발생된 비용(할인액)} \times \text{목표율} \qquad (\text{Ⅲ} - 65) \\
&= [P(X > 30) \times 960,000,000 \times 0.1] \times 0.5 \\
&= [(1 - P(X < 30)) \times 960,000,000 \times 0.1] \times 0.5 \\
&= [0.04147 \times 960,000,000 \times 0.1] \times 0.5 \\
&= 1,990,800 \text{원}
\end{aligned}
$$

(정답)

- 회피 가능 총액: 1,990,800원
- 계산 관점: 기대되는 효과 총액 = 규격을 벗어나 발생된 비용(할인액) × 목표율
$$= [P(X > 30) \times 960,000,000 \times 0.1] \times 0.5$$
$$= [(1 - P(X < 30)) \times 960,000,000 \times 0.1] \times 0.5$$
$$= [0.04147 \times 960,000,000 \times 0.1] \times 0.5$$
$$= 1,990,800원$$

8.4. '관리도'가 '가설 검정'과 관련된 '기출 문항' 풀이

이전 설명에서 자주 언급했지만 '관리도'에서의 '가설 검정'은 기본적으로 밑바탕에 깔려 있다. 대표적인 예가 「통계 분석(S)>관리도(C)>부분군 계량형 관리도(S)>Xbar−R(B)…」의 '대화 상자'에서 ' Xbar-R 옵션(P)... ' 내 '검정' 탭을 보면 쉽게 알 수 있다. 다음 [그림 Ⅲ−84]는 '관리도'에서 제시하는 기본 '검정' 항목들이다.

[그림 Ⅲ−84] '연속 자료' 및 '이산 자료'의 '검정' 항목

['연속 자료'의 검정 항목]

['이산 자료'의 검정 항목]

'연속 자료' 관리도 경우 '총 8개'의 검정 항목이, '이산 자료' 관리도는 '총 4개' 검정 항목이 주어진다. 만일 각 검정 항목의 사건이 실제 발생하면 관리도상에 '연속 자료' 관리도는 '1~8'의 숫자가, '이산 자료' 관리도는 '1~4'의 숫자가 기록돼 프로세스 해석 시 이용된다.

그러나 일반적으로 '가설 검정'을 논하기 위해서는 '가설'의 존재와 그의 판단에 필요한 '유의 수준'이 있어야 한다. '관리도'에서의 '가설'은 다음과 같다.

$$귀무가설(H_o) : 프로세스는 '관리상태' 이다. \qquad (\text{III} - 66)$$
$$대립가설(H_A) : 프로세스는 '관리 이탈 상태' 이다.$$

이어서 필요한 '유의 수준'은 [표 III - 59] 문항의 '하위 문제 6)'에서 이미 설명한 바 있다. 설명을 위해 [그림 III - 81]을 다음에 다시 옮겨놓았다.

[그림 III - 85] '관리도' 기본 구조

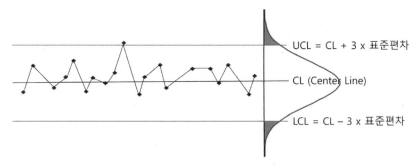

UCL = CL + 3 x 표준편차
CL (Center Line)
LCL = CL - 3 x 표준편차

[그림 III - 85] 경우 타점이 빗금(분홍색) 영역 위 또는 아래로 들어가면 '평균'에 변화가 생긴 것으로 판단한다. 즉 관리도에서는 'CL±3×표준 편차'를

벗어난 빗금(분홍색) 영역이 이미 설정돼 있어, 이곳에 '관측 값(평균)'이 들어갈 경우 "변한 것(유의함)"으로 인식해 '대립 가설'인 "프로세스는 관리 이탈 상태이다"로 판단한다. 이 같은 해석은 '연속 자료 관리도'의 '8개 검정 항목'들에 대한 발생 확률을 계산함으로써 유의성 여부를 증명할 수 있으나, '그룹 간 변동'이 기대 이상으로 크게 발생한 상태는 이미 '정규 분포'가 아닐 수 있어 '가설 검정'으로서의 해석에 제약이 따른다. 다만 평가 문항에 다음과 같은 형식이 출제되곤 한다.

[표 Ⅲ-66] [문항] '관리도'가 '가설 검정'과 관련된 예(난이도 중)

문제	다음은 현 프로세스의 '관리 상태'를 알아보기 위해 작성한 '$\overline{X}-$ 관리도'이다. 점선으로 표시된 타점이 '관리 이탈'인 이유를 '가설 검정' 관점에서 설명하시오. (단, 'Center Line'과 'UCL' 사이의 선분은 각각 '1 표준 편차', '2 표준 편차' 거리를 나타내며, '검정'은 한쪽만 고려해서 수행) 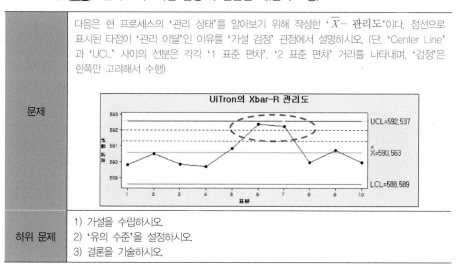
하위 문제	1) 가설을 수립하시오. 2) '유의 수준'을 설정하시오. 3) 결론을 기술하시오.

[표 Ⅲ-66]은 연속된 2개의 타점이 '2 표준 편차' 밖으로 벗어난 상태이다. 따라서 첫 번째 타점이 '2 표준 편차를 벗어날 확률'을 구한 뒤, 그 값에 두 번째 타점이 '2 표준 편차를 벗어날 확률'을 곱해 '유의 수준'과 비교하는 절차를 밟는다. '연속된 두 타점이 2 표준 편차를 벗어날 확률'은 다음과 같다.

$$p-value = P(X > 2s) \times P(X > 2s) \qquad (\text{III}-67)$$
$$\text{or } P(z > 2) \times P(z > 2) = 0.02275 \times 0.02275 = 0.000518$$

식(III - 67)은 한쪽 '유의 수준=0.00135'보다 작으므로 일어나기 어려운 사건이 실제 발생한 '이상 상태'로 간주한다.

(정답)

하위 문제 1) 가설: H_0: 프로세스는 '관리 상태'이다.
　　　　　　　　　 H_A: 프로세스는 '관리 이탈 상태'이다.
하위 문제 2) 유의 수준: $P(z>3)=0.00135$ (0.135%)
하위 문제 3) 결론: (통계적) 유의 수준 0.135%에서 p - value가 0.000518이므로
　　　　　　　　　 대립가설 채택
　　　　　　　　　 (실제적) 즉 연속된 두 타점은 '이상 원인'에 의한 변동으로
　　　　　　　　　 프로세스는 '관리 이탈 상태'임

(참고) p - value 산정은 식(III - 67) 참조

'관리도'가 '가설 검정'과 연계되는 또 하나의 축이 '제 2종 오류'이다. 이것은 '중심 극한 정리'와 관계한다. 다음 [그림 III - 86]을 보자.

[그림 III - 86] '표본 크기'에 따른 '관리 상/하한' 변화

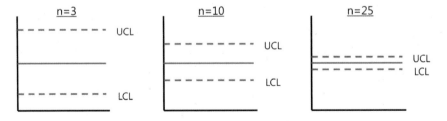

'표본 크기'가 증가하면 [표 Ⅲ - 58]에서 논한 '$\overline{X}$ - 관리도'의 '관리 상/하한'이 '$\overline{\overline{x}} \pm 3\frac{1}{\sqrt{n}}\frac{\overline{R}}{d_2}$'임에, 만일 '$\frac{\overline{R}}{d_2}$'가 고정일 경우 '관리 상/하한'은 오직 '$\frac{1}{\sqrt{n}}$'에 좌우된다. 즉 '표본 크기'를 키워 '관리도'를 작성하면 키우기 이전보다 '관리 상/하한 폭'이 줄어드는 효과가 생긴다. [그림 Ⅲ - 86]에서 'n=25'의 결과처럼 '관리 상/하한 폭'이 줄어들면 평균 타점의 작은 변동에도 '관리 이탈 상태'로 관찰돼 "관리도의 민감도를 증대시키는 효과"가 생긴다. 이것은 "제 2종 오류 (소비자 위험)를 줄이는 효과"도 있는데 풀어 해석하면 "평균이 실제 변했는데도 불구하고 변하지 않았다고 판정할 확률을 줄여준다"이다.

[표 Ⅲ - 67] [문항] '관리도'가 '가설 검정'과 관련된 예(난이도 중)

문제	다음 관리도를 설명한 보기들 중 적절치 않은 것은?
보기	1) 그룹 내 변동=우연 원인=산포 크기=기술적 요인 2) 'Xbar - R 관리도'에서 '관리 한계'의 폭이 좁아지면 'α 오류'가 줄어든다. 3) '관리 한계'는 이탈하나 '규격 한계'를 이탈하지 않는 경우 고객은 서비스 결점 여부를 제대로 느끼지 못한다. 4) 'R - 관리도'가 '관리 이탈 상태'일 경우 '$\overline{X}$ - 관리도'의 해석을 유보하고 'R - 관리도'의 이탈 원인을 먼저 확인한다.

정답은 다음과 같다.

(정답)

2)

(이유) '관리 한계 폭'이 줄어드는 효과는 '표본 크기' 증가 시 '중심 극한 정리'에 기인함. 이때 관리도의 민감도가 높아져 'β 오류'를 줄이는 효과가 생김

9. (추가) MSA

　　　　　'MSA'는 '측정 시스템 분석(Measurement System Analysis)'이다. 'Measure Phase' 초입에 정하는 'Y'에 대해 수집된 데이터의 신뢰성을 평가한다. 정성적 접근도 있으나 기본적으로 통계 처리를 바탕으로 '측정 시스템'의 적합성 여부를 판단하며, 'Y 데이터 유형'에 따라 '연속 자료 MSA'와 '이산 자료 MSA'로 나뉜다. 평가엔 두 유형 모두 출제된다. 본 단원에서 설명할 내용과 범위를 되짚기 위해 [표 Ⅲ－1]을 다음에 다시 옮겨놓았다.

[표 Ⅲ－68] 자기 학습을 위해 본문에서 설명할 항목

학습 항목	주요 내용
'방법론' 사전 학습	1. '프로세스 개선 방법론 로드맵' 관련 문항 풀이 2. '세부 로드맵' 관련 문항 풀이 3. '방법론' 관련 문항 풀이
'확률 통계' 사전 학습	1. 정규 분포 가법성 2. 정규 분포 확률(넓이) 구하기 → 시그마 수준 3. 중심 극한 정리 → 신뢰 구간 4. 분포(이항, 포아송) 5. 가설 검정 용어 6. 가설 검정 7단계 7. 회귀 분석/DOE, 필요 시 '정의 대비' 포함 8. 관리도 9. (추가) MSA
'정성적 도구' 사전 학습	'개선 체계도'를 중심으로 한 용법 소개 및 문항 풀이 예

　　전개는 'MSA에 대한 사전 학습'을 통해 기본 사항들에 대해 알아보고, 이어 학습된 내용을 바탕으로 '기출 문항' 풀이에 들어간다.

9.1. 'MSA' 사전 학습

우선 '측정 시스템(Measurement System)'과 '측정 시스템 분석(Measurement System Analysis)'의 차이점부터 알아보자. 다음은 각각의 용어 정의이다.

> · **측정 시스템(Measurement System)** (기업 교재) 측정치를 얻는데 필요한 계측기, 측정자, 측정 대상, 소프트웨어, 측정 방법, 측정 절차 등 모든 관련 대상
> · **측정 시스템 분석(Measurement System Analysis, 이하 MSA)** (www.isixsigma.com 내 Dictionary) 측정 과정에서의 변동이 전체 프로세스에 어느 정도 영향을 미치는지를 확인하는 실험적이고 수학적인 방법. MSA에는 5가지 평가 항목이 있으며, 각각 치우침(또는 편의), 선형성, 안정성, 반복성과 재현성이 해당함. '측정 시스템'을 수용할 수 있는지에 대한 일반적 기준은 AIAG(2002)의 권고에 따르며, '측정 변동'이 10% 이하면 수용을, 10~30%면 평가의 중요도, 측정기의 비용, 수리 비용 등을 고려해서 수용 여부를, 30% 이상이면 사용 불가이며, 이때 '측정 시스템'을 보정해야 함. 또, 'Number of Distinct Categories'는 5 이상이 돼야 하며, 추가로 '측정 변동(%)'과 'Number of Distinct Categories'는 시간에 따른 그래프 추이 분석을 통해서도 수용 여부를 판단할 수 있음

'MSA'를 설명할 가장 핵심적인 개요도가 기업 교재에 잘 나타나 있다. 물론 시험을 위해서도 반드시 머릿속에 그려놓고 있어야 할 중요한 그림이다. [그림 Ⅲ-87]을 보자.

[그림 Ⅲ-87]은 'MSA'를 이해하는 데 필수이면서 문항 풀이에도 반드시 기억하고 있어야 할 중요한 개요도이다. 간단히 설명하면 가장 상단의 '총 변동(σ^2_{Total})'은 우리가 손에 쥐고 있는 숫자들이다. 일반적으로 동일한 대상을 측정했음에도 값들은 동일하지 않고 왔다 갔다 하는 변동성을 보인다. 그런데 왜 "왔다 갔다 하는 변동성"을 보일까? 그 이유는 그림 왼쪽 경로의 "부품 간

에 발생하는 변동($\sigma^2_{Process}$)"처럼 "프로세스에서 정확히 만들지 못해 발생하는 왔다 갔다 함"과, 그림 오른쪽 경로의 "측정 오차로 인한 변동($\sigma^2_{R\&R}$)"처럼 "측정하는 과정에 숫자가 왔다 갔다 함"의 복합적 요인에 기인한다. "부품 간에 발생하는 변동($\sigma^2_{Process}$)"이 문제시되면 개선은 'Improve Phase'에서 진행되지만, "측정 오차로 인한 변동($\sigma^2_{R\&R}$)"이 문제면 '현 수준 평가' 시 현상에 대한 잘못된 이해로 판단 오류를 발생시킬 수 있어 본격적으로 과제가 수행되기 전엔 'Measure Phase'에서 개선이 이루어진다.

[그림 Ⅲ-87] '측정 시스템 분석' 개요도

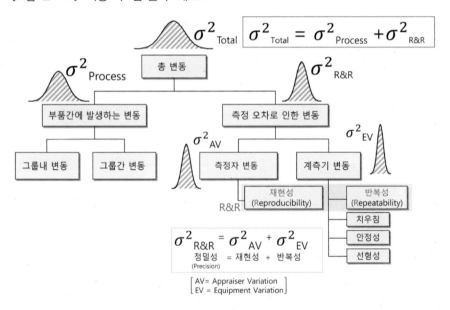

"측정 오차로 인한 변동($\sigma^2_{R\&R}$)"은 다시 "측정자 변동"인 '재현성(Reproducibility)'과 "계측기 변동"인 '반복성(Repeatability)'으로 나뉜다. '재

현성'은 동일한 측정 대상을 동일한 계측기와 동일한 환경에서 단지 측정자만 달리했을 때의 값들 간 차이로 나타난 변동이고, '반복성'은 모든 동일한 환경에서 반복 측정했을 때의 값들 간 차이로 나타난 변동이다. '반복성' 경우 계측기 입장에선 '한 개 입으로 두 값을 애기(출력)한 상황'이므로 계측기 자체의 상태를 가늠하는 척도로 이용된다. [그림 Ⅲ-87]에서 '반복성'이 왜 '계측기 변동' 아래에 연결돼 있는지 이유를 설명하는 대목이다. '재현성'과 '반복성'을 합해 '정밀성(Precision)'이라고 부른다. MSA에서는 'Gage R&R'로 통한다.

'정밀성(Precision)' 외에 중요한 평가 항목으로 '정확성(Accuracy)'이 있다. '정확성'은 값들 간 변동에는 관심이 없고 단지 "'측정값들의 평균'과 '참값'과의 차이"에만 관심을 둔다. 이에는 '치우침(또는 편의, Bias)', '안정성(Stability)', '선형성(Linearity)'이 있다. '정확성'은 기업에서 '검/교정'이라는 표준 절차에 의해 주기적으로 계측기들을 관리하고 있어 중요도 측면에서 출제 빈도가 그리 높지 않다. 자세한 내용은 관련 자료 등을 참고하기 바란다.

평가에서 출제 빈도가 높은 '정밀성(R&R)'은 미니탭에서 출력되는 '그래프 분석'과 '세션 창'의 '통계 분석' 모두에 익숙해야 한다. 특히 '연속 자료' 경우 '정밀성(R&R)'에 'Gage R&R 교차 분석'과 'Gage R&R 내포 분석'이 있으며, 전자는 측정 때 '측정 대상'의 변형이 없어 측정자 간 서로 돌아가면서 측정이 이루어는 경우에 쓰이며, 후자는 '측정 대상'의 외형이 변하거나 물성이 변하는 등의 파괴 분석 때 적합한 분석 접근법이다. 'Gage R&R 내포 분석'의 출제 빈도는 매우 낮은 편이나, 실제 기업에서 활용 빈도가 높은 만큼 향후 다양한 문항 개발을 통해 시험에 포함시킬 계획이다. 본문은 현 상황을 반영해 'Gage R&R 교차 분석'에 대해 문항 풀이를 이어간다. 다음은 미니탭 「통계 분석(S)>품질 도구(Q)>Gage 연구(G)>Gage R&R (교차) 연구(G)…」로 들어가 얻은 '그래프' 결과이다.

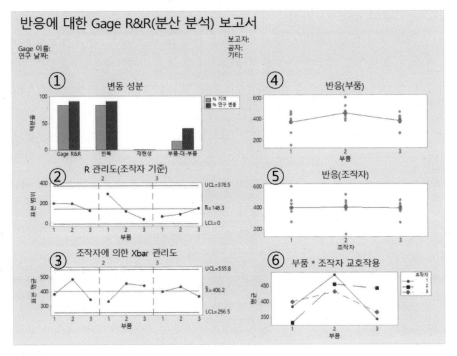

[그림 Ⅲ-88]에서 왼쪽 첫 그래프 '① 변동 성분'은 [그림 Ⅲ-87]에서와
같이 전체를 '100'으로 보았을 때 '프로세스에 의한 변동'과 '측정에 의한 변
동' 크기를 막대그래프로 보여준다. 맨 왼쪽의 'Gage R&R'이 '측정에 의한
변동'을, 맨 오른쪽이 '프로세스에 의한 변동'을 각각 표시한다. 전체가 '100'
이므로 한쪽이 늘면 다른 한쪽이 줄어드는 풍선 효과로 나타난다. 가운데 두
막대그래프는 'Gage R&R'을 '반복성'과 '재현성'으로 다시 나눠 변동의 원천
을 파악하기 쉽게 한다. 하늘색 막대와 빨간색 막대는 측정을 통해 형성된 분
포의 '분산 기여'와 '6×표준 편차'의 점유율을 각각 표시한다. 현 상태에 대한

해석은 "전체 변동 중 측정 변동의 기여가 매우 크며, 대부분 반복성의 문제에 기인한다"이다. 다음 '② **R 관리도(조작자 기순)**'는 동일 측정자가 동일 '측정 대상'을 반복 측정했을 때 얻어진 값들로부터 '범위(Range)'를 계산해 표시한 관리도이다. 나눠진 3개의 구획은 '측정자=3명'임을, 각 측정자 별 3개씩의 타점은 '측정 대상=3개'임을 알려준다. 각 '측정 대상'별 몇 번의 반복 측정이 있었는지는 알 수 없지만 적어도 '관리 한계선'을 넘는 타점은 관찰되지 않는다. 현 상태에 대한 해석은 "타점 모두 관리 한계선 내에 위치하는 등 관리 상태에 있으며, 따라서 측정자 간 반복성엔 큰 차이를 보이지 않는다. 다만 바로 앞의 '변동의 성분'에서 측정 변동의 대부분이 '반복성'에 있는 만큼 측정자 내에서의 반복된 값들 간 차이는 매우 클 것으로 예견된다. 이 상황을 좀 더 부연하면 「모든 측정자들의 반복 측정값이 컸고 → 이 결과가 다시 '$\bar{R}$'를 증대시킴으로써 → 'R-관리도'에 만들어질 '관리 상/하한 폭', 즉 '$UCL - LCL = (D_4 - D_3) \times \bar{R} = (2.5746 - 0) \times 146.25 = 376.5$'[23]처럼 그 폭을 증가시켜 → '관리 상태'로 관찰됨」을 보인다. '반복성'이 안 좋지만 '관리 한계 폭'이 커져 '관리 상태'로 관찰된다는 뜻이다. 이상적으론 반복 측정 시 모든 값들이 동일해서 타점들 모두 '0'에 위치하면 최상일 것 같으나 이와 같은 상황은 '2.0', '2.1', '2.2' 등을 '2.0' 한 값으로 읽듯이 '구별력'이 없는 것으로 간주해 부정적인 결과로 해석한다. 이론상 타점의 70% 이상이 '0'에 위치하면 "구별력이 부족함"으로 판단한다. '③ **조작자에 의한 Xbar 관리도**'는 동일 측정자가 동일 '측정 대상'을 반복 측정했을 때 얻어진 값들의 '평균(Average)'을 표시한 관리도이다. 따라서 첫 번째 타점끼리, 또는 두 번째 타점이나 세 번째 타점끼리는 동일해야 하며, 만일 각 측정자별 양상이 서로 다르면 "재현성이 안 좋은 것으로 판단"한다. 또 '관리 상/하한'이 '$\bar{\bar{x}} \pm A_2 \bar{R}$'와 같이 '그룹 내 변동, $\bar{R}$'

---

23) 'D₃', 'D₄'는 '부분군 크기'에 따라 결정되는 상수임.

에 의해 결정되므로, 만일 '그룹 간 변동(평균)'이 '관리 한계선'을 넘지 못하면 '구별력24)이 부족'한 경우로 판단한다. 프로세스가 정상으로 관리되면 '그룹 간 변동'이 '그룹 내 변동'보다 커야 하기 때문이다. 일반적인 가이드라인(AIAG, 2002)은 "전체 평균 타점의 50%가 관리 한계선을 넘어야 구별력에 문제가 없다고 판단"한다. [그림 Ⅲ - 88]에서 세 '측정자'의 패턴이 약간 차이를 보이긴 하나 더 큰 문제는 '관리 상/하한'을 넘어선 타점이 한 개도 존재하지 않는다는 점이다. 평균 간 차이를 감지할 능력이 부족하단 결론이며, 이 역시 '관리 상/하한'을 결정하는 '그룹 내 변동($\bar{R}$)'이 큰 데 기인한다. '④ 반응(부품)'은 각 '측정 대상'별 모든 '측정 값들'을 모아 그 '평균'을 연결한 그래프이다. 프로세스를 대변한 표본이 추출되었다면 '평균'은 등락할 것이며 'Y 축'의 '상한'과 '하한'이 '측정 대상'의 '규격 상한'과 '규격 하한'을 포함해야 한다. 그렇지 않으면 프로세스를 대변한 표본이 아닐 수 있어 현재의 '측정 시스템 평가'의 왜곡이 발생할 수 있다. [그림 Ⅲ - 88] 경우 대표성을 갖는 것으로 간주한다. '⑤ 반응(조작자)'는 '측정자'별 모든 '측정값들'을 모아 그 '평균'을 연결한 그래프로 이상적으론 수평선이 돼야 한다. [그림 Ⅲ - 88]에서 선분이 수평으로 관찰된다. '⑥ 부품*조작자 교호작용'은 "'측정자'와 '측정 대상' 간 상호 작용을 표현한 그래프"이다. 늘 높은 값을 측정하던 '측정자'가 어떤 '측정 대상'에 대해서는 본인의 습성이 반영돼 낮은 값으로 측정하는 등의 상호 작용을 의미한다. 그래프상으론 각 담당자별 선이 교차하는 양상이 '상호 작용'의 가능성을 내비춘다. 그러나 실제로 그런지는 '세션 창'의 '상호 작용(부품*조작자r)의 p-value'를 보고 판단한다. 이어 '세션 창' 결과도 간단히 해석해보자. 다음 [그림 Ⅲ - 89]는 '세션 창' 결과 예이다.

---

24) '구별력'이란 "그룹 간 변동(평균 간 차이)을 검출할 능력"을 말한다.

[그림 Ⅲ-89] 'Gage R&R' '세션 창' 결과

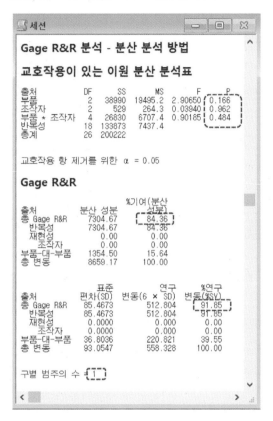

MSA 관련 문항을 풀기 위해서는 [그림 Ⅲ-89]의 통계량들 간 관계도 명확하게 꿰차고 있어야 한다. 제일 위쪽의 '교호 작용이 있는 이원 분산 분석표'는 종합 성적표 역할을 한다. 정상적인 '측정 시스템'이면 '부품'들 간 구별이 명확해야 하며, 따라서 출처의 "부품 p-value는 유의"해야 한다. 반대로 출처의 '조작자(재현성) p-value'와 '부품*조작자(상호 작용) p-value'는 "유

의하지 않아야"한다. [그림 Ⅲ - 89]의 예는 '조작자(재현성)'와 '상호 작용'은
"긍정적"이지만 '부품'이 "유의하지 않아" 문제로 지적된다. 특히 '반복성'의
'SS'가 '전체의 약 67%(=133,873/200,222)'를 차지하는 것으로부터 '반복성'
에 문제가 있음을 짐작케 한다. 이하 '측정 시스템 평가'는 '%기여(분산 성
분)', '%연구 변동(%SV)', '구별되는 범주의 수' 중 가장 안 좋은 수준을 현
재 능력으로 간주한다. 판단에 필요한 '평가 기준'은 출처에 따라 약간씩의 차
이가 있지만 주로 다음이 이용된다(AIAG, 2002).

[표 Ⅲ - 69] Gage R&R 평가 기준

항목	평가 기준		
	수용	판단	수용불가
%기여 (%Contribution)	⟨1%	1~9%	⟩9%
%연구 변동 (%Study Var) %공차 (%Tolerance)	⟨10%	10~30%	⟩30%
구별되는 범주의 수 (Number of Distinct Categories)	–	≥5	–

　　참고로 빈도는 상대적으로 높지 않지만 간혹 난이도를 높일 목적으로 '%공
차'관련 문항이 출제되곤 한다. 이는 미니탭 'Gage R&R'의 '대화 상자'에서
'　옵션(P)...　'으로 들어가 '공정 공차'에 '공차(Tolerance)'를 입력한다. 예를 들어
'규격'이 '200±10'일 경우 '공차=20'을 입력한다. 이때 [그림 Ⅲ - 88]과 [그림
Ⅲ - 89]에 '공차'와 비교된 '측정 시스템' 결과가 함께 출력된다. 해석 등에
대해서는 '기출 문항' 풀이를 통해 알아볼 것이다.
　　'연속 자료 MSA' 외에 '이산 자료 MSA'도 출제 빈도가 꽤 높은 유형 중
하나이다. '연속 자료'과 동일하게 '정밀성(재현성과 반복성)'과 '정확성' 모두

를 범위로 삼는다. 다음은 'O, X'인 '이항 평가'에 일반적으로 쓰이는 '측정 시스템 분석'용 양식 예이다.

[표 Ⅲ-70] '이산 자료 MSA' 양식 예

측정 대상		측정자 1		측정자 2		측정자 3	
No.	참값	반복 1	반복 2	반복 1	반복 2	반복 1	반복 2
1	O	O	O	O	O	X	X
2	O	O	O	O	O	X	X
3	X	X	X	X	O	X	X
4	X	X	X	X	X	X	X
5	X	O	X	O	O	X	X
6	O	X	O	O	O	O	O
7	O	O	X	X	X	X	X
8	O	O	O	O	O	O	O
9	X	O	O	O	O	O	O
10	O	O	O	X	X	X	X

[표 Ⅲ-70]은 '정밀성(반복성+재현성)'과 '정확성' 모두의 평가가 가능하다. 우선 **반복성**은 '측정자'별로 평가한다. 예를 들어, '측정자 1'은 'No. 1'에 대해 일관되게 'O, O'를 보이나 'No. 5'에 대해서는 'O, X'이다. 전체 10개 '측정 대상' 중 '총 7개'가 일관되므로 '반복성$_1$=70%(7/10)' 수준이다. 동일하게 '측정자 2'는 '반복성$_2$=80%(8/10)'이며, '측정자 3' 경우의 '반복성$_3$=100%(10/10)'이다. '반복성'은 'O, O'와 'X, X' 모두가 계산에 반영된다. '이산 자료 MSA'는 'O'와 'X' 사이에 값이 존재하지 않으므로 평가 수준은 모두 '100%'에 이르러야 한다. 따라서 '측정자 1'과 '측정자 2'의 '반복성'은 '수준 미달'로 결론지을 수 있다. **재현성**은 '측정자 간 차이'를 봐야 하므로 각 '측정자'의 한 행 결과가 모두 일치해야 한다. 예를 들어, 'No 1' 경우 '측정자 1(O, O)'와 '측정자 2(O, O)'는 일치하나 '측정자 3(X, X)'로 전체가 일

치하지 않아 '재현성 평가'에 반영하지 않는다. 반대로 'No. 4'는 모든 측정자가 'X, X'로 일관되게 평가하고 있어 '재현성'이 있는 것으로 판단한다. 따라서 전체 10개 '측정 대상'에 대한 '재현성=30%(3/10)'임을 알 수 있다. '재현성' 역시 '100%'가 돼야 정상으로 판단하며, 따라서 현 '측정 시스템' 수준은 매우 취약하다고 볼 수 있다. 끝으로 **정확성**은 '측정자별' 또는 '전체 측정자'를 대상으로 평가가 가능하나 어차피 어느 한 '측정자'의 '정확성'이 떨어지면 '전체 측정자' 평가도 저하되므로 '측정자별' 평가가 중요하다. [표 Ⅲ - 70]에서 '측정자 1'의 '정확성'은 '참값, 반복 1, 반복 2' 모두가 일치되는 건수의 비율이며, '총 6개'가 해당돼 '정확성$_1$=60%'이다. 동일하게 '정확성$_2$=50%', '정확성$_3$=50%'이다. '정확성' 역시 '100%'가 대세이며 현 '측정 시스템'은 이에 매우 취약하다고 판단한다. 대책은 수준 미달 측정자를 대상으로 한 교육, 측정 프로세스 보완, 표준 변경 등을 실시한다.

　평가에서는 [표 Ⅲ - 70]의 구조로 출제한 뒤 '측정 시스템 분석'을 하도록 요구하거나 '반복성' 또는 '재현성'만 따로 떼어 묻는 경우도 있다. 일반적으론 주어진 상황에 대해 분석 능력이 있는지 뿐만 아니라 확인된 문제를 해결하기 위해 현업에서 어떤 조치를 취해야 하는지도 '하위 문제'를 통해 묻는 경우가 다반사다. 따라서 해석은 기본이고 '정확성', '반복성', '재현성'별로 개선에 이르는 방법에 대해서도 명확하게 이해하고 있어야 한다. 예를 들어 '정확성'이 떨어지면, '측정 대상이 평가하기에 난해한 구조인지' 아니면 '측정자의 평가 능력이 수준 미달인지', '재현성'은 어느 '측정자'가 수준 미달에 기여하는지 등이 추가 해석을 통해 적합한 답안을 작성한다.

　'이산 자료 MSA'는 미니탭으로도 동일한 해석이 가능하다. [표 Ⅲ - 70]을 '워크 시트'에 옮겨놓은 상태와 '대화 상자'의 입력은 [그림 Ⅲ - 90]과 같다. 미니탭 경로는 「통계 분석(S)>품질 도구(Q)>계수형 합치도 분석(U)…」이다.

[그림 Ⅲ-90] '이산 자료 MSA'의 데이터 및 '대화 상자' 입력 상태

[데이터 입력 상태]   ['대화 상자' 입력 상태]

↓	C1	C2	C3-T	C4-T
	측정 대상	측정자	참값	측정값
1	1	1	O	O
2	2	1	O	O
3	3	1	X	X
4	4	1	X	X
5	5	1	X	O
6	6	1	O	X
7	7	1	O	O
8	8	1	O	O
9	9	1	X	O
10	10	1	O	O
11	1	2	O	O
12	2	2	O	O

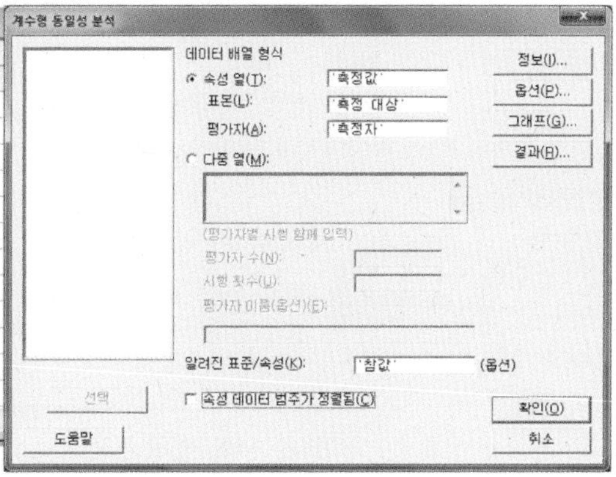

'측정 대상', 즉 '표본'이 '1'부터 '10'까지 반복되며, '첫 측정 대상=10개'에 대해 '측정자 1'이, 다음 '10개'를 '측정자 2' 및 '측정자 3'이 연이어 평가하는 방식이다. '측정자 3'이 '10개'를 다 측정하면 다시 '측정자 1'부터 '측정자 3'까지 '반복'이 이어진다. 이때 '참값'은 전문가가 평한 자료이며, '측정 대상 =1~10'까지 각 고정된 값을 반복해 입력한다. 만일 '측정 값'이 '5점 척도'처럼 '순서'가 존재하면 '대화 상자'의 맨 아래 「□ 속성 데이터 범주가 정렬됨 (C)」을 '√' 한다. 평가 중 직접 미니탭을 돌려서 해석에 이를 수도 있으나 '세션 창' 결과를 보여준 뒤 물음에 답하는 형식이 주를 이룬다. [그림 Ⅲ-90]을 통해 얻어진 결과는 [그림 Ⅲ-91]과 같다.

[그림 Ⅲ-91] 내 「평가자 내부」는 '측정자별 반복성'을 가리킨다. '측정자 1'과 '측정자 2'는 [표 Ⅲ-70]에서 확인된 바와 같이 '70%'와 '80%'를 각각 나타낸다. '95% CI'는 측정이 쌓일수록 해당 범위 내에서 '반복성' 수준이 존재한다는 의미로 해석하고, '측정자 1'과 '측정자 2'는 재교육 등의 후속 절차가 요구된다. 「각 평가자 대 표준」 내 '평가 합치도'는 '표준=참값'의 의미로

[그림 Ⅲ-91] '이산 자료 MSA'의 미니탭 결과

평가자 내부

평가 합치도

평가자	# 검사됨	# 일치됨	백분율	95% CI
1	10	7	70.00	(34.75, 93.33)
2	10	8	80.00	(44.39, 97.48)
3	10	10	100.00	(74.11, 100.00)

대응됨: 평가자의 평가가 시행 전체적으로 일치합니다.

각 평가자 대 표준

평가 합치도

평가자	# 검사됨	# 일치됨	백분율	95% CI
1	10	6	60.00	(26.24, 87.84)
2	10	5	50.00	(18.71, 81.29)
3	10	5	50.00	(18.71, 81.29)

대응됨: 시행에 대한 평가자의 평가가 알려진 표준과 일치합니다.

평가 비합치도

평가자	# X / O	백분율	# O / X	백분율	# 혼합	백분율
1	0	0.00	1	25.00	3	30.00
2	2	33.33	1	25.00	2	20.00
3	4	66.67	1	25.00	0	0.00

X / O: 시행 전반의 평가 = X / 표준 = O.
O / X: 시행 전반의 평가 = O / 표준 = X.
혼합 시행 전반의 평가가 동일합니다.

평가자 사이

평가 합치도

# 검사됨	# 일치됨	백분율	95% CI
10	3	30.00	(6.67, 65.25)

대응됨: 모든 평가자의 평가가 서로 일치합니다.

Fleiss의 카파 통계량

반응	카파	SE 카파	Z	P(대 > 0)
O	0.372636	0.0816497	4.56384	0.0000
X	0.372636	0.0816497	4.56384	0.0000

모든 평가자 대 표준

평가 합치도

# 검사됨	# 일치됨	백분율	95% CI
10	2	20.00	(2.52, 55.61)

대응됨: 모든 평가자의 평가가 알려져 있는 표준과 일치합니다.

Fleiss의 카파 통계량

반응	카파	SE 카파	Z	P(대 > 0)
O	0.206187	0.129099	1.59712	0.0551
X	0.206187	0.129099	1.59712	0.0551

계수형 동일성 분석

부터 '정확성'을 평가한 결과임을 알 수 있다. 모두 '50~60%'의 낮은 '정확성'을 보이고 있어 개선이 시급한 실정이다. 특히 '평가 비합치도'에서 '# X/O'는 "참값=O인데 측정자가 X로 답한 경우"를, '# O/X'는 "참값=X인데 측정자가 O로 답한 경우", '# 혼합'은 "참값=O 또는 X에 관계없이 측정자가 반복에 있어 O와 X로 엇갈려 답한 경우"를 각각 나타낸다. 예를 들어, [표 Ⅲ-70]에서 '측정자 1' 경우, '# X/O'는 하나도 없고, '# O/X'는 '1개(No. 9)', '# 혼합'은 '3개(No.5, No.6, No.7)'임을 알 수 있다. 「평가자 사이」는 [표 Ⅲ-70]에서 설명했듯이 '재현성'을 말하며, '참값'을 제외한 모든 '측정자'들의 값이 일치하는 빈도이다. [표 Ⅲ-70]을 통해 '3개(No.4, No.8, No.9)'가 해당한다. 끝으로 「모든 평가자 대 표준」은 '참값'까지 포함한 일치도이며, 역시 [표 Ⅲ-70]으로부터 '2개(No.4, No.8)'임을 확인할 수 있다.

이제 '기출 문항' 풀이에 들어가 보자.

기업의 사업 아이템에 따라 '측정 시스템 분석'이 중요한 곳도 있고, 그렇지
않은 곳도 있어 기업별 평가의 포함 여부는 상당한 차이를 보인다. 간혹 보험
사와 같은 금융계 기업들은 'MSA'와 전혀 관계없는 것으로 인식되기도 하지
만 꼭 그런 것만은 아니다. 설계사들이 '청약서'를 본사로 보내면 '언더라이
터'들이 보험 가입 기준에 부합하는지를 평가하는데 이때 동일 조건임에도
평가자별로 차이를 보이는 예 등이 'MSA'의 좋은 본보기이다. 그러나 'MSA'
가 주로 제조업에서 활용도가 높은 만큼 소개될 예들도 이 부문에 편중돼 있
다는 점을 감안해주기 바란다.

다음 [표 Ⅲ-71]에 소개된 문항은 'MSA' 관련해서는 가장 난이도가 높은
유형 중 하나로 꼽힌다. 그 풀이에 대해 알아보자.

[표 Ⅲ-71] [문항] 'MSA' 개념과 관련된 예(난이도 상)

문제	스스로 동작하는 완구 인형 내부에는 움직임을 제어하는 소형 축이 있으며 5mm/s의 속도를 넘어서지 않도록 설계돼 있다. 개발자인 임 대리가 기존의 자료로부터 확인한 바로는 소형 축 속도는 '정규 분포'를 따르며 '평균=3.0, 분산=1.0^2'임을 확인하였다. 이때 속도를 측정하는 시스템에 문제가 있어 MSA를 통해 개선한 결과 '측정 시스템'의 '표준 편차'가 '0.5mm/s'에서 '0.2mm/s'로 줄어들었다. 만일 속도의 평균에 변화가 없다면 '측정 시스템' 개선만으로 '시그마 수준'이 어떻게 변화되는지 예측하시오.

[표 Ⅲ-71]은 [그림 Ⅲ-87]의 'MSA 개념도'를 정확하게 이해하고 있어
야 풀이가 가능하다. 통상 'MSA'를 '계측기'에 대한 평가로 오인하는 경우가
많은데 'MSA'만으로도 '시그마 수준'이 향상될 수 있음을 보임으로써 'MSA'
가 하나의 중요한 '개선(Improve)' 활동임을 확인시켜준다. 우선 '측정 시스템'
을 개선하기 전 '시그마 수준'은 다음과 같다(식(Ⅲ-8) 참조).

$$Z_{st} = Z_{lt} + 1.5 = \frac{USL - \overline{x}}{s} + 1.5 = \frac{5-3}{1} + 1.5 \qquad (\text{III} - 68)$$
$$= 3.5\,\text{시그마 수준}$$

현재의 속도 분포 '~N(3.0, 1.0²)'은 [그림 III-87]의 '총 변동(σ^2_{Total})'을 이용해 얻어졌으므로 '평균', '표준 편차', '규격'을 통해 식(III-68)과 같이 '시그마 수준'을 계산한다. 이때 [표 III-71]에서 묻는 요지는 '측정 시스템'이 개선된 후로 '시그마 수준'이 어떤 값으로 변화되었는가다. 다만 '평균'의 변화는 없다고 가정하므로 주어진 상호 관계로부터 개선 후의 'σ^2_{Total} ([그림 III-92]의 오른쪽 개요도에서 '??'로 표시하고 있음)'을 얻어야 한다. 상황을 이해하기 쉽도록 다음 [그림 III-92]의 개요도를 작성하였다.

[그림 III-92] 상황을 설명하는 개요도

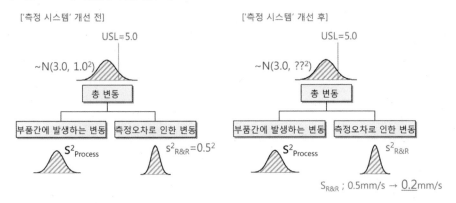

[그림 III-92]의 왼쪽은 '측정 시스템'의 '표준 편차=0.5mm/s'에서의 '~N(3.0, 1.0²)'이며, '규격=5.0'을 적용해 식(III-68)에서 '시스마 수준'을 계산한 바 있다. 이제 오른쪽은 '측정 시스템'의 '표준 편차 0.5mm/s → 0.2mm/s'로 개선했을 때의 개요도이며, 그에 따른 '총 변동'의 'σ_{Total}' 역시 변했을 것

이므로 이 값을 새롭게 구해 '시스마 수준'을 계산한다. 이 과정에 [그림 Ⅲ - 87]에서 언급한 다음의 관계식을 활용한다.

$$\sigma^2_{Total} = \sigma^2_{Process} + \sigma^2_{RR}$$

(Ⅲ - 69)

우선 '평균'의 변화가 없었으므로 '측정 시스템'의 개선 전 상황에서 '$\sigma^2_{Process}$' 를 얻을 수 있다.

$$1.0^2 = \sigma^2_{Process} + 0.5^2$$

(Ⅲ - 70)

$$\Rightarrow \sigma^2_{Process} = 1 - 0.25 = 0.75 \quad \therefore \sigma_{Process} \cong 0.866$$

식(Ⅲ - 70)은 '측정 시스템'의 개선 전 값이지만, 개선 후에도 공정 변동은 그대로이다. 따라서 식(Ⅲ - 69)를 '측정 시스템'의 개선 후 상황에 다시 적용해 'σ_{Total}' 을 계산한다. 다음과 같다.

$$\sigma^2_{Total} = 0.866^2 + 0.2^2 = 0.75 + 0.04 = 0.79$$

$$\therefore \sigma_{Total} \cong 0.889$$

(Ⅲ - 71)

결과로부터 '측정 시스템'이 개선된 후 속도 분포는 '$\sim N(3.0,\ 0.889^2)$'이며, 이에 '규격=5.0'을 적용해 다음과 같이 '시그마 수준'을 얻는다.

$$Z_{st} = Z_{lt} + 1.5 = \frac{USL - \overline{x}}{s} + 1.5 = \frac{5-3}{0.889} + 1.5 \qquad (\text{III} - 72)$$
$$\cong 3.75\,\text{시그마 수준}$$

즉 '측정 시스템'이 '0.5 → 0.2'로 줄어든 결과 '시그마 수준'에서는 '3.5 → 3.75'의 변화가 생겼음을 알 수 있다.

(정답)

'3.50시그마 수준 → 3.75시그마 수준'으로 '약 0.25시그마 수준' 향상 효과를 보임

(산정 과정) 식(III - 68) ~ 식(III - 72) 참조

다음은 'MSA'에서 일반적으로 맞닥트리는 의문점을 해소하고 활용도를 높이기 위해 출제된 '기출 문항' 예이다.

[표 III - 72] [문항] 'MSA'와 관련된 예(난이도 중)

문제	다음 '측정 시스템 분석(MSA)'에 관한 물음에 적합한 답을 기술하시오.
하위 문제	1) 박 대리는 대형 유리 기판의 투과도를 측정하기 위해 자동 계측기에 로딩 업무를 수행하고 있다. 투과도가 유리 전반에 균일한 지 30포인트에 대해 계측기가 자동 위치 선정 후 측정이 이루어지고 있으며, 이에 박 대리는 MSA가 필요한지 의문을 갖고 있다. 자동 계측에 대한 MSA 방안을 기술하시오. 2) 사내 '재고 관리시스템'으로부터 M제품의 재고량을 파악해 부족사태가 발생하지 않도록 생산과 출하를 조정하는 김 사원은 본인의 과제 지표인 'M제품 재고량 최적화'를 위해 필요한 MSA를 수행하고자 한다. 그러나 교육 중 배웠던 'Part 10개' 확보 등이 현실과 동떨어져 고민에 빠져 있다. 적합한 MSA 방안을 기술하시오. 3) 재료를 연구하는 윤 선임은 최근 기존 고무보다 5배 이상의 탄성력을 갖는 새로운 물질을 보고하였다. 이때 한 임원이 여태까지 측정해보지 않은 영역이라 발표된 측정값을 신뢰할 수 있는지 질문하였고, 윤 선임은 1달 후 평가 내용을 공유하기로 하였다. 그러나 그에 필요한 양을 확보하기가 현실적으로 어려운 상황일 때 대처 방안을 기술하시오.

(정답)

하위 문제 1) 사람 간 변동인 '재현성'은 불필요하나, 동일한 위치를 반복 측정했을 때
의 변동인 '반복성'은 평가돼야 함

하위 문제 2) IT 시스템으로부터의 수치는 변동하지 않으므로 MSA 대상은 아님. 단지
입력하는 담당자가 여럿이거나 입력 기준이 모호할 경우 잘못된 값이 입
력될 소지는 있음. 따라서 실적과 입력 값간 정확도 평가가 필요함

하위 문제 3) MSA는 측정 영역이 규정된 상태에서 그 영역 내 값들을 잘 읽어내는지
가 관건임. 따라서 유사 영역의 대용 표본 등을 활용해 MSA를 진행함

다음 문항 역시 여러 상황에서의 'MSA' 응용력을 키우는 데 도움을 준다.

[표 Ⅲ-73] [문항] 'MSA'와 관련된 예(난이도 중)

문제	다음 '측정 시스템 분석(MSA)'에 관한 물음에 적합한 답을 기술하시오
하위 문제	1) 콜센터에서 담당자들의 '친절도'에 대한 '재현성'과 '반복성'의 평가 방안에 대해 기술하시오(가상의 상황을 예시해도 좋으나 평가 논리가 있어야 함). 2) 1회 측정으로 '측정 대상(시료)'이 파괴돼 교차 평가가 불가능할 경우 'MSA' 방안을 기술하시오. 3) 연구 단계에서 화학 약품으로 표면을 에칭한 유리 기판의 두께를 측정한 결과 '반복성'에 문제가 있는 것으로 확인되었으나 당장 고가의 정밀 계측기 도입이 어려운 실정이다. 대안을 기술하시오. 4) 다음의 'Gage R&R' 수행 중 오류를 지적하고 개선 방안을 논하시오. ○ 측정자: 담당자 중 1명이 측정에 미숙해 숙련된 담당자를 영입 ○ 계측기: 설비 노후로 신규 도입될 설비 업체를 방문해 평가 ○ 측정 대상: 최적의 프로세스 운영 상태에서 양질의 표집 ○ 측정 방법: 한 명이 연속 반복 측정 후 다음 담당자 동일 평가

'하위 문제 1)'의 핵심은 무엇일까? 일반적으로 측정을 위해서는 그 대상의
실체가 있어야 하나 콜센터에서의 '친절도'는 고객을 대상으로 한 무형의 '서
비스 품질'이므로 'Gage R&R' 수행을 어떻게 해야 할지 당장 모호한 느낌이

든다. 이때 응시자가 'Gage R&R'의 내용을 명확하게 인지하고 있다면 풀이의 핵심이 '측정 대상의 정의'에 있음을 알 것이다. 담당자들이 상담하고 있는 유형을 10개 선택해 녹취를 해놓으면 '측정 대상' 문제가 해결되고, 따라서 '측정 시스템 평가'는 사전 학습에서 경험했던 방법과 별반 차이가 없다. '하위 문제 2)'는 '측정 대상'이 1회 측정으로 파괴돼 반복 측정이 안 될 때의 'Gage R&R'을, '하위 문제 3)'은 통계적 이해를 바탕으로 한 접근법을 묻고 있다. 다음 정답을 참고하자.

(정답)

하위 문제 1) **(재현성):** 고정된 표본이 있어야 하므로 상담 유형 중 10개를 녹취해 센터 담당자들 간 '친절도'를 7점 척도로 점수화해 평가

(반복성): '재현성 평가'와 동일한 '측정 대상'에 대해 각 센터 담당자들의 친절도를 7점 척도로 반복해 평가. 이때 첫 시도와 두 번째 시도 간 시간 차를 두어 학습 효과를 배제시킴

하위 문제 2) 1회의 Lot(또는 Batch)에서 측정자들이 반복 측정할 만큼의 표본이 확보되지 못하면 측정자별/반복별 서로 다른 표본을 측정하므로 'Gage R&R(Nested)'로 분석. 미니탭은 「통계 분석(S)〉품질 도구(Q)〉Gage 연구(G)〉Gage R&R(내포) 연구(A)…」에서 실행. 만일 1회의 Lot(또는 Batch)에서 측정자별/반복별 충분한 표본 확보가 가능하면 'Gage R&R(교차)'로 분석

하위 문제 3) '중심 극한 정리'를 활용. 즉 동일한 위치에서 여러 번 반복 측정 후 그 평균값으로 'Gage R&R' 수행. '$1/\sqrt{n}$'만큼의 '정밀도' 향상이 기대됨

하위 문제 4) ○ 측정자 → 현 측정 담당자 그대로 평가에 참여해야 함
○ 계측기 → 현 측정 설비 그대로 평가에 활용해야 함
○ 측정 대상 → 프로세스 전체를 대변할 표본의 추출(대표, 임의, 독립)
○ 측정 방법 → 한 명이 1회 측정 후 다음 담당자 측정. 이후 다시 반복. 반복 시 학습 효과 제거를 위해 뒤섞는 등 Blind Measurement 수행

'연속 자료 R&R'은 사전 학습에서 기본 해석을 마쳤으므로 난이도가 약간 높은 문항 풀이의 예를 들어보자. 다음 [표 Ⅲ-74] 내 그래프는 임의의 연속 자료 특성에 대한 'MSA' 결과를 보여준다.

[표 Ⅲ-74] [문항] 'MSA'의 그래프 해석과 관련된 예(난이도 상)

문제	과제 지표 'Y'에 대한 '측정 시스템 분석' 결과가 아래와 같을 때, '반복성'과 '재현성' 관점에서 현재 상황을 평가하시오. 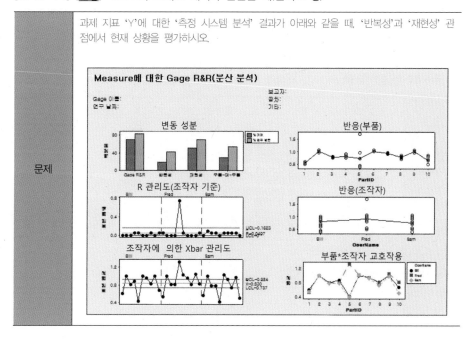

(정답)

(반복성) 그래프 중 「변동 성분」에서 'Gage R&R 변동'이 '부품-대-부품 변동'보다 크며, 이는 반복성과 재현성이 큰 데 기인. 그래프 중 「R 관리도」로부터 2번째 측정자의 5번 표본에 '이상점'이 관찰되며, 원인 규명이 필요함. 또 나머지 타점들이 '0점'과 '중간점'으로 양분돼 있어 구별력이 떨어지는 측정시스템으로 판단됨. 개선을 위해 측정 정밀도가 더 높은 계측기가 요구됨

(재현성) 그래프 중 「변동 성분」에서 'Gage R&R 변동'에 '재현성'이 큰 기여를 하고 있음. 그래프 중 「Xbar 관리도」로부터 역시 2번 측정자의 5번째 표본이 '이상 점'으로 관찰돼 재현성에도 악영향을 미치고 있음. 우선 '이상점'의 원인 규명 및 개선 후 재평가가 있어야 할 것으로 보임

빈도는 높지 않지만 '측정 시스템 분석' 결과인 '세션 창' 내용을 토대로 수치 해석을 묻는 경우도 있다. 다음을 보자.

[표 Ⅲ-75] [문항] 'MSA'의 수치 해석과 관련된 예(난이도 상)

문제	다음은 '측정 시스템 분석' 후 얻어진 '세션 창' 결과의 일부이다. 물음에 답하시오.
	
	출처 / 표준 편차(SD) / 연구 변동 (6 * SD) / %연구 변동 (%SV) / %공차 (SV/공차)
	총 Gage R&R 0.066615 0.39969 32.66 9.52
	  반복성 0.035940 0.21564 17.62 5.13
	  재현성 0.056088 0.33653 27.50 8.01
	    OperName 0.030200 0.18120 14.81 4.31
	    OperName*PartID 0.047263 0.28358 23.17 6.75
	부품-대-부품 0.192781 1.15668 94.52 27.54
	총 변동 0.203965 1.22379 100.00 29.14
	
	구별되는 범주의 수 = 4

하위 문제	1) 과제 지표 'Y'의 '공차(Tolerance)'는 얼마인가? 2) 이 프로세스의 '공정 능력 지수(Cp)'를 예측하시오.

하위 문제 1) 과제 지표 'Y'의 '공차(Tolerance)'는 얼마인가?

'공차'는 'USL−LSL'이다. 사전 학습에서 자세한 언급은 안 했지만 'Gage R&R(교차)'의 '대화 상자' 내 ' 옵션(P)... '으로 들어가면 '공정 공차'를 입력하는 난이 있다. 해당 '공차'를 입력하고 실행하면 [표 Ⅲ-75]의 '세션 창' 결과와 같이 '%공차(SV/공차)' 열이 추가된다. 괄호 속 내용은 '%공차'를 얻는

식이다. 예를 들어, 결과 중 '총 Gage R&R'의 '%공차=9.52'는 '[연구 변동 (SV)÷공차] × 100'으로부터 얻은 값이고, 따라서 이로부터 '공차' 계산이 가능하다.

$$\%공차_{총\,Gage\,RR} = 9.52\% = \frac{0.39969}{공차} \times 100, \ \therefore \ 공차 = \frac{0.39969}{0.0952} \cong 4.2 \qquad (\text{III} - 73)$$

(정답)

공차≒4.2
(계산 과정) 식(III - 73) 참조

하위 문제 2) 이 프로세스의 '공정 능력 지수(Cp)'를 예측하시오.

'공정 능력 지수(Cp)'는 '공차'와 '6×표준 편차'의 비율이다. '공차'는 고객의 요구 한계이며, '6×표준 편차'는 고객을 만족시키기 위해 운영 중인 우리 프로세스의 관리 수준이다. 다음의 식으로 표현 된다.

$$Cp = \frac{공차}{6 \times 표준편차} \ or \ \frac{USL - LSL}{6s} \qquad (\text{III} - 74)$$

따라서 식(III - 74)를 참조할 때 '공차'와 '표준 편차'가 서로 관계하는 항을 [표 III - 75]의 '세션 창' 결과에서 찾아 'Cp' 계산에 이용한다. 이것은 '총 변동'의 '%공차'가 해당된다. 다음과 같다.

$$\%공차_{총\,변동} = \left(\frac{연구\,변동(6*SD)_{총\,변동}}{공차} \right) \times 100 = \frac{1}{Cp} \times 100 \qquad (\text{III} - 75)$$

$$\therefore Cp = \frac{4.2}{1.22379} \cong 3.432$$

'Cp'가 '3.432'와 같이 비이상적으로 큰 값이 나온 이유는 프로세스 운영 능력이 매우 높을 수도 있지만 '표준편차(SD)_총변동 = 0.203965'에 비해 '공차'가 너무 넓은 데 기인할 수도 있다.

(정답)

Cp ≒ 3.432
(계산 과정) 식(Ⅲ − 74), 식(Ⅲ − 75) 참조

이어 '이산 자료 Gage R&R'에 대한 '기출 문항'에 대해 알아보자.

[표 Ⅲ − 76] [문항] 'MSA'의 '이산 자료 Gage R&R'과 관련된 예(난이도 중)

문제	다음은 세 명의 측정자가 불량품/양품을 구별하는 '측정 시스템'에 대한 평가 결과이다. 정확성, 정밀성(반복성, 재현성)으로 구분하여 해석하고 개선 방향을 기술하시오.

평가자 내부

평가자	# 검사됨	# 일치됨	백분율	95% CI
1	5	5	100.00	(54.93, 100.00)
2	5	1	20.00	(0.51, 71.64)
3	5	3	60.00	(14.66, 94.73)

각 평가자 대 표준

평가 합치도

평가자	# 검사됨	# 일치됨	백분율	95% CI
1	5	4	80.00	(28.36, 99.49)
2	5	0	0.00	(0.00, 45.07)
3	5	3	60.00	(14.66, 94.73)

평가 비합치도

평가자	# 양품 / 불량	백분율	# 불량 / 양품	백분율	# 혼합	백분율
1	1	33.33	0	0.00	0	0.00
2	1	33.33	0	0.00	4	80.00
3	0	0.00	0	0.00	2	40.00

양품 / 불량: 시행 전반의 평가 = 양품 / 표준 = 불량.
불량 / 양품: 시행 전반의 평가 = 불량 / 표준 = 양품.
혼합: 시행 전반의 평가가 동일합니다.

평가자 사이

# 검사됨	# 일치됨	백분율	95% CI
5	0	0.00	(0.00, 45.07)

사전 학습에서 설명한 내용을 토대로 다음과 같이 정답을 기술한다.

(정답)

(반복성) 「평가자 내부」로부터 '측정자 1'은 '만족' 수준이나, '3'은 '부족', '2'는 '매우 부족'으로 평가됨
(재현성) 「평가자 사이」로부터 측정자 간 일치도는 '0'으로 매우 심각한 수준임
(정확성) 「각 평가자 대 표준」으로부터 측정자 '1>3>2 순'으로 정확도가 높음. 특히 '2'는 심각한 수준이며, 근본 원인은 '반복성'이 극히 안 좋은 데 기인
(개선 방향) 극히 심각한 '측정자 2'는 '반복성' 문제가 '정확성' 수준 미달까지 영향을 미치는 것으로 판단됨에 따라 불량의 정의(표준) 재학습과, 이후 실물 구분 능력을 키우도록 실습을 강화함. 또 '측정자 2'와 '측정자 3'이 공통으로 불일치 ('평가 비합치도'에서)를 보임에 따라 부품의 상태를 파악하여 올바로 평가할 수 있도록 심화 교육 실시

지금까지 '통계 도구 사전 학습'에 대해 알아보았다. 본문을 모두 소화한 응시자는 평가지 형식으로 갖춰진 '기출 문항' 풀이를 통해 본문에서 설명이 없었거나 좀 더 응용된 다양한 유형들을 접함으로써 부족한 공백을 메워주기 바란다.

Ⅳ

'정성적 도구' 사전 학습

'방법론'과 '통계 도구'를 제외한 나머지 도구들의 '기출 문항' 풀이를 소개한다. 난이도는 대부분 '중' 수준이며, 비교적 짧은 기간에 사전 학습이 가능한 장점이 있다. 따라서 평가 응시자는 시간 관리를 위해 '방법론'과 '통계 도구'를 먼저 학습한 뒤 맨 나중에 이 영역을 학습하는 전략이 필요하다.

본 장에서는 '정성적 도구'과 관련된 '기출 문항' 풀이에 대해 알아볼 것이다. 참고로 기억을 되살리기 위해 [표 Ⅲ-1]을 아래에 다시 옮겨놓았다.

[표 Ⅳ-1] 자기 학습을 위해 본문에서 설명할 항목

학습 항목	주요 내용
'방법론' 사전 학습	1. '프로세스 개선 방법론 로드맵' 관련 문항 풀이 2. '세부 로드맵' 관련 문항 풀이 3. '방법론' 관련 문항 풀이
'확률 통계' 사전 학습	1. 정규 분포 가법성 2. 정규 분포 확률(넓이) 구하기 → 시그마 수준 3. 중심 극한 정리 → 신뢰 구간 4. 분포(이항, 포아송) 5. 가설 검정 용어 6. 가설 검정 7단계 7. 회귀 분석/DOE, 필요 시 '정의 대비' 포함 8. 관리도 9. (추가) MSA
'정성적 도구' 사전 학습	'개선 체계도'를 중심으로 한 용법 소개 및 문항 풀이 예

과제 수행에서 쓰이는 '정성적 도구'들은 「Be the Solver_정성적 자료 분석」편에 따르면 약 43종에 이른다. 물론 이들 중에 'Gap Analysis'로 묶인 '벤치마킹', '전문가 의견' 등 약 5개종, 'Idea Generation'으로 묶인 '브레인스토밍', 'SCAMPER' 등 29종, 'QC 7가지 도구'와 '신 QC 7가지 도구'에 포함된 개별 도구까지 모두 합하면 그 수는 훨씬 늘어난다. 그러나 이들 모두가 평상시 유용하게 쓰이는 것은 아니다. 이에 활용 빈도가 상대적으로 높은 유형들을 대상으로 출제되는데 [표 Ⅳ-1]의 '정성적 도구 사전 학습' 중 '개선 체계도'는 과제 수행 중 사용 빈도가 매우 높은 총 13개 도구('Conjoint Analysis' 제외)들을 필자가 체계적으로 모아 놓은 '도구 선택 로드맵'이다. 따라서 사전

학습은 이들을 우선 섭렵한 뒤, 이후 필요에 따라 확장성을 고려해 나머지 도구들의 학습 여부를 결정하는 것이 바람직하다.

또 하나, '정성적 도구'로 분류되지만 그 용법이나 활용 범위가 넓어 이에 포함시키기 어려운 도구들이 있는데, 대표적인 것에 'FMEA'가 있다. 'FMEA'는 다시 'Process FMEA'와 'Design FMEA'로 나뉘며 각각의 활용 영역이 구별되는 만큼 평가에서도 다양한 응용 문항 출제가 가능하다. 참고로 현재까지 'Design FMEA' 출제는 전무한 실정이다.

본 책이 주로 '기출 문항'들에 초점을 맞추고 있는 만큼 우선적으로 이에 보조를 맞추되 필자가 좀 더 다양한 응용 문항들을 개발하고 있으며 개인의 역량을 훨씬 객관적으로 평가하기 위해 노력하고 있다.

이후 본문은 「1. '개선 체계도' 내 도구들의 이해」와 「2. '정성적 도구' 관련 '기출 문항' 풀이」로 나누어 전개될 것이다.

1. '개선 체계도' 내 도구들의 이해

'개선 체계도(Structure for Selecting Tools)'
는 「Be the Solver_프로세스 개선 방법론」편의 'Improve Phase'에서 '정성적
도구'들의 효율적인 활용과 이해를 돕기 위해 필자가 구성한 '정성적 도구 선
정 로드맵'이다.25) 이하 내용은 「Be the Solver_정성적 자료 분석(QDA)」편에
수록된 관련 내용을 일부 편집해 옮겨놓은 것이다.

[그림 Ⅳ - 1] 개선 체계도(Structure for Selecting Tools)

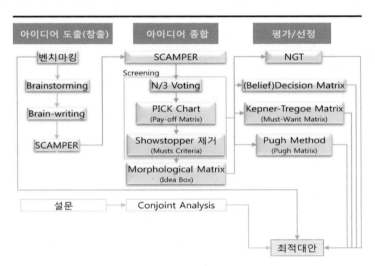

'개선 체계도'는 'Improve Phase'에서 '최적화'를 위한 '최적 대안' 선정에
초점이 맞춰져 있다. 따라서 아이디어를 발굴해서 그들 중 가장 좋은 것을 선
택하는 절차라면 언제든지 이용될 수 있다. 통상 'Improve Phase'에선 '제어

---

25) 「Be the Solver_정성적 자료 분석(QDA)」편에 수록돼 있다.

인자(Operation Parameter)'와 '대안 인자(Critical Element)'별 '최적 대안'을 선정하기 위한 도구(Tools)에 차이가 있으며, '대안 인자'의 경우가 '개선 체계도'를 따라 전개된다. 평가 경우 객관식과 주관식 등 다양한 형태로 출제되는 만큼 개별 도구들의 용법을 확실히 익혀 둘 필요가 있다. 그러나 여기서는 도구 하나하나를 상세히 소개하는 대신 전반적인 내용에 초점을 맞추도록 하고, 개별 용법이나 활용 예들에 대해서는 다음 소단원에서 '기출 문항' 풀이를 통해 알아볼 것이다. 이것이 가능한 이유는 응시자 경우 활용도가 높은 도구들에 대해 이미 한두 번 학습한 경험이 있으며, 대부분 단순한 구조와 내용들로 이루어져 있어 용법 자체보다 어떤 모습으로 출제되는지가 오히려 관심사가 되기 때문이다. 이제부터 [그림 Ⅳ-1]을 바탕으로 '정성적 도구'들의 전반적 내용에 대해 알아보자.

① **아이디어 도출(창출)**: 현 프로세스를 최적화하기 위해 구체적 안들을 도출하는 단계이다. 여기서는 아이디어의 '질'보다 '양'에 관심이 있으므로 과정은 대안들을 증폭시키는 쪽으로 전개된다. 우선 개선이 필요한 항목에 대해 가장 손쉽게 아이디어를 얻는 방법이 '벤치마킹'이다. 잘하는 걸 보고 괜찮으면 따라하면 되기 때문이다. 또 운영되고 있으므로 위험 부담도 상대적으로 적다. 만일 '벤치마킹'을 수행한 후 우리 프로세스에 적용 시 부족한 면이 있다면 보완을 위한 추가 아이디어가 필요한데, 이때 'Brainstorming'을 실시한다. 또 'Brainstorming'이 한계에 이르면 나온 아이디어를 종이에 적어 팀원들에게 나누어 준 뒤, 그들에 1~3개씩 추가하거나 파생시키도록 하면 양이 그만큼 증폭된다. 다시 이들을 'SCAMPER'에 뿌려 넣은 뒤, 양이 적은 쪽 유형(예로, 'Combine'의 도출 양이 상대적으로 적은 경우 등)에 집중해서 아이디어를 추가 발굴한다. 강의 실습 시간에 3명 정도가 1시간가량 이 같은 과정을 거치도록 하면 약 150~200 사이의 아이디어들이 발굴된다.

② **아이디어 종합**: 도출된 많은 양의 아이디어들을 선별해서 프로세스에서 유용한 안들로 구체화시키는 과정이다. 일단 이전의 '아이디어 도출(창출)' 과정에서 나온 안들이 'SCAMPER'에 정리되어 있을 것이므로 이를 가져온 뒤 이후 단계인 'N/3 Voting(개수의 1/3씩 투표로 골라냄)'부터 진행한다. 'N/3 Voting', 'Pick Chart(Pay – Off Matrix)', 'Showstopper 제거(Musts Criteria)'들은 도출된 대안들 중 필요한 것들을 걸러내는 성격이 강하므로 하나로 묶어 '선별'의 의미인 'Screening'으로 명명하였다. '개선 체계도' 내 도구들 중 '괄호'로 표기된 것은 기업 교재에서 주로 쓰이고 있는 명칭이다. 특히 평가에서 출제 빈도가 가장 높은 도구에 'Pick Chart'가 있다. 우리에게는 'Pay – off Matrix'로 더 잘 알려져 있다. 다음의 구조로 이루어져 있다.

[그림 Ⅳ – 2] Pick Chart(Pay-off Matrix)

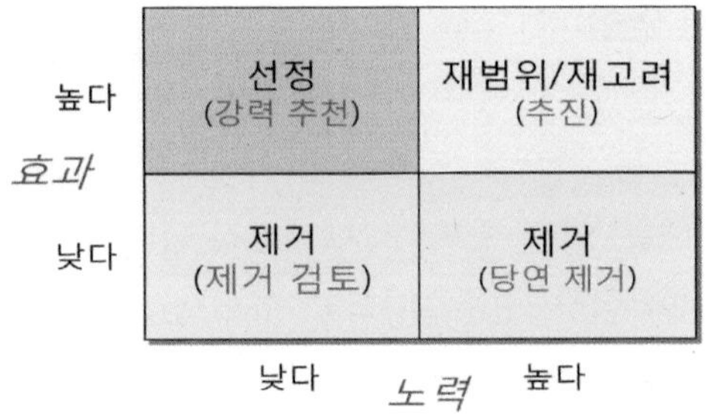

[그림 Ⅳ – 2]를 보면, 발굴된 아이디어를 '노력'이 '낮거나 높은 유형'으로, 또 '효과'가 '높거나 낮은' 유형으로 구분해 해당 영역에 배치하되 "노력이 낮으면서 효과가 큰" 아이디어들이 우선 선택되고, 차선책으로 "노력은 높지만 효과가 큰" 아이디어들이 선호된다.

또 하나 지금까지 출제 빈도는 낮지만 상대적으로 활용 빈도가 매우 높은 도구에 'Morphological Matrix(Idea Box)'가 있다. 기업 교재에는 주로 'Idea Box'로 명명돼 있다. 기본 구조는 다음 [그림 Ⅳ - 3]과 같다.

[그림 Ⅳ - 3] 'Morphological Matrix(Idea Box)' 예

	교육방법	서비스시간 확대방안	교육운영	
1	외부기관 위탁	물품 고정배치	완전무인운영	1안
2	매뉴얼 자체교육	장소 위탁운영	기존교육 통합운영	2안
3	주기적 사전훈련			3안
4	타 업소 Tour			4안
5	전문가와의 계약			

참고로 열을 'Parameter', 행을 'Variation'이라 부른다. 'Parameter'가 '10 개', 'Variation'이 '10개'면 총 '100억 개(=10^{10})'의 조합된 아이디어가 만들어진다.

출제 문항 예에 대해서는 '기출 문항 풀이'에서 알아볼 것이다. '선별 과정'이 종료되면 '평가/선정 단계'로 넘어간다.

③ **평가/선정**: '아이디어 종합'에서 최종 선별된 대안들을 대상으로 평가를 통해 '최적 대안'을 뽑는 과정이다. '개선 체계도'에 나와 있는 도구들은 연속해서 사용되는 것은 아니고 아래로 갈수록 위계가 높은 특징이 있다. 따라서 대안들의 유형이나 상황에 따라 적절한 평가/선정 도구를 선택해 사용한다. 선정된 '최적 대안'들은 프로세스에 끼워 넣는 과정, 즉 '최적화'가 수반된다. 활용 예 등은 「Be the Solver_프로세스 개선 방법론」편을 참고하기 바란다. 평가에서의 출제는 주로 'Kepner - Tregoe Matrix(Must - want Matrix)'나 'Pugh

Method(Pugh Matrix)'에 집중돼 있다. 용어 중 '괄호' 내 표기는 기업 교재에서 주로 쓰이는 명칭이다. 다음 [그림 Ⅳ-4]는 '**Kepner-Tregoe Matrix(Must-want Matrix)**'의 예이다.

[그림 Ⅳ-4] 'Kepner-Tregoe Matrix(Must-want Matrix)' 예

Must 조건	•주기적 사전훈련 •청소위탁운영 •기존교육 통합운영 •복장 자율화		•외부기관 위탁운영 •물품 고정 배치 •기존교육 통합운영 •복장 기성복	•매뉴얼 자체교육 •물품 고정배치 •기존교육 통합 •복장 디자인	최적대안	•얼 자체교육 •위탁운영 •완전 무인운영
추가비용 500만 이하	O		X	O		X
적용 1달 이내	O		O	O		X
사내직원 만장일치 여부	O		O	O		X

Want 조건	가중치	1안		2안	3안		4안
적용의 주기성	0.2	6	1.2		5	1.0	
교육내용의 지속성	0.2	6	1.2		10	2.0	
접근의 용이성	0.1	2	0.2		9	0.9	
만족도 기여 정도	0.2	4	0.8		7	1.4	
매출 기여 정도	0.3	5	1.5		8	2.4	
합	1.0		4.9			7.7	

[그림 Ⅳ-4]는 '교육 운영 체계화'와 관련된 4개의 도출 대안에 대해 만족해야 할 '기준 항목(Criteria)'을 'Must 조건'과 'Want 조건'으로 분리해 평가한 결과이다. 'Must 조건'을 모두 만족한 대안 중 'Want 조건'을 충족한 3번째 대안이 최종 선정되었다.

'**Pugh Method(Pugh Matrix)**'는 '연구 개발 부문(R&D)'에서 매우 유용한 도구이다. 최초의 '콘셉트 설계' 제품은 완성도가 떨어지기 마련인데 여러 '기준 항목(Criteria)'들을 나열한 뒤 각 대안에 대해 '+(기존보다 좋은)', '-(기존보다 미흡)', 'S(기존과 동일)' 등 3개 부호로만 평가해서 '+'가 가장 많은 대안을 선택한다. 이때 부족한 항목들에 대해서는 타 대안들의 장점을 가져와

선택된 대안에 반영하는데 이 때문에 'Pugh Method(Pugh Matrix)'를 'Hybrid Concept Design'이라 부른다. 다음 [그림 Ⅳ-5]는 자주 접하는 양식 예이다.

[그림 Ⅳ-5] 'Pugh Method(Pugh Matrix)' 예

	가중치	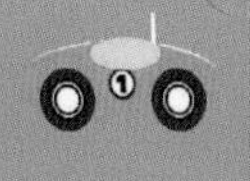 Datum	 대안 1	 대안 2	 대안 3
가격	3	S	-	+	-
안전성	2	S	-	+	S
연비	2	S	-	S	-
엔지 작동 방식	1	S	+	S	-
보증 서비스	1	S	+	S	-
수리 용이성	1	S	-	+	-
+			2	6	0
S			0	4	2
-			8	0	8
(Σ+) − (Σ−)			-6	6	-8

[그림 Ⅳ-5]의 예에서 1회 평가로 '최적 대안'이 선택될 수 있다. 그러나 만일 완성도를 높여야 할 상황이면 선택된 '대안 2'를 두고, '엔진 작동 방식'이 더 나은 '대안 1'의 장점을 '대안 2'에 접목하는 시도를 수행한 뒤 [그림 Ⅳ-5]와 같은 방식으로 재평가한다. 이 과정이 반복될수록 대안의 완성도는 점차 높아진다. 참고로 표에서 'Datum'은 우리말로 '기준 안'으로 불리며, 대안들과의 비교 대상으로 활용된다. 주로 현재 운영 중인 항목이나 대상을 'Datum'으로 고려한다. '가중치(Weight)'의 부여 여부는 선택 사항이다.

평가에서 'Kepner-Tregoe Matrix(Must-want Matrix)'나 'Pugh Method(Pugh

Matrix)'는 [그림 Ⅳ-4]나 [그림 Ⅳ-5]의 형태로 표가 주어진 뒤 빈칸을 메우도록 하거나, 제품 또는 상황이 주어진 상태에서 도구를 이용해 '최적 대안'을 선정토록 요구하는 형태가 주를 이룬다. 용법만 정확히 알고 있으면 유사한 응용 문항들에 충분히 대응할 수 있다.

'**FMEA**' 관련 문항도 객관식과 주관식 모두에서 출제된다. 주관식은 사안을 단순화시키기 위해 'Process FMEA'가 주를 이룬다. 다음 [그림 Ⅳ-6]은 'P-FMEA'의 한 예이다.

[그림 Ⅳ-6] 'Process FMEA' 예

#	Process Function (Step)	Potential Failure Modes (process defects)	Potential Failure Effects (Y's)	S E V	C l a s s	Potential Causes of Failure (X's)	O C C	Current Process Controls	D E T	R P N	Recommend Actions	Responsible Person & Target Date	Taken Actions	S E V	O C C	D E T	R P N
1	사업계획 수립	추정 부정확	추정 손익 갭 발생	8	√	정보 수집 미흡	2	필요 시 전화 요청	7	112	필요 정보 문서로 제시	홍길동/ xx/4/1		8	2	3	48
2																	
3																	
4																	
5																	
6																	

[그림 Ⅳ-6] 위 첫 번째 열(#열 제외)인 'Process Function(Step)'은 업무의 각 '활동(Activity)'을, 2번째, 3번째, 6번째 열인 'Potential <u>Failure Modes</u>', 'Potential Failure <u>Effects</u>', 'Potential <u>Causes</u> of Failure(Xs)'는 사건의 '인과관계'로 '원인(Causes) → 고장 모드(Failure Modes) → 영향(Effects)' 순으로 정렬된다. 따라서 평가에서 임의 사건이 주어지면 '원인(Causes) → 고장 모드(Failure Modes) → 영향(Effects)'으로 정리한 뒤 'FMEA 양식'에 입력한다. 그 외에 'SEV(심각도)'는 "영향이 얼마나 심각한지에 따라 1~10"을, 'OCC

(발생도)'는 "원인(X)의 예상되는 발생 빈도에 따라 1~10"을, 'DET(검출도)'는 "사건이 발생했을 때 얼마나 빨리 알아챌 수 있는지에 따라 1~10"을 각각 부여한다. 이들 값을 모두 곱하면 'RPN(Risk Priority Number)'이 된다.

그 외에 5번째 열 'Class'는 '√'가 돼 있으면 'RPN' 결과에 관계없이 반드시 11번째 열 'Recommend Actions'에 '권고 사항'이 입력돼 있어야 한다. 양식 맨 끝에 'SEV~RPN'이 또 있는 것은 문제 해결 후 '재평가' 난이며, 이때 주의할 점은 'SEV(심각도)'는 해당 'Process Step'이 존재하는 한 항상 'Effects(영향)'을 미치므로 개선 전후에 관계없이 동일한 값을 갖는다. 개선에 따른 'RPN' 감소는 'OCC'나 'DET' 감소를 통해 이루어진다. 특히 'OCC'가 큰 문제는 '재설계'를 통해, 'DET'가 큰 문제는 '프로세스 개선'을 통해 'RPN'을 낮출 수 있다.

지금까지 설명된 '정성적 도구'들 외의 항목들에 대해서는 '기출 문항' 풀이를 통해 부족한 공백을 메우도록 한다. 주로 핵심 내용을 설명했으므로 본문을 충실히 학습한 예비 응시자라면 실전에 임하는 데 큰 무리는 없을 것이다. 다음 소단원에서 '기출 문항' 사례 및 그 풀이에 대해 알아보자.

2. '정성적 도구' 관련 '기출 문항' 풀이

현재까지 출제된 '정성적 도구'들은 손가락으로 꼽을 정도로 극히 적은 수에 한정돼 있다. '정성적 도구'들은 '근본 원인'을 규명하는 방법으로 소개되기도 하지만 필자의 생각으론 과제 수행 중 주변에서 관찰되는 다양한 상황들을 알기 쉽게 표현하는 마치 '그릇'과도 같은 존재로 여겨진다. 모든 문제들을 '정량적 도구', 즉 수치로만 해석할 경우 과제 수행은 제조나 연구 개발 부문에 한정될 뿐 더 이상의 확산은 없었을 것이다. 비근한 예로 2000년대 초반 서비스나 사무 간접 부문으로 '문제 해결 방법론'이 퍼져나가면서 주어진 문제나 해결책을 어떤 방식으로 표현해낼지가 중대 사안으로 떠올랐었다. 왜냐하면 사무 간접 영역의 과제들은 'Improve Phase'를 단지 문장으로 기술하는 방식 외엔 본인이 수행한 성과를 정확하게 전달하는 데 대부분 실패하고 있었기 때문이다. 예를 들어, 기존 운영 방식의 일부를 제거하거나 변경 또는 재배열 등의 개선 방식은 그냥 "~방식으로 개선함"과 같이 몇몇 문장으로 나열하기엔 "어떤 이유로, 어떤 해법을 이끌어내, 어떤 상태로 바뀌는 것인지"를 알고 싶어 하는 사업부장과 주변 담당자들의 이해를 이끌어내는 데 부족함이 많아 보였다. 이때 'SCAMPER'와 같은 '정성적 도구'를 이용할 경우 아이디어 도출 과정과 결과를 쉽게 정리, 요약함으로써 다른 팀원들의 의견 반영도 매우 용이하게 도와주고, 프로세스 변경 내용과도 쉽게 연결 지을 수 있다. 이와 같은 이점을 고려할 때 리더들의 역량을 더 높여주는 차원에서 몇몇 '정성적 도구'에만 한정된 현 평가에 훨씬 다양한 도구들이 포함될 수 있도록 폭넓은 연구가 뒷받침돼야 한다. 이 부분에 대해서는 필자가 리더들의 역량을 객관적으로 평가할 평가 체계화 작업에 많은 노력을 기울이고 있다. 다음 [표 Ⅳ-2]는 'Analyze Phase'에 필요한 '정성적 도구'를 염두에 둔 문항 예이다.

[표 IV-2] [문항] '정성적 도구' 중 'Analyze Phase'와 관련된 예(난이도 하)

문제	다음 '정성적 분석'에 대한 설명 중 맞으면 'O', 틀리면 'X' 하시오.
하위 문제	1) '정성적 분석'은 '정량적 분석'에 비해 판단 오류 위험도가 높다. ( ) 2) '정성적 분석'은 '정량적 분석'에 항상 우선한다. ( ) 3) '정성적 분석'은 '현 수준과 목표 수준' 간 'Gap 분석'이 핵심이다. ( ) 4) '정량적 분석'에는 분산 분석, 역장 분석, 회귀 분석 등이 있다. ( ) 5) '벤치마킹'은 동종 업계 내에서 수행하는 것이 원칙이다. ( )

비교적 쉬운 예이므로 바로 정답을 적으면 다음과 같다.

(정답)

하위 문제 1) O
하위 문제 2) X
하위 문제 3) O
하위 문제 4) X → '역장 분석'은 '정성적 도구'들 중 하나다.
하위 문제 5) X → 타 업종 간에도 기능하다.

다음 [표 IV-3]은 'Analyze Phase'에서 주어진 상황에 맞는 분석법을 선택할 수 있는지 묻는 문항 예이다. 이 과정에 자연스럽게 '정성적 도구'의 이해 여부도 확인한다.

[표 IV-3] [문항] '정성적 도구' 중 'Analyze Phase'와 관련된 예(난이도 상)

문제	고객 '상담 만족도'를 높이기 위해 입문 시 정면으로 보이는 상담사의 자리 배치를 'ㄷ 형태', 'ㄱ 형태', '독립 부스 형태'로 구상할 시 다음의 데이터 수집 상황을 고려한 적합한 분석 방법을 기술하시오(일부 상황을 가정하여 기술할 수 있으나 현실성이 떨어지는 경우 감점함).
하위 문제	1) 타 지점(또는 타사)들이 현재 다양한 자리 배치 형태로 영업하고 있음. 2) 과거 다양한 자리 배치로 근무한 경험이 있음(Historical Data 존재). 3) 사무실과 상담사 인력 규모가 크지 않아 자리 배치와 '만족도' 수집 모두 비교적 용이함. 4) 현재 데이터를 수집할 방법과 수단이 전혀 없음.

[표 Ⅳ - 3]의 문항이 '난이도 상'인 이유는 정확한 정답을 찾기보다 주어진 상황에서 응시자의 분석 능력이 어느 정도인지 가늠하는 데 초점을 두기 때문이다. 통상 간접 또는 서비스 부문의 리더들이 "데이터가 없어 분석을 못 하겠다!"라는 하소연을 불식시키는 데도 긍정적 역할을 한다.

(정답)

□ 하위 문제 1) '벤치마킹'이 필요. 단, 이에는 '자리 배치 형태(X)'와 '만족도(Y)' 간 데이터 요청이 가능하면 '정량적 분석'이, 그렇지 않으면 '인터뷰' 등 '정성적 분석'이 모두 가능하므로 상황에 따라 판단

□ 하위 문제 2) '자리 배치 형태(X)'와 '만족도(Y)' 간 '정량적 분석'인 '분산 분석' 또는 '비모수 검정'이 가능

□ 하위 문제 3) 직접 자리 배치를 달리해가며 데이터 수집 후 '정량적 분석'인 '분산 분석'이나 '비모수 검정' 또는 '실험 계획(DOE)' 수행

□ 하위 문제 4) 이 분야에 정통한 전문가를 찾아 의견 수집함(이 경우 도구 명은 '전문가 의견'이라고 함)

'정성적 도구'가 주로 객관식이나 단답형에 머무르는 대신 '로드맵'과 연계한 융합형도 선호되는데 응시자의 문제 해결 능력을 가늠하기에 매우 유용한 이점이 있다. 다음 [표 Ⅳ - 4]는 그 유형 중 하나이다.

[표 Ⅳ - 4] [문항] '정성적 도구' 중 '벤치마킹'과 관련된 예(난이도 상)

문제	'일하는 방법론'에 대한 실체인 '프로세스 개선 방법론 로드맵'에 대해 '벤치마킹'이 쓰이는 예를 각 Phase별로 하나 이상씩 기술하시오.

☐ Define → '목표 기술'에서 '현 수준'을 어느 정도까지 올릴 것인지 선진 지표에 대한 벤치마킹 수행

☐ Measure → '현 수준'과 '목표 수준' 간 Gap을 줄이는 데 주요하게 작용하는 '잠재 원인 변수'에 어떤 것들이 있는지 선행 기업 벤치마킹 수행

☐ Analyze → '개선 방향'에 어떤 내용들이 포함돼 있는지 타사 벤치마킹 수행

☐ Improve → '최적 대안'에 어떤 것들이 있으며, 우리 회사에 적용할 시 예상되는 위험은 무엇인지 조사할 목적의 벤치마킹 수행

☐ Control → 이미 적용된 개선 사항들의 유지 실태와 성과가 잡히고 있는지에 대한 벤치마킹 수행

[표 Ⅳ-4]와 유사한 형태로 [그림 Ⅳ-1]의 각 '정성적 도구'들과 연계된 실 사례들을 기술토록 요구하는 문항 개발은 무궁무진하다. 이와 같은 경향은 도구들의 용법뿐만 아니라 현업에서 다양한 상황에 적절히 대처할 수 있는지에 대한 평가도 할 수 있어 매우 선호된다. 다음 [표 Ⅳ-5]는 'SCAMPER'의 해당 예이다.

[표 Ⅳ-5] [문항] '정성적 도구' 중 'SCAMPER'와 관련된 예(난이도 중)

문제	'SCAMPER' 활용에 있어 주변(또는 현업)에서 일어날 수 있는 상황을 직접 가정하고, 각 항목에 대해 기술하시오(단, 현실성 없는 예는 감점임).

(정답)

개선 내용 예) 쇼핑 바구니는 쇼핑 시 꼭 필요하지만 늘 갖고 다니기 어려움

☐ Substitute → 혁대 재료를 쇼핑 바구니용 얇고 강한 재료로 대체

☐ Combine → 쇼핑 바구니와 혁대 기능을 결합

☐ Adapt → 혁대를 쇼핑 바구니 외에 펼쳤을 때 소형 물품 이동 수단으로 응용

☐ Modify → 혁대를 몇 겹으로 접히는 구조로 디자인 변경

☐ Put to Other Uses → 혁대를 안테나로 활용

☐ Eliminate → 혁대의 최소한 연결선만 남기고 나머지를 제거하면 쇼핑백으로 전환

☐ Reverse → 혁대를 뒤집어 찼을 때, DMB 안테나로 활용

[그림 Ⅳ-1]의 「아이디어 도출(창출)」 단계에서 활용 빈도가 높은 'SCAMPER' 외에 「아이디어 종합」 단계에서 쓰임새가 많은 'Morphological Matrix(일명 Idea Box)'에 대해 알아보자. 이 도구는 개별적으로 도출된 아이디어 자체를 '최적 대안'으로 선정하기보다 그들 간 조합이 필요한 상황에 매우 유용하다. 문항의 직접 풀이를 통해 그 활용 예에 대해 알아보자.

[표 Ⅳ-6] [문항] '정성적 도구' 중 'Idea Box'와 관련된 예(난이도 중)

문제	ERP를 활용한 구매 프로세스의 적응성을 높이기 위해 기존 인력들을 위한 단기 정규 교육 과정 마련이 개선 내용으로 결정되었다. 이때 다음의 아이디어가 구매팀원들로부터 도출된 후 선별되었다면 최적의 대안을 선정하기 위한 'Idea Box'를 완성하시오('Parameter'와 'Variation'을 결정하고, 필요 시 'Variation' 가감도 허용함). (선별된 아이디어) 1) 강사는 사외 2) 교재는 자체 제작, 외주 3) 교육 주기는 분기마다, 또는 반기마다

[표 Ⅳ-6]에서 '교육 운영'이란 단순히 "한다, 하지 않는다"처럼 단 하나의 항목으로 결정되기보다 문항의 '아이디어'에 나열된 바와 같이 여러 항목들이 결정돼야 가능한, 즉 그들의 조합을 통해 '최적 대안' 마련이 가능하다. 따라서 주어진 문항 예를 'Morphological Matrix(일명 Idea Box)'에 하나씩 입력한 뒤 '최적 대안'을 결정하는 수순을 밟는다.

[표 Ⅳ-7] 'Morphological Matrix(일명 Idea Box)' 작성 예

	강사	교재	교육 주기	장소
1	사외	자체 제작	분기	사내
2	사내	외주	반기	사외
3	사내+사외	자체+외주	필요 시	

[표 Ⅳ-6]에 제시된 '아이디어'와 [표 Ⅳ-7]의 내용을 비교하면 다음과 같은 특징을 발견한다.

1) '강사', '교재', '교육 주기'는 'Parameter'로, 나머지 선택 사항들은 'Variation'으로 기술됨.
2) 옮기는 과정 중 필요에 따라 'Variation(파란색 글자)'가 추가됨.
3) 옮기는 과정 중 필요에 따라 'Parameter(표에서 열 '장소')'가 추가됨.

평가 중 '최적 대안'은 각 'Variation'을 임의적으로 조합해 결정한다. 'Parameter'인 '강사-3수준', '교재-3수준', '교육 주기-3수준', '장소-2수준'에 대한 총 조합 수는 '54개(=3x3x3x2)'이다. 정답을 기술하면 다음과 같다.

(정답)

	강사	교재	교육 주기	장소
1	사외	자체 제작	분기	사내
2	사내	외주	반기	사외
3	사내+사외	자체+외주	필요 시	

단, 'Parameter'와 'Variation'을 팀 회의를 거쳐 표와 같이 추가하고, 비용 최소화를 위해 '강사' 및 '장소'는 '사내'로 결정. ERP 지식이 필요한 '교재'는 ERP 공급사의 지원이 필요함에 따라 '자체+외주'로 하고, 대상자들의 업무 부하를 고려 '교육 주기'는 '필요 시'로 최종 확정함

앞서 설명된 도구들은 서로 간 연계나 융합을 통해 무궁무진하게 다양화시킬 수 있으며, 따라서 약간의 고민만으로도 새로운 유형의 문항 개발이 가능하다. 그러나 응시자는 도구의 고유한 용법을 철저히 익혀두는 것만으로도 충분히 대응할 수 있다는 점만 명심해두자. 참고로 'PICK Chart(일명 Pay−off Matrix)'는 그 쓰임새와 출제 빈도가 매우 높지만 용법이 단순함에 따라 설명에 포함시키지 않았다. 이 도구의 용법을 추가로 학습하고픈 독자는 기업 교재나 관련 서적을 참고하기 바란다.[26]

이어 [그림 Ⅳ−1]의 「평가/선정」에 포함된 도구에 대해 알아보자. 그들 중 출제 빈도가 높은 도구는 크게 'Kepner−Tregoe Matrix(Must−want Matrix)'와 'Pugh Method(Pugh Matrix)'이다. 대표적인 '기출 문항' 예를 통해 출제 유형과 풀이에 대해 알아보자. 다음 [표 Ⅳ−8]은 'Kepner−Tregoe Matrix(Must−want Matrix)'의 예를 보여준다.

---

26) 「Be the Solver_프로세스 개선 방법론」편, 또는 「Be the Solver_정성적 자료 분석(QDA)」편 참조.

문제	A사 구매부서에 근무하는 박 차장은 회사의 구매 다변화 정책에 따라 신규 공급사 4개 업체를 발굴한 뒤 평가를 통해 한 개 업체를 선정하고자 한다. 회사 정책과 공급받을 자재 특성상 'A사의 요구 조건'과 그에 따라 조사된 '공급사 현황'이 아래와 같을 때 물음에 답하시오.

〈A사의 요구 조건〉
□ 정규 납기: 매달 5, 15일 공급돼야 하고,
□ 긴급 납기: 항상 가능해야 하며,
□ 불량률 수준: 1% 이하로 관리돼야 함(매우 중요).
□ 가격: 개당 1,200원을 상한으로 협상 가능하며(중요),
□ 품질 관리: 공급품의 수율 산포 관리를 위한 제안이 필요(조금 중요).
□ 설계 변경 대응: 발생 시 재료 원가 5% 내외에서 협상 가능(중요).

〈A사 요구 조건에 대한 공급사 조사 현황〉

	다나 社	유능 社	최고 社	신규 社
정규 납기	가능	가능	5일은 불가	가능
긴급 납기	월말은 협의	가능	가능	가능
불량률 수준	1~1.2%	0.9% 이하	0.3% 이하	0.8% 이하
가격	1,170원	1,180원	1,175원	1,185원
품질 관리	분기 점검	반기 점검	분기 점검	분기 점검
설계 변경 대응	3% 내외	3% 내외	4% 내외	2% 내외

하위 문제	1) 상기 '요구 조건'과 '조사된 공급사 현황'을 토대로 A사가 거래할 공급사를 선택할 때 가장 적합한 '정성적 도구'는? 2) 주어진 정보와 '하위 문제 1)'의 도구를 이용하여 A사에 유리한 공급사를 선정하시오.

하위 문제 1) 상기 '요구 조건'과 '조사된 공급사 현황'을 토대로 A사가 거래할 공급사를 선택할 때 가장 적합한 '정성적 도구'는?

[표 Ⅳ-8]에서 제시된 'A사의 요구 조건' 중 '정규 납기', '긴급 납기'는 협상 대상이기보다 "반드시 지켜져야 할 조건(Must)"으로 보인다. 나머지 조건들은 "협상 가능 조건(Want)"인 점을 감안할 때 이들을 이용한 '평가/선정' 도구에 'Kepner-Tregoe Matrix(Must-want Matrix)'가 적절함을 알 수 있다.

Kepner - Tregoe Matrix(Must - want Matrix), ※ 선정 사유는 본문 참조

하위 문제 2) 주어진 정보와 '하위 문제 1)'의 도구를 이용하여 A사에 유리한 공급사를 선정하시오.

'Must - want Matrix'에 주어진 정보를 입력하고 조건에 맞는 점수를 부여한 뒤 합계를 통해 '최적 대안'인 1개 공급 업체를 선정한다.

[표 Ⅳ -9] 'Must - want Matrix' 작성 예

		가중치	다나 社	유능 社		최고 社	신규 社	
Must	정규 납기	–	○	○		×	○	
	긴급 납기	–	×	○		○	○	
Want	불량률 수준	5		3	15		4	20
	가격	2		4	8		3	6
	품질 관리	1		2	2		4	4
	설계 변경 대응	2		3	6		5	10
합 계					31			40

[표 Ⅳ - 9]에서 'Must 조건'인 '정규 납기'와 '긴급 납기'가 모두 '○'인 '유능 社'와 '신규 社'를 대상으로 'Want 조건'을 평가한다. '가중치'는 [표 Ⅳ -8]의 'A사의 요구 조건' 중 "조금 중요, 중요, 매우 중요"를 토대로 메겨졌고, 평가는 '5점 척도'로써 유리한 경우가 그렇지 않은 경우에 비해 높게 부여되었다. 부여된 '점수'와 '가중치'를 곱한 후 열로 모두 합한 '합계'로부터 '40점'을 얻은 '신규 社'가 적합한 공급사로 최종 선정되었다.

공급사로 '신규 社' 선정
평가 과정과 결과는 [표 IV-9] 참조

물론 [그림 IV-1]의 '개선 체계도' 내 다른 도구를 통해서도 같은 효과를 거둘 수 있다. 그러나 문항의 출제 의도를 정확히 파악해 그에 맞는 도구를 선택하는 것이 채점 시 혼선을 최소화하는 지름길임을 명심하자.

이어 'Pugh Method(일명 Pugh Matrix)'에 대해 알아보자. 지금까지 이 도구에 대한 출제 난이도는 그리 높지 않다. 'Matrix'에 상황을 제시하고 빈칸에 '점수'를 기입토록 하거나 간단한 평가를 거쳐 '최적 대안'을 선정토록 요구하는 수준이 대부분이다. 왜냐하면 임의의 상황이나 제품 특징을 나열한 뒤 '평가 기준(Criteria)'부터 '평가/선정'까지 기술하는 접근은 난이도를 약간 높이는 효과가 있긴 하지만 제한된 평가 시간이 부담으로 작용한다. 또 'Pugh Method(일명 Pugh Matrix)'의 가장 큰 특징은 1차 평가 후 2차, 또는 3차로 이어지는 '혼합(Hybrid)'화 활동이 핵심인데, 이 과정을 '시험'이라는 특수 상황 속에서 재현시키기는 역시 무리가 따른다. 결국 '기출 문항'은 다음 [표 IV-10]의 형태가 주를 이룬다.

'가중치(Weight)'는 주어지는 경우와 그렇지 않은 경우 모두 가능하다. 포함될 경우 통상 '10점 척도'가 많은데, 평가가 '+, −, S'와 같이 부호로 돼 있어 '가중치 합'을 '1'로 정하면 소수점으로 인해 계산이 불편하다. 또 '가중치 합'을 '10'으로 하면 '평가 기준(Criteria)'이 많아질수록 점수의 변별력이 떨어져 '중요도'의 의미가 퇴색한다. 따라서 각 '평가 기준'을 독립적으로 10점 척도 내에서 정해주기 마련인데 실제 이 같은 첨수 체계가 자주 관찰된다. '최적 대안'을 선정하기 위해서는 '(Σ+)−(Σ−)'를 계산해 가장 큰 수를 '1차 최적 대안'으로 선정한다. 이때 주의할 점은 모두가 '음수'로 나오는 경우인데 이때는 비교 대상인 'Datum'보다 좋은 대안이 없는 것으로 간주하고 'Datum' 자체를 '최적 대안'으로 선택한다.

[표 IV-10] [문항] '정성적 도구' 중 'Pugh Matrix' 예(난이도 하)

	다음은 K 전자 회사에서 새로 개발한 스마트 폰의 Concept Design에 대한 1차 평가 내용이다. '합계' 행의 가중된 'Σ+'와 'Σ-'를 기입하고 '최적 대안'을 선정하시오. 또 보완이 필요한 사항에 대해 기술하시오.						
문제	평가 기준(Criteria)	가중치	Datum	A안	B안	C안	D안
	내구성	3	S	+	+	−	S
	수명	4	S	−	+	S	−
	화면 결점	6	S	+	−	S	S
	재료 수급 용이성	3	S	S	+	+	−
	구성 원가	7	S	+	+	+	+
	Time to Market	4	S	−	S	−	+
	수리 용이성	3	S	S	+	+	+
	합 계	30	−	Σ+: Σ−:	Σ+: Σ−:	Σ+: Σ−:	Σ+: Σ−:

선정이 완료되면 타 대안들에 비해 취약한 '평가 기준'을 파악하고 그 구조가 왜 '최적 대안'보다 뛰어난지 기능 향상 연구를 위한 '2차 평가' 준비 단계로 들어간다. 이때 취약한 '평가 기준'을 찾아내 기능 향상이 필요함을 기술하는 선에서 마무리한다. 다음은 [표 IV-10]의 정답이다.

(정답)

□ '합계' 점수는 아래와 같다.

평가 기준(Criteria)	가중치	Datum	A안	B안	C안	D안
내구성	3	S	+	+	−	S
수명	4	S	−	+	S	−
화면 결점	6	S	+	−	S	S
재료 수급 용이성	3	S	S	+	+	+
구성 원가	7	S	+	+	+	+
Time to Market	4	S	−	S	−	+
수리 용이성	3	S	S	+	+	+
합 계	30	−	$\Sigma+$: 16 $\Sigma-$: 8	$\Sigma+$: 20 $\Sigma-$: 6	$\Sigma+$: 13 $\Sigma-$: 7	$\Sigma+$: 14 $\Sigma-$: 7
평가 결과	−	−	8	14	6	7

　　평가 결과 '최적 대안'으로 'B안'을 선정

□ '화면 결점'은 'A안'이, 'Time to Market'은 'D안'이 선정된 'B안'보다 뛰어나며, 이들이 왜 좋은지 구조 해석을 통해 'B안'에 반영하는 Hybrid Concept Design 진행. 개선 후 2차로 재평가 수행

　　앞서 설명된 '정성적 도구' 관련 문항들은 현업에서 바로 도움이 될 수 있도록 학습적 효과를 가미하는 노력이 필요하다. 이에 대해 필자 역시 도움이 될 수 있는 연구를 계속해 나갈 것이다. 이제 끝으로 소개할 'FMEA' 관련 '기출 문항' 예로 들어가 보자.

[표 Ⅳ-11] [문항] '정성적 도구' 중 'FMEA' 관련 예(난이도 하)

문제	다음 'FMEA'에 대한 설명 중 맞으면 'O', 틀리면 'X' 하시오.
하위 문제	1) '분류(Class)' 난이 채워진 '잠재 고장 모드'는 반드시 '권고 조치 사항(Recommended Actions)'이 기록돼야 한다. ( ) 2) '발생도(OCC)'는 수집된 데이터에 의해서만 평가될 수 있다. ( ) 3) '발생도(OCC)'는 설계 과정에서 원인을 규명/제거하는 것만으로 점수의 감소가 가능하다. ( ) 4) 'RPN'이 높지 않더라도 '심각도(SEV)'가 큰 '고장 모드'에 대해서는 특별한 주의 집중이 요구된다. ( ) 5) 텔레비전 개발 담당자가 FMEA를 작성하는 과정에 '잠재 고장 모드'로 "화면이 어둡다"를 선정하였다. ( ) 6) 검출 능력이 높을수록 '검출도(DET)' 점수가 높다. 7) '잠재 고장 모드'당 그 '영향(Effects)'은 하나씩만 기록된다. 8) '심각도(SEV)'는 문제점 개선 후 반드시 작아진다. 9) 팀원들의 경험과 지식을 활용하여 모든 '입력 변수'와 '출력 변수' 간의 관계를 규명하기 위해 FMEA가 사용된다. ( )

비교적 쉬운 예이므로 바로 정답을 적으면 다음과 같다.

(정답)

하위 문제 1) O → 이때는 'RPN'의 우선순위에 앞서 조치해야 한다.

하위 문제 2) X → 정성적 평가를 통해 '1~10'을 부여할 수 있다.

하위 문제 3) O → '발생도(OCC)'가 높은 문제(고장 모드)는 설계 문제와 직결된다.

하위 문제 4) O

하위 문제 5) X → "화면이 어둡다"는 '영향(Effects)'이다.

하위 문제 6) X → '검출도(DET)' 점수는 낮아진다.

하위 문제 7) X → 가능한 모든 경우가 '영향'으로 올 수 있다.

하위 문제 8) X → '심각도(DET)'는 개선 여부와 관계없이 늘 동일하게 유지된다.

하위 문제 9) X → 'X-Y Matrix'에 대한 설명이다.

'FMEA'에서의 사건 기술은 "잠재 원인 → 잠재 고장 모드 → 잠재 영향"의 순으로 나열된다. 따라서 '하위 문제 5)' 경우 "화면이 어둡다"는 최종 시스템 관점에서의 표현이므로 문제에서 제시된 '잠재 고장 모드'는 "화면을 어둡게 하는 바로 직전의 원인"이 와야 한다. '하위 문제 8)'에서 '심각도(SEV)'는 '영향'을 보고 부여되는 '1~10'의 수치이다. 다시 '영향'은 '잠재 고장 모드'의 결과인데 만일 '영향'을 "화재 발생"이라고 가정할 때, "화재 발생"은 '잠재 고장 모드'의 "아이들 장난으로 화재가 발생"했든, "누전으로 발생"했든, 아니면 "벼락에 의해 발생"했든 항상 "화재 발생"은 심각하게 판단해야 하므로 '8점' 이상의 높은 점수가 필요하며, 이 같은 상황은 개선이 된 후에도 역시 심각한 상태를 유지한다. 설사 수백 년에 한 번 발생하거나 철저한 관리 속에도 어쩔 수 없이 발생해도 심각한 건 변함이 없기 때문이다.

[표 Ⅳ-12] [문항] '정성적 도구' 중 'FMEA' 관련 예(난이도 중)

	제시된 '하위 문제'의 상황에 맞는 '심각도, 발생도, 검출도' 조합을 찾고, 개선 방안을 기술하시오.			
문제	조합 No.	심각도	발생도	검출도
	1	10	1	1
	2	10	1	10
	3	1	10	1
	4	1	10	10
	5	1	1	10
하위 문제	1) 고장이 발생할 가능성은 낮지만 검출이 쉽고 발생되면 안전에 큰 영향을 미친다. (조합 No:). 2) 고장은 많지만 빌견되지 않은 상태에서 시장에 출시될 가능성은 높고 소비자가 느끼는 불편은 거의 없다. (조합 No:)			

(정답)

하위 문제 1) 조합 No. 1 → (개선 방안) 개선 사항 없음
하위 문제 2) 조합 No. 4 → (개선 방안) 잦은 고장은 재설계, 고객에게 도달은 프로세
스 개선이 필요

'FMEA' 관련 '기출 문항' 중에서 가장 난이도가 높은 예는 아마도 상황을 제시하고 그를 이용해 직접 'FMEA 양식'을 채우는 유형이 아닌가 싶다. 다음 [표 Ⅳ - 13]은 FMEA 관련 최종 예이다.

[표 Ⅳ - 13] [문항] '정성적 도구' 중 'FMEA' 관련 예(난이도 상)

문제	아래에 제시된 상황을 이용하여 주어진 FMEA 양식을 간단히 작성하시오. (상황) 김 대리는 타이핑이 서툴러 보고서의 오타가 자주 발생되지만 워드 내 오타 자동 감지 기능을 사용하지 않는 것으로 알려져 있다. 잦은 오타는 사업부장께 보고되는 자리에서 계속 지적되곤 한다.								
	Process	고장 모드	영향	SEV	원인	OCC	현 관리	DET	RPN

풀이는 주어진 '상황'을 '원인 → 고장 모드 → 영향' 순으로 배열한 뒤 해당 난에 기입한다. 이때 'SEV, OCC, DET' 등은 '상황'에 맞게 판단해 '1~10'의 값을 입력한다. 다음은 정답을 정리한 예이다.

(정답)

(인과 관계) (원인)타이핑이 서투름 → (고장 모드)보고서 오차 발생 → (영향)사업부장
지적받음

Process	고장 모드	영향	SEV	원인	OCC	현 관리	DET	RPN
보고서 작성	보고서 오차 발생	사업부장께 지적받음	9	타이핑이 서투름	7	없음	10	630

지금까지 '방법론', '통계 도구', '정성적 도구'에 대한 '기출 문항'들을 소개
하였다. 이들 중 '방법론'에 대해서만 향후 개선할 필자의 의견을 일부 개진했
을 뿐 본문 대부분은 그동안 접해왔던 '기출 문항' 그대로를 소개하는 데 주
력하였다. 물론 설명이 쉽도록 다양한 편집은 가했으나 문항 성향은 유지하였
다. 따라서 본문을 충분히 소화한 뒤 실제 평가 문제지 여러 회를 풀어본다면
고득점을 획득하는 데 큰 무리는 없을 것이다.

필자는 본 책의 서두에서 지금의 평가가 '통계 도구'에 많이 치우쳐 있음을
부각시킨 바 있다. 또 기업인의 '문제 해결 역량'을 좀 더 객관적으로 측정할
'평가 체계'도 마련하고 있다. 이에는 다양한 계층을 대상으로 한 '평가 문항'
의 개발뿐 아니라 온라인을 통한 시험 및 평가까지를 아우른다. 독자들의 많
은 관심과 성원 바라마지 않는다.

평가 문제지

본 단원은 앞서 본문에서 설명했던 내용들과 기업에서 출제되는 유형들을 소개하는 공간이다. '방법론 문항', '객관식 문항', '주관식 문항'으로 구분했으며, 맨 뒤에 정답을 포함시켰다. 평가에 응시 예정자나 본문을 관심 있게 정독한 독자라면 본인의 수준을 가늠하는 데 큰 도움을 줄 것이다. 통상 70점 이상이면 문제 해결 역량이 높은 수준으로 평가받는다.

【방법론 문항】

※ 다음 각 물음에 답하시오. 1~5번, 총 30점

1. 로드맵 'DMAIC'와 'DMADV'는 'DMA'가 'Define', 'Measure', 'Analyze' 로 동일한 단어를 쓴다. 두 '로드맵' 간 'D−M−A' 각 Phase의 활동에 따른 차이점을 기술하시오(4점).

방법론(로드맵)	Define	Measure	Analyze
D−M−A−I−C	· · ·	· · ·	· · ·
D−M−A−D−V	· · ·	· ·	· · ·

2. 'Improve Phase'의 첫 스텝인 'Step−10. 개선 계획 수립'을 사업부장께 보고하는 자리에서 현재의 '개선 방향'으론 애초 목표 수준을 달성하기 어렵다는 지적이 있었다. 이 문제를 해결하기 위해 리더가 취해야 할 활동을 5가지 이상 기술하시오(4점).

①

②

③

④

⑤

3. '40-세부 로드맵' 중 실질적인 '개선'이 이루어지는 위치가 4곳 존재한다. 이때 'Improve Phase'의 'Step-11.1. 최적화 및 기대 효과'와 동격의 '세부 로드맵'을 적고, 그 이유를 설명하시오(6점).

　– 동격의 '세부 로드맵':
　– 이유:

4. 건축 자재를 생산하는 K사는 기존 중간 도매상에 납품하던 판매 방식에서 건축물에 직접 시공하는 영역까지 사업 범위를 확대하였다. 변화된 사업 방식을 성공적으로 정착시키기 위해 김 대리가 '벤치마킹'을 수행할 때, 'D-M-A-I-C' 각 Phase별로 고려해야 할 핵심 사항을 기술하시오(8점).

　– Define:
　– Measure:
　– Analyze:
　– Improve:
　– Control:

5. 문제 해결 능력이 뛰어난 윤 과장은 최근 원료를 라인에 공급한 중량과, 이 원료를 이용해 반제품을 제조한 후의 중량 차이를 개선하는 과제에 리더로 투입되었다. 윤 과장이 이 과제를 성공리에 완수하기 위해 핵심적으로 거쳐야 할 '세부 로드맵'을 지적하고 주요 활동을 기술하시오(8점).

【객관식 문항】

※ 다음 각 물음에 답하시오. 6~20번, 각 2점, 총 30점

6. 다음 중 바람직한 '과제 선정'과 거리가 먼 것은?
   ① 연간 사업계획이 마련된 상태에서 목표 달성을 위한 전략과의 연계
   ② 비재무과제(체질개선 과제)를 먼저 선정해 업무 효율을 극대화한 뒤, 그를 바탕으로 재무과제를 집중 선정
   ③ 연구개발 과제는 당해 연도 목표 이익 달성을 위한 단기성 과제와 차년 이후 목표 이익 달성을 위한 중장기성 과제로 분류해서 선정
   ④ 원리적으로는 외부 고객으로부터의 '핵심 요구 사항(CCR)'을 Flow-down 시켜 주요 과제로 선정한 뒤, 상황에 맞춰 내부 고객의 '핵심 요구 사항(CBR)'을 반영
   ⑤ 개선에 대한 대략적인 복안이 있고, 가급적 단기간 내에 처리가 가능한 문제를 최우선적으로 선정

7. 다음 'Define Phase'에 대한 내용 설명 중 적절한 것은?
   ① '과제 선정 배경 기술'은 대외적, '문제 기술'은 대내적 상황을 묘사
   ② 크게 '과제 정의'와 '과제 관리'로 구분되며, 전자는 '과제 선정 배경 기술'과 '문제 기술', '목표 기술', '효과 기술'이, 후자는 '범위 기술', 'CTQ 선정 과정 기술', '팀원 기술'이 포함됨
   ③ '세부 로드맵' 구조는 '과제 선정 배경 기술'과 '문제 기술' 경우 그 내용을 바탕으로 '목표 기술' 및 '효과 기술'과 연결되고, '범위 기술'은 그 내용을 바탕으로 '팀원 기술'과 연결됨
   ④ '사업부 과제'의 '하위 과제'들은 문제의 난이도나 수행 기간에 관계

없이 항상 'Define Phase'의 모든 '세부 로드맵'을 작성

⑤ '일정 기술'은 D, M, A, I, C 각 Phase별 3~4주 설정을 원칙으로
하되, 'Control Phase'는 개선 결과의 실제 프로세스 적용이 불필요
할 경우 'Improve Phase' 일정에 포함시킴

8. 다음은 과제 지표인 'Y'를 결정짓는 과정에 대한 설명이다. 내용이 적절
치 않은 것은?

① 우선적으로 과제의 '프로세스 범위'에 속한 '외부 고객'과 '이해 관계
자'가 누구인지 정하고, 그들로부터 'VOC'를 수집한 뒤 '과제 CTQ'
를 선정

② 내용상 'CTQ'는 "고객에 매달린 특성"으로, 'Y'는 "과제에 매달린
특성"으로 분류됨

③ 'CTQ'로부터 'Y'로의 전환은 '대용 특성'화, '제약 특성'화, '하위 특
성'화가 있고, 만일 'CTQ'가 현재 관리되고 있는 경우이면 그 자체
가 직접 'Y'로 올 수 있음

④ '운영적 정의'는 누가 보더라도 동일한 현상은 동일한 수치로 표현될
수 있도록 'Y의 정의', '수치화 방법' 등을 상세히 기록해야 함

⑤ '성과 표준'은 '연속 자료', '이산 자료'인 'Y'에 대해, '망소 특성'은
'USL', '망대 특성'은 'LSL', '망목 특성'은 'LSL/USL'을 설정

9. 다음 '측정 시스템 분석'에 대한 설명 중 옳지 않은 것은?

① '연구 변동'은 통상 '분산 성분'을 제곱근한 값에 '6'을 곱해 얻는다.

② '%공차'는 '측정 시스템'의 '정밀성'을 평가하는 항목이며, 100%를
초과할 수 없다.

③ '구별되는 범주의 수=3'이면 데이터를 높음/중간/낮음과 같이 세 그

룹으로 나눌 수 있다는 의미다.

④ 'Xbar 관리도'에서 타점들이 '관리 한계선' 내에 분포할수록 구별력
  이 좋다고 판단한다.

⑤ '분산 분석 표'에서 '측정자(Operator)'에 대한 'p-value'는 '유의 수
  준=5%'에서 '5% 이상'이 나오길 기대한다.

10. 다음 'Measure Phase'에서 주로 사용되는 도구들 중 설명이 잘못된 것은?

① FMEA: 프로세스 내 잠재적 고장 모드 파악과 그 원인 분석

② Gage R&R: '측정 시스템'에 대한 정확성 평가

③ Ishikawa Diagram: 고객의 의견을 모아 프로세스 내 변수들 간 연계
  성을 파악하도록 작성된 개요도

④ Process Map: 'Y'와 관련된 프로세스 내 '잠재 원인 변수'의 발굴

⑤ X-Y(또는 C&E) Matrix: 출력 변수에 영향을 미치는 '잠재 원인 변
  수'들의 우선 순위화

11. 다음 중 '잠재 원인 변수' 유형과 발굴 출처 및 우선순위화가 잘못 연결
  된 것은?

① 잠재 인자-FMEA-RPN

② 프로세스 변수-Process FMEA-Multi-voting

③ 설계 요소-QFD#2(또는 #3)-품질 표 평가

④ 프로세스 변수-Process Map-X-Y(또는 C&E) Matrix

⑤ 설계 요소-C&E Matrix-QFD#2(또는 #3)

12. 다음의 '가설 검정'에 대한 설명 중 잘못된 것은?

① '귀무가설'이 참일 때 '귀무가설'을 기각할 오류를 범할 확률의 최대 허용 한계를 '유의 수준'이라고 한다.

② 두 집단 간 '평균 차이' 검정에는 각 집단의 '표준 편차'를 참고한다.

③ '상관 분석'에서의 '귀무가설'은 "상관관계가 있다"이다.

④ 정규성 검정에서의 '대립 가설'은 "정규하고 있다"이다.

⑤ '검정 통계량'이 클수록 'P−value'는 작아지는 음의 상관이 있다.

13. 다음의 '그래프 분석'에 대해 올바로 설명한 것을 모두 고르시오?

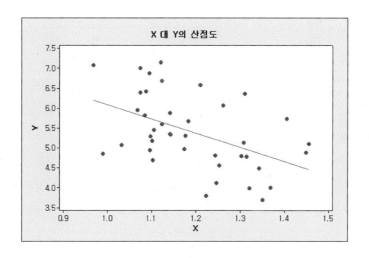

① 두 변수 간 '상관 분석'을 한다면 '음의 상관관계'를 보일 것이다.

② 'X=80'에 대한 'Y 값'을 예측하는 데 적합해 보인다.

③ 동일한 'X 값'에 대해 'Y 값'의 산포가 커 보이고, 이에 대한 원인 분석을 통해 프로세스 내 문제점 파악이 가능하다.

④ '회귀 분석'을 한다면 'R-제곱 값'이 크지 않을 것이라 기대된다.
⑤ 두 변수 간 '음의 상관성'이 있으며, 따라서 '이차 회귀 방정식'을 통해 'X'의 관리 규격을 설정할 수 있다.

14. 다음 '잔차 그림'에 대해 올바르게 설명한 것은?

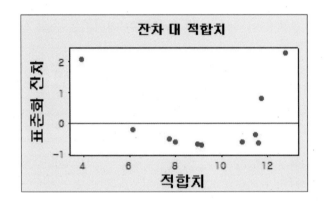

① '세션 창' 결과에 '비정상적 관측치'가 2개 나타난다.
② '독립 변수'와 '종속 변수' 간 2차 모형을 적합시켜 얻은 그림이다.
③ 맨 왼쪽 첫 타점이 이상점인지 여부가 해석에 중요한 영향을 미친다.
④ '분산 분석 표'의 '회귀'에 대한 'P-value'는 '0'에 근접할 것이다.
⑤ 현재 결과로는 'X' 변화에 대한 'Y' 예측력은 떨어질 것으로 보인다.

15. '데이터 분석'에 대한 다음 설명 중 적절하지 않은 것은?
① 일반적으로 분석 방법은 크게 '정량적 분석', '정성적 분석'으로 나뉘며, 상황에 따라 '기술적 분석'이 추가되기도 한다.
② '정성적 분석'은 '정량적 분석'에 비해 판단에 따른 위험도가 낮다.

③ '가설 검정'을 '확증적 자료 분석'이라 하고, '그래프 분석'을 '탐색적 자료 분석'으로 분류하기도 한다.

④ 초기 분석으로 어떤 분석 방법을 채택하든 최종적으론 데이터를 왜곡시킨 프로세스 내 잘못된 점을 찾아낼 '사실 분석'이 중요하다.

⑤ 분석의 최종 산출물은 '유의성 여부'보다 '개선 방향'을 얻는 데 초점이 맞춰져야 한다.

16. 다음 '세부 로드맵'의 내용에 대한 설명 중 옳지 않은 것은?

① 'Improve Phase'는 'Analyze Phase'에 종속된 활동이며, 그 연계성이 확보되지 않은 개선은 '문제 해결 방법론'으로 보기 어렵다.

② 'Improve'의 첫 '세부 로드맵'인 '개선 계획 수립'에서 '개선 방향'에 대한 최적화 전략을 수립하며, 그로부터 기대한 목표가 달성될 수 있는지 사업부장과 철저히 점검한다.

③ '최적화'는 프로세스에 새롭게 변경된 모습을 보여주는 것이며, 최종 산출물은 그로부터 'Y'가 얼마만큼 향상되었는지 알려주는 '기대 효과'이다.

④ '최적화'에 필요한 도구 선택은 '핵심 인자'가 '대안 인자'인지, 아니면 '즉 실천 인자'인지에 따라 구분된다.

⑤ 통상 '대안 인자 → 최적 조건', '제어 인자 → 최적 대안'의 관계를 가지며, 필요에 따라 혼용되기도 한다.

17. 다음 '실험 계획(DOE)' 사례 중 적절하게 실행된 것은?

① 실험의 정밀도를 높이기 위해 '중심점'을 1개 추가하여 실험하였다.

② 10개 인자의 효과를 파악하는 데 비용과 시간이 너무 많이 소요되므로 상호 영향이 적다고 알려진 인자들을 교락시켜 실험 수를 줄였다.

③ 실험 기간 동안 동일한 환경에서 병행 실험이 가능하여 균형 배치를 활용하였다.

④ 실내에 설치된 실험 표본들의 위치에 따라 온습도 영향이 다를 것으로 판단되어 수준별 표본의 위치를 무작위로 배치시켰다.

⑤ 세 개 인자에 대해 두 명의 실험자가 나누어 실험을 해야 한다. 실험자의 영향을 파악하기 위해 실험자별로 무작위 시행을 하였다.

18. 다음 '실험 계획(DOE)' 결과에 대한 해석이 잘못된 것은?

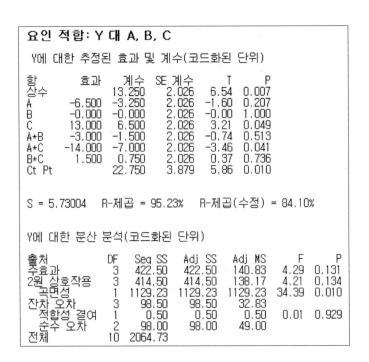

① 모형 식이 실제 데이터를 '약 **95.23%**' 설명하고 있다.

② '유의 수준'을 벗어난 '이요인 상호 작용'은 'P−value'가 가장 큰 것부터 순차적으로 '오차 항'에 '병합(Pooling)'시킨다.

③ '인자 B'는 '효과=0'으로 영향력이 없으나 '핵심 인자'로 선정돼 실험에 포함된 만큼 'Y'와의 관계에 있어 철저한 재점검이 필요하다.

④ 현재 모형 식은 적합성에 있어 큰 문제가 있어 보이진 않으나 '병합(Pooling)' 과정을 거치면서 계속 주의 깊게 관찰할 필요가 있다.

⑤ '중심점'이 '유의 수준=5%'에서 "유의"하므로 오차 항에 '병합(Pooling)'시킨다.

19. 다음 'Control Phase'에 대한 설명이 올바른 것은?

① '최적화' 내용들을 실제 프로세스에 적용한 뒤 예측된 결과가 나오는지 모니터링하고, 예상치 못한 결과에 대해서는 조치한다.

② 'Improve Phase'는 소규모로 이루어지는 'Pilot Test', 'Control Phase'는 양을 키워 확인하는 '양산성 검증'의 개념이므로 위험 감소를 위해 시작 전 '잠재 문제 분석'을 수행해야 한다.

③ 관리도는 '이상 요인'과 '우연 요인'의 영향을 시각적으로 보여주는 도구이며, '프로세스(공정) 능력(Process Capability)'과 밀접한 관계에 있다.

④ '관리 계획 수립'부터 '관리 계획 실행'은 'Plan−Do−Check−Act'의 과정과 일치한다.

⑤ '표준화 제/개정'은 개선에 따른 변경점 발생에 기인하며, 가능한 여러 인자를 포함시켜 개선 결과가 예상을 벗어나지 않도록 실무자 관심을 유도한다.

20. 다음 관리도에 대한 설명이 잘못된 것은?

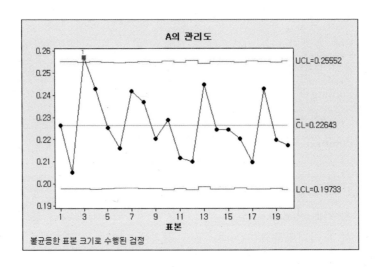

① 만일 '부분군 크기'가 일정하다면 '관리 한계선'은 직선이 될 것이다.

② 타점이 등락을 반복하는 상황에 대해서는 문제로 지적하기보다 일단 '관리 상태'에 있는 것으로 판단한다.

③ 'Y – 축'이 '비율'이므로 'np – 관리도'이다.

④ 만일 타점이 '불량률'을 나타내는 것이라면 'LCL'은 최하 '0'으로 맞춰질 것이다.

⑤ 3번째 타점이 특이 경향을 보이므로 제거 후 다시 작성한다.

【주관식 문항】

※ 다음 각 물음에 답하시오. 단, 통계 문항은 미니탭이나 엑셀 등의 활용이 가능. 21~25번, 각 8점, 총 40점

21. '문제 해결 방법론'을 도입한 기업이 통상 3년차부터 피로감에 빠지거나 추진 동력을 상실하는 이유에 대해 본인이 생각하는 바를 2가지 이상 기술하시오(총 8점).

22. 현재 운영 중인 '업무 정보 관리 시스템'이 환경 변화를 충분히 반영하지 못해 '처리 시간 변동성'을 키우는 것으로 파악되었다. 이에 신규 투자를 결정하기 전 개선 수준을 확인하기 위해 관계자의 도움을 받아 아래와 같은 자료를 수집하였다(총 8점).

기존 시스템(초)	530	532	528	531	533	532	530	531	530	529
신규 시스템(초)	530	532	540	529	535	533	525	529	530	527

1) 신규 시스템의 '업무 처리 시간'이 기존 시스템보다 변동성이 줄었다고 볼 수 있는지 검정하시오(2점).

2) '업무 처리 시간'이 '535초'를 초과할 시 이후 연계 작업에 큰 악영향을 미친다고 알려져 있다. 신규 시스템 도입의 이점을 '불량률' 관점과 '시그마 수준' 관점에서 논하시오.

　－ 불량률 관점:

　－ 시그마 수준 관점:

23. 다음 자료는 한 생명보험사 서류 심사원들의 직급별 오류 유형 빈도를 조사한 표이다. 물음에 답하시오.

	사원	대리	과장	차장
적격성 심사	30	55	80	105
보험 한도	105	85	35	15
고지의무 파악	10	30	30	35
표준절차 준수	25	35	45	40

위의 표를 이용해 직급별 발생시키는 오류 유형에 차이가 있는지 검정한다고 할 때 다음 물음에 답하시오(총 8점).

1) 상황에 맞는 가설을 수립하시오(2점).
　－ 귀무가설:
　－ 대립가설:

2) '유의 수준'을 '10%'로 정할 경우, 해당 '임계값(Critical Value)'을 얻은 뒤 '검정 통계량'과의 비교를 통해 결론을 유도하시오(2점).
  - 임계값:
  - 검정 통계량:
  - 결론:

3) 심사원 전체의 수준을 상향 평준화시키기 위해 우선적으로 보완이 필요한 부분과, 반대로 내부 벤치마킹을 할 수 있는 부분을 각각 찾아낸 뒤, 그를 참고해 바람직한 '개선 방향'에 대해 기술하시오(8점).

24. '벤치마킹(Benchmarking)'은 출처에 따라 접근 방식에 다양한 단계들이 존재한다. 이들 중 가장 단순한 접근 방식이 다음과 같을 때 물음에 답하시오.

단계	내용
계획(Plan)	기존 보유 데이터를 검토하여 벤치마킹 범위, 방법, 시기, 결과 처리에 대한 계획을 수립하는 단계
측정(Measure)	벤치마킹 대상을 선택하여 질문 사항을 만들고, 기초적 연구와 데이터를 모으는 단계
학습(Learn)	데이터를 기초로 성과 차이 및 Gap 발생 원인을 분석하여 유용한 지식으로 변환하는 단계
적용(Apply)	분석 결과의 적용을 통한 기존 프로세스를 개선하는 단계

다음 상황을 보고 상기 벤치마킹의 단계별 내용에 적절히 부합시켜 답을 기술하시오(각 단계별 2점).

(상황) 해외 영업을 담당하는 김 차장은 신규 고객을 확보하는 방법과 관리 방안 등에 경험이 부족한 상태다. 이에 동 분야에 경력과 정보를 많이 갖고 있는 동종 업계 N사의 영업 담당자들을 벤치마킹하기로 결정하였다.

25. 다음은 한 특성치의 일자별 변동을 관리도로 나타낸 것이다. 물음에 답하시오(총 8점).

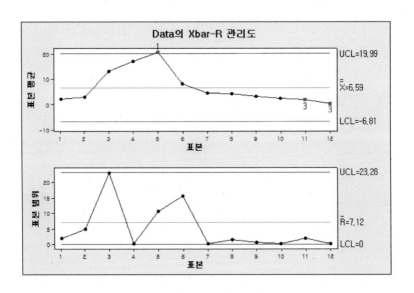

1) 제시된 관리도에 대한 가설을 수립하고, 판단하시오(2점).

2) 관리도가 약 2주간의 추이를 관찰한 결과라면 당시 프로세스의 상황이 어땠을 것인지 각자가 진단하여 답을 기술하시오(진단 결과로부터 개선 방향을 언급하면 가점)(총 6점).

※ 다음은 평가 문제지에 대한 정답임.

【방법론 문항】

1. (Tip) 두 방법론 간 Phase별 내용을 명확히 인지해야 함.

방법론 (로드맵)	Define	Measure	Analyze
DMAIC	· 3C 중 주로 1개의 배경 · 협의의 과제 범위 · 일정이 주로 4개월	· 주로 Y가 1개 · 관리 중인 지표 · 관리 중인 데이터 활용한 수준 평가	· 목표와의 Gap=Xs · 데이터 분석 · 개선 방향 도출

DMADV	· 3C 모두를 고려
	· End User 조사부터 완성까지
	  범위 넓음
	· 일정이 6개월 수준
		· 다수의 Y
		· 규모 있는 조사를 통한
		  지표의 선정
		· Score Card 필요
			· Concept Design
			· 설계 요소 도출
			· 상위 수준 설계

2. (Tip) 지적된 현 위치부터 '세부 로드맵'을 거꾸로 올라가며 진단.
   ① 'Step-9. 핵심인자 선정'에서 '개선 방향'이 모두 넘어왔는가?
   ② 분석의 심도가 충분히 깊었는가?
   ③ '사실 분석'이 충실히 수행되었는가?
   ④ 결과를 얻기 위한 충분한 '표본 크기'가 확보되었는가?
   ⑤ '잠재 원인 변수'가 '현 수준' 및 '목표 수준' 간 Gap을 충분히 반영
      하도록 발굴되었는가?

3. (Tip) 관련 '세부 로드맵'에 대한 명확한 사전 이해가 필요.
   – 동격의 '세부 로드맵': 「Step-5.1. 측정 시스템 분석(MSA)」
   – 이유: '프로세스(공정) 능력'을 평가할 때 쓰이는 데이터의 변동은

'프로세스'로부터 오거나 '측정 시스템'으로부터 오는 두 경로가 있
다. 전자의 변동 축소(개선)는 「Step-11.1. 최적화 및 기대 효과」의
활동을 통해, 후자의 변동 축소(개선)는 「Step-5.1. 측정 시스템 분
석(MSA)」 활동을 통해 이루어진다. 따라서 두 활동은 분리해서 생
각하기 어려우며 동시에 일정 수준 이상을 달성해야 한다.

4. (Tip) 상황을 머릿속에 그리며 본인이 직접 과제를 수행한다고 가정.
   - **Define:** 비즈니스 범위를 확대 후 기업에 미치는 위험은 없는지?
   - **Measure:** 추가로 관리해야 할 지표와 현 시장 상황에서의 수준은?
   - **Analyze:** 수익의 장애 요소, 또는 구조에 대한 분석은 무엇을 대상으
     로 해야 하는지?
   - **Improve:** 수익 극대화를 위한 선택과 집중할 영역 및 아이디어는?
   - **Control:** 사업을 지속화시키기 위한 체계와 표준화는?

5. (Tip) '측정'과 관련된 사항을 묻는 문항임.
   - 핵심 '세부 로드맵': 「Step-5.1. 측정 시스템 분석(MSA)」
   - 주요 활동: 중량 차이가 '측정 시스템'에서 온 것인지 제조 관리 중
     에 발생한 것인지 파악하기 위해 우선적으로 '측정 시스템 분석'이
     선행돼야 함. 데이터의 신뢰도가 확보되면 이후 공정에서의 문제점을
     찾아 개선 활동을 수행함. '측정 시스템' 경우 중량계의 규격에 부합
     되는 정확한 무게가 알려진 표본들로부터 '정확성 평가'를, 또 공정
     에서 실제 운영되는 중량의 여럿 표본들로부터 정밀성인 'R&R 평
     가'를 수행하고, 발견된 문제를 보완토록 함.

【객관식 문항】

6. ②, ④, ⑤
7. ①, ③
8. ①, ⑤
9. ②, ④
10. ②, ③
11. ②, ⑤
12. ③, ④, ⑤
13. ①, ③, ④
14. ①, ③, ⑤
15. ②
16. ④, ⑤
17. ②, ④
18. ①, ⑤
19. ①, ②, ④
20. ③, ⑤

【주관식 문항】

21. (Tip) CEO 시각에서 왜 방법론 도입에 관심이 줄어드는지에 초점을 맞춰 생각.
    ① 전략과 연계된 과제 선정이 미흡한 경우
    ② 전략과 연계된 과제가 선정됐더라도 그 효과가 손익 계산에 전달되

는 경로가 불분명한 경우

③ 직원들의 경쟁력을 높여주는 이점과 그를 통한 회사 이윤 확대라는 공감대 형성이 아닌 따라오라는 식의 추진인 경우

22.

1) (Tip) '등분산 검정' 수행
- 가설: 귀무가설: 두 집단 간 분산은 동일하다.
  대립가설: 두 집단 간 분산은 동일하지 않다.
- 정규성 검정: $P_{기존}$=0.743(정규), $P_{신규}$=0.526(정규).
- 결론: '유의 수준=5%'에서 'P−value=0.005'로 대립가설 채택. 즉 '신규 시스템'의 표준 편차가 오히려 더 큼(변동성 증가).

2) (Tip) 미니탭의 '프로세스(공정) 능력 분석' 활용
- 불량률 관점: 미니탭「통계 분석>품질 도구>공정 능력 분석>정규 분포」에서 '불량률'은 '기존=0.224%', '신규=18.104%'로 신규가 약 17.9% 높음. 즉 도입에 따른 이점이 없는 것으로 판단됨.
- 시그마 수준 관점: '기존=2.84시그마 수준', '신규=0.91시그마 수준'으로 '기존 시스템'이 '약 1.93시그마 수준' 더 높음. 즉 도입에 따른 이점이 없는 것으로 판단됨.

23.

1)
- 귀무가설(H_0): 직급별 발생시키는 오류 유형 빈도에 차이가 없다.
- 대립가설(H_A): H_0가 아니다.

2) **(Tip) '카이 제곱 검정' 수행**

- 임계값: 미니탭 「계산>확률 분포>카이 제곱 분포」에서 자유도=9, 상수=0.9(유의 수준=10%이므로) 입력, '역 누적 확률'로부터 '임계값=14.6837.'
- 검정 통계량: 미니탭 「통계분석>표>카이-제곱 연관성 검정」에서 '검정 통계량=156.691.'
- 결론: '임계값=14.6837'에서 '검정 통계량=156.691'이므로 대립가설 채택. 즉 직급별로 오류 유형 빈도에 차이가 있다.

3) **(Tip) '카이 제곱 검정'의 후속 분석에 대한 내용**

'세션 창' 결과에서 '카이 제곱 기여도'가 가장 큰 '49.052'가 '사원'의 '보험 한도' 오류이며, '기대 빈도=53.68'보다 '관측 빈도=105'가 더 커 우선적인 개선 대상으로 보인다. 반면 '차장'의 '보험 한도' 오류는 '기대 빈도=61.58'보다 '관측 빈도=15'로 작아 심사 노하우에 대한 내부 프로세스 벤치마킹 대상이다. 그러나 오류의 절대치가 큰 '차장'의 '적격성 심사(105건)'에 대해 추가적인 비교 평가가 반드시 병행돼야 한다.

24. **(Tip) 주어진 상황을 참조하여 본인이 수행하는 과제로 가정.**

단계	내용
계획(Plan)	−대상: 사전 정보로부터 N사 미주 담당 김길동 과장과 홍명부 차장을 벤치마킹하기로 함 −범위: 미주 지역 고객사 정보 수집 채널, Source −방법: 1차 인터뷰, 2차 관련 자료 요청 −시기: 20xx년 xx월 xx일~oo일

측정(Measure)	-현재 접촉하고 있는 업체는? -영업망 확대를 위해 최초 Contact Point는? -잠재 고객사의 Key Man 확인 방법은? -접촉하는 방법은? …
학습(Learn)	-벤치마킹 결과 당사 경우 로컬 대리인이 없어 영업망 확대에 걸림돌이 생기는 것이 주요 요인임. 현지인 공개 모집을 통한 개선 작업이 필요
적용(Apply)	-인사 담당자와 현지 매체에 필요 경력, 인원 수 등을 광고하고 면접 일정, 운영 계획 등을 마련함

25.

1)

- 가설: 귀무가설: 프로세스는 관리 상태이다.

  대립가설: 프로세스는 관리 이탈 상태이다.

- 판단: 'Xbar 관리도'에서 5번째 타점이 '관리 상한'을 이탈했으며, 끝에서 1번째, 2번째 타점은 6개점이 연속 하락한 경우로 '관리 이탈 상태'로 판단됨.

2) (Tip) 시간에 따른 '$\overline{X}$-관리도'와 'R-관리도'를 관찰하여 기술함

5일째까지 평균이 증가하다 우 하향의 감소 경향이 뚜렷하며, 특히 'R-관리도' 경우 3번째 타점의 '그룹 내 변동'이 큰 것으로 관찰됨. 평균의 증가와 감소 추세 및 '그룹 내 변동'이 큰 이유에 대한 원인 규명, 개선 및 재발 방지책이 마련돼야 할 것으로 보임.

색인

송인식

(현) PS-Lab 컨설팅 대표

한양대학교 물리학과 졸업
삼성 SDI 디스플레이연구소 선임연구원
한국 능률협회 컨설팅 6시그마 전문위원
네모 시그마 그룹 수석 컨설턴트
삼정 KPMG 전략컨설팅 그룹 상무

인터넷 강의: http://www.youtube.com/c/송인식PSLab
이메일: labper1@ps-lab.co.kr

※ 도서 내 데이터 및 템플릿은 PS-Lab(www.ps-lab.co.kr)에서 무료로 받아보실 수 있습니다.

Be the Solver
**문제 해결
역량 향상법**

초판인쇄   2018년 3월 21일
초판발행   2018년 3월 21일

지은이   송인식
펴낸이   채종준
펴낸곳   한국학술정보㈜
주소   경기도 파주시 회동길 230(문발동)
전화   031) 908-3181(대표)
팩스   031) 908-3189
홈페이지   http://ebook.kstudy.com
전자우편   출판사업부   publish@kstudy.com
등록   제일산-115호(2000. 6. 19)

ISBN   978-89-268-8325-9 94320